高等学校电子商务系列教材

电子商务概论

（第 2 版）

主编 郑 丽　刘宇涵
参编 付丽丽　陈 默　薛 云
　　　王宝花　汪惠怡

清华大学出版社
北京交通大学出版社
·北京·

内 容 简 介

本书结合大量案例,全面系统地介绍了电子商务的基本理论、知识、技能及实践,根据电子商务专业的初学者及非电子商务专业的本专科学生的特点,对知识体系进行了重新梳理。全书分3篇共10章,具体为第1篇电子商务基础篇,包括电子商务概述、电子商务的理论基础;第2篇电子商务商业模式篇,包括电子商务商业模式、新兴的电子商务模式、移动电子商务与物联网;第3篇为电子商务的支撑环境篇,包括电子商务安全与风险管理、电子支付、电子商务物流、电子商务客户关系管理、网络营销。

本书可作为高等院校本科及专科电子商务、金融、物流管理、国际贸易和国际商务等经管类专业的教材,也可作为各类成人高等教育教学用书,以及社会各类企事业单位相关人员的培训教材和自学参考书。

本书封面贴有清华大学出版社防伪标签,无标签者不得销售。
版权所有,侵权必究。侵权举报电话:010-62782989 13501256678 13801310933

图书在版编目(CIP)数据

电子商务概论 / 郑丽,刘宇涵主编. —2版. —北京:北京交通大学出版社:清华大学出版社,2019.1
(高等学校电子商务系列教材)
ISBN 978-7-5121-3726-4

Ⅰ.① 电… Ⅱ.① 郑… ② 刘… Ⅲ.① 电子商务–高等学校–教材 Ⅳ.① F713.36

中国版本图书馆 CIP 数据核字(2018)第 218825 号

电子商务概论
DIANZI SHANGWU GAILUN

责任编辑:	韩素华
出版发行:	清 华 大 学 出 版 社　邮编:100084　电话:010-62776969　http://www.tup.com.cn
	北京交通大学出版社　邮编:100044　电话:010-51686414　http://www.bjtup.com.cn
印　刷　者:	北京时代华都印刷有限公司
经　　　销:	全国新华书店
开　　　本:	185 mm×260 mm　印张:23.5　字数:602 千字
版　　　次:	2019 年 1 月第 2 版　2019 年 1 月第 1 次印刷
书　　　号:	ISBN 978-7-5121-3726-4/F・1827
印　　　数:	1~4 000 册　定价:68.00 元

本书如有质量问题,请向北京交通大学出版社质监组反映。对您的意见和批评,我们表示欢迎和感谢。
投诉电话:010-51686043,51686008;传真:010-62225406;E-mail:press@bjtu.edu.cn。

前 言

科技的发展带来的是商业模式的创新，商业模式的创新又会引发科技的进一步发展。近年来电子商务的发展验证了科技与商业模式这两条线以"螺旋"式发展的演进路径。

我国电子商务发展的内生动力和创新能力日益增强，正在进入密集创新和快速扩张的新阶段。企业的商务活动越来越多地依赖于互联网，对电子商务的应用越来越深入。消费者的生活、娱乐、消费方式也随着互联网带来的快速及便利性而发生非常大的变化。智能手机、移动设备、无线网络的应用、网络速度的大幅提升、二维码等新技术的应用、物流效率及质量的提升、新的商务模式的出现及迅速普及都促进了电子商务的发展，以及与其他互联网商业模式的融合发展。微信移动支付等竞争性电子商务、Apple Pay 在我国的市场拓展、支付宝和余额宝等金融平台快速融合……无一不彰显电子商务的魅力与价值所在。

面对以上种种变化，企业及社会对应用型电子商务人才的需求在质和量两方面都有所提高。有鉴于此，本书积极应对最新的发展趋势，从培养电子商务人才的知识掌握及实际应用方面入手，力求在内容上更加新颖，在应用上更加注重培养学生的理解分析、实际应用能力。在第 1 版的基础上，本书做了以下更新。

1. 理论内容更新。本书新增了最新出现的网络经济及电子商务方面的理论知识，如达维多定律、维基经济学等；对内容重新进行了系统的梳理和总结，紧扣时代的发展脉搏，如重新设计了新兴的电子商务模式，从跨境电商、社会化电商、微平台电商、虚拟现实与增强现实电商等新的角度，展现了当前电子商务发展的最新态势，避免了知识结构的老化。

2. 案例更新。本书结合当前互联网领域的热门话题，将每章开头的"导入案例"进行了更新，如 Apple Pay 移动支付、微信与微博的电子商务模式，在具体的知识点内穿插大量的最新案例，帮助学生加深理解。从最新案例引入对知识的阐述及分析再回归到案例中去，深入浅出，循序渐进，尽量做到理论联系实际，以提高学生的理解分析能力。

3. 知识体系更新。本书在第 1 版的 3 篇 11 章内容基础上重新整合为 3 篇 10 章内容，对每章的知识结构和体系重新做了系统整合，以便学生能清晰地了解和掌握电子商务的知识体系，从而更好地帮助学生理论联系实际。

本书得到"北京联合大学规划教材建设项目资助"，在此表示衷心的感谢。

本书由郑丽、刘宇涵担任主编,薛云、陈默、王宝花、付丽丽、汪惠怡参加了教材的编写及修订工作。具体分工如下:郑丽、汪惠怡负责第1、9章,付丽丽负责第2章,刘宇涵负责第3、4、7章,陈默负责第5章,薛云负责第6章,王宝花负责第8、10章。郑丽、刘宇涵负责全书的审核及统稿工作。

在编写过程中,编者借鉴了国内外专家学者的最新研究成果,也参阅了相关书籍和网络资料,在书中以资料来源或参考文献的方式列出,在此谨向原作者表达深深的谢意。

由于编者水平有限,疏漏之处敬请各位专家及读者批评指正。

编 者

2018年10月于北京

目 录

第1篇 电子商务基础篇

第1章 电子商务概述 ··· 3
  1.1 电子商务基本概念 ··· 5
    1.1.1 我国电子商务的发展历程 ·· 5
    1.1.2 电子商务的概念及功能 ·· 9
    1.1.3 电子商务中信息流、资金流和物流的相互关系 ·················· 12
    1.1.4 电子商务的分类 ··· 14
  1.2 电子商务的系统组成及政策环境 ······································· 21
    1.2.1 电子商务系统的一般框架 ··· 21
    1.2.2 电子商务系统的基本组成 ··· 22
    1.2.3 电子商务相关法律和宏观环境 ···································· 24
  1.3 电子商务的影响和发展前景 ·· 32
    1.3.1 电子商务的影响 ··· 32
    1.3.2 电子商务的发展前景 ·· 36
  思考与讨论题 ··· 41
  参考文献 ··· 41

第2章 电子商务的理论基础 ·· 43
  2.1 网络经济的基础理论 ·· 44
    2.1.1 梅特卡夫定律 ··· 44
    2.1.2 摩尔定律 ·· 45
    2.1.3 吉尔德定律 ··· 46
    2.1.4 非摩擦经济效应 ··· 47
    2.1.5 网络外部性 ··· 48
    2.1.6 双螺旋理论 ··· 51
    2.1.7 锁定效应 ·· 53
    2.1.8 达维多定律 ··· 55
  2.2 电子商务中的基础理论 ··· 56
    2.2.1 长尾理论 ·· 56
    2.2.2 注意力经济 ··· 59
    2.2.3 六度分隔理论 ··· 61

  2.2.4 维基经济学 ... 62
  2.2.5 威客理论 ... 63
思考与讨论题 ... 64
参考文献 ... 65

第2篇 电子商务商业模式篇

第3章 电子商务商业模式 ... 69
3.1 电子商务商业模式概述 ... 69
  3.1.1 电子商务商业模式的基本概念 ... 69
  3.1.2 电子商务商业模式的基本要素 ... 69
3.2 B2B ... 70
  3.2.1 B2B 内涵及特点 ... 70
  3.2.2 B2B 交易主要模式 ... 74
  3.2.3 B2B 盈利模式 ... 75
  3.2.4 典型案例分析——阿里巴巴 ... 76
3.3 B2C ... 79
  3.3.1 B2C 内涵及特点 ... 79
  3.3.2 B2C 后台管理流程和网上购物流程 ... 84
  3.3.3 B2C 电子商务运营要求 ... 85
  3.3.4 B2C 盈利模式 ... 86
  3.3.5 典型案例分析——1号店：网上超市 ... 87
3.4 C2C ... 89
  3.4.1 C2C 内涵及特点 ... 89
  3.4.2 网络拍卖平台运作模式 ... 91
  3.4.3 店铺平台运作模式 ... 91
  3.4.4 C2C 盈利模式 ... 91
  3.4.5 典型案例分析——淘宝网 ... 94
3.5 O2O ... 96
  3.5.1 O2O 内涵及特点 ... 96
  3.5.2 交易流程 ... 98
  3.5.3 O2O 盈利模式 ... 98
  3.5.4 典型案例分析——携程网 ... 98
思考与讨论题 ... 101
参考文献 ... 101

第4章 新兴的电子商务模式 ... 102
4.1 跨境电子商务 ... 102
  4.1.1 跨境电子商务概念 ... 102
  4.1.2 跨境电子商务主要平台 ... 103

   4.1.3 跨境电子商务物流与支付 ·············· 104
 4.2 社会化电子商务 ························· 107
   4.2.1 社会化电子商务概述 ·················· 107
   4.2.2 社会化关系 ·························· 114
   4.2.3 立体社会化媒体体系的构建 ············ 116
 4.3 虚拟现实与增强现实电子商务 ············ 119
   4.3.1 虚拟现实电子商务 ···················· 119
   4.3.2 增强现实电子商务 ···················· 122
 思考与讨论题 ·································· 123
 参考文献 ······································ 124

第5章 移动电子商务与物联网 ··············· 125
 5.1 移动电子商务 ··························· 126
   5.1.1 移动电子商务的概念和特点 ············ 126
   5.1.2 移动电子商务相关技术 ················ 128
   5.1.3 移动电子商务的应用 ·················· 143
 5.2 物联网 ·································· 144
   5.2.1 物联网的概念 ························ 144
   5.2.2 物联网的基本特征 ···················· 146
   5.2.3 物联网的体系结构 ···················· 149
   5.2.4 物联网的关键技术 ···················· 153
   5.2.5 物联网的应用 ························ 158
 思考与讨论题 ·································· 163
 参考文献 ······································ 163

第3篇 电子商务的支撑环境篇

第6章 电子商务安全与风险管理 ············ 167
 6.1 电子商务安全的概念 ···················· 168
   6.1.1 电子商务安全的含义 ·················· 168
   6.1.2 电子商务安全面临的主要问题及产生原因 ···· 169
   6.1.3 电子商务安全的基本要素 ·············· 174
 6.2 电子商务的安全体系架构及风险管理 ······ 176
   6.2.1 电子商务安全的主要环节及影响因素 ······ 176
   6.2.2 电子商务安全体系结构 ················ 176
   6.2.3 电子商务安全风险管理 ················ 177
   6.2.4 电子商务安全与云计算 ················ 179
 6.3 电子商务安全技术 ······················ 182
   6.3.1 数据加密技术 ························ 183
   6.3.2 认证技术 ···························· 184

		6.3.3 安全协议技术	187
		6.3.4 黑客防范技术	191
		6.3.5 病毒防范技术	195
		6.3.6 虚拟专网技术	196
	6.4	电子商务安全实践	197
		6.4.1 Windows 操作系统的安全设置实践	197
		6.4.2 CA 认证实践	198
		6.4.3 电子签章实践	204
		6.4.4 诚信认证实践	207
	思考与讨论题		213
	参考文献		214

第 7 章 电子支付 215

- 7.1 电子支付概述 216
  - 7.1.1 电子支付的概念 216
  - 7.1.2 电子支付与传统支付方式的区别 216
  - 7.1.3 电子支付的产生 217
  - 7.1.4 电子支付的发展 218
  - 7.1.5 电子支付系统的基本构成 218
  - 7.1.6 电子支付系统的基本流程与要求 219
- 7.2 电子货币 220
  - 7.2.1 电子货币的概念及分类 221
  - 7.2.2 电子货币的职能 221
  - 7.2.3 电子货币的运行条件 221
  - 7.2.4 电子货币的应用 222
- 7.3 网上支付 231
  - 7.3.1 网上支付的产生与发展 231
  - 7.3.2 网上支付的内涵 232
  - 7.3.3 网上银行及其应用实例 232
  - 7.3.4 第三方支付 236
- 7.4 移动支付 239
  - 7.4.1 移动支付的概念与种类 240
  - 7.4.2 移动支付体系架构及流程 241
  - 7.4.3 移动支付发展的现状与趋势 243
  - 7.4.4 移动支付应用实例 244
- 思考与讨论题 250
- 参考文献 250

第 8 章 电子商务物流 251

- 8.1 电子商务物流概述 252
  - 8.1.1 物流的基本概念 253

  8.1.2 我国电子商务物流的发展现状 ················· 257
 8.2 电子商务订单履行 ························ 260
  8.2.1 电子商务订单履行概述 ··················· 260
  8.2.2 电子商务订单履行优化的技术 ················ 264
 8.3 电子商务物流模式 ························ 268
  8.3.1 基本物流模式 ······················· 268
  8.3.2 电子商务物流的模式 ···················· 271
  8.3.3 各电子商务模式下的物流 ·················· 273
 8.4 电子商务中的供应链管理 ····················· 277
  8.4.1 电子商务中供应链管理的重要性 ··············· 277
  8.4.2 匹配电商节奏的敏捷供应链 ················· 279
  8.4.3 案例：苏宁易购的供应链管理 ················ 281
 思考与讨论题 ····························· 283
 参考文献 ······························· 283

第9章 电子商务客户关系管理 ······················ 285
 9.1 电子商务中客户关系管理的方式 ·················· 286
  9.1.1 客户关系管理的起源与发展 ················· 286
  9.1.2 电子商务环境中的客户特征分析 ··············· 289
  9.1.3 电子商务中的客户关系管理的方式 ·············· 291
 9.2 电子商务中的客户服务管理 ···················· 301
  9.2.1 电子商务中客户服务管理概述 ················ 301
  9.2.2 电子商务中客户服务策略 ·················· 305
 9.3 电子商务中的信任管理问题 ···················· 309
  9.3.1 电子商务中的信任问题 ··················· 309
  9.3.2 电子商务中的信任管理 ··················· 311
 9.4 电子商务客户关系管理技术 ···················· 313
  9.4.1 电子商务客户关系管理系统 ················· 314
  9.4.2 电子商务客户呼叫中心 ··················· 317
  9.4.3 客户关系管理中的数据管理技术 ··············· 321
 思考与讨论题 ····························· 323
 参考文献 ······························· 323

第10章 网络营销 ··························· 325
 10.1 网络营销概述 ·························· 326
  10.1.1 网络营销的基本概念 ··················· 326
  10.1.2 网络营销的发展历史 ··················· 327
 10.2 网络营销的理论基础 ······················ 330
  10.2.1 网络直复营销理论 ···················· 330
  10.2.2 网络软营销理论 ····················· 332
  10.2.3 网络整合营销理论 ···················· 336

  10.2.4 网络关系营销理论 337
  10.2.5 网络体验营销理论 339
 10.3 网络营销市场分析 340
  10.3.1 网上市场及其调研 340
  10.3.2 网上消费者购买行为 341
  10.3.3 网络市场细分和定位 343
 10.4 网络营销策略 346
  10.4.1 网络营销产品策略 346
  10.4.2 网络营销价格策略 351
  10.4.3 网络营销渠道策略 355
  10.4.4 网络营销促销策略 361
  10.4.5 基于4C理论的网络营销策略 363
思考与讨论题 364
参考文献 365

第 1 篇

电子商务基础篇

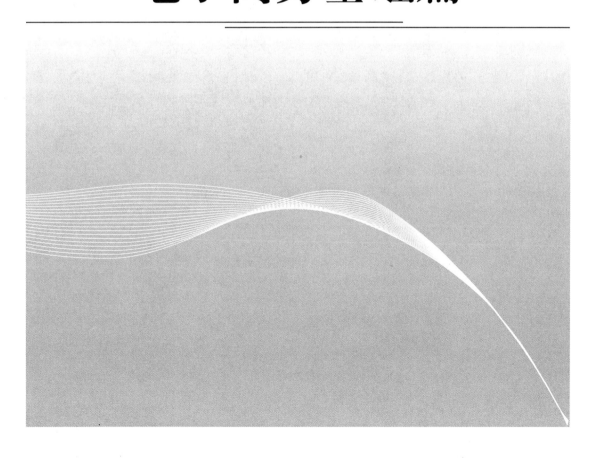

第 1 章

电子商务概述

海尔——由传统制造企业向现代信息化企业的转变

海尔公司 1984 年创立于青岛，1991 年发展成为海尔集团。自创立以来，海尔公司坚持以用户需求为中心的创新体系驱动企业持续健康发展，从一家资不抵债、濒临倒闭的集体小厂发展成为全球最大的家用电器制造商之一。2017 年 1 月，海尔集团总裁周云杰发布了"海尔集团 2016 年度工作报告"，海尔集团 2016 年全球营业额预计达 2 016 亿元，同比增长 6.8%；利润预计实现 203 亿元，同比增长 12.8%；互联网交互产生的交易额约 2 727 亿元；近十年收入复合增长率达 6.1%，利润复合增长率达 30.6%。

海尔是如何出色地完成了从传统制造企业向现代信息化企业的转变？首先，海尔将传统业务搬到互联网上，实现简单的传统业务流的电子化目标；其次，将不同时期的各种电子化业务流程整合成最合理的企业电子商务体系；最后，让海尔的电子商务战略能够与海尔的企业整体战略协调发展，让海尔的电子商务竞争力成为企业整体核心竞争力中不可缺少的一部分。

从海尔集团的战略中，可以清晰地发现海尔集团的电子商务发展脉络。海尔集团五个战略发展阶段，如图 1-1 所示。

图 1-1 海尔集团五个战略发展阶段

- 名牌战略发展阶段（1984—1991）：要么不干，要干就干第一；
- 多元化战略发展阶段（1991—1998）：海尔文化激活"休克鱼"；
- 国际化战略发展阶段（1998—2005）：走出国门，出口创牌；
- 全球化战略发展阶段（2005—2012）：整合全球资源创国际化品牌；
- 网络化战略发展阶段（2012—2019）：网络化的市场，网络化的企业。

从第三个阶段开始，海尔的电子商务逐渐显现。

第三阶段，海尔推行"市场链"管理，以计算机信息系统为基础，以订单信息流为中心，带动物流和资金流的运行，实现业务流程再造。这一管理创新加速了企业内部的信息流通，激励员工使其价值取向与用户需求相一致。

第四阶段，海尔认为，传统企业的"生产—库存—销售"模式不能满足用户个性化的需求，企业必须从"以企业为中心卖产品"转变为"以用户为中心卖服务"，即用户驱动的"即需即供"模式。因此，海尔抓住互联网时代的机遇，整合全球的研发、制造、营销资源，创全球化品牌。这一阶段，海尔探索的互联网时代创造顾客的商业模式就是"人单合一双赢"模式。

第五阶段，海尔抓住第三次工业革命的机遇，以"没有成功的企业，只有时代的企业"的观念，适应个性化生产的需求，实施网络化战略，其基础和运行体现在网络化上，主要是两部分：网络化的市场和网络化的企业。在网络化市场里，用户网络化、营销体系也网络化，这就意味着企业必须变成网络化。网络化的企业可归纳为三个"无"：企业无边界，即平台型团队，按单聚散；管理无领导，即动态优化的人单自推动；供应链无尺度，即大规模定制，按需设计，按需制造，按需配送。

伴随着海尔的集团战略，2000年3月，海尔集团投资成立海尔电子商务有限公司，这是中国国内第一个成立电子商务公司的家电企业。2000年4月，海尔电子商务平台开始试运营，到2000年9月底，海尔的B2C和B2B交易总额超过12亿元。海尔集团电子商务应用中的海尔网群，包括海尔全球网站、海尔网上商城、海尔B2B采购、商流工程CRM系统、海尔管理咨询、海尔商学院、海尔商用空调、海尔智能电子、海尔机器人及公司管理平台CRM等，为海尔争取新经济时代的生存权铺平了道路。

在电子商务环境下，HAIER的五个字母也被赋予了新含义，具体如下。

- H：Haier and Higher，代表海尔越来越高的发展口号；
- A：@网络家电代表海尔未来的产品趋势；
- I：Internet and Intranet，代表海尔信息化发展的网络基础；
- E：www.ehaier.com（Haier e-business），代表海尔的电子商务平台；
- R：Haier的世界名牌的注册商标®。

目前，海尔商城可以为用户提供在线指定服务，满足客户不同的个性化需求。用户可以参与产品相关的自主设计，设计后在线提交订单，订单系统会直接将用户的个性化需求提交至生产环节，为客户量身定做个性化的海尔家电，如统帅彩电个性定制。

海尔集团的电子商务在网络化战略发展阶段又掀开了新的篇章。

资料来源：http://www.haier.net/cn/；http://www.ehaier.com/.

2018年1月31日，中国互联网络信息中心（CNNIC）在京发布第41次《中国互联网络发展状况统计报告》。报告显示，截至 2017 年 12 月，中国网民规模达到 7.72 亿人，互联网普及率为 55.8%。以互联网为代表的数字技术正在加速与经济社会各领域深度融合，成为促进我国消费升级、经济社会转型、构建国家竞争新优势的重要推动力。

截至 2017 年 12 月，我国网络购物用户规模达到 5.33 亿人，较 2016 年增长 14.3%，其中，手机网络购物用户规模达到 5.06 亿人，同比增长 14.7%，使用比例由 63.4%增至 67.2%。网络购物市场消费升级特征进一步显现：一是品质消费，网民愿意为更高品质的商品支付更多溢价，如乐于购买有机生鲜、全球优质商品等；二是智能消费，像智能冰箱、体感单车等商品网络消费规模相比 2016 年有大幅度增长；三是新商品消费，如扫地机器人、洗碗机等新商品消费增长迅猛。除国民人均收入提升、年轻群体成为网络消费主力等因素外，电商企业渠道下沉和海外扩张带动了农村电商和跨境电商的快速发展，使农村网购消费潜力和网民对全球优质商品的消费需求进一步得到释放，也推动了消费升级。

2017 年上半年，互联网理财市场趋向规范化；线下支付领域依旧是市场热点，网民在超市、便利店等线下实体店使用手机进行网上支付结算的习惯进一步加深，在深耕国内市场的同时，我国网络支付企业纷纷拓展市场潜力巨大的海外市场；网络娱乐类应用用户规模稳步增长，网络娱乐类应用进一步向移动端转移，如手机网络音乐、视频、游戏、文学用户规模增长率均在 4%以上；在线教育、网约车服务规模保持增长，共享单车丰富出行方式，技术与资本推动行业蓬勃发展。

截至目前，我国电子商务发展态势良好。从宏观政策来看，顶层设计确定方向，多政策密集出台支持电子商务尤其是网络零售发展；从企业竞争来看，电子商务企业深挖平台化效益，全品类拓展全需求覆盖；从消费行为来看，网购用户活跃度继续提升，网购消费额占日常支出比例显著增加；从细分市场来看，社交网购、海外网购发展迅速，年度人均消费金额大幅攀升。这些都意味着，我国未来的电子商务发展还有很大的提升空间。

本章主要介绍电子商务的有关概念，对电子商务的发展历程、定义、功能、特性、分类等进行阐述；介绍电子商务的系统组成及相关法律和宏观环境；通过鲜活的案例，介绍电子商务的影响并对其未来发展前景进行了展望。

1.1 电子商务基本概念

本节首先简要回顾我国电子商务的发展历程；其次，从狭义和广义两个方面介绍专家学者和业界对电子商务概念的界定，总结电子商务的功能；再次，通过电子商务中的资金流、信息流和物流等方面阐述电子商务的特性；最后，总结分析目前电子商务的多种分类方式。

1.1.1 我国电子商务的发展历程

商务活动在世界范围内的开展由来已久，甚至可以追溯到有文字记载的历史以前。在商务活动的开展过程中，人类一直追求一种最佳模式和最有效的方式。在此过程中，新的技术不断被应用和创新，并逐步催生了电子商务这种全新的商务模式，也对全球经济的发展和人们参与其中的行为产生了深刻的影响。下面简要介绍我国电子商务的发展历程。

综合多位专家学者的研究观点，本书将我国电子商务的发展划分为以下 5 个阶段。

1. 酝酿与萌芽阶段（1990—1997年）

本阶段我国主要开展的是基于电子数据交换（electronic data interchange，EDI）的电子商务应用。1993年中国政府领导组织开展的"三金工程"，为我国未来电子商务的发展奠定了基础。

自1990年开始，国家计委、国家科委将EDI列入"八五"国家科技攻关项目，如外经贸部国家外贸许可证EDI系统、中国化工进出口公司"中化财务、石油、橡胶贸易EDI系统"等。1991年9月，由国务院电子信息系统推广应用办公室牵头会同国家计委、国家科委、外经贸部、国内贸易部、交通部、邮电部、海关总署、中国人民银行、贸促会等部门发起成立"中国促进EDI应用协调小组"，同年10月成立"中国EDIFACT委员会"并参加亚洲EDIFACT理事会，EDI在国内外贸易、交通、银行等部门应用。

1993年底，中国正式启动了促进国民经济信息化的"三金工程"。三金工程即"金桥工程""金关工程""金卡工程"。"金桥工程"的主要任务是首先建立国家公用经济信息网，具体目标是建立一个覆盖全国并与国务院各部委专用网连接的国家公用经济信息网；"金关工程"是指对国家外贸企业的信息系统实行联网，推广电子数据交换技术（EDI），实行无纸贸易的外贸信息管理工程，其目的是实现通关自动化，并与国际EDI通关业务接轨；"金卡工程"则是以推广使用"信息卡"和"现金卡"为目标的货币电子化工程，其目的是实现支付手段的革命性变化，从而跨入电子货币时代，并逐步将信用卡发展成为个人与社会的全面信息凭证，如个人身份、经历、储蓄记录、刑事记录等。

这一阶段其他典型事件包括以下各项。

- 1994年10月，"亚太地区电子商务研讨会"在京召开，电子商务概念开始在我国传播。
- 1995年，中国互联网开始商业化，互联网公司开始兴起。
- 1996年，金桥网与因特网正式开通；同年，中国国际电子商务中心正式成立。
- 1997年，国家信息化工作办公室组织有关部门起草编制我国信息化规划；1997年4月，在深圳召开全国信息化工作会议，各省市地区相继成立信息化领导小组及其办公室，各省开始制定本省包含电子商务在内的信息化建设规划。
- 1997年4月，我国第一个用于商品流通领域的广域网商品交易系统——中国商品订货系统（China goods order system，CGOS）正式启用并投入运行。
- 1997年12月，中国化工网上线，成为国内首家垂直B2B网站。

2. 起步与发展阶段（1998—1999年）

这一阶段是我国电子商务的起步和发展阶段。互联网全新的概念鼓舞了第一批网络经济的创业者，丁磊、马云、马化腾、李彦宏、梁建章等人在我国电子商务的起步阶段发挥了重要的作用，他们创造出具有中国特色的商业模式。传统的贸易信息借助互联网进行交流和传播，为我国的商务活动迎来了无限商机。

这一阶段的典型事件主要包括以下几项。

- 1998年2月，中国制造网在南京上线。
- 1998年3月，中国第一笔互联网网上交易成功。
- 1998年10月，国家经贸委与信息产业部联合宣布启动以电子贸易为主要内容的"金贸工程"，这是一项推广网络化应用、开发电子商务在经贸流通领域的大型应用试点工程。
- 1998年12月，阿里巴巴正式在开曼群岛注册成立，次年3月其子公司阿里巴巴中国在杭州创建。

- 1999年5月，王峻涛创办了中国第一家在线销售软件图书的B2C网站——8848；6月，沈南鹏、梁建章、季琦和范敏创办了提供网上销售机票和酒店预订服务的携程网；8月，邵亦波在上海开办了国内首家C2C平台——易趣；11月，李国庆和他的妻子俞渝创建了中国第一家网上书店——当当网。网上购物进入实际应用阶段。
- 1999年兴起政府上网、企业上网，电子政务、网上纳税、网上教育、远程诊断等广义电子商务开始启动，并进入实际试用阶段。

3. 挫折与调整阶段（2000—2002年）

在互联网泡沫破灭的大前提下，这一阶段我国的电子商务发展也经历了挫折和重创，互联网企业经历了冰与火的考验，有些企业退出了历史舞台，有些企业经过逐步调整，安全度过了艰难的寒冬阶段。

这一阶段的典型事件主要包括以下几项。

- 2000年5月，卓越网成立，主营音像、图书、软件、游戏、礼品等流行时尚文化产品；6月，中国电子商务协会正式成立，这是一个面向电子商务，不受地区、部门、行业、所有制限制，是与电子商务有关的企业、事业单位和个人自愿参加的非营利性、全国性社团组织。
- 2000年底，随着纳斯达克市场下挫，8848最终无缘上市。8月，由于无法调和股东之间的矛盾，王峻涛离职，曾经作为中国互联网界电子商务领域旗舰的8848开始逐渐没落。
- 2000年，中国互联网三大门户——新浪、网易、搜狐相继登录纳斯达克。其中，新浪在4月率先上市，网易在6月上市，搜狐在7月紧随而来，上市美国纳斯达克。
- 2001年7月，中国人民银行颁布《网上银行业务管理暂行办法》；9月，卓越网成为国内首家实现赢利的电子商务企业；11月，中国电子政务应用示范工程通过论证。
- 2002年3月，eBay以3 000万美元收购易趣33%股份。
- 2002年9月，由中国人民银行牵头，工商银行、农业银行、中国银行、建设银行、交通银行等14家全国商业银行联合共建的中国金融认证中心（CF-CA）通过测评，被中国国家信息安全测评认证中心正式授予"国家信息安全认证系统安全证书"，在网上交易和支付安全方面有了重要突破。

4. 复苏与发展阶段（2003—2007年）

经历了电子商务的低谷后，特别是经历了2003年上半年的一场突如其来的"非典"疫情，中国互联网经济在这一阶段逐步复苏，重新回到快速发展的轨迹上。从阿里巴巴到易趣，再到携程，都对电子商务进行了完美的诠释。网易之后，新浪和搜狐相继赢利。百度、分众等如雨后春笋般蓬勃发展起来。与此同时，大批网民逐步接受了网络购物的生活方式，物流、支付、诚信瓶颈得到基本解决，我国的电子商务基础环境不断成熟，"网商"的概念深入商家之心。

这一阶段的典型事件主要包括以下几项。

- 2003年5月，阿里巴巴投资1亿元人民币推出个人网上交易（C2C）平台——淘宝网，和易趣展开激烈竞争；12月，慧聪网在香港上市。
- 2004年6月，第一届网商大会在杭州世贸中心召开，马云做了题为"蚂蚁兵团能够战胜大象"的主题演讲；同年，卓越网以7 500万美元卖给了亚马逊，成功变身卓越亚马逊；京东开始涉足电子商务；腾讯启动拍拍购物网。

- 2004年，网易、盛大、九城、巨人、腾讯等公司在网络游戏领域各显神通，在中国网游市场形成群雄逐鹿的局面。同年，博客、播客等发展进入如火如荼的时代。
- 2005年4月，《中华人民共和国电子签名法》正式施行；8月，阿里巴巴集团并购雅虎中国，同时被雅虎控股。
- 2006年，中国互联网界充满了竞争的意味，淘宝与易趣，奇虎与雅虎，百度与谷歌，迅雷与反迅雷联盟等形成了激烈的竞争局面。
- 2006年5月，环球资源入股慧聪国际，结成中国最大的B2B战略联盟；12月，网盛科技上市，标志A股"中国互联网第一股"诞生。
- 2007年6月，网盛科技并购中国服装网；11月，阿里巴巴在香港上市；年底，凡客诚品（VANCL）诞生，网站上线第一天卖出了15件衣服。

5. 转型与升级阶段（2008年至今）

这个阶段最明显的特征就是，电子商务已经不仅仅是互联网企业的天下。数不清的传统企业和资金流入电子商务领域，使得电子商务世界变得异彩纷呈。

这一阶段的典型事件主要包括以下几项。

- 2008年5月，中国电子商务协会授予杭州为"中国电子商务之都"称号；9月，百度"有啊"宣布上线，正式进军C2C。
- 2008年，社会化网络服务（social networking services，SNS）的本土化生存达到顶峰，中文社区的发展和流行成为本年度的主流；以盛大文学为首的网络文学也在这一年得到快速发展。
- 2009年1月，国家工业和信息化部为中国移动、中国电信和中国联通发放了第三代移动通信（3G）牌照，预示着中国互联网3G时代的到来；5月，当当网宣布率先实现赢利；7月，淘宝网诚信自查系统上线，为C2C历史上规模最大的一次反涉嫌炒作卖家自查举措；同年，据中国互联网络信息中心统计数据显示，我国的网民人数已经突破3亿人，成为全球互联网第一人口大国；传统企业如格兰仕、七匹狼等纷纷加入电子商务行列。
- 2010年，微博、网络团购呈现爆发态势；移动互联网领域、杀毒软件领域、搜索领域及SNS网站之间产生新一轮竞争。
- 2011年，国内B2C市场全面爆发。京东商城涉足日用百货、图书音像、奢侈品等领域；亚马逊中国、当当网持续推进百货化；苏宁易购也从主营家电数码向图书、百货拓展；11月，淘宝商城宣布正式启动独立域名（www.tmall.com），并在2012年1月改名为"天猫"。
- 2011年，全程电子商务的概念深入人心。随着SaaS（software as a service）软件服务模式的出现，软件纷纷登录互联网，延长了电子商务链条，形成了当下最新的"全程电子商务"概念模式。
- 2011年，随着云计算等技术的日趋成熟，主动互联网营销模式出现，I-Commerce（individual commerce）顺势而出，电子商务企业以主动、互动、用户关怀等多角度与用户进行深层次沟通，出现智慧电子商务的概念。
- 2012年，我国网民规模达5.64亿人，网络购物用户规模达到2.42亿人；电子商务类应用在手机端发展迅速，手机团购、手机支付、手机网上银行三大类移动应用领域整体看涨。据《2012年中国互联网产业发展综述》报告数据显示，2012年我国电子商务交易额超过了7

万亿元,其中,网购交易额超过 1.2 万亿元。

● "双 11"网购狂欢节是指每年 11 月 11 日的网络促销日,源于淘宝商城(天猫)2009 年 11 月 11 日举办的促销活动,当时参与的商家数量和促销力度有限,但营业额远超预期,于是 11 月 11 日成为天猫举办大规模促销活动的固定日期。近年来"双 11"购物狂欢节已成为中国电子商务行业的年度盛事,并且逐渐影响到国际电子商务行业。据阿里数据显示,2015 年天猫"双 11"全球狂欢节交易额超 912 亿元,其中移动端占比 68%;累计物流订单 4.68 亿份,累计电子面单生成量 1.21 亿个;全球已成交国家/地区 232 个。2016 年天猫"双 11"全天总交易额 1 207 亿元,创造了新的世界纪录。其中无线交易额占比 81.87%,覆盖 235 个国家和地区。2017 年天猫"双 11"成交总额达 1 682 亿元。

● 2017 年,我国网民规模达 7.72 亿人,其中手机网民规模达 7.53 亿人,网络购物用户规模达到 5.33 亿人。网络购物市场消费升级特征进一步显现,线上线下融合向数据、技术、场景等领域深入扩展。伴随融合的不断深入,线上线下边界模糊化、零售业态碎片化、消费场景智能化的全新商业形态正在形成。

➔ **案例 1-1:中国第一笔因特网上的电子交易**

1998 年 3 月 18 日,北京友谊宾馆友谊宫内,世纪互联通讯技术有限公司的白小姐,面对首都多个新闻单位的记者宣布:中国第一笔因特网电子交易成功。为本次交易提供网上银行服务的是中国银行,扮演网上商家的是世纪互联通讯技术有限公司。

中国第一笔因特网电子交易的时间是 1998 年 3 月 18 日下午 3 点 30 分。第一位网上交易的支付者是中央电视台播送中心的王轲平先生;第一笔费用支付手段是中国银行长城卡;第一笔支付费用是 100 元;第一笔认购物品是世纪互联通讯技术有限公司的 100 元上网机时。

中国银行开展网上银行服务的最早时间是 1996 年。1997 年底,王轲平先生发现了这个站点,并填写了申请书。在接到王轲平先生的申请后,世纪互联通讯技术有限公司开始着手进行这次交易的内容,实质性的时间用了大约 15 天。王轲平先生成为第一个在中国因特网上进行电子交易的人。

资料来源:蒲忠. 电子商务概论 [M]. 北京:清华大学出版社,2013.

1.1.2 电子商务的概念及功能

1. 电子商务的基本概念

电子商务是一个不断发展的概念,至今在学术界和业界也没有一个大家公认的统一的定义。一般认为,电子商务分为狭义电子商务(electronic commerce,EC)和广义电子商务(electronic business,EB)两大类。

狭义电子商务是由电子商务的先驱 IBM 公司于 1996 年提出的,国内有人将其称为电子商业或电子交易,主要指借助计算机网络进行网上交易活动。即在网上实施展示、查询、订货、促销、销售、转账、清算及服务等。

广义电子商务同样由 IBM 公司提出,时间是 1997 年。是指包括电子交易在内的,通过因特网进行的各种商务活动,不仅包括企业之间、企业与个人之间的商务活动,还包括企业内部各部门之间发生的一切商务活动。

狭义电子商务和广义电子商务的区别如图 1-2 所示。

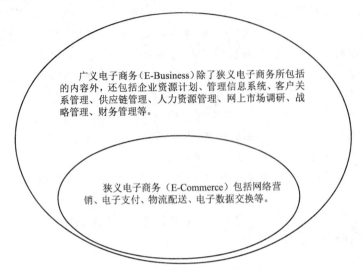

图 1-2　狭义电子商务和广义电子商务的区别

为了使广大读者更加广泛、深入地理解电子商务的内涵，本书列出一些比较著名的定义，供大家参考。

联合国经济合作和发展组织（OECD）认为：电子商务是发生在开放网络上的包含企业之间、企业和消费者之间的商业交易。

世界贸易组织（WTO）关于电子商务的定义是：电子商务是通过电子方式进行货物和服务的生产、销售、买卖和传递。

全球信息基础设施委员会（GIIC）关于电子商务的定义是：电子商务是运用电子通信作为手段的经济活动，通过这种方式人们可以对带有经济价值的产品和服务进行宣传、购买和结算。

美国政府在《全球电子商务纲要》里认为：电子商务是指通过 Internet 进行的各项商务活动，包括广告、交易、支付、服务等活动，全球电子商务将会涉及全球各国。

电子商务专家杨坚争教授将电子商务定义为：电子商务系指交易当事人或参与人利用现代信息技术和计算机网络技术（主要是因特网）所进行的各类商业活动，包括货物贸易、服务贸易和知识产权贸易。

IBM 公司认为，电子商务是在 Internet 的广阔联系与传统信息技术的丰富资源相结合的背景下，应运而生的一种在互联网上展开的互相关联的动态商务活动，不仅包括了在线商品的交换，还包括对客户的服务和商业伙伴之间的合作。

HP 公司则说：电子商务是通过电子化的手段来完成商业贸易活动的一种方式。

2．电子商务的功能

电子商务的功能非常丰富，归纳起来，可以分为以下 5 个方面。

（1）信息发布和广告宣传。在电子商务中，信息发布的实时性和便捷性是传统媒体无可匹敌的。企业可以通过自己的电子商务网站或其他门户网站，发布各类宣传信息和商业信息。与以往的各类广告相比，网上的信息发布和广告宣传突破了时空限制，其成本最为低廉，但是传达给客户的信息量却最为丰富。

（2）网上购物。网上购物是电子商务中最为直观、也是对企业和个人购物行为影响最大的一个功能。客户可以通过企业的官方网站或搜索引擎进行商品的搜索和比较；可以借助电子邮件或其他的即时通信工具和卖方进行商品和其他事务的异地咨询洽谈；可以方便地进行心仪商品的网上订购并享受送货上门等优质的物流服务；可以通过网上支付完成货款的支付等环节。如果对购买的商品不满意，还可以享受退货等服务。

（3）网上金融服务。为了确保网上支付等的安全，电子商务将金融服务推向了信息化的最前沿，金融服务范围不断扩大，手段不断更新。具体地讲，电子商务带动的金融服务主要包括网上银行、网上保险、网络投资理财、网上金融安全服务等。目前，我国各大商业银行基本上都提供了上述的各种网上金融服务，为我国电子商务的健康发展发挥了重要的保障作用。

（4）搜集情报与意见征询。对于各企业来说，要想快速地了解当前商务发展的宏观环境和微观环境，对自己的产品进行目标客户区分和定位，确定开展网络营销的方式和渠道，以及和客户进行交流沟通，进行意见征询等，都需要快速、全面、深入的情报搜集工作。电子商务为此开辟了全新的平台。企业搜集的情报及客户的反馈意见不仅能提高其产品定位、销售和售后服务的水平，更使企业能够获得改进产品、发现新市场的商业机会。

（5）企业信息化管理。电子商务的发展促进了企业的信息化管理。电子商务活动所涉及的范围不仅仅局限于企业内部，还包括企业外部，即与企业生产、销售、竞争相关的企业和客户。企业信息化管理是指将企业的设计、采购、生产、制造、财务、营销、经营、管理等各个环节集成起来，共享信息和资源，同时利用现代的技术手段来寻找自己的潜在客户，有效地支撑企业的决策系统，达到降低库存、提高生产效能和质量、快速应变的目的，增强企业的市场竞争力。

上面通过 5 个方面列举了电子商务的功能，下面通过一个案例形象、直观地阐明电子商务在实际应用中的功能，以加强大家对此的理解和认识。

➜ 案例 1-2：新浪微博助力企业发展

2017 年 1 月，新浪微博数据中心发布《2016 微博企业白皮书》，从市场环境、微博生态、数说企业、官微运营及未来展望 5 个方面详细地论述了如何利用微博助力企业发展。

1. 市场环境

品牌营销是现代企业在发展过程中的重要环节。通过深挖产品的内涵，切合准消费者的需求，从而让消费者深刻了解该产品并进而产生购买行为。基于移动互联网与社交媒体发展起来的新媒体时代，促使企业营销环境发生了翻天覆地的变化。以微博为代表的社交媒体的崛起，使企业能够以更为积极的态度去了解用户且能够主动出击，以更加多样化的营销策略去迎合需求，进而提升营销效果。

2. 微博生态

依托新浪门户的媒体资源、即时有效的传播渠道及覆盖多个垂直领域等先天优势，新浪微博用户继续保持稳健增长态势。截至 2016 年 9 月，新浪微博月活跃人数已达到 2.97 亿人，日活跃用户达到 1.32 亿人。微博用户总体上呈现以年轻用户为主，并逐渐向区域覆盖下沉的特征。庞大的微博用户为企业开展微博营销提供了坚实的基础。对于企业而言，微博是能够让企业的品牌、产品与服务形成巨大影响并深刻触达用户的重要网络平台。2016年微博企业账号数量达130万个，通过该渠道，企业努力建立与用户间的良好互动，不断提升用户的服务体验。

3. 数说企业

分地区来看，微博企业账号主要集中在一、二线城市，但与2015年比较，三线以下城市的企业账号量也随着微博用户下沉态势而有所增长。数据显示，2016年，微博企业账号覆盖有效粉丝量高达5.9亿人。与2015年相比，IT互联网、时尚美妆及生活服务类企业账号粉丝增长数量最大。2016年企业账号博文阅读量超过6 700亿次，其中微博博文互动量1 000万次以上的企业账号21个，包括vivo智能手机、小米手机、天猫、铂爵婚纱全球旅拍等知名微博企业账号。

4. 官微运营

商业工具力促企业与粉丝的良性互动，新浪微博平台商业生态日臻完善。活动平台为企业提供多种粉丝互动形式，用户参与活动并在微博分享，形成链条式传播，进而实现品牌营销的目的。2015年7月以来，微博企业账号发布微博活动超过347万个；活动参与量接近3.2亿人次。微博红包、微博卡券、微博众筹等是企业账号与用户之间互动的重要方式。例如，2016年"让红包飞"期间，2家知名企业粉丝获取量达到150万+，而2016年商户微博卡券发布量达到2亿元以上。另外，在整个微博生态中，微博数据服务对于企业了解内容传播效果、传播节点、粉丝特征，进而进一步优化传播内容、拓展传播思路具有重要的作用。

5. 未来展望

移动互联网的迅猛发展势必将吸引企业把营销领域更多的注意力集中到网络平台。而就目前来看，一方面，数据挖掘技术将进一步提升企业营销的精确性和有效性；另一方面，自媒体/社交媒体的异军突起将促进企业在营销策略方面做出更多的变化。微博，作为当前国内最优秀的社交媒体平台，在社会舆论、信息传播等方面始终发挥着其他媒介不可替代的作用。如何在微博平台更好地发挥企业账号的营销功用，对企业提升及维护品牌影响力具有重要意义。2016年，微博继续强化视频、直播及电商通路，不断提升微博用户的使用体验。同时，进一步向垂直领域延伸，为企业营销迎来重要契机。而本地化内容是用户微博消费的重要组成部分。在本土化内容上的拓展，对地方中小企业借助微博提升影响力具有积极作用。

资料来源：新浪微博数据中心. 2016微博企业白皮书［EB/OL］（2017-01-18）. http://www.useit.com.cn/ thread-14454-1-1.html.

1.1.3 电子商务中信息流、资金流和物流的相互关系

在电子商务环境下，传统商务活动中所涉及的信息流、资金流和物流呈现出一体化的趋势。研究三者之间的平衡关系和发展模式，是提高电子商务竞争力的重要方法和手段。本节首先介绍信息流、资金流和物流的基本概念，其次阐述三者之间的相互关系。

1. 信息流、资金流和物流的基本概念

1）信息流

信息流是电子商务的基础。信息流是指电子商务交易过程中各个主体之间为促成利于己方的交易而进行的所有信息获取、辨别、处理与应用活动。它是一切电子商务活动的核心。现代电子商务环境下的企业管理的本质和核心就是对企业信息流实施有效控制，从而增进企

业效益。

电子商务环境下信息流主要包括以下 3 类。

（1）企业内部信息流。在传统企业还没有建立 Intranet 的时候，企业内部分别存在横向和纵向的信息流动。横向流动是在企业各平级部门之间传递的信息流，而纵向信息包括非平级部门之间自上而下和自下而上的信息流。自上而下的信息流主要是指导性和决策性的信息，包括企业战略、经营计划等；自下而上的信息流则是企业一些日常运营的反馈信息由基层向高层的汇总。

企业建立 Intranet 以后情况得到改观。共享数据库成为不同部门和不同级别之间信息交流的中心，成为整个企业内部信息交换的枢纽。信息传递的效率更高，信息量更大，科学性也更强，更易于应用在企业的决策当中。

（2）企业与企业之间的信息流。企业与企业之间的信息流主要包括企业与供应商之间和生产企业与商业企业之间的信息流。在电子商务环境下，企业与企业之间借助 EDI（电子数据交换）或其他先进的技术手段可以实现更为快速准确的信息交流。

（3）企业与客户之间的信息流。客户资源已经成为所有现代企业的最重要资源。如何与客户进行有效的交流、获得客户对产品的第一手信息已经成为几乎所有企业的第一要务。借助客户关系管理（customer relationship management，CRM）系统，企业可以方便地建立客户档案并与其有效沟通，形成和分析各种客户数据并做出市场导向的决策。

2）资金流

资金流是电子商务的实现手段，是指资金的转移过程，包括支付、结账、结算等。资金的加速流动具有财富的创造力，商务活动的经济效益是通过资金的运动来体现的。

作为电子商务中连接生产企业、商业企业和消费者的纽带，银行是否能有效地实现电子支付已成为电子商务成败的关键。任何网上交易的资金流都可分为交易环节和支付结算环节两大部分。其中支付结算环节是由包括支付网关、银行和发卡行在内的金融专用网络完成的。因此，银行可以说是任何电子商务资金流的核心机构。

3）物流

物流是电子商务的保障，是指商品在空间和时间上的位移，包括这个过程中的采购配送、物流性加工、仓储和包装等环节中的流通情况。

物流的基本宗旨在于满足企业与顾客的物流需求，尽量消除物流过程中各种形式的浪费，追求物流过程的持续改进和创新，降低物流成本，提高物流效率。一个成功的物流系统至少应该做到 5R，即在正确的时间（right time）、正确的地点（right location）和正确的条件（right condition）下，将正确的商品（right goods）送到正确的顾客（right customer）手中。虽然物流只是整个商务活动中的一个组成部分，但却是商品和服务价值的最终体现，"以顾客为中心"的价值实现最终体现在物流上。

2. 信息流、资金流和物流的相互关系

在电子商务活动中，信息流、资金流和物流是三个基本组成要素，三者密切相关。信息流提供及时准确的信息，资金流有计划地完成商品价值形态的转移，物流根据信息流和资金流的要求完成商品使用价值即商品实体的转移过程。三流有机结合，通过不同的渠道协同完成任务。其中，信息流的主要渠道是网络，物流的主要渠道是配送中心或快递公司，而资金流的渠道主要是银行，三流共同完成商品的生产、分配、交换、消费、再生产的循环。

➡ 案例 1-3：塑造电子商务时代"三流"价值链

"电子商务时代，供应链管理正迎来一场重大变革机会。" 2010 年 10 月 23 日，在 2010 中国企业高峰论坛金蝶友商网供应链电子商务分论坛上，与会专家认为，中国电子商务正从"一场消费者的革命"深刻影响着企业商业流程，企业上下游之间的协作必然要从信息流、物流、资金流分离式管理往三流统一集成的平台化管理发展。

电子商务将如何对企业产生影响是所有企业都在关心的话题。对此，金蝶友商网冯颉认为，电子商务通过渗透、融合和创新三部曲改造着企业的商务流程。

但不可否认，我们现在离电子商务的这一愿景还远。"目前使用电子商务的企业 85% 是中小企业，且对小企业的覆盖率还很低。"与会专家指出，大多数中小企业并没有触及电子商务，甚至许多人还误认电子商务就是网上贸易，而且目前"电子交易"所提供的服务只是局限于电子交易和商机信息的聚合，与打通企业内外部业务流程的真正电子商务差之甚远。

同时，与会专家认为，SaaS（software-as-a-service，软件即服务，又称软件运营服务模式）是实现用户电子商务集成管理需求的最佳手段。对此，金蝶友商网介绍，他们正将电子商务应用与企业内部信息化整合，以"软件+服务+平台"的模式打造新一代面向电子商务时代的信息化服务平台，面向中小企业电子商务模式创新，全面贯通企业外部商务到内部管理。

未来，基于供应链的电子商务模式创新，将能整合资金流（电子支付、电子银行等）、信息流（信息收集、反馈等）、物流（电子报关、货物跟踪等）这三流管理，从而打通企业内部 ERP、企业间协作的 B2B 到企业与消费者的 B2C 三大商务环节。

资料来源：IT168. 塑造电子商务时代"三流"价值链［EB/OL］（2010-10-24）. http://tech.hexun.com/2010-10-24/125234722.html.

1.1.4 电子商务的分类

电子商务涵盖的范围非常广泛，从不同角度可以将其分为不同的类型。本书主要按照电子商务的交易对象、交易过程、使用的网络类型及交易的地域范围等角度进行阐述。

1. 按电子商务的交易对象划分

按照电子商务的交易对象，可以将电子商务分为 B2B、B2C、C2C、B2G、B2T、O2O 等模式。在此简要介绍其中几种主要模式，详细内容参见本书后面相关章节。

1）B2B 模式（business to business）

B2B 模式是指商家对商家的电子商务，即企业与企业之间通过互联网进行产品、服务及信息的交换。该模式中，企业之间通过 Internet 技术或各种商务网络平台，完成商务交易的过程。

B2B 按服务对象可分为外贸 B2B 及内贸 B2B，按行业性质可分为综合 B2B 和垂直 B2B。根据"2017 上半年中国 B2B 企业百强榜"数据显示，2017 年上半年，阿里巴巴 B2B、慧聪网、上海钢联名列前三甲。在 B2B 百强名单的新晋企业中，快消品行业及大宗交易类企业最多。

➡ 案例 1-4：慧聪网——中国领先的 B2B 电子商务平台

慧聪网成立于 1992 年，是国内领先的 B2B 电子商务服务提供商。2003 年 12 月，慧聪国际在香港挂牌上市，为国内信息服务业及 B2B 电子商务服务业首家上市公司。

2017年，受惠于产业结构改革带来的正面影响，慧聪网 B2B 1.0 的资讯和广告服务一直稳健发展，与此同时，B2B 2.0 垂直产业平台发展迅速。2017 年上半年，慧聪集团持续专注于互联网技术服务变革，包括智慧化抓取买家线索并入客户关系管理的 SaaS 应用——"慧聪友客"及升级以效果付费的 P4P 产品——互通宝等创新项目。

在调整 PC 端产品营销策略的同时，慧聪集团积极把握移动端 B2B 商机。伴随着 B2B 1.0 业务的发展及推出由慧嘉互动所提供高科技移动端的市场产品，于 2017 年上半年，B2B 1.0 收入（包括互联网产品、工商业黄页及目录、线下会议）占集团收入约人民币 5.16 亿元，与上年同期的人民币 3.93 亿元相比增长约 31.3%。慧聪网以骄人的业绩继续领跑国内 B2B 电子商务，并在"2017 上半年中国 B2B 企业百强榜"单中名列亚军。

资料来源：慧聪网. 2017 中期报告［EB/OL］(2017-09-05). http://hcgroup.hc360.com/pdf/CW02280_20170905.pdf.

2）B2C 模式（business to customer）

B2C 模式是指企业与消费者之间的电子商务。这是我国最早产生的电子商务模式，以 8848 网上商城正式运营为标志。

根据艾瑞咨询及中商产业研究院发布的数据显示，2017 年 1 季度中国网络购物市场 B2C 交易规模为 0.7 万亿元，在中国整体网络购物市场交易规模中占比为 56.1%。在市场份额方面，天猫占比 56.6%，位居榜首；京东和苏宁易购排在第二、第三位，占比分别为 26% 和 4.6%；其后是唯品会、国美在线、1 号店、亚马逊中国、当当网和聚美优品，占比分别为 3.7%、1.1%、0.9%、0.9%、0.5% 和 0.2%。

➡ 案例 1-5：唯品会——一家专门做特卖的网站

唯品会信息科技有限公司（VIPS）成立于 2008 年 8 月，总部设在广州，旗下网站于同年 12 月 8 日上线。唯品会主营业务为互联网在线销售品牌折扣商品，涵盖名品服饰鞋包、美妆、母婴、居家等各大品类。2012 年 3 月 23 日，唯品会在美国纽约证券交易所（NYSE）上市。

唯品会在中国开创了"名牌折扣+限时抢购+正品保障"的创新电商模式，并持续深化为"精选品牌+深度折扣+限时抢购"的正品特卖模式。这一模式被形象地誉为"线上奥特莱斯"。唯品会采用线上销售模式，通过唯品会自营的网络平台直接销售厂商商品，同时由于唯品会与品牌方、厂商之间经过长期合作建立了合作信任关系，彼此间有许多的合作模式，如跨季度的商品采购、计划外库存采购、大批量采购、独家专供等，因而能够实现价格优惠化，成为广大网民特别是青年女性网民非常青睐的购物网站。

唯品会的使命是"传承品质生活，提升幸福体验"；企业愿景是"成为全球一流的电子商务平台"；对用户的经营理念是"用户是上帝，也是我们的衣食父母，坚持用户利益至上，不断倾听和深刻理解用户需求，不断给用户惊喜，不断提供超预期的体验和服务，不断创造新的用户价值"。

截至 2017 年 6 月 30 日，唯品会已连续 19 个季度实现盈利，其在 B2C 网络购物市场所占市场份额达到 3.7%，位居排行榜第 4 位。

资料来源：根据唯品会官方网站相关资料整理而成。

网址：https://www.vip.com/

3）C2C 模式（customer to customer）

C2C 模式是指消费者与消费者之间的电子商务。在这种模式中，商品直接由消费者出售给消费者。其特点类似于现实商务世界中的跳蚤市场。其构成要素，除了包括买卖双方外，还包括电子交易平台供应商，也即类似于现实中的跳蚤市场场地提供者和管理员。

C2C 的典型代表包括淘宝、拍拍、易趣等。

➡ **案例 1-6：海伶山珍：舌尖上的土特产**

海伶山珍店铺是由女大学生赵海伶创建的。赵海伶是地处四川盆地北部边缘的青川县人，2009 年从四川外语学院毕业后选择回到地震后的家乡创业。创业初期，赵海伶克服没有物流、没有库房等困难，采用电子商务模式，在网上创建了第一家销售家乡土特产的店铺。

早在 2009 年，农产品电商意识还未兴起的时候，海伶山珍店铺就走上了土特产的细分道路：食品中的土特产，土特产中的青川野生土特产。把"山里人的货"搬到线上，开通博客分享每次进山取货的照片，让客户感受到现场的真实感，提高对山货及海伶山珍店铺的信赖。在引入申通快递、圆通快递、韵达快递后，海伶山珍的发展又往前推进了一大步。电子商务慢慢改变了青川人的生活方式，网络消费逐渐被小县城的老百姓所接受。

海伶山珍不仅在网上做得风生水起，而且在线下也在加快推进本地市场的步伐。2012 年 6 月，海伶山珍的第一家实体店在四川绵阳开业，随后第二家店在成都开业，并陆续发展到国内 40 余个城市的线下实体店销售。通过线下的体验，线上线下结合的方式，赵海伶破浪商海的船队越来越壮大。

资料来源：李传君，张艳玲. 电商赵海伶山乡创业记［N］. 农民日报，2015-05-12.

4）B2G 模式（business to government）

B2G 模式是指企业与政府之间进行的电子商务活动，其涵盖了政府与企业间的各项事务，包括政府采购、税收、商检、管理条例发布及法规政策颁布等。一方面，政府作为消费者可以通过 Internet 发布自己的采购清单，公开、透明、高效、廉洁地完成所需物品的采购；另一方面，政府借助网络以电子化方式更充分、及时地发挥对企业的各种宏观调控、指导规范及监督管理的职能。

B2G 的典型代表包括政府网上采购、政府网上招投标等。

➡ **案例 1-7：政府网上采购**

政府网上采购，是指政府将采购的细节在互联网上公布，通过网上竞价方式进行招标，企业通过电子的方式进行投标。网上采购从程序上可以通过互联网发出公告、发布标书、开标、评标、定标的各个步骤，可以签订电子合同，可以实现电子化结算，可以通过交互式的视频会议进行网上谈判。

在 B2G 模式下，政府和企业站在完全平等的立场上，利用互联网完成双方的交易。这一方面可以提高采购效率，降低成本；另一方面也便于建立监督机制，尽量避免腐败行为的发生。

中国采购与招标网就是 B2G 的一个典型应用平台。

资料来源：许艳. 政府网上采购研究［J］. 高科技与产业化，2004（2）.

5）B2T 模式（business to team）

B2T 模式是指一个团队和商家之间进行的电子商务活动，也称为团购。团购作为一种新兴的电子商务模式，通过消费者自行组团、专业团购网站、商家组织团购等形式，提升用户与商家的议价能力，并极大限度地获得商品让利。该模式是近些年来在网民中流行的一种新的消费方式。

团购的典型代表包括聚划算、美团网、糯米网、大众点评网、拉手网等。

➡ **案例 1-8：大众点评——发现品质生活**

大众点评于 2003 年 4 月成立，是中国领先的城市生活消费平台和独立的第三方消费点评网站。借助移动互联网、信息技术和线下服务能力，大众点评为消费者提供值得信赖的本地商家、消费评价和优惠信息，以及团购、预约预订、外送、电子会员卡等 O2O 闭环交易服务，覆盖了餐饮、电影、酒店、休闲娱乐、丽人、结婚、亲子、家装等几乎所有本地生活服务行业。大众点评手机客户端是中国极受欢迎的本地生活 App 之一，已成为广大城市消费者的必备工具。"点亮精彩生活"是大众点评的使命，该团队的奋斗目标是：深刻理解消费者与商户需求，为其创造非凡体验和最大价值，并引领本地生活方式。

截止到 2015 年第三季度，大众点评月活跃用户数超过 2 亿人，点评数量超过 1 亿条，收录商户数量超过 2 000 万家，覆盖全国 2 500 多个城市及美国、日本、法国、澳大利亚、韩国、新加坡、泰国、越南、马来西亚、印度尼西亚、柬埔寨、马尔代夫、毛里求斯等全球 200 多个国家和地区的 860 座城市。

截止到 2015 年第三季度，大众点评月综合浏览量（网站及移动设备）超过 200 亿次，其中移动客户端的浏览量超过 85%，移动客户端累计独立用户数超过 2.5 亿。

目前，除上海总部之外，大众点评已经在北京、广州、深圳等 250 多座城市设立分支机构。

资料来源：根据大众点评网官方网站（http://www.dianping.com/aboutus）资料改编。

6）O2O 模式（online to offline）

O2O 模式是新兴起的一种电子商务新商业模式，是指线上营销线上购买带动线下经营和线下消费。该模式最重要的特点是：推广效果可查，每笔交易可跟踪。O2O 通过打折、提供信息、服务预订等方式，把线下商店的消息推送给互联网用户，从而将他们转换为自己的线下客户，这就特别适合必须到店消费的商品和服务，如餐饮、健身、看电影和演出、美容美发、摄影等。

O2O 模式的典型代表包括团购网，为消费者提供信息和服务的网站，如赶集网、爱邦客等，以及最近兴起的房地产网，如搜房网、百度乐居等。

➡ **案例 1-9：芝加哥 Trunk Club 的 O2O**

Trunk 是一家位于芝加哥的高端服装网站。用户登录该网站后，可以选择预设的样式，回答一些问题如"你一般在哪里购物？""你最喜欢的款式？尺码？价格？颜色？"等。然后就会有一个时尚顾问联系上用户并和用户交流（可能是电子邮件的方式），在获取了用户的喜好和风格之后，他（她）就会安排给用户发送一些用户可能喜欢的样式的服装、鞋子等，用户只要挑选喜欢的就行了，然后为喜欢的那部分付费，其他的则退回。这家电子商务网站就是利用线上线下的体验，让用户更加方便快捷地购买到个性化定制的高端服装。

资料来源：孟梦. Trunk Club：个性化定制高端服装网站［EB/OL］（2011-07-08）. http://www.techweb.com.cn/newsite/2011-07-08/1062804.shtml.

2. 按电子商务的交易过程划分

按照电子商务的交易过程，可以将其划分为交易前电子商务、交易中电子商务及交易后电子商务3种类型。

1）交易前电子商务

交易前电子商务主要是指买卖双方和参加交易的其他各方在签订贸易合同前的准备活动。包括以下几方面。

（1）买方根据自己要买的商品，准备购货款，制订购货计划，进行货源市场调查和市场分析，反复进行市场查询，了解各个卖方的贸易政策和资质，反复修改购货计划和进货计划，确定和审批购货计划，再按计划确定购买商品的种类、数量、规格、价格、购货地点和交易方式等。

（2）卖方根据自己所销售的商品，全面进行市场调查和市场分析，制定各种销售策略和销售方式，利用 Internet 和各种电子商务网站发布商品广告，寻找贸易伙伴和交易机会，扩大贸易范围和商品所占市场的份额。

其他参加交易的各方，如中介方、银行金融机构、信用卡公司、海关系统、商检系统、保险公司、税务系统、运输公司，也都为进行电子商务交易做好相应的准备。

（3）买卖双方对所有交易细节进行谈判，将双方磋商的结果以文件的形式确定下来，然后以书面文件和电子文件形式签订贸易合同。

2）交易中电子商务

交易中电子商务是指买卖双方签订合同后到合同开始履行之前办理各种手续的过程。

交易中要涉及有关各方，如中介方、金融机构、海关系统、运输公司等。买卖双方要利用 EDI（电子数据交换）与有关各方进行各种电子票据和电子单证的交换，直到办理完将所购商品从卖方开始向买方发货的一切手续为止。

3）交易后电子商务

交易后电子商务主要是指交易后进行服务的电子商务系统，涉及银行、金融机构、售后维修和物流配送等多个方面。

交易后电子商务从买卖双方办完所有各种手续之后开始，卖方要备货、组货，同时进行报关、保险、取证、发信用证等，将所售商品交付给运输公司包装、起运、发货，买卖双方可以通过电子商务服务器跟踪发出的货物，金融机构也按照合同处理双方收付款，进行结算，出具相应的银行单据等，直到买方收到自己所购商品才完成整个交易过程。索赔是在买卖双方交易过程中出现违约时进行违约处理的工作，受损方要向违约方索赔。

3. 按使用的网络类型划分

按照使用的网络类型不同，可以将电子商务划分为基于电子数据交换（EDI）的电子商务、基于企业网络环境（Intranet/Extranet）的电子商务、基于 Internet 网络的电子商务。

1）基于电子数据交换（EDI）的电子商务

EDI 是 electronic data interchange 的首字母缩略，中文称为电子数据交换。它是通过计算机网络将贸易、运输、保险、银行、商检和海关等行业及部门信息，用一种国际公认的标准格式，实现各有关部门或公司与企业之间的数据交换和处理，并完成以贸易为中心的全部过程。

简单地说，EDI 就是按照商定的协议，将商业文件标准化和格式化，并通过计算机网络，在贸易伙伴的计算机网络系统之间进行数据交换和自动处理。

EDI 主要应用于企业与企业、企业与批发商、批发商与零售商之间的批发业务。

➡ 案例 1-10：中国较早的 EDI 系统的使用者——中远集团

中国远洋运输（集团）总公司（简称中远集团）是国内最早实施 EDI 的企业之一，它的前身是成立于 1961 年 4 月 27 日的中国远洋运输公司。作为以航运、物流为核心主业的全球性企业集团，中远集团在全球拥有近千家成员单位共 8 万余名员工，经营网络遍及世界各地。

中远集团真正实验运作 EDI 系统是从 1988 年开始的。20 世纪 90 年代初，中远集团与国际著名的 GEIS 公司合作开始了 EDI 中心的建设，由该公司为中远集团提供报文传输服务。1995 年，中远集团正式立项，1996 年至 1997 年完成了中远集团 EDI 中心和 EDI 网络的建设，该 EDI 网络基本覆盖了国内 50 多家大小中货和外代网点，实现了对海关和港口的 EDI 报文交换，并通过北京 EDI 中心实现了与 GEISEDI 中心的互联，连通了中远集团海外各区域公司。1997 年 1 月，中远集团总公司正式开通公司网站，1998 年 9 月，中远集团在网站上率先推出网上船期公告和订舱业务。目前，中远集团已经通过 EDI 实现了对舱单、船图、箱管等数据的 EDI 传送。

1990 年的时候，中远集团从国内到日本的集装箱一般有 5 000 个标准箱位，而仅按其中的 1 000 个标准箱位计算，大约需要 150 大张仓单，用传真需要 2 个小时才能传过去，而采用 EDI 后仅需几分钟就可以传完，节省的不只是时间，以当年的业务量计算，中远集团光传真费就节省了 70 万美元。而现在，中远集团的业务量比 1990 年增长了许多倍，可想而知，EDI 的应用为中远集团节省了多少费用和时间。

资料来源：徐荣. 中国远洋运输（集团）公司 EDI 应用实践［J］. 集装箱化，1994（9）；吴国新，吉逸，李俊，等. 中远 EDI 系统［J］. 数据通信，1995（3）.

2）基于企业网络环境 Intranet / Extranet 的电子商务

基于企业网络环境的电子商务是指企业内部之间通过 Intranet 的方式处理与交换商贸信息。Intranet 是在 Internet 的基础上发展起来的企业内部网，其与互联网之间最主要的区别在于 Intranet 内的敏感或享有产权的信息受到企业防火墙安全网点的保护。它只允许有授权者介入内部 Web 网点，外部人员只有在许可条件下才可进入企业的 Intranet，因此更安全、更可靠，更加适合企业或组织机构加强信息管理与提高工作效率，人们形象地称之为"建立在企业防火墙里面的 Internet"。

➡ 案例 1-11：Intranet 带给 ANE 第二个"黄金季节"

ANE 是一家总部设在纽约的大型跨国制药公司。该公司在国外二十多个国家设有生产子公司，在五十多个国家设有销售分支机构和办事处。经过近十年的发展，该公司业绩取得极大发展，其股票在纽约证券交易所上也有不俗的表现。

虽然公司业绩逐年增长，但作为公司的首席执行官（CEO）Calvin 先生却感到危机四伏。这种危机感主要来自于管理难度的增大所带来的管理成本的上升。由于公司的规模不断扩张，为了管理公司和协调公司与各相关利益主体的关系，Calvin 和其他一些高层主管不得不频繁穿梭于世界各地，同时组织规模的扩大也带来员工与管理层的沟通问题。传统的管理方式带来的是效率的低下和管理成本的不断攀升，所有这些都将对公司的战略目标构成威胁。

在组织公司人员进行分析论证和接受一家著名管理咨询公司的建议的基础上，Calvin 做出决定，公司应当从完善企业内部网络（Intranet）着手，利用互联网（Internet）的优势，变传统的管理为数字化管理，为公司的发展服务。

由于 ANE 以前也曾建有简单的企业内部网，在此基础上搭建 Intranet 平台并不困难，不久公司的 Intranet 便正式投入广泛的使用。ANE 公司利用互联网，不仅实现了总公司与各子公司、分公司及办事处的联网，而且与供应商、分销商也建立了网络联系。公司的采购成本、销售成本降下来了，公司的内部沟通更迅捷了。Calvin 也不必再为一些并不太重要的事情而亲自出马了，只要鼠标轻轻一点，利用 E-mail 等形式就能与有关人员进行及时的信息交流与沟通，从而可以将更多的精力放在计划、组织和决策上。值得一提的是，自从建立 Intranet 后，公司获得了一些意想不到的收获，那便是来自公司内部员工和公司客户的建议与意见。近年来公司采取的许多重大的革新举措，很大程度上是来自于对这些信息的分析与提炼。

如今 ANE 公司正处于发展的第二个"黄金季节"（第一个"黄金季节"来自 5 年前公司在研制一种攻克癌症的配方上取得的突破性进展），Calvin 正在构想建立网上销售系统，直接面向客户和消费者，建立 B2B 和 B2C 的电子商务模式，树立自己的品牌，如果能够取得成功，公司的业绩将会有很大的提高。

资料来源：魏忠，张芳芳. 电子商务工程管理［M］. 北京：人民交通出版社，2009.

3）基于 Internet 网络的电子商务

基于 Internet 网络的电子商务，是指基于国际互联网 Internet 开展的商务活动，是国际现代商业的最新形式，也是目前应用最为广泛，涉及人数最多的一种商务模式。它突破了传统商业生产、批发、零售及进、销、存、调的流转程序与营销模式，真正实现了少投入、低成本、零库存、高效率。消费者可以不受时间、空间、厂商的限制，广泛浏览，充分比较，模拟使用，力求以最低的价格获得最为满意的商品和服务。

➡ 案例 1-12：8 号熊的成功转型

8 号熊是福建泉州一家做外贸的童装企业，2011 年开始转做国内市场。8 号熊的产品设计得非常不错，但由于受到资金的限制，一直都没有实力与国内的童装品牌竞争，也没有打通实体通路。于是 8 号熊转向电子商务领域，在淘宝网上开设了旗舰店，同时大力发展分销商，如今仅在淘宝上就有十几家分销商。

不仅如此，8 号熊还采取全网营销策略，取得了非常好的效果。如在一次京东商城的万人团购活动中，一款男童套装就销售了两千多套。

在短短的一年时间内，8 号熊童装仅仅在电子商务上的业务就超过 1 000 万元，产品销售覆盖全国，打通了渠道上的障碍，在 2012 年被推选为福建省著名商标。

资料来源：苏静，翟旭君. 传统企业电商之道［M］. 北京：电子工业出版社，2013.

4. 按交易地域范围划分

按照交易的地域范围不同，可以将电子商务划分为本地电子商务、远程国内电子商务及全球电子商务 3 种类型。

1）本地电子商务

本地电子商务是指利用本城市内或本地区内的信息网络实现的电子商务活动，交易的地域范围较小。本地电子商务系统是基础系统，没有它就无法开展国内电子商务和全球电子商务。因此，建立和完善本地电子商务系统是实现远程国内电子商务和全球电子商务的关键。

本地电子商务具有时间短、成本低的优势，便于开展很多线下活动，以促进线上销售。

2）远程国内电子商务

远程国内电子商务是指在本国范围内进行的网上电子交易活动，其交易的地域范围较广，对软、硬件和技术的要求较高。该模式要求在全国范围内实现商业电子化、自动化，实现金融电子化，交易各方需具备一定的电子商务知识、经济能力和技术能力，并具有一定的管理水平和能力等。

3）全球电子商务

全球电子商务是指在全世界范围内进行的电子交易活动，参加交易的各方通过网络进行贸易，涉及有关交易各方的相关系统。由于内容繁杂，数据来往频繁，要求电子商务系统严格、准确、安全、可靠。全球电子商务是未来国际贸易的主流趋势，具有很大的潜力。

1.2 电子商务的系统组成及政策环境

电子商务这一新型商务模式的出现，改变了传统企业的经营方式，为传统企业带来了新的商机，同时也为企业的创新发展注入了新的活力。比尔·盖茨曾说："进入 21 世纪，如果你还不走进电子商务，未来将无商可务。"

为了深入地了解电子商务，走进电子商务，开展电子商务，就要对电子商务的系统组成及政策环境有一个清晰的认识。本节主要介绍电子商务系统的一般框架及系统组成，同时讨论开展电子商务所需的相关法律和宏观环境。

1.2.1 电子商务系统的一般框架

电子商务系统是指利用信息网络技术全面实现电子交易的商务系统。电子商务系统有广义和狭义之分。从广义上讲，电子商务系统是商务活动中各参与方和支持企业进行交易活动的电子技术手段的集合。从狭义上讲，电子商务系统则是指企业、消费者、银行、政府等在 Internet 和其他网络的基础上，以实现企业电子商务活动的目标，满足企业生产、销售、服务等生产和管理的需要，支持企业的对外业务协作，从运作、管理和决策等层次全面提高企业信息化水平，为企业提供具备商业智能的计算机网络系统。

电子商务系统的一般框架是指实现电子商务从技术到一般服务层所应具备的完整的运作基础，它在一定程度上改变了市场构成的基本结构。在电子商务系统的一般框架中，社会环境、公共政策及技术标准和法律法规等构成系统的支柱；网络基础设施及计算机硬件等构成系统的网络环境和硬件环境；操作系统、网络通信协议及开发语言等构成系统的软件与开发环境；安全、认证及电子支付等构成系统的电子商务服务基础设施；网络信息发布、供应链管理、网络银行、网络营销及广告等构成了电子商务应用系统。电子商务系统的一般框架如图1-3所示。

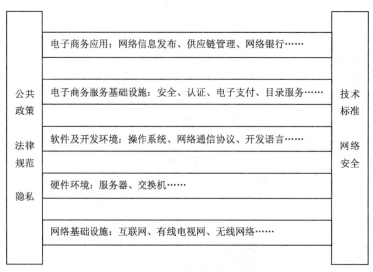

图1-3　电子商务系统的一般框架

1.2.2　电子商务系统的基本组成

电子商务系统是由相互联系、相互作用的电子商务活动各个组成要素结合而成，具有结构网络化、交易虚拟化、成本低、效率高及快速响应等特点。

一个完整的电子商务系统组成包括电子商务服务商、电子商务网络平台、需求方、供应方、支付中心、认证中心、物流中心等部分。如图1-4所示。

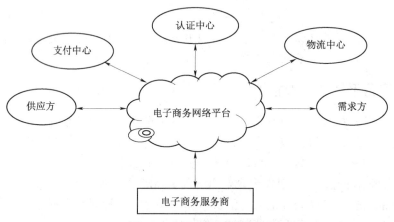

图1-4　电子商务系统组成

1. 电子商务网络平台

网络平台是电子商务系统的基础，包括互联网、企业内部网、企业外部网、商业增值网等。一个完整的电子商务系统的网络应该具备连接性、协同性、可靠性、安全性、多选择性、适应性等特点。

2. 电子商务服务商

电子商务服务商，即基于信息技术、为电子商务应用提供服务的企业与个人。目前有两种不同维度的划分方式。

1）按服务对象划分

电子商务服务商按服务对象划分可分为电子商务生产者服务商、消费者服务商、经济网络服务商及社会服务商。其中：

- 电子商务生产者服务商包括信息与数据处理、研发设计、人力资源财务管理及广告营销等服务商；
- 电子商务消费者服务商包括在线购物比较、导购穿搭等工具服务；
- 电子商务经济网络服务商包括信息网络（如交易平台服务、基础数据服务）、物资网络（如物流等）、资本网络（如支付、信用、保险）等服务商；
- 电子商务社会服务商包括会展、教育、文化、法律、非营利性组织（如网商协会、商盟）等服务商。

2）按服务特征划分

电子商务服务商按服务特征划分可分为电子商务交易服务商、支撑服务商及衍生服务商。其中：

- 电子商务交易服务商主要是指经济网络服务中的交易平台服务。其连接整个企业、个人电子商务应用与服务，横向产业链长、纵向连接衍生服务和支撑服务，是电子商务整体生态中的链核，对于降低交易成本、提高交易效率具有不可替代的协调、规制作用。
- 电子商务支撑服务商是指支撑整个企业、个人电子商务应用的基础性服务体系，其主要作用是降低电子商务应用的成本，包括经济网络服务中的物资网络服务、资本网络服务、基础数据服务及社会服务等。
- 电子商务衍生服务商提供从企业、个人电子商务应用内部所衍生出来的各种服务、实现电子商务应用效率的提升，主要包括生产者服务和消费者服务。

3. 支付中心

支付中心是电子商务系统的重要组成部分，是指需求方、供应方、银行之间使用安全电子手段交换商品或服务，运用银行卡、电子现金、电子支票或其他支付工具通过网络安全传递到银行或相应金融机构来实现如电子结算等传统银行的支付业务，为用户提供全天24小时的实时服务。

4. 认证中心

认证中心是电子商务的一个核心环节，是在电子交易中承担网上安全电子交易认证服务，签发数字证书，确认用户身份等工作的具有权威性和公正性的第三方服务机构，是在线交易的监督者和担保人。

5. 物流中心

物流中心是指处于枢纽或重要地位的、具有较完整物流环节，并能将物流集散、信息和控制等功能实现一体化运作的物流据点。物流中心应符合以下基本要求：主要面向社会服务；物流功能健全；完善的信息网络；辐射范围大；少品种、大批量；存储吞吐能力强；物流业务统一经营管理。

1.2.3 电子商务相关法律和宏观环境

伴随着电子商务的兴起，商事交易、知识产权、消费者权益及个人隐私权等传统法律面临诸多挑战。世界各国和地区及国际组织开始纷纷制定和修改相关的法律，以支持信息时代电子商务的全面发展。借鉴国际立法，我国制定或修改了《电子签名法》《合同法》《侵权责任法》等有关电子商务的法律法规，使得电子商务法本身作为一个独立的部门法学正在茁壮成长。与此同时，"互联网+"顶层设计出台，为互联网与传统产业融合，通过电子商务加快培育经济新动力提供发展方向。本节简要介绍电子商务相关法律法规，并对电子商务发展的宏观环境进行分析。

1. 电子商务相关法律

电子商务因其赖以运行的网络虚拟性及跨越时间和空间的特性，对于传统社会的法律提出了诸多挑战。第一，虚拟性。互联网络构筑了一个区别于现实社会但是又与现实社会密切关联的虚拟环境。就电子商务而言，其突出特点是信息数字化（或电子化）和网络化。数据电文的应用带来了管理信息、财务记录、交易记录等的完全电子化和网络化。在交易合同方面，因当事人的意思表示主要是以电子化的形式存储于计算机硬盘或其他电子介质中，不仅容易被涂擦、删改、复制、遗失，而且不能脱离其记录工具（计算机）而作为证据独立存在。网络的虚拟性体现在电子商务的方方面面，给传统环境下的商务立法带来一系列挑战。这一系列挑战体现在商务法律关系的主体、内容和客体各个方面。第二，跨越时间和空间性。互联网的出现使得人们生存的时间和空间限制变得无足轻重。经营者可以每天24小时不间断营业，业务也可以在全球范围内进行。网络购物给消费者带来方便，但是也给消费者的权益保护提出了更高要求。在信息社会中人们的隐私泄露容易程度相比以前成几何倍数增长，个人资料和隐私应该如何保护成为电子商务发展过程中亟须解决的问题。

1）国际组织的立法

世界范围内大规模的关于电子商务的立法是从20世纪90年代末开始的。主要包括以下立法。

（1）联合国贸易法委员会及联合国。1996年6月，联合国贸易法委员会提出了《电子商务示范法》蓝本，并于1996年12月在联合国大会通过，为各国电子商务立法提供了规范性指引，这是迄今为止世界上第一个关于电子商务的法律。《电子商务示范法》既不是国际条约也不是国际惯例，因而不具有任何强制力，但是它是各国制定本国电子商务法的"示范文本"。2001年，联合国贸易法委员会正式公布了《电子签名示范法》，并于2002年联合国第56次全体会议上通过，成为国际上关于电子签章的最重要的立法文件。2005年，联合国大会通过了《国际合同使用电子通信公约》，旨在增强国际合同中使用电子通信的确定性和可预见性，该公约具有法律效力。

（2）OECD。1998年10月，经合组织（OECD）在渥太华召开以电子商务为主题的部长级会议，公布了一系列重要文件：《OECD电子商务行动计划》《有关国际组织和地区性组织的报告：电子商务的活动和计划》《工商界全球电子商务行动计划》。基于这些文件的重要影响，这次会议也被誉为"全球电子商务里程碑"；1999年9月12日，"电子商务全球商家对话"会议在法国巴黎召开。这两个会议的召开将国际上电子商务立法推向了高潮。

(3) 欧盟。1998 年 8 月，欧盟发表了《电子签名法律框架指南》和《欧盟关于处理个人数据及其自由流动中保护个人的指令》(《欧盟隐私保护指令》)。1999 年 12 月，欧盟颁布《关于建立电子签名共同法律框架的指令》；2000 年 6 月，欧盟又颁布《关于电子商务的指令》。后两部指令构成了欧盟国家电子商务立法的核心和基础。

2）主要国家的立法

美国的电子商务立法走在世界前列。1995 年，美国犹他州制定了世界上第一部《数字签名法》。1999 年 7 月，全国统一州法委员会（NCCUSL）通过了《统一电子商务法》，现已被大多数州采纳。1997 年，美国在《统一商法典》中增加了两章：电子合同法和计算机信息交易法，1998 年做出进一步修改。2000 年 9 月 29 日，NCCUSL 还发布了《统一计算机信息交易法》。另外，美国还在 2000 年颁布了《国际与跨州商务电子签名法》。

俄罗斯也是世界上最早进行电子商务立法的国家之一。1995 年，俄罗斯国家杜马审议通过了《俄罗斯信息、信息化和信息保护法》（简称《联邦信息法》）；1996 年通过了《国际信息交流法》；2001 年通过了《电子数字签名法》草案。

自美国犹他州颁布《数字签名法》和俄罗斯颁布《联邦信息法》后，德国、英国、新加坡等国也迅速开展了这方面的立法。随着互联网经济的迅猛发展，电子商务立法逐步引起世界各国的重视。世界各国对于电子商务的立法主要是两种模式：第一，对原有法律进行修订和补充；第二，制定新的专门的电子商务立法。新的立法一般是从电子签名立法开始的，而后逐渐发展成综合性的电子商务法律或信息立法。

3）我国电子商务法律法规

相对于其他领域的互联网立法，我国在电子商务法律体系建设方面相对完善，已在电子签名、认证、电子合同、电子支付、电子交易规范、消费者权益保护、个人信息保护、平台责任、快递监管等方面出台了大量的法律、法规。下面进行简要介绍。

(1) 合同法。我国《合同法》于 1999 年召开的九届全国人民代表大会第二次会议上通过并实施。这是由全国人民代表大会制定的基本法律。《合同法》第 11 条明确规定书面形式包含数据电文。作为全国人民代表大会通过的基本法，《合同法》确认了数据电文的书面形式和法律效力，对于电子商务中的合同交易具有长远和根本的意义。

(2) 互联网信息服务管理办法。2000 年，国务院发布《互联网信息服务管理办法》，将互联网信息服务区分为"经营性"与"非经营性"两类，并分别实施"许可"与"备案"制度。作为经营性互联网信息服务的电子商务经营者，应当向省、自治区、直辖市电信管理机构或国务院信息产业主管部门申请办理互联网信息服务增值电信业务经营许可证。与此同时，从事新闻、出版、教育、医疗保健、药品和医疗器械等互联网信息服务，需要有关行政主管部门前置审批。这是电子商务经营者市场准入的基础门槛。

(3) 中华人民共和国电子签名法。《中华人民共和国电子签名法》于 2004 年 8 月 28 日第十届全国人民代表大会常务委员会第十一次会议上通过，并于 2005 年实施。这是我国电子商务和信息化领域内第一部专门的法律，是我国首部"真正意义上的信息化法律"。《电子签名法》共 5 章 36 条，由总则、数据电文、电子签名与认证、法律责任和附则构成。该法明确赋予了电子签名与传统签名同样的法律效力，规定了数据电文作为证据应具备的因素，电子认证服务实行市场准入制及对该领域的监管和各方的法律责任等。根据 2015 年 4 月 24 日第十二届全国人民代表大会常务委员会第十四次会议《关于修改〈中华人民共和国电力法〉等六部法律的决定》，对《电子签名法》进行了修正。

→ 案例 1-13：《电子签名法》第一案：手机短信可以作为证据

北京市民杨某状告女孩韩某借钱不还，并将自己的手机交给法庭，以手机短信作为韩某借钱的证据。但手机短信能否成为法庭认定事实的依据？昨天，海淀法院 3 名法官合议审理了这起《电子签名法》出台后的第一案。

据杨某介绍，2004 年 1 月，杨某结识了韩某。同年 8 月 27 日，韩某发短信给杨某，向他借钱应急，短信中说："我需要 5 000 元，刚回北京做了眼睛手术，不能出门，你汇到我卡里。"杨某应承了下来，并瞒着妻儿将钱汇给韩某。一个多星期后，杨某再次收到韩某的短信，又借给韩某 6 000 元。杨某称，韩某事后不但没有还钱，反而再一次向他借钱。杨某产生了怀疑，要求韩某还钱。经过几次的催要，杨某接到韩某的短信："我一定会还，就是需要等一段时间。"但直到杨某起诉，韩某仍未还钱。

在杨某提起诉讼后，他向法庭提交了存有韩某借钱短信的手机。昨天，杨某的律师在庭上宣读了其中一部分短信："我需要 5 000 元""我还需要 6 000 元""等项目做了我再还给你"等。韩某的代理人在听完短信内容后，否认发送短信的手机号码属于韩某，并质疑短信的真实性。法官提醒他，在前次开庭时，法官曾当着双方的面拨打了该手机号码，接听者正是韩某本人。韩某也承认，自己从去年七八月份开始使用这个手机号码。随后，韩某代理人表示，短信不能作为证据。而杨某的律师手持《电子签名法》表示，根据这部 2005 年 4 月 1 日出台的法律，手机短信属于法律对"数据电文"的定义，也符合"有形表现所载内容""可以随时调取查用"的认定规则，并要求法庭确认短信证据的效力。该案昨天并未宣判。

2005 年 7 月 14 日，北京市海淀区人民法院判决了《电子签名法》出台后的第一个涉及手机短信是否可以作为证据的案件。

依据 2005 年 4 月 1 日起施行的《中华人民共和国电子签名法》中的规定，法院对杨某提供的移动电话短信息生成、储存、传递数据电文方法的可靠性；保持内容完整性方法的可靠性；用以鉴别发件人方法的可靠性进行审查，认定短信内容作为证据的真实性。根据证据规则的相关规定，录音、录像及数据电文可以作为证据使用，但数据电文直接作为认定事实的证据，还应有其他书面证据相佐证。

杨某提供的通过韩某使用的号码发送的短信内容中载明的款项往来金额、时间与中国工商银行个人业务凭证中体现的杨某给韩某汇款的金额、时间相符，且短信内容中亦载明了韩某偿还借款的意思表示，两份证据之间相互印证，可以认定韩某向杨某借款的事实。因此，法院对杨某要求韩某偿还借款的诉讼请求予以支持。此案被认为是"电子签名法第一案"。

资料来源：孙思娅. 手机短信作借款证据呈堂 [N/OL]. 京华时报，2005-06-04. http://news.sina.com.cn/o/2005-06-04/02246074980s.shtml；孙熹. 我国电子证据之浅析：从《电子签名法》全国第一案判决谈起 [J]. 法制与社会，2007（3）.

（4）信息网络传播权保护条例。2006 年 5 月 18 日，中华人民共和国国务院令第 468 号公布《信息网络传播权保护条例》，根据 2013 年 1 月 30 日《国务院关于修改〈信息网络传播权保护条例〉的决定》进行修订。该条例对包括网络著作权的合理使用、法定许可、避风港原则、版权管理技术等在内的一系列内容作了相应规定，区分了著作权人、电子商务服务商、用户的权益，较好地做到了产业发展与权利人利益、公众利益的平衡，为电子商务中的著作权法律保护奠定了基础。

（5）侵权责任法。《侵权责任法》于 2009 年第十一届全国人民代表大会常委员会第十二次会议通过，并自 2010 年 7 月 1 日起施行。该法第 36 条分三款规定了网络用户和网络服务提供者的侵权责任承担问题，包括网络用户的过错侵权责任，以及电子商务经营者承担侵权责任的通知规则和知道规则及过错情况下的连带责任。

（6）关于加强网络信息保护的决定。2012 年 12 月 28 日，第十一届全国人民代表大会常务委员会第三十次会议通过《关于加强网络信息保护的决定》。这是中国公民个人信息保护法律体系的重大突破，将公民个人身份和个人隐私的电子信息保护从法律文件的零散规定首次提升到单行"法律"的层次。该决定共 12 条，对于保护公民个人电子信息、规范商业性电子信息、网络身份管理等进行了规定。

（7）中华人民共和国电子商务法（草案）。2016 年 12 月 19 日，十二届全国人民代表大会常务委员会第二十五次会议初次审议了全国人大财经委提请的《中华人民共和国电子商务法（草案）》，这是我国第一部电商领域的综合性法律，共包括 8 章 94 条。其内容分别是：第一章　总则；第二章　电子商务经营主体；第三章　电子商务交易与服务；第四章　电子商务交易保障；第五章　跨境电子商务；第六章　监督管理；第七章　法律责任；第八章　附则。

《中华人民共和国电子商务法（草案）》专门涉及了跨境电子商务的内容，并且着重在个人信息保护、关税和争议解决方面予以规定。在该部法律第 5 章第 67 条中明确指出，跨境电子商务是指通过互联网等信息网络从事商品或服务进出口的经营活动。自然人、法人或其他组织从事跨境电子商务，应当遵守国家有关进出口监督管理的法律法规，如实向国家进出口管理部门提供订单、物流、支付及与交易相关的数据信息，并承担相应的法律责任。

（8）知识产权保护相关法律法规。在知识产权保护领域，我国有《专利法》《商标法》《著作权法》《反不正当竞争法》等法律，在大部分情况下，还是使用这几部传统的法律对有关网络知识产权进行保护。同时，为适应网络环境对传统知识产权的挑战，我国先后通过修订已有法律、出台司法解释和行政规章对传统法律保护网络知识产权的不足之处进行补充。2000 年，最高人民法院通过了《最高人民法院关于审理涉及计算机网络著作权纠纷案件适用法律若干问题的解释》，2002 年，最高人民法院通过了《最高人民法院关于审理著作权民事纠纷案件适用法律若干问题的解释》，2006 年，国务院通过了《信息网络传播权保护条例》，2001 年，第九届全国人民代表大会常务委员会第二十四次会议决定对《著作权法》进行修正，2002 年，国务院修改了《计算机软件保护条例》等。

→ **案例 1-14：凤凰网擅自转播中超联赛被判侵权**

因中超赛事转播权之争，北京新浪互联信息服务有限公司（以下简称"新浪互联公司"）将凤凰网诉至法院。2015 年 6 月 30 日下午，北京市朝阳区人民法院就此案做出一审判决，认定凤凰网与乐视网以合作方式转播中超赛事的行为，侵犯了新浪互联公司对赛事画面作品享有的著作权，判决凤凰网的所有及运营者北京天盈九州网络技术有限公司（以下简称"天盈九州公司"）停止侵权并赔偿新浪互联公司经济损失 50 万元。据悉，这是北京首例因体育赛事转播权引发的纠纷。

新浪互联公司诉称，2013年8月1日，其发现凤凰网在中超频道首页显著位置标注并提供鲁能 vs 富力、申鑫 vs 舜天比赛的直播。凤凰网所有及运营方天盈九州公司未经合法授权，非法转播中超联赛直播视频，侵犯了新浪互联公司享有的涉案体育赛事节目作品著作权，且构成不正当竞争。天盈九州公司攫取了新浪互联公司的经济利益，分流了用户关注度和网站流量。新浪互联公司因此请求法院判令天盈九州公司停止侵犯中超联赛视频独占转播、播放权，停止对体育赛事转播权及其授权领域竞争秩序和商业模式的破坏，立即停止对视频播放服务的来源做引人误解的虚假宣传，赔偿经济损失1000万元，并消除侵权及不正当竞争行为造成的不良影响。

审理中，法院通知乐视网信息技术（北京）股份有限公司（以下简称"乐视公司"）作为第三方参加诉讼。

法院经审理查明，根据《国际足联章程》《中国足球协会章程》，中国足协是中超赛事权利的原始所有者。2006年3月8日，中超联赛责任有限公司（以下简称"中超公司"）经中国足协授权取得中超联赛资源代理开发经营的唯一授权，有效期为10年，其中包括中超联赛的电视、广播、互联网及各种多媒体版权。

2012年3月7日，中超公司与新浪互联公司签订协议，约定新浪互联公司享有在门户网站领域独家播放中超联赛视频的权利，包括但不限于比赛直播、录播、点播、延播，期限为2012年3月1日至2014年3月1日。为避免歧义，协议中还特别列明了与新浪网业务相同或有竞争关系的多家互联网门户网站，其中包括凤凰网。协议约定，这些与新浪网有竞争关系的门户网站，不得以任何形式，包括但不限于直接盗用电视信号直播或录播中超赛事及制作点播信号，以跳转链接的方式，公然虚假宣传其拥有或通过合作获得直播、点播中超赛事的权利。同年12月24日，中超公司再次向新浪互联公司出具授权书，明确新浪互联公司在合同期内享有门户网站领域独占转播、传播、播放中超联赛及其所有视频的权利，并明确新浪互联公司有权采取包括诉讼在内的一切法律手段阻止第三方违法使用上述视频并获得赔偿。

法院审理后认为，凤凰网的转播行为侵犯了新浪互联公司就涉案赛事享有的转播权利，判决天盈九州公司停止播放中超联赛2012年3月1日至2014年3月1日期间的比赛，在凤凰网首页连续七日刊登声明以消除不良影响，同时赔偿新浪互联公司经济损失50万元。

资料来源：凤凰网擅自转播中超联赛被判侵权［N/OL］. 人民法院报，2015-07-02（3）. http://rmfyb.chinacourt.org/paper/html/2015-07-02/content_99602.htm?div=-1.

（9）中华人民共和国网络安全法。2017年6月1日起，《中华人民共和国网络安全法》正式施行，以制度建设推进网络空间治理和规则制定，维护国家网络安全发展。这也是国家第一部全面规范网络空间安全管理方向问题的基础性法律，是我国网络空间法制建设的重要里程碑。

在《中华人民共和国网络安全法》中，以网络空间主权原则、网络安全与信息化发展并重原则及共同治理原则，明确了要对公民个人信息安全进行保护、个人信息被冒用有权要求网络运营者删除、个人和组织有权对危害网络安全的行为进行举报等多项网络安全保护问题。

2. 电子商务发展的宏观环境

本书将电子商务发展的宏观环境从政策环境、经济环境、社会环境及技术环境 4 个方面进行分析。

1）政策环境

2015 年 7 月 4 日，国务院印发《国务院关于积极推进"互联网+"行动的指导意见》，2016 年 5 月 20 日，国务院印发《关于深化制造业与互联网融合发展的指导意见》，部署深化制造业与互联网融合发展，协同推进"中国制造 2025"和"互联网+"行动，加快制造强国建设。上述"互联网+"顶层设计出台，为互联网与传统产业融合，通过电子商务加快培育经济新动力提供发展方向。

随后，多项政策密集出台，促进和支持跨境电商与农村电商快速规范发展。这些政策包括国务院印发《关于深入实施"互联网+流通"行动计划的意见》《关于推进线上线下互动加快商贸流通创新发展转型升级的意见》《关于大力发展电子商务加快培育经济新动力的意见》《关于加快培育外贸竞争新优势的若干意见》等文件，也包括地方政府如杭州市人民政府出台《关于 2015 年推进跨境电子商务发展的通知（征求意见稿）》，以及各部委出台的相关文件，如商务部相关部门起草的《跨境电子商务服务规范》。

在农村电子商务方面，政策层面已经被提升到战略高度，2015 年 2 月，中央 1 号文件《关于加大改革创新力度加快农业现代化建设的若干意见》明确提出"支持电商、物流、商贸、金融等企业参与涉农电商平台建设，开展电商进农村综合示范点"；同年 5 月，国务院印发《关于大力发展电子商务加快培育经济新动力的意见》，特别提出"要积极发展农村电子商务，研究制定促进农村电子商务发展的意见，出台政策措施支持农村电子商务"；11 月，国务院印发《关于促进农村电子商务加快发展的指导意见》，明确提出三大任务和七方面政策措施，从政策扶持、基础设施建设、人才培养、金融支持、规范市场等多方面提出促进农村电子商务发展的指导思路。

2）经济环境

截至 2017 年 12 月，我国网民规模达到 7.72 亿人，全年共计新增网民 4 074 万人。互联网普及率为 55.8%，较 2016 年底提升 2.6 个百分点。总体来看，我国网民规模增长趋于稳定，互联网行业持续稳健发展，互联网已成为推动我国经济社会发展的重要力量。另外，城乡居民可支配收入稳定增长，我国的经济结构在加快转型，经济的动力也发生了新的转换，消费已经替代投资，成为经济增长第一位的推动力。以互联网为代表的数字技术正在加速与经济社会各领域深度融合，成为促进我国消费升级、经济社会转型、构建国家竞争新优势的重要推动力。同时，在线政务、共享出行、移动支付等领域的快速发展，成为改善民生、增进社会福祉的强力助推器。

2017 年 6 月 29 日，《2016—2017 中国"互联网+"年度人物推荐及最具影响力评级报告》新鲜出炉，评级报告归纳总结了 2016—2017 年中国"互联网+"新经济主要呈现出以下七大特征。

（1）党中央国务院高度重视我国互联网产业发展，"互联网+"传统产业转型升级取得较大突破。

（2）我国城市"互联网+"创新经济快速推进，产业规模不断壮大，城市居民互联网普惠服务体系初步形成。

（3）我国农村网民数量显著增加，农村"互联网+"消费潜力巨大，"互联网+农业"创业及产业亟待鼓励与开发。

（4）我国"互联网+"共享经济迅速崛起，共享汽车和共享单车的发展全球领先。

（5）互联网的上半场，我国互联网经济在全球占据十分重要的位置，其规模和影响仅次于美国。

（6）互联网的下半场，中美两国互联网企业将进一步加强学习与借鉴，保持合作与共赢，共同引领全球经济走出低谷、再攀高峰。

（7）大力推进全球网络空间命运共同体将是我们这一代互联网人的共同责任与使命。

伴随着上述"互联网+"新经济呈现的七大特征，我国电子商务发展迎来了良好的经济环境。网络基础环境不断改善、农村网民规模增长、农村网民消费意识逐渐转变、跨境电子商务的快速发展等，均为2017年及今后的电子商务发展奠定了坚实的经济基础。

3）社会环境

电子商务发展面临的社会环境因素主要包括电子商务安全保障体系、电子商务信用环境及电子商务人才培养等几个方面。

（1）电子商务安全保障体系。电子商务是一种以互联网络为载体的商务活动新模式，之所以能得到快速的发展，主要是依赖于它的开放性。但是，这种开放式的信息交换方式使其网络安全和交易安全具有很大的脆弱性。电子商务发展面临最严重的挑战就是安全问题，主要包括：支撑电子商务的网络系统正常工作，系统可靠；保证数据完整、保密；交易者身份能够确定，交易的文件不可否认等。

建立电子商务安全保障体系，首先要树立电子商务安全保障的正确理念。电子商务安全是系统性问题，要综合考虑人员、技术、管理、法规、制度等多项要素。其次，要在管理上建立完备的安全措施，构建合理的网络安全管理机制、监督和审计机制，同时提高管理人员的安全意识和业务素质；再次，要建立法律上的安全保障，以及技术上的安全保障。

（2）电子商务信用环境。作为一种全新的营销方式，电子商务成为现阶段商品交换的重要方式。但是由于电子商务的标的具有虚拟性，网络交易具有非面对面性，因此信任和信用成为电子商务发展的关键因素。同时，现在的经济是以信用为基础的信用经济，但是由于信用意识、信用制度和信用技术等方面的落后，个人、企业、政府都存在缺乏信用意识和精神，我国信用体系存在一定的问题。

电子商务信任是电子商务交易的基础，电子商务信用是电子商务交易健康发展的推进剂。所以促进电子商务的健康良性发展可以从两方面入手：一是电子商务信任机制的设计，让买卖双方能够互相信任，建立合作；二是促进电子商务信用的发展，通过改善信用信息的不对称性，使信用好的主体得到发展，信用不好的主体淘汰出市场，从而使市场有一个良性的循环。

良好的市场秩序是电子商务健康发展的重要前提。加强我国电子商务信用体系建设，实施商务诚信计划，建设商务信用、信息交换贡献平台，加强制定电子商务"十三五"打假规划，以净化网络环境、打击互联网假冒行为。

（3）电子商务人才培养。为推动中国电子商务的快速健康发展，在2016中国（北京）电子商务大会上，时任商务部部长助理王炳南透露，商务部将从大力促进线上线下互动融合发展、推动农村电子商务发展、促进跨境电商发展、打造电子商务示范体系、积极参与国际合作、进一步强化政府公共服务、维护网络市场秩序、制定政策法规环境八个方面开展工作。这就意味着，为了更好地促进我国电子商务的蓬勃发展，需要一大批跨学科领域的复合型人才，既要懂得计算机技术，又要掌握有关金融、管理、商务等各方面的知识。

截至 2017 年 5 月 31 日，全国高等学校共计 2 914 所，其中：普通高等学校 2 631 所（含独立学院 265 所），成人高等学校 283 所。在这些高校中，开设电子商务专业的高校超过 400 所。虽然每年毕业的电子商务专业大学生人数可观，但据中国电子商务研究中心与赢动教育共同发布的《2016 年度中国电子商务人才状况调查报告》显示，仍有大约 85%的电商企业存在人才缺口，相比 2015 年，提升了 10 个百分点。

该调查报告总结了中国电子商务人才四大特征：一是行业仍在急速扩张，人才缺口巨大；二是人才稀缺，招聘压力大；三是企业人力资源成本逐年提高；四是企业人力资源管理难度增大。该报告还归纳了中国电子商务人才三大问题，分别是：问题一，行业的快速发展与人才供应不足之间的矛盾；问题二，电商企业利润的降低与人力资源成本的上升之间的矛盾；问题三，企业对电商人才的要求与传统教育模式之间的矛盾。同时对中国电子商务人才培养提出两大建议：一是优化企业的人力资源管理体系。建立具有竞争性的薪酬体系，对外要有竞争力，对内要有公平性。建立良好的企业文化，增强团队的凝聚力。二是升级当前的人才培训体系。包括校企合作，共建实用的电子商务人才培训体系。企业中层管理人才培训，实施高端电子商务培训项目。

4）技术环境

技术的不断升级，促使移动支付场景日益丰富。据中国互联网络信息中心第 41 次发展状况统计报告显示，截至 2017 年 12 月，我国使用网上支付的用户规模达到 5.31 亿人，较 2016 年底增加 5 661 万人，年增长率为 11.9%，使用率达 68.8%。其中，手机支付用户规模增长迅速，达到 5.27 亿人，较 2016 年底增加 5 783 万人，年增长率为 12.3%，使用比例达 70.0%。

随着消费向移动端倾斜，互联网移动支付技术水平不断提升，远程支付和近场支付都已经得到广泛应用，短信支付、扫码支付、指纹支付、声波支付及传统银行推出的可穿戴支付设备等多种支付方式不断涌现，移动支付技术水平的不断提升为网络零售支付提供了极大的便利。与此同时，移动支付市场线下布局竞争带动了支付服务场景的不断完善。目前，商超、连锁店、品牌店、酒店、餐饮、停车场等线下零售及服务业商户网点均逐步接入支付宝、微信支付等。

另外，不断涌现的 O2O 到家服务带动了国内物流多种模式的发展。全民众包模式通过利用社会闲散资源降低物流成本，同时点对点离散型的方式实现"最后一公里"配送的需求；物流众包则通过整合现有物流企业资源灵活调配；货运 O2O 物流模式则通过智能匹配与推送实现同城货运运营效率。此外，智能化物流已经起步探索，正处于前期研发和试应用阶段。其中一些物流企业，如顺丰、申通等已经通过合作方式研发运营智能快件箱，尝试构建物流新生态。智能快件箱作为一种可以自助代收快件的全天 24 小时自助服务设备，在很大程度上解决了快递员和消费者时间节点不对称的问题，快递员和消费者都可以更自由地选择配送、收货时间，这样既可以为消费者节省时间，又可以减少快递员二次甚至多次配送。

据《中国智能快件箱发展现状及趋势报告》数据显示，截至 2015 年 4 月，50 座城市共安装智能快件箱 31 156 组，格口约 118.56 万个；智能快件箱派送快件超过 1.13 亿件。另据中国报告网整理数据显示，在 2016 年 5 月 18 日，菜鸟网络宣布联合 12 家快递公司和包括丰巢、速递易在内的 8 家自提柜企业，建成全国最大的快递自提柜服务平台，完成 9 万个以上的自提柜对接，覆盖七成自提柜。截至 2016 年 6 月底，全国智能快件箱安装量约 12.9 万站点。截至 2016 年 10 月，全国已有接近 17 万个正在运行的智能快件箱站点，每天处理包裹量超过 500 万票。

1.3 电子商务的影响和发展前景

电子商务的发展日新月异。从 20 世纪 90 年代开始萌芽，发展至今，电子商务已经成为人们生活中重要的组成部分。与传统的商务活动相比，电子商务具有数字化、全球化、透明化、个性化及协作化等特点，因而对社会生活产生了深远的影响。另外，大数据、云计算等现代信息技术的飞速发展，又为电子商务的未来发展发挥了积极的推动作用，促进了"互联网+"时代商业模式的变革与创新。

1.3.1 电子商务的影响

➔ **案例 1-15：不满足跟团走　个性化兴起"定制旅游"**

既想去撒哈拉沙漠骑骆驼探险，又想顺道到迪拜过把购物瘾，再去马耳他这个颇有特色的欧洲国家转转，这是一位出境游达人给旅行社提出的出游要求。随着旅游电子商务的不断发展，"定制旅游"开始风行沪上，市民已不满足旅行社现成的线路"排片表"，想走自己个性化的旅游线路。

借助于各大旅游企业的官方网站或携程、艺龙、去哪儿网，以及一些门户网站的旅游频道，游客们自选旅游目的地、参与旅游线路设计、自己选择同行的旅伴，自行定制旅游的旅游消费方式逐步成为可能，寻常百姓的旅游生活也变得更加异彩纷呈。

资料来源：根据中国江苏网 http://tour.jschina.com.cn/ 相关信息改编。

电子商务的发展得益于互联网技术、通信技术及其他各种新技术的迅速发展和成熟，也得益于经济全球化的迅速发展。电子商务已经成为 21 世纪的主要商务模式和推动社会、经济、生活及文化进步的重要动力和工具。全球性的电子商务正在逐渐渗透到人们的生活之中，并对人们的工作方式、日常生活、商业关系、政府作用等多个方面产生深远的影响。

1. 电子商务对消费者的影响

电子商务对消费者的影响是全方位的，可以通过表 1-1 进行简单的概括。

表 1-1　电子商务对消费者的影响

影响方面	简单描述
购物方式多样化	可以通过网上购物、拍卖、团购等多种方式进行
便利性	可以随时随地购物，也可以通过微信、支付宝、网络银行等方式快速完成支付
更多的产品/服务	有更多的选择（提供商、产品种类）

续表

影响方面	简单描述
定制化产品/服务	满足顾客个性化的产品/服务需求
廉价的产品/服务	交易的透明度提高,通过比较,可以选择物美价廉的商品
即时交付	数字化产品能实现即时交付
远程办公	可以异地办公,工作方式更加灵活
娱乐消遣的多样性	网络提供给用户更多的娱乐消遣方式,如音乐下载、视频、网络游戏等
学习方式的转变	通过百度百科、维基百科等多种网络资源,为用户自主学习和终身学习提供良好的平台和帮助

→ **案例 1-16:盛大集团为消费者提供丰富的产品和服务**

作为领先的互动娱乐媒体企业,盛大网络通过盛大游戏、盛大文学、盛大在线等主体和其他业务,向广大用户提供多元化的互动娱乐内容和服务。

盛大游戏拥有国内最丰富的自主知识产权网络游戏的产品线,向用户提供包括大型多人在线角色扮演游戏(MMORPG)、高级休闲游戏等多样化的网络游戏产品,满足各类用户的普遍娱乐需求。

盛大文学通过整合国内优秀的网络原创文学力量,构建国内最大的网络原创文学平台,增进读者和作者之间的互动交流,并依托原创故事,推动实体出版、影视、动漫、游戏等其他相关文化产业的发展。

盛大在线是专为无物流的文化和虚拟产品提供的数字出版平台,通过完善的数据分发和支持系统、销售支付计费系统及客户服务系统等,为广大互联网用户获取数字内容产品提供优选渠道,也为其他互联网企业定制专业化的用户服务体系。

盛大其他投资公司还提供家庭棋牌平台、电子竞技平台、手机互动娱乐、网络动漫、网络音乐等在内的适合不同年龄层次用户群的互动娱乐产品,深受广大用户的欢迎。

资料来源:盛大文学有限公司[EB/OL]. http://baike.baidu.com/item/盛大文学有限公司/1130905?fr=aladdin.

2. 电子商务对商家的影响

电子商务对商家的影响,主要体现在其改变了商务活动的方式、改变了企业的生产方式、改变了传统的市场模式、实现了卖方的专业化、帮助中小企业参与竞争。另外,电子商务极大地改善了客户服务及客户关系,为商家带来了新的商机。具体如表1-2所示。

表1-2 电子商务对商家的影响

影响方面	简单描述
改变商务活动的方式	借助因特网,从采购到商品销售全过程都将电子化;可以全球拓展和全天候营业
改变企业的生产方式	通过供应链改进,减少了延迟、库存和成本;促进了企业生产过程的现代化;可以满足客户个性化产品的定制生产
改变传统市场模式	减少了传统商务活动的中间环节,缩短了企业与用户需求之间的距离,提高了效率。同时,催生了一批无实体店铺的小微企业;为传统服务业提供了全新的服务方式
卖方专业化	卖方可以专营一个专业性很强的狭小领域,如老唱片、玩具狗等,从而获利

续表

影响方面	简单描述
帮助中小企业参与竞争	通过特定的商业模式，电子商务使得小企业能够与大企业进行竞争
改善客户服务及客户关系	可以直接与客户互动，提供更好的客户关系管理

➡ **案例 1-17：阿里巴巴的无限可能**

时间回到 1999 年，那时戴珊整晚都在马云的家里收发邮件，回答来自美国买家的问题，但没有人知道这是一个中国的小姑娘。戴珊是阿里巴巴 18 个创始人之一。虽然当时由教师马云创办的贸易信息网站阿里巴巴刚刚起步，却已经将一些中国的小型制造商和潜在买家连接起来，戴珊服务的这些海外买家也在其中。

从那时起，阿里巴巴开始引领中国的互联网零售，并且其业务范畴渐渐扩展到多个领域，另外也从关联公司的业务和服务中取得经营商业生态系统上的支援。其业务和关联公司的业务包括淘宝网、天猫、聚划算、全球速卖通、阿里巴巴国际交易市场、1688、阿里妈妈、阿里云、蚂蚁金服、菜鸟网络等。

2014 年 9 月 19 日，阿里巴巴集团在纽约证券交易所正式挂牌上市，股票代码"BABA"，创始人和董事局主席为马云。

2016 年 4 月 6 日，阿里巴巴正式宣布已经成为全球最大的零售交易平台。

2016 年 8 月，阿里巴巴集团在"2016 中国企业 500 强"中排名第 148 位。

2017 年 1 月 19 日晚间，国际奥林匹克委员会与阿里巴巴集团在瑞士达沃斯联合宣布，双方达成期限直至 2028 年的长期合作。阿里巴巴将加入奥林匹克全球合作伙伴赞助计划，成为"云服务"及"电子商务平台服务"的官方合作伙伴，以及奥林匹克频道的创始合作伙伴。

2017 财年，阿里巴巴总营收 1 582.73 亿元人民币，净利润 578.71 亿元人民币。

麦肯锡预测，随着更多的非网购互联网用户开始在线购物，以及更多的中国非互联网用户开始使用网络，中国的电子商务市场交易规模将在 2020 年达到 4 200 亿美元至 6 500 亿美元。马云说，中国线下零售业的不发达将导致中国电子商务的发展速度比在发达国家更快，走得更远；在发达国家，电子商务只是"甜品"，而在中国，它是主菜。他说得没错。尤其是在一些小城市，消费者的购买能力已经超越了当地的商场所能提供的货品。

阿里巴巴有望继续成长。就算不再继续成长，阿里巴巴关于建立信任、促进经济向消费转型、推动零售产业整体效率的影响也将一直持续，直到惠及整个中国。任何公司如果能够超越阿里巴巴，那是因为它在这一基础上继续发展，而不是去颠覆。这也是为什么哈佛大学中国商业专家柯伟林（William Kirby）称阿里巴巴为一家具有变革性的公司——"一家对中国经济贡献比大多数国有企业还要多的民营企业。"

资料来源：新浪科技. 经济学人封面文章：阿里巴巴的无限可能[EB/OL]（2013-03-22）. http://tech.sina.com.cn/i/2013-03-22/17178173609.shtml.

3. 电子商务对社会经济领域的影响

电子商务对社会经济领域的影响可以概括为表 1-3。

表 1-3 电子商务对社会经济领域的影响

影响方面	简单描述
带来一个全新的金融业	网上银行、银行卡支付网络、银行电子支付系统及电子支票、电子现金等服务，将传统的金融业带入一个全新的领域
实现远程办公和移动办公	便于企业和个人通过远程或移动等方式进行工作、交流、开会，提高工作效率，减少交通和污染，实现低碳化运行
提供更多的公共服务	让更多人享有教育、医疗保健等公共服务。偏远地区也能共享这些好处，为穷人提供更多的服务
提高国家安全	可以协助国土资源部、国家安全部门等提高国家的安全保障
转变政府行为	电子政府或称网上政府，将随着电子商务发展而成为一个重要的社会角色
改变传统的社会秩序和法律制度	人们对安全、隐私、可靠、信任的要求更加提高，关于电子商务的立法需要进一步健全
超越国界	数字化消除了地理上的隔离，世界各国之间的联系将更加紧密

→ 案例 1-18：电子商务对社会经济的影响

2012 年 11 月召开的中国共产党第十八次代表大会的报告中明确指出了中国经济发展已经到了从追求量的增长到质的提升的新阶段，发展的内涵已出现新变化。现在 5 年过去了，中国经济进入新的发展阶段，互联网扮演着越来越重要的角色。

互联网的发展从媒体到产业，日渐成为和实体社会融合越来越紧密的空间和平台。融合是互联网未来发展的大势所趋，网上的东西走入现实，现实的东西则上了网。信息化使得社会的各职能更为透明和高效，尤其是在经济领域。根据中国电子商务研究中心发布的《中国电子商务市场数据监测报告》显示，2016 年中国电子商务交易额达 22.97 万亿元，同比增长 25.5%。其中，B2B 市场交易额为 16.7 万亿元，同比增长 20.14%；网络零售市场交易额为 5.3 万亿元，同比增长 39.1%；生活服务电商交易额为 9 700 亿元。

截止到 2016 年 12 月，中国电子商务服务企业直接从业人员超过 305 万人，由电子商务间接带动就业人数已超过 2 240 万人。从电商物流方面看，2016 年中国规模以上快递企业营收为 4 005 亿元，与 2015 年的 2 769.6 亿元相比，同比增长 44.6%，受电商网购包裹持续刺激，近年来全国规模以上快递企业营收持续增长。

经过近几年的快速发展，我国移动电子商务交易额和用户数达到全球领先水平。电子商务的服务水平显著提升，涌现出一批具有国际影响力的电子商务企业和服务品牌。问题识别、信息搜集、选择评价、决策购买、购后评价等消费者行为将主要在互联网上完成，大大缩短了消费周期，节约了企业成本。

从用户的角度看，互联网尤其是上网搜索改变了用户的消费行为模式。根据在 CNNIC 调查社区进行的搜索营销调查显示，有 77% 的互联网用户在购买产品之前会上网搜索信息。搜索结果有没有、搜索结果好不好会直接对消费行为造成影响，并通过分享成倍数级扩散。网络上的信息、评论对购物决策的影响已经逐渐超过传统媒体。

从企业的角度看，网络营销的效果优于其他媒体。基于用户数据库的分析，网络营销能够实现精准投放。同时，互联网是唯一一个能够集问题识别、信息搜集、评价选择、决策购买和购后评价这一系列消费者行为为一体的媒体平台。网络购物大大提高了用户的购物效率，能够使营销直接产生购买效果。

另外，网络对其他媒体的融合使得用户的媒体消费习惯越来越集中于网络，这必然导致广告资源随之流向互联网。可以预见，网络广告相对于其他媒体广告将在较长的时间内保持较快的增长速度。

总之，电子商务对社会、经济、消费的影响，不仅仅局限于线上，而是线上和线下的双向融合。电子商务不仅改变着消费者的消费行为，同时也影响着社会经济的发展。

资料来源：中国互联网络信息中心. 第 40 次中国互联网络发展状况统计报告［R/OL］.（2017-08-07）. http://cnnic.cn/hlwfzyj/h1wxzbg/hlwtjbg/201708/P020170807351923262153.pdf.；电子商务研究中心. 2016 年度中国电子商务市场数据监测报告［R/OL］（2017-05-24）. http://www.100ec.cn/zt/upload_data/16jcbg/16jcbg.pdf.

1.3.2　电子商务的发展前景

当今世界，电子商务方兴未艾，给这个不断变化的世界带来无限的机会。未来电子商务的发展，将成为我国经济增长的新动力、经济转型升级的加速器、提质增效的突破口，可以推动深化供给侧结构性改革，吸引和创造更多的国内外需求，实现更高水平的供需均衡。同时，也可以助力推进大众创业、万众创新，助力推进实施制造强国战略，助力推进"一带一路"建设，助力推进京津冀协同发展，助力推进扶贫攻坚。总之，电子商务的未来发展将有很大空间，涉及众多领域。本节仅从以下三个方面对其发展前景进行展望。

1. 网络购物市场交易规模继续增长

据中国电子商务研究中心监测数据显示，2016 年中国电子商务交易额达 22.97 万亿元，同比增长 25.5%。其中，B2B 市场交易规模 16.7 万亿元，网络零售市场交易规模 5.3 万亿元，生活服务 O2O 交易规模 9 700 亿元。从上述数据可以清晰地看出，我国网络购物市场交易规模继续保持不断增长的态势。

2016 年中国宏观经济实现稳步增长，中央加快"供给侧改革"力度，旨在通过"互联网+"来促进传统企业转型升级。从中央到地方，电子商务已经成为发展的重点。伴随着"互联网+"向传统产业不断渗透，大宗电商平台近年来异军突起，推动国内 B2B 电商行业迎来发展"第二春"。

另外，我国网络零售仍维持中高增速，"一超多强"竞争格局基本稳定，虚实融合、线上线下协同成为产业发展的主基调。在传统零售业绩持续下滑背景下，互联网零售转型成为所有零售企业未来最重要的增长点之一。

特别值得一提的是，随着电子商务商业模式的丰富多样，电商品类也被不断细分。跨境电商、母婴电商、农村电商成为各企业的发力点，并实现了从发展到完善，从完善到优化的一系列飞跃转变，并将在未来的岁月中随着我国网民特别是农村网民人数的增加、人们购买渠道的畅通实现更快、更好的发展。

2. 商业模式创新并重新定义

伴随着新一代信息技术的发展演进，大数据、云计算、物联网、移动互联网等新概念受到越来越多的关注，并被越来越多地运用到企业的运营之中，促进了"互联网+"时代的到来。在经济社会转型过程中，众多企业面临巨大的挑战，但同时也迎来了新的发展机遇。在这个风起云涌的发展过程中,多种现代商业模式被创新并重新定义,助力企业实现新的突破性发展。

1)社群模式

社群模式是指"工具+社群+电商"的混合模式。其中,工具具有媒体属性,可以用来做流量的入口;社群是关系属性,用来沉淀流量;电商是商业属性,用来变现流量价值。

随着互联网 3.0 时代的来临,产品及消费群体不断细化,人们的交流方式及购物方式也发生了深刻的变化。互联网带给人们的"交流、共事、共享信息的环境",为用户与用户之间、用户与商家之间重构彼此的关系提供了良好的平台。在此大背景下,诸多平台商与企业在营销模式上进行了深入的探索,创建了基于微博、微信等的新型社群模式,并由此创造出一个个全新的商业机会。以大 V 为核心的微博圈,聚合朋友、熟人的微信平台,都成为推广商品的依托,并成为连接线上线下的营销模式的载体。

2)长尾模式

长尾理论是由《连线》杂志主编克里斯·安德森(Chris Anderson)在 2004 年 10 月的《长尾》一文中最早提出,用来描述诸如亚马逊和 Netflix 之类网站的商业和经济模式,这种模式可以被称为"长尾模式",其核心是从单纯依靠规模经济,逐步转向依靠范围经济。

长尾模式中的长尾,不是一般的品种多样化,而是在品种多样化中,品种越多,成本越低这种特定的潮流。长尾模式认为,只要存储和流通的渠道足够大,需求不旺或销量不佳的产品共同占据的市场份额就可以和那些数量不多的热卖品所占据的市场份额相匹敌甚至更大。

实现长尾模式有三个关键因素:第一,要有一个具有良好客户体验的电子商务网站,并且要能吸引足够多的流量;第二,要有一套成熟的网站运营和管理体系;第三,要有与之配套的物流系统和客户服务体系。这也是开展所有电子商务的三个关键因素。

3)众包模式

美国《连线》杂志的记者杰夫·豪在 2006 年 6 月首次提出"众包"一词,宣告了一个新的商业模式的诞生——开始是外包(outsourcing),然后是开源(open-sourcing),现在则是众包(crowdsourcing)。众包指的是把传统上由内部员工或外部承包商所做的工作外包给一个大型的、没有清晰界限的群体去做。这种工作可以是开发一项新技术,完成一个设计任务,改善一个算法或是对海量数据进行分析等。

众包的优势不仅在于经济效率,有时候,顾客们的作品更加出色,大众智慧推动了商业进步,并引领了未来的商业趋势。其实众包这种形式古已有之,但是当其与互联网联系到一起时,则其孕育的力量更加巨大。众包可以应用于如此之多的商业领域,令很多产品变得实际、简单而又节约成本。众包模式已经对欧美国家的一些产业产生了颠覆性的影响,许多大公司都敏锐地觉察到了众包的威力,宝洁、波音、杜邦等公司都已将部分技术难题放在全球知名的威客网站上寻求解决。在我国,一些著名公司也在积极尝试使用众包模式解决技术问题和商业问题。

4)跨界模式

跨界与融合因"互联网+"而被赋予新的内涵。"互联网+"时代的跨界融合,其本质是将互联网的创新成果深度融合于经济社会各领域之中,提高实体经济的创新力,从而达到经济社会的思维转变、技术转变、格局转变。

"顶层六重跨界"创始人徐刚说:"跨界商业模式的颠覆,不是对旧模式的颠覆升级,而是对传统思维的彻底颠覆!跨界基本的一条就是倒着走,做企业要以终为始。以终为始就是金融思维的方式,把未来的企业拿到现在用,让未来的客户跨界成为我们的客户又是股东,这样一来,他既是利益相关者,又是推动者,又是股份的享有者。"

如今,营销人士对于"跨界"营销的重视,已经远远超越了以往。越来越多的著名品牌,开始借助"跨界"营销,寻求强强联合的品牌协同效应。跨界营销通过"产品跨界""渠道跨界""文化跨界""促销跨界""交叉跨界"等多种模式,引发消费者更多关注。

5)免费模式

美国《连线》杂志主编克里斯·安德森在《免费:商业的未来》一书中归纳了基于核心服务完全免费的商业模式:一是直接交叉补贴;二是第三方市场;三是免费加收费;四是纯免费。

免费模式的最终目标是为客户提供系列产品或成套服务解决方案,免费的产品可以通过延伸价值链或增值服务来弥补。事实上,免费是为了更好的收费,前期用免费迅速占领市场份额,后期利用增值服务,提供高端的服务来进行更好的收费。例如,美国的谷歌公司,是互联网免费策略的倡导者和实践者。它提供免费的图书馆资料、邮箱、地图、照片管理、办公软件,最终结果是谷歌成为世界上最大的互联网公司。

不过,从2017年开始,"不免费"商业模式重新崛起。如包括视频网站在内的诸多媒体,开始拓展收费业务。支付手段的成熟、用户付费习惯的日渐成型及多年对盗版的打击,促进了商业模式从免费到付费的演变。新机制、新模式的出现,使得消费者自愿买单。

6)平台模式

平台模式是一种无边界多元整合资源方式,即构建多主体共享的商业生态系统并且产生网络效应,实现多主体共赢的一种战略。

平台的存在是广泛的,其可以是一种现实交易平台或虚拟的交易环境,为消费市场中各方寻找交易伙伴降低成本。它们在现代经济系统中具有越来越大的重要性,成为引领新经济时代的重要经济体。平台的消费关系具体表现为:平台上卖方越多,对买方的吸引力越大;同样,卖方在考虑是否使用这个平台的时候,平台上买方越多,对卖方的吸引力也越大。

究其根本,平台模式是一种基于价值创造、价值传递与价值实现的商业逻辑。这种价值逻辑具体体现为:首先,平台企业为平台的两边即供应商和终端顾客提供各种形式的服务的过程,就是平台模式价值创造的过程;其次,平台企业还担负着为供应商传递产品/服务给终端顾客,这一过程就是价值传递过程,也是平台模式的重要功能;此外,平台企业对来自终端顾客的货币支付以某种契约形式与供应商进行分成,这一过程就是价值分配与价值实现过程。

7)O2O模式

O2O模式是指将线下的商务机会与互联网结合,让互联网成为线下交易的平台。消费者既可享受线上优惠的价格,又可享受线下贴身的服务。具体来说,O2O通过打折、提供信息、服务预订等方式,把线下商店的消息推送给互联网用户,从而将他们转换为自己的线下客户,这就特别适合必须到店消费的商品和服务,如餐饮、健身、看电影和演出、美容美发等。

目前，虽然国内外电子商务已经越来越发达，但是在线消费交易的比例仍然大大低于线下消费比例。正是由于消费者大部分的消费仍然是在实体店中实现，因此把线上的消费者吸引到线下实体店进行消费具有很大的发展空间，这就为O2O模式的建立及发展提供了良好的环境与机会。

未来电子商务将融入所有商业形态中，互联网产业与传统产业间的界限正不断消失，双方不再是谁颠覆谁的关系，而是"你中有我，我中有你"。企业将以实体门店、电子商务、移动互联网为核心，通过融合线上线下，实现商品、会员、交易、营销等数据的共融互通，并向顾客提供跨渠道、无缝化体验。

3. 消费者消费行为发生巨大变化

电子商务的出现，使得消费者的消费观念、消费方式和地位发生了重要的变化。研究消费者的消费行为，不仅可以促使商家提供更加优质的商品和服务，也可以促进消费者的购买行为更加理性。

1) 手机购物成为主流购物方式

根据第41次《中国互联网络发展状况统计报告》数据显示，截至2017年12月，中国手机网民规模达7.53亿人，较2016年底增加5 734万人。网民中使用手机上网人群占比由2016年的95.1%提升至97.5%。在使用手机上网的用户中，约有5.06亿人使用手机购物，使用比例由2016年的63.4%增至67.2%。由此可见，手机购物已经成为现阶段网民的主流购物方式。

近几年，单个用户使用手机网购商品的品类越来越多，从服装鞋帽、日用百货到珠宝配饰，各品类手机网购用户分布比例显著提升。单个用户网购品类从低价的日用百货、书籍音像制品向价格较高的计算机/通信数码产品及配件、家用电器扩散；从外用的服装鞋帽到入口食用的食品/保健品渗透。与此同时，手机网购品类不断丰富和细化，逐渐向全覆盖消费需求方向发展。在2015年手机网络购物用户购买商品品类分布中，日用百货、服装鞋帽、计算机、通信数码产品及配件、食品、保健品与家用电器跻身排名前五位，表明手机网购更适合购买一些快速浏览、即兴需求的商品。

2) 移动支付呈现持续走强趋势

移动支付就是允许用户使用其移动终端（通常是手机）对所消费的商品或服务进行账务支付的一种服务方式。截至2017年12月，我国移动支付用户规模达5.31亿人，其中线下场景使用特点突出。据CNNIC调查显示，网民在线下消费使用手机网上支付比例由2016年底的50.3%提升至65.5%，并呈现持续走强趋势。

3) 社交网购、海外网购受到消费者青睐

中国互联网络信息中心（CNNIC）把国内的社交应用类型主要分为即时通信工具、综合社交应用、图片/视频社交应用、社区社交应用、婚恋/交友社交应用和职场社交应用六大类。其中，即时通信工具的使用率最大，占手机网民的90.7%；综合社交应用的使用率为69.7%，排在第二位。利用社交应用的大流量、高时长，各社交平台进一步推进电商化，形成多入口流量导入模式，为社交应用的盈利创造了条件。

根据《2015年中国网络购物市场研究报告》数据，2015年社交网购用户规模为1.45亿人，网购用户人均年度社交化网购金额为2 134元，较2014年提升918元，增长幅度为75.5%；2015年人均年度社交化网购次数为7.2次，较2014年提升1.2次。作为社交网购的一种，微商及其公众号、微信群、朋友圈等3种常见的营销方式在2015年及之后被广泛应用。

海外网购是指通过在线订购获得海外商品的模式，主要包括：直接登录海外购物网站购买，直接快递或通过转运公司递送；通过国内电商平台网站海外购物；通过微信朋友圈海外购物；通过返利网站或 paypal 在海外网站购买；通过国内海外购物论坛购买等。随着多政策出台促进跨境电商发展，2015年我国海外网购用户规模为4 091万人，较2014年增加2 356万人，年增长率达135.8%；海外网购在网购用户中的使用率由4.8%提升到9.9%。

在品类分布方面，化妆品及美容产品跻身海外网购第一大消费品类；在区域分布方面，美国、日本和韩国是海外网购三大商品来源地；在消费行为方面，海外网购人均消费金额为5 630元，年度增幅为13.8%；在购买原因方面，商品质量和正品保障是用户海外网购的主要驱动因素。相信随着未来海外订购商品运送时间的缩短，海外网购将会受到更多网民的青睐。

4)"双11""双12""618"等新创购物狂欢节引发网民购物狂潮

"双11""双12""618"是指每年的11月11日、12月12日及6月18日，由天猫、淘宝、京东等大型电子商务网站举办大规模促销活动的固定日期。近年来这些新创的购物狂欢节已成为中国电子商务行业的年度盛事，并且逐渐影响国际电子商务行业。

"双11"网购狂欢节起源于淘宝商城（天猫）2009年11月11日举办的促销活动，当年有27个品牌参与，销售额为0.5亿元。2010年有711家店铺参与，销售额提高到9.36亿元。2015年，仅阿里巴巴平台，天猫交易额已超912亿元。2016年，中国双11全网销售额为1 695.4亿元，其中，淘宝天猫交易额达到1 207亿元，以71.2%的销售额占比居所有电商平台之首，京东与苏宁易购分别以19.6%、2.5%的销售额占比排在第二、三位。据艾媒咨询权威发布的《2016年中国网民"双11"消费行为研究报告》显示，超六成网民期待"双11"购物节。

"双12"是淘宝平台在12月12日推出的打折购物活动，其目的是引导买卖双方向C2B转型。2012年淘宝首秀"双12"，打破了以往的促销模式，卖什么、卖几折，全部是买家说了算，而且买家可以根据自己的兴趣爱好挑选所有参加活动的商品、店铺。其活动的口号"不一样的淘"正好突出了这个主题。"双12"活动期间，每日约有3 000万的专属愿望清单在"我的1212'页面"形成，在愿望清单中，每个用户不但能看到自己收藏夹和购物车中的商品，还能看到商品所对应的商家的"双12"优惠承诺、宝贝宣言、价格走势、商家标注的商品的标签。同时能够再向卖家寻求更多折扣和优惠，卖家也能根据买家的反应实时调整自己的优惠幅度。"双12"重构了买卖双方和商品的关系，实现了以消费者需求为中心的购物体验。

"618"是指每年6月京东商城推出的一系列大型促销活动，在6月18日京东店庆日达到高潮。除京东商城外，天猫、苏宁等对手也加入"618"促销战，使得"618"成为继"双11"之后又一个网民购物狂欢节。如果说2010年的"618"还属于中国网民边玩边购，享受"会员特惠专场"、积分赠送、长期全场免运费等优惠，2017年的"618"则不仅有各大电商平台参与，还有全球数十万品牌商和店铺、全国超过万家线下店加入大促活动。随着电子商务的不断发展，"618"购物节已开始出现细分化趋势，无人机、无人车送货正式登场。正如京东集团 CMO 徐雷所认为的，未来的零售在消费变革和技术进步的双重作用下，消费场景将不再局限于单一的渠道，而是延伸到无处不在的线上和线下空间。

思考与讨论题

1. 简要叙述我国电子商务的发展历程。
2. 什么是电子商务？电子商务有什么功能？
3. 阐述电子商务中三流的关系。
4. 试阐述电子商务的不同分类及其典型应用。
5. 电子商务有什么主要特点？和传统的商务相比较，电子商务有什么优势？
6. 简要介绍电子商务系统的基本组成。
7. 简要介绍电子商务的相关法律。
8. 电子商务发展的宏观环境主要包括哪些方面？它们各有什么特点？
9. 电子商务的发展引发了哪些商业模式的创新？它们各有什么特点？
10. 试论述电子商务对商家、消费者及对社会经济生活的影响，以及未来的发展前景。

参 考 文 献

[1] 中国互联网络信息中心. 第 41 次中国互联网络发展状况统计报告［EB/OL］（2018-03-05）. http://www.cnnic.cn/hlwfzyj/hlwxzbg/hlwtjbg/201803/P020180305409870339136.pdf.

[2] TURBAN E，KING D，LANG J. 电子商务导论［M］. 王健，等译. 2 版. 北京：中国人民大学出版社，2011.

[3] 尚成国. 电子商务概论［M］. 北京：中国铁道出版社，2010.

[4] 刘婷，陈宇. 电子商务教程［M］. 北京：中国铁道出版社，2010.

[5] 周曙东. 电子商务概论［M］. 2 版. 南京：东南大学出版社，2011.

[6] 宋文官. 电子商务［M］. 北京：中国铁道出版社，2009.

[7] 彭征. 凡客不凡：用户体验造就品牌［M］. 北京：龙门书局，2012.

[8] 朱水林. 电子商务概论［M］. 北京：北京交通大学出版社，2004.

[9] 李琪. 电子商务概论［M］. 北京：高等教育出版社，2009.

[10] 王晓晶，钟琦. 电子商务与网络经济学［M］. 北京：清华大学出版社，2011.

[11] 苏静，翟旭君. 传统企业电商之道［M］. 北京：电子工业出版社，2013.

[12] 黄海滨. 电子商务概论［M］. 上海：上海财经大学出版社，2006.

[13] 武帅. 中国互联网风云 16 年［M］. 北京：机械工业出版社，2011.

[14] 郭少青，陈家喜. 中国互联网立法发展二十年：回顾、成就与反思［J］. 社会科学战线，2017（6）：215-223.

[15] 张楚. 电子商务法［M］. 3 版. 北京：中国人民大学出版社，2011.

[16] 秦成德，王汝林. 电子商务法高级教程［M］. 北京：对外经济贸易大学出版社，2010.

[17] 夏露. 电子商务法规［M］. 北京：清华大学出版社，2011.

[18] 张楚. 电子商务法教程［M］. 2 版. 北京：清华大学出版社，2011.

[19] 中国互联网络信息中心. 2015 年中国网络购物市场研究报告［EB/OL］.

http://www.cnnic.cn/hlwfzyj/hlwxzbg/dzswbg/201606/P020160721526975632273.pdf
[20] HOWE J. 众包：大众力量缘何推动商业未来［M］. 牛文静，译. 北京：中信出版社，2009.
[21] 安德森. 长尾理论2.0［M］. 北京：中信出版社，2009.
[22] 刘长江. 重新定义商业模式："互联网+"时代的新商业模式［M］. 北京：中国经济出版社，2016.

第2章

电子商务的理论基础

 导入案例

网络经济时代的到来

以信息网络为代表的现代信息技术迅猛发展,向各国政府提出了新的挑战。为了适应网络时代的要求,提高行政效率和促进社会信息化,各国政府都逐步开始把信息网络引进政府行为当中。美国1992年提出建设"信息高速公路"的计划,随后又提出要建设"全球信息基础设施",并做出了长远规划与战略部署;1997年,美国制订了一个名为"走近美国"的计划,要求从1997年到2000年,在政府信息技术应用方面完成120余项任务。面对美国数字经济高速发展的挑战,在欧洲,各国都不甘落后,决心与美国开展这方面的竞争。欧盟制订了信息社会行动纲领,各成员国也分别制订了本国的信息社会行动计划和电子政务规划,并积极付诸行动。以英国为例,英国政府先后发布了《政府现代化白皮书》《21世纪政府电子服务》《电子政务协同框架》等政策规划。作为亚洲的经济强国,日本内阁提出了雄心勃勃的"经济新生对策",把数字化信息网络技术产业作为21世纪数字经济发展的基础,并计划在5年内使日本成为世界上信息通信最先进的国家。日本政府在2000年制定的IT国家战略中,提出了"e-JAPAN"构想,在5年之内,使日本成为世界最先进的IT国家之一。

各国政府的这些行动促进了网络经济的快速发展,此外,网络经济活动中出现了不同于传统经济的特点。一是由于信息的极大丰富,导致经济活动中的信息瓶颈消失,而且由于以网络为基础的各种信息处理工具的出现,使得人们处理信息的能力极大提升;二是由于信息和知识具有非排他的共享性、扩散性,信息网络具有的强大的网络外部性,导致传统部门和新经济部门的劳动生产率提高,在某些领域甚至出现了边际收益递增的趋势;三是在供给和需求领域中体现出一些新的特点,供给和需求的结合更加紧密了;四是新经济增长迅速,如IT产业、电子商务领域都出现超常规的跳跃式增长,这种增长速度是其他各个领域中难以见到的;五是网络基础设施的建设速度加快,为新兴的网络产品发挥作用提供了广阔的、高质量的平台;六是产品寿命周期不断缩短,20世纪90年代以前美国产品的平均生命周期为3年,现在IT产品的生命周期已降到1年左右。根据摩尔定律,计算机芯片的处理速度每18个月提高1倍,而价格却以每年25%的速度下降,现在有的学者甚至称计算机芯片的处理速度已变成每12个月提高1倍;七是网络使世界联为一体,经济生活中的时空距离被网络超越,跨国企业的运行有了低成本的技术基础,全球化趋势明显;八是网络使得人们的生活和消费

方式发生潜移默化的改变；九是企业对信息网络的利用程度在实质性地提高。

资料来源：吴君杨. 网络经济研究：网络对经济活动影响的规律性探析［D］. 北京：中共中央党校，2002.

以计算机、卫星通信、光缆通信和数字技术等为标志的现代信息技术和全球信息网络的爆炸式普及引发了新的经济革命，这种不同于传统经济、建立在计算机网络特别是互联网上新的经济形态被称为网络经济。信息经济学创始人乌家培教授认为网络经济（network economy）可以从不同的层面去认识它：从最高层面——经济形态看，网络经济是区别于游牧经济、农业经济、工业经济的信息经济、知识经济或数字经济；从中观层面——产业发展看，网络经济是与电子商务紧密相连的网络产业，既包括网络贸易、网络银行、网络企业及其他商务性网络活动，又包括网络基础设施、网络设备和产品及各种网络服务的建设、生产和提供等经济活动；从微观层面——企业营销、居民消费或投资的角度看，网络经济是一个网络大市场或大型的虚拟市场。由此看来，电子商务是网络经济在中观层面最重要、最引人入胜的新型产业，它的运行除了遵循网络经济的一般规律外，同时也遵循自己的特定发展规律。因此，本章将首先从伴随着网络经济而出现的相关基础理论入手，探寻网络经济运行的基本规律，接着聚焦于伴随着电子商务的发展而产生的新的理论，探讨这些理论所蕴含的电子商务发展的新特点。

2.1 网络经济的基础理论

随着网络经济的日益繁荣，理论界与实业界根据不断涌现的现象总结出了大量的理论，本节摘取几个影响力比较大的理论进行介绍，它们分别是：梅特卡夫定律、摩尔定律、吉尔德定律、非摩擦经济效应、网络外部性、双螺旋理论、锁定效应、达维多定律。

2.1.1 梅特卡夫定律

梅特卡夫定律（Metcalfe's law）是用以太网[①]的发明人、计算机网络先驱罗伯特·梅特卡夫的名字命名的网络经济的基础定律之一。该定律是指互联网的价值等于其节点数的二次方，即在互联网中，当节点（可以是用户、也可以指联网的计算机等）之间的连线数以线性形式增长时，信息交流的可能性或交易机会呈指数态势陡然上升，网络的有用性（价值）随着用户数量的二次方数增加而增加。梅特卡夫定律用数学表达式表示为 V（网络的价值）=KN^2，K 为价值系数，N 在这里指节点数，它表明在互联网经济中，随着成本的投入、节点数的增加，收入（或资本化以后的价值）将呈现二次方的增长趋势。梅特卡夫定律决定了新技术推广的速度，是关于网上资源的定律，是网络技术发展的规律，因此，互联网上联网的计算机越多，该网络的价值就越大。该定律表明，新技术只有在越来越多的人使用它时才会变得有价值，从而进一步吸引更多的人来使用，最终提高整个网络的总价值。例如，当一项技术、一个网络已建立必要的用户规模，达到引爆点时，它的价值将会呈爆炸式增长。传真机就是

---

① 以太网（Ethernet）指的是由 Xerox 公司创建并由 Xerox、Intel 和 DEC 公司联合开发的基带局域网规范，是当今现有局域网采用的最通用的通信协议标准。以太网使用 CSMA/CD（载波监听多路访问及冲突检测）技术，并以 10 Mbps 的速率运行在多种类型的电缆上。以太网与 IEEE 802.3 系列标准相类似。

一个很好的例子，随着拥有和使用传真机的用户越来越多，由传真机组成的通信网络才把通信技术的价值快速放大。此外，一项技术需要花费多长时间才能达到必要的用户规模，取决于用户进入网络的代价，代价越低，达到必要用户规模的速度也就越快，网络的价值增长也就越快，并且随着网络的价值越大，联网的需求也就越大，呈现了积极的正反馈。

➡ 案例 2-1：Facebook 的价值

Facebook 是目前美国排名第一的社交类网站，在网站流量上它经常与 Google 争夺世界第一的宝座，并被认为是继微软、Google 之后最有发展潜力、最具商业价值、最具竞争力的互联网公司。Facebook 于 2004 年 2 月 4 日正式上线，在推出两年半后即达到 1 亿人的用户规模。

2007 年微软出资 2.4 亿美元只换来 Facebook 1.6%的股权，当时 Facebook 的估值已高达 150 亿美元。对于看好 Facebook 的人来说，其真正的价值正是在于其价值的无法估量，这是因为其产品朝气蓬勃且尚未定型，具有无限可能的可扩展性。2012 年，Facebook 在首次公开招股（IPO）申请文件中披露，该公司月活跃用户数量为 8.45 亿人，据国外媒体报道，彭博社对 Facebook 的估值是 1 028 亿美元，按 Facebook 有 8.45 亿活跃用户计算，每名用户的"价值"约 121 美元。仅仅过了 5 年，2017 年，Facebook 的股票价格不断创下新高，目前该公司市值已经逼近 5 000 亿美元，它拥有了超过 20 亿人的活跃用户，日活跃用户达到 13.2 亿人。

资料来源：美股新闻，腾讯证券. Facebook 股价创新高市值一度突破 5000 亿美元 [EB/OL]（2017-07-28）. http://stock.qq.com/a/20170728/002442.htm.

2.1.2 摩尔定律

摩尔定律（Moore's law）被誉为计算机第一定律，是信息科学的发展规律，揭示了信息技术进步的速度。这一定律是以英特尔公司创始人之一的戈登•摩尔命名的。摩尔定律的内容是：当价格不变时，集成电路上可容纳的晶体管数目，大约每隔 18 个月便会增加一倍，性能也将提升一倍。换言之，每一美元所能买到的计算机性能，将每隔 18 个月翻两番。摩尔定律也被简单地表述为微处理器的速度每 18 个月翻一番。这也就是为什么人们购买的计算机运行速度越来越快，而价格却越来越便宜的原因。

摩尔定律的诞生源于摩尔对芯片发展趋势的观察。1965 年，摩尔在准备一个关于计算机存储器发展趋势的报告时，发现了一个惊人的趋势，即每个新芯片大体上包含其前任两倍的容量，每个芯片的产生都是在前一个芯片产生后的 18～24 个月。如果这个趋势继续的话，计算能力相对于时间周期将呈指数式的上升。随后，处理机能力和磁盘驱动器存储容量等元器件的发展也验证了这一趋势。实际上，摩尔定律只是一个用文字表述的趋势的预测，因此其表述被人们总结出了 3 种版本：① 集成电路芯片上所集成的电路的数目，每隔 18 个月就翻一番；② 微处理器的性能每隔 18 个月提高一倍，而价格下降一半；③ 用一个美元所能买到的计算机性能，每隔 18 个月翻一番。

摩尔定律的经济学效益日益受到人们的重视。由于高纯硅的集成度越高，晶体管的价格越便宜，使得本来只有少部分机构能够拥有的计算机价格越来越便宜、体积越来越小、性能越来越强，使计算机迅速普及到了全世界。这里一组数据充分说明了摩尔定律的经济学效益。

在 20 世纪 60 年代初，一个晶体管价值 10 美元左右，但随着晶体管越来越小，直到小到一根头发丝上可以放 1 000 个晶体管时，每个晶体管的价格只有千分之一美分。据有关统计，按运算 10 万次乘法的价格算，IBM 704 计算机为 1 美元，IBM 709 计算机降到 20 美分，而 20 世纪 60 年代中期 IBM 耗资 50 亿美元研制的 IBM 360 系统计算机已变为 3.5 美分。

摩尔定律对整个世界的影响意义深远。计算机从原来的庞然大物变成人们便携不离身的工具，从高端的实验室走向了千家万户，从各个方面改变了人们的生活，影响了全球的经济及增长模式。

除了摩尔定律外还有摩尔第二定律及新摩尔定律的说法。

摩尔第二定律是英特尔公司董事会主席罗伯特·诺伊斯预见到摩尔定律将受到经济因素的制约，于 1995 年提出的。集成电路芯片的性能虽然得到了大幅度的提高，但芯片生产厂的成本也在相应提高。成本的增加是另一条指数曲线，被人称为摩尔第二定律。

新摩尔定律是针对中国互联网主机数及上网用户数提出的。它指的是中国接入 Internet 的主机数和上网用户人数的递增速度，大约每半年就翻一番。不过随着互联网在中国的逐渐普及，这一增长速度也将逐渐趋缓。

➡ 案例 2-2：摩尔定律的未来

从技术及经济性的角度来看，随着晶体管电路逐渐接近性能极限，摩尔定律终将走到尽头。一旦芯片上线条的宽度达到纳米数量级时，只相当于几个分子的大小，这种情况下材料的物理、化学性能将发生质的变化，致使采用现行工艺的半导体器件不能正常工作，摩尔定律就要走到尽头。从经济的角度看，正如上述摩尔第二定律所述，目前是 20 亿~30 亿美元建一座芯片厂，线条尺寸缩小到 0.1 微米时将猛增至 100 亿美元，比一座核电站投资还大。成本的增加迫使越来越多的公司退出了芯片行业。

但是也有人从信念及创造力的角度认为摩尔定律不会消亡。美国 CyberCash 公司的总裁兼 CEO 丹·林启说："摩尔定律是关于人类创造力的定律，而不是物理学定律"。他代表了一部分人的坚持：摩尔定律是关于人类信念的定律，当人们相信某件事情一定能做到时，就会努力去实现它。

资料来源：鲍海飞. 芯片：摩尔定律的传奇［J］. 中国计算机学会通讯，2017（8）.

2.1.3 吉尔德定律

20 世纪 90 年代中期，据美国激进的技术理论家乔治·吉尔德预测：在可预见的未来，通信系统的总带宽将每半年增长一倍。随着通信能力的不断提高，吉尔德断言，每比特传输价格朝着免费的方向下跌，费用的走势呈现出"渐进曲线"（asymptotic curve）的规律，价格点无限接近于零。

从技术层面看，带宽的增加早已不存在技术上的障碍，微软公司最近的一次实验证明，在 300 km 的范围内无线传输 1 GB 的信息仅需 1 s，这是计算机里 Modem 传输能力的 1 万倍！目前，决定带宽的只取决于用户的需求，用户的需求日渐强烈，就会有公司不断进入该领域为用户提供上网接入服务，随着竞争的日益激烈，带宽会相应增加，而上网的费用则逐渐下降。在美国，已经有许多互联网服务提供商向用户提供免费上网服务。

➜ 案例2-3：宽带公司的竞争

最近几年，北京宽带公司之间的竞争越来越激烈，竞争的焦点从原来的价格慢慢转变到宽带的速度及服务。起初，小区只有一家宽带公司时，宽带的速度4 MB需要一百多元，而随着另一家宽带公司的进入，原先那家宽带公司的网速立刻提升到了10 MB，而每个月的价格却降到了一百元以内。在编者居住的小区，经常见到的是两家宽带公司像打擂台似地轮番贴广告，价格及网速不断地被刷新。现在，宽带公司大力推广100 MB的宽带速度，而价格反而继续下降。宽带公司之间的竞争最大的受益者就是上网用户了，宽带服务的性价比越来越高，用户获得的实惠就越来越多。如果有一天，上网能够真正实现免费就好了。

梅特卡夫定律、摩尔定律和吉尔德定律被称为信息时代的三大定律，这三大定律共同勾勒出了信息技术发展的历程。

2.1.4 非摩擦经济效应

非摩擦经济（friction-free economy）是指自20世纪90年代以来，随着网络技术的发展，某些产品的生产和交易成本（如复制一个软件）逼近于零，同时网络使信息不对称的工业社会条件下产生的搜索、分销成本基本消失，从而使既有的商业模式从"传统经济臃肿的流通环节、高成本商业模式中，令人耳目一新地跃出来"。该名词的出现，得益于美国学者勒维斯教授在1997年出版的《非摩擦经济——网络时代的经济模式》一书，从此非摩擦经济一词便开始流行起来。美国经济学家勒维斯参照经济学中的交易费用理论，以美国在线为例，借鉴了经济学、管理学、营销学的理论，提出非摩擦经济及"学习曲线""混沌理论""正反馈""主流化"等诸多新名词，并指出要快速抢占市场份额处于市场垄断者地位的竞争策略。

非摩擦经济是不同于传统经济模式的一种低成本、无摩擦、高效率的全新的经济形态。勒维斯说："在前工业时代，你拥有土地就是富翁；在工业时代，你拥有金钱就是富翁；但在非摩擦经济中，你拥有市场份额你才真正富有。或者说，你要拥有潜在的快速的学习曲线，这样你就可以获得市场份额。"经济学理论认为，使经济资源得以有效配置的信息散见于大量的个体之中，任何以集中方式进行资源配置的行为都在一定程度上扭曲了信息，从而损失了一部分资源配置效率。在我们所熟悉的传统经济中，实行的是集中生产，生产与消费存在诸多环节，造成信息与实物的迂回流动，大大增加了交易成本，企业大量资源在不能增加价值的使用过程中被消耗掉了。追根溯源，非摩擦经济来源于西方交易费用理论。该理论认为，任何交易都是有成本的，经济运行是有摩擦、有阻力的，即经济活动是一种摩擦经济。只有通过合理的产权界定和有效的制度安排，才能降低交易费用，减少摩擦，提高经济效益。

如果说传统经济是一种摩擦经济，则网络经济就是一种非摩擦经济。非摩擦经济中的生产、销售和售后服务等费用比在传统经济模式下低得多，成本降低将使经济效益大为改观。非摩擦经济假定无生产和销售成本、无竞争对手且可以获得无限资源，企业以接近于零的成本，几乎可以无限地提供产品、服务及创意。在某种意义上，这种新型的经济模式就如同一个虚拟世界，只要产品低成本制造、售价低廉，就会赢得用户。

网络经济是一种典型的非摩擦经济。在这种新的经济模式下，经济遵循的是边际收益递增机制（推翻了西方经济学中的效率理论、边际收益递减理论及成本效率理论），企业占领的市场份额越大，获利就越多，即"富者越富，赢家通吃"。为达到占领市场的目的，企业应该实行低价法则、规模法则、产品定价个人化法则等。

互联网经济是一种消除中介的非摩擦经济模式，通过采用互联网为平台在世界范围内处理市场信息、沟通生产与消费，任何生产者可与消费者通过互联网进行物质上虚拟、信息上真实的直接接触，降低了企业的营销、储运成本。互联网经济的直接性决定了它比传统经济有着更经济的生产营销体系，大量资源的节省和交易成本的降低转化为巨大的价值源泉。

有人认为"非摩擦"只有相对而言，旧的中介消失了，新的中介又来了，雅虎、亚马逊就是新中介的典型代表，因而摩擦并没有真正消失。美国经济学家卡尔·夏皮洛、哈尔·瓦里安则在其著作《信息规则：网络经济的策略指导》中这样写道："在信息经济中，传统的摩擦来源（如搜索成本和分销成本）将会被侵蚀掉。但是减少这些摩擦的同样的计算机力量使新的'人工摩擦'（如忠诚顾客计划）的产生成为可能。摩擦并没有消失——它们只是变换了形式。"

2.1.5 网络外部性

网络外部性也称为网络效应、需求方规模经济、需求方的范围经济（与生产方面的规模经济相对应）。根据以色列经济学家奥兹·夏伊在《网络产业经济学》中提出的定义，"当一种产品对用户的价值随着采用相同的产品或可兼容产品的用户增加而增大时，就出现了网络外部性"。即一个消费者消费某种商品，不仅给自己带来效用，也给他人带来某种效用，而且网络产品的价值增加将随着消费者预期的销售数量而增加。比如，消费者预期苹果 IPAD 会成为热门产品，购买 IPAD 的人就会越多。当人们都不使用电话时，安装电话是没有价值的，而电话越普及，安装电话的价值就越高。网络传媒、航空运输、金融等行业普遍存在网络效应。网络外部性的大小判断就是使用者本身所要求的服务价值是否大于其支付的费用。网络经济的外部性是网络经济最重要的特征之一，是网络产业区别于非网络产业的重要指标，在具有网络效应的产业，"先下手为强"和"赢家通吃"是市场竞争的重要特征。

虽然外部性既可为正也可为负，但网络经济的外部性主要为正。传统经济理论认为，规模报酬递减，而互联网经济则突破了这一限制，呈现出规模报酬递增的特征，具有明显的外部经济性和规模经济效应。这主要是由于信息消费的"非竞争性"，换言之，相较于传统经济中的实体商品，信息作为互联网经济的主要产品，可以以接近于零的成本进行大量的复制或传播，并且信息所包含的价值并不会因此而降低，因此互联网经济的成本表现为阶段性的固定成本投入而产量可以无限制增加，致使平均成本随着总产量的增加而快速下降，形成强烈的收益递增性。另一方面，网络的外部经济性来源于网络自身的组织系统性、网络内部信息流的交互性和网络基础设施的长期垄断性。由于网络交易边际成本递减趋势的存在和网络信息价值的累计增值及传递效应，网络经济边际收益呈现出规模递增的趋势。

➡ 案例2-4：互联网的"赢者通吃"

不管是国外还是国内的互联网行业，都出现了一种现象，那就是"强者更强，弱者更弱""赢者通吃，输家出局"的网络外部性效应，互联网行业的市场结构趋于寡头垄断。我们可以回想下自己经常使用的搜索引擎是否不是百度就是谷歌，使用的即时通信工具不是QQ就是微信，使用的新闻网站不是新浪就是搜狐，购物的网站不是淘宝就是京东。据估计，百度、淘宝、腾讯三大寡头分别在我国的搜索引擎、电子商务、即时通信市场占据70%以上的市场份额。

这就是互联网的首选权争夺战，被首选的网站一旦突破用户数量的临界点，借助网络外部性，能够集中更多资源，弱肉强食，很快成为这类商业模式的佼佼者。一旦趋势明确确立，再多的钱都很难扭转这种集中的趋势。这就是互联网赢者通吃的秘诀：已经成功的企业将越来越成功。

百度旗下C2C电子商务平台"有啊"自2008年诞生起就不被外界看好。尽管百度有啊曾豪言三年内必会打败淘宝，但经历了3年多磕磕绊绊的运营，2011年3月31日百度有啊发布公告，将所有商品、店铺、交易相关功能关闭，这意味着，百度C2C电子商务业务百度有啊终以失败落幕。

有啊正式上线是在2008年。从2008年到2011年正是网络购物发展最快的3年，可以这么说，有啊出生在了电子商务发展的拐点上。

这个决策当时是如何产生的？有两个依据：

第一，表面上看，当时市面上的C2C交易平台有40%的流量从百度获得，淘宝从百度获得的流量亦占其外部流量的30%，似乎百度大权在握。

实际上，在2007年前后，百度在自己的海量数据中发现了一个新的趋势，与商品、商业相关的搜索关键词在百度上出现得越来越少，为什么？淘宝和阿里巴巴的崛起，导致用户直接到这两个网站上站内搜索，不再通过百度。如果百度不做电子商务，大量的商务关键词跑到淘宝和阿里巴巴，肯定会对百度未来的商业收益产生破坏性影响。

第二，消费者基于购物相关的搜索需求越来越大，呈几何级倍速的增长。百度必须尽快在电子商务领域有所作为，才能截获新的利润增长点。

基于上述两个判断，管理层决定：必须做。但淘宝在C2C领域的市场份额已经超过70%，有人私下质疑，这个决策是否做得有些晚？

在百度工作过的人都知道一个故事，2003年，有个优秀的工程师建议百度立即开始涉足电子商务。这个提法最后被毙了，管理层觉得当时还不是发展电子商务的最佳时机，后来，这名工程师抱憾离开百度，加入了一个电子商务公司。

有啊上线后，目标定位为作淘宝第二，这个定位让有啊采取了跟随战略。首先，为吸引淘宝卖家转移阵地，推出了低价策略；其次，针对淘宝当时较为单一的评价体系，推出了卖家认证资质、历史交易、满意度等综合评价体系。

这两个战术能否对淘宝形成致命一击？淘宝虽然在与eBay的竞争中，采用了低价手段，但在有啊奋起直追时，淘宝已经开始大力吸引品牌商进入，价格竞争手段已然过时。而百度小打小闹的局部创新，亦不符合电子商务领域的发展逻辑。不同于传统行业，甚至是传统的互联网领域，电子商务各细分领域的带头大哥往往占绝对优势，如淘宝、京东。用户已经对其形成了依赖和习惯。后来挑战者如果没有颠覆性的差异化创新，很难打破既有的市场格局。

电子商务有一个区别于以往传统模式的特点，叫作双边经济。也就是说，在C2C平台上，买家数量决定卖家数量，卖家数量也影响买家，双方互为依存，与国美、苏宁等传统平台不同。

作为搜索领域的强势企业，百度的资源就是搜索带来的流量。百度当初涉足电子商务的一个初衷是希望将流量变现，转化为电子商务的用户量。这在互联网传播的商业模式下非常有效。例如,百度的搜索指引到新浪,给新浪带来的强大流量,新浪可吸引到广告投放,百度也可获得分成。

电子商务是一个极度需要用户黏性的市场。在百度将流量导入有啊这个平台时,需要经过很多环节。如买家和卖家的注册、认证,申请百付宝等支付工具,这是一个流量衰减的过程。每经过一个环节,流量就衰减掉一部分。所以每个环节都是风险。最后能沉淀下来成为核心指标的,已经所剩无多,流量优势越变越小。

据易观国际对百度有啊的统计,百度有啊2010年第四季度注册账户数为74.5万人,增长率1%;活跃用户数为9万人。这组数据远远低于淘宝2011年1月对外宣布的数据——注册用户达3.7亿人。

缺乏有吸引力的商业模式,简单地拼流量已经不适应现阶段电子商务的发展。百度已经意识到这一点,在2010年上半年启动的新电子商务战略中,定位重回搜索优势,推出多种广告形式,全面满足电子商务客户的搜索投放,推出并逐步开放基于"框计算"的商品搜索。

尽管如此,百度有啊也难逃失败的命运。同样,腾讯的拍拍在电子商务领域也难有很大的作为。百度和腾讯都是拥有巨大用户流量的互联网巨头,但是在面临淘宝网的先入优势,面临淘宝网在电子商务领域形成的强大的网络外部性,搜索及聊天的流量转化不成购物的流量,C2C电子商务市场仍然是淘宝网一家独大。

资料来源:王慧. C2C同质化竞争之痛:百度电子商务平台"有啊"之殇[J],广州城市职业学院学报,2011,5(2):29-32.

网络的外部性可以分为直接外部性和间接外部性,区分的标准是消费者是否和网络单元直接相连。当消费者直接和网络单元相连时,网络效应表现为直接效应,可以描述为梅特卡夫法则。在一个单向网络或垂直网络中,网络的外部性表现为间接性。消费者对一组产品组合的消费,将增加厂商的供给。由于规模经济的存在,这种消费将给其他消费带来效益。

网络经济的外部性有以下特点。

(1)互相依赖性。互相依赖性是指消费者个体间的决策是互动的,网络经济的消费者很容易结成一个联盟。

(2)非补偿性。非补偿性是指某人所产生的成本无法要求其他人支付。非补偿性的用处在于可以区分购买成本与使用成本,因为网络产业本身的获利来自设备的出售,但实际上网络外部性的成本还来自所谓的使用成本。因为一家公司或个人希望从网络得到最大的效益,除了自身必须学习并使用网络外,还受到网络基础设施的好坏、其他企业的使用与消费者上网情形的影响。这些成本与购买各项网络设备的成本无关,且此成本必须自行消化,因此称为非补偿性。

(3)非市场性。外部性的影响不是通过市场发挥作用的,它不属于买者和卖者的关系范畴,市场机制无力对产生外部性的厂商给予奖励和惩罚,价格机制不起调节作用。

无论是直接外部性还是间接外部性,网络经济的外部性在网络经济的增长、网络市场的扩张及新技术产品的推广中起决定性作用。

2.1.6 双螺旋理论

双螺旋理论是中科院研究生院管理学院的互联网专家吕本富教授在20世纪90年代末提出来的，双螺旋理论是指：从互联网普及以来，网络经济一直沿着技术发展和应用创新两个方向前行，这两个方向可以被看作既分立又统一的一对"双螺旋"——技术发展创造了应用的创新环境，而应用的创新往往很快就会触到技术的极限，进而鞭策技术的进一步演进，这就是两个维度的螺旋式上升，当技术和应用的激烈碰撞达到一定的融合程度时，就诞生了比较稳定的商业模式和新经济热点。可以说，所有的商业模式创新和新热点的闪耀，都是这个"双螺旋模式"催生的产物。

"双螺旋"是由无数的点所组成的，很难对其进行逐个的分析，可以通过"分段"的办法来审视"双螺旋"上升的轨迹。

在"技术发展"这条螺旋线上，互联网的技术发展路线非常清晰，具体包含：接入技术——包括接入途径的多样化、接入设备的多样化和接入速度的快速性；内容技术——由于接入技术的迅猛发展，网站开发的内容技术也就将从以文本为主的内容开发模式转向内容的多媒体；软件技术——主要是软件跨越多种硬件平台的技术，要求有比较好的适应性，如现有的JAVA编程软件等；安全技术——电子商务的核心是安全，包括自己网站本身的安全、数据库的安全、支付安全等；应用技术——如个人通信和交互能力等；数据库技术——支撑个性化和极大化扩展的能力，以及潜在的技术创新和模仿能力。技术随着信息传输速度的增长和信息存储技术扩展而演进是一个最基本的原则，据此，把这条线分为K时代（Kbps）、M时代（Mbps）和G时代（Gbps），每个时代的更迭都会带来爆发性的技术发展。目前我们正处于M时代的中后期，正在一点点地向G时代迈进。

在"应用创新"这条螺旋线上，信息流、资金流和物流是三个最重要的分界点，这与"技术发展"紧密相关。例如，在K时代，应用创新带来的商业模式大多只是基于信息流，而不与用户产生直接的资金和物流关系（如门户模式）；M时代的应用和服务大大丰富，越来越多的应用创新模式开始让用户愿意与企业建立直接的资金流和物流的联系。从理论上讲，最终计算、传输和存储技术的发展让所有的物流回归到信息流也是可能的，在音乐、电影等行业这样的故事已经在发生。

这两条"螺旋线"之间的"碱基"有5个，它们把双螺旋的活力激发出来，产生了新的商业模式或新经济的热点。这5个最基本的"连接方式"——网络通信、信息发布、交流互动、网络服务和网络交易，目前所有的商业模式都在这些平台徐徐展开。

这5个连接方式并不是递进的关系，也没有优劣之分，这是因为，在任何一个方式中都会由于"双螺旋"的上升而迸发出新的商业模式和新经济热点。例如，作为网络通信象限的电子邮件是最古老的应用之一，但是近年来受技术与应用影响而出现的移动邮件让其依旧闪耀着光芒。前3个连接方式大多只和信息流有关，而网络服务与资金流和信息流有关，网络交易则与资金流、信息流、物流三者全面相关。与此同时，我们会发现虽然是"双螺旋"，但是影响网络通信、信息发布、交流互动这些商业模式演进的主要是技术发展，但是影响网络服务和网络交易商业模式的则更像是应用创新的工作。

可见，决定不同象限下的新经济热点的跳动逻辑，有着不同的关键变量。而这种差异不仅仅体现在不同象限之中，在同一象限下处在不同的外部环境下（如不同国家），关键变量也会大相径庭。如果一个国家的基础设施、信用环境、法律制度等已经非常规范，技术创新或者说信息流带来的交易成本降低，就成为决定商业模式的主导因素。反之，情况就会相对复杂。这就解释了为什么当年无数从美国复制过来的商业模式在中国并不成功，而甚至在美国很成功的新经济企业在中国会"从虎变猫"。

➔ 案例2-5：现实中的双螺旋

互联网领域许多著名公司都是沿着这个双螺旋路径找到它们的出发点：早期的公司主要是以技术作为驱动的，创始人都是计算机或通信技术等方面的人才或爱好者，由自娱自乐到创造出有特色的网络服务模式，杨致远与Yahoo!、丁磊与网易都是典型代表，在市场利益的推动下从网络的技术平台转向网络的商业平台。另一种则是从纯粹的商业模式出发，往往与大量的风险资本和商业合作伙伴相关联构成新的网络公司，像Amazon、eBay、sohu、8848等。20世纪90年代中后期以前，主要是以技术推动为主，21世纪初随着资本市场对网络认可度的加强，商业模式成为最主要的网络公司的驱动因素，技术推动的公司也逐步转向了以商业模式驱动的公司。

P2P无疑是近年来最热门的网络技术之一。P2P即点对点，是英文peer to peer的简写。P2P使得人们可以直接连接到其他用户的计算机上交换文件，而不是像过去那样连接到服务器去浏览与下载。在P2P结构中，整个网络结构中不存在中心节点（或中心服务器），每一个节点大都同时具有信息消费者、信息提供者和信息通信三方面的功能。

1998年，当19岁的肖恩·范宁在编写一个基于P2P技术的共享软件Napster时，他或许并未想到随之而来的互联网业的震荡。这种用于用户之间交换MP3音乐的P2P软件，一夜之间走红，同时也被七大唱片公司以侵权为名告上法庭。

1999年底，美国在线的员工贾斯汀·弗兰克尔发布了第二代P2P软件Gnutella。Gnutella不需要固定的服务器，使用者也不必进行注册，只要打开Gnutella便能连上网络上的某台机器，直到找到用户搜索的文件为止。为避免网络堵塞，第三代P2P软件应运而生。电驴和BT下载便是第三代P2P软件，将源文件分为几个部分供他人下载，每一个用户从不同的主机当中可以找到不同的部分分别下载，这样文件传输的速度就大大增加了，也不需要网络服务器保存源文件。

P2P技术衍生了许多商业模式，最具代表性的有以下几项。

1. P2P音乐下载

飞行网最早在台湾发展付费网络在线用户，其品牌Kuro成为华人地区最受欢迎的音乐搜寻软件。飞行网台湾公司于2004年10月成功地在台湾兴柜挂牌上市。飞行网北京公司成立于2001年，同年"Kuro"音乐浏览器投入内地市场，为中国内地音乐爱好者提供网络音乐服务。

2. P2P杂志

飞行网的子公司新数通兴业科技有限公司于2004年推出网络数字杂志"Xplus"服务。只需下载Xplus的客户端软件，便会通过互联网为客户自动传送已订阅的多媒体杂志，Xplus采用P2P的方式传输，可以通过尝试不同来源完成杂志下载，并以书柜的形式管理已经下载的杂志。下载完毕后，便可在自己的计算机上尽情享受最时尚、最前沿的影音互动杂志。Xplus提供时尚服装、娱乐生活、动漫游戏、体育竞技等多种主题的数字杂志，为数字内容发行开辟了有效的渠道。

3. P2P 电影下载

广州数联软件技术公司（POCO）是基于 P2P 技术的免费电影、音乐、动漫等多媒体内容的分享平台。该公司去年获得 IDG 的投资，但由于对 P2P 领域涉及版权保护等各种问题，使得该公司在 IDG 投资公司中并未获得太多宣传。POCO 公司自称是中国最大的 P2P 资源交换平台，而且一再强调是有控制力的、无中心服务器的第三代 P2P 资源交换平台。POCO 公司通过 P2P 免费下载吸引了 1 200 万注册用户，平均在线用户达 20 万人。与此同时，便自然而然为 POCO 公司旗下的美食、摄影垂直网站及 POCO 网络杂志带来了众多的眼球注意力，从而获得网络广告投放。据 POCO 公司介绍，目前该公司已实现盈利。

资料来源：吕本富，张鹏. 新经济主流 IT 的五十个新热点［EB/OL］（2015-07-01）. http://www.cnbm.net.cn/article/eb22415414.html.

2.1.7 锁定效应

锁定效应是指基于各种原因，导致用户或企业从一个系统（可能是一种技术、产品、网络或是标准）转换到另一个系统的成本高到非常不经济，从而使得经济系统到某个状态之后很难退出，系统适应和强化这种状态，从而形成一种"选择优势"，把用户或企业的选择"锁定"在该系统上。锁定现象可以发生在用户身上，也可以发生在企业身上。

➡ **案例 2-6：QQ、微信对用户的锁定**

1999 年 2 月 11 日，腾讯公司正式推出即时通信软件"OPEN-ICQ"，随后更名为 QQ。QQ 推出两年后（2001 年 2 月 10 日），最高同时在线用户数达到 100 万人；2005 年 2 月 16 日达到 1 000 万人；2010 年 3 月 5 日达到 1 亿人。截至 2017 年 6 月 30 日，QQ 用户中的活跃账户数已达到 8.5 亿人。在移动互联网时代，腾讯公司强烈地意识到了即时通信移动客户端的重要性，2011 年 1 月 21 发布了第一个微信版本，微信用户呈现爆炸式增长，截至 2017 年 6 月底，微信月活跃用户为 9.63 亿人，超过了 QQ 用户，微信已经取代 QQ，成为中国拥有用户数量最多的即时通信平台，它满足了用户信息传递与知识获取的需求、群体交流和资源共享的需求、个性展示和娱乐服务需求、交易需求及对手机用户提供各种小程序、支付等无线增值业务，并将整个社区平台无缝整合，形成了规模巨大的网络社区。

实际上，国内即时通信市场已经出现了很多竞争对手，然而 QQ 及微信凭借其显著的网络外部效应和兼容性吸引了越来越多的用户使用，当 QQ 及微信的用户数量突破临界点后，引发了积极的正反馈，垄断了国内的即时通信市场，产生了对用户的锁定效应。这是因为，QQ 及微信是国内较早提供互联网及移动端即时通信服务的，占据了先发优势，获得了非常显著的网络外部效应，使用它们的人越多，越便于使用者和其他人交流，使用的时间越长，通过该系统认识的人越多，使用者积累的网络关系资本就越多，这使得 QQ 及微信的使用者的收益将要远远高于使用其他即时通信软件系统所能得到的收益。在智能手机快速普及的时候，基于移动端的微信与 QQ 的使用者转换到其他即时通信软件，他不能保证他的 QQ 及微信好友也会做相应的转移，他将不能够继续享有原来的收益。此外，使用者的转换可能还需要承担使用新系统的学习成本、告知其他人自己新联系方式的成本、寻找新朋友的搜寻成本等。因此，QQ 及微信牢牢地把用户锁定了。2005 年微软曾提议把微软的网络即时通信软件

MSN 与腾讯公司 QQ 软件互联互通,被腾讯公司拒绝,这是腾讯公司保证自己锁定地位的必然选择。

资料来源:根据腾讯科技等资料改编,http://www.qq.com/pdf/2017s02.htm.

之所以会出现锁定现象,原因就在于成本过于高昂,转换产品或系统后所获得的收益增加无法超过转换所带来的成本时,"锁定"就会存在。这些高昂的成本主要包括沉没成本(sunk cost)、机会成本(opportunity cost)、转换成本(switch cost)。沉没成本和机会成本是针对内嵌于某一系统累积的可见投入和潜在损失,而转换成本是用户在任意时刻脱离网络所要付出的各种成本,三者共同决定企业或用户被网络锁定的深度。沉没成本是指已经付出且不可收回的投资,这些投资包括时间、人力、物力和资金成本,沉没成本引发锁定效应的关键在于投资的不可恢复、不可回收性,这种特性导致了企业或用户只能维持现状。机会成本是一种非常特别的能用货币衡量或不能用货币衡量的成本,它是指在资源有限的条件下,一笔投资专注于某一方面后所失去的在其他方面的投资获利机会或可能得到的最大收益。转换成本是指企业或用户在转换系统时会耗费大量的显性或隐性的成本,这种成本所带来的巨大的移动壁垒会导致转换的失败。

➡ 案例 2-7:贝尔大西洋电话公司被 AT&T 公司锁定

贝尔大西洋电话公司在升级其电话系统时,以 30 亿美元购买了 AT&T 公司的 5ESS 数字转换器。然而,由于 5ESS 数字转换器采用了被 AT&T 公司控制的封闭式操作系统,因此当贝尔大西洋公司想要增加转换器的新功能时,不得不依靠 AT&T 公司提供必要的操作系统升级版本和开发界面。而此时 AT&T 公司向贝尔大西洋公司索要非常高昂的升级价格,例如,当贝尔大西洋公司想让它的系统具有自动辨认免费电话的功能时,AT&T 公司提供技术支持的要价是 800 万美元,贝尔大西洋电话公司对此无可奈何。因为 5ESS 数字转换器不但价格昂贵,而且使用期长,如果想要把 AT&T 公司的设备换成另一种品牌的设备,就必须承担巨大的沉没成本和转换成本。

这个案例是资产专用性和巨额前期投资导致的沉没成本和转换成本造成锁定效应的典型。在这个案例中,被锁定的决策行为是支付升级费用,继续使用 5ESS 数字转换器,非锁定决策行为是拒绝支付升级费用,采用其他数字转换器。5ESS 数字转换器是通过 AT&T 公司具有版权的封闭式操作系统才能发挥效用,离开了就无法发挥其用途,这说明该前期投资不能转换到当前非锁定决策行为中去。其次,由于 30 亿美元的高额前期投资,必然造成贝尔大西洋电话公司可支配资金大大减少,甚至在该项支出上的投资额度为零,采用其他数字转换器时再次支付高额的购买安装费用的能力不足,如果举债则将产生高额的交易成本。除上述两个原因之外,还可能存在使用数字转换器的学习成本、中断损失等。因此,与这些巨额的转换成本相比,AT&T 公司的升级费用显得微不足道。考虑到上述因素,转换行为不可能发生,贝尔大西洋公司被 AT&T 公司锁定。

资料来源:李明. 锁定效应与我国企业自主创新应对策略研究[D]. 长春:吉林大学,2007.

锁定效应最初是传统经济中产业集群在其生命周期演进过程中产生的一种"路径依赖"

现象。阿瑟最先做出关于技术演变过程中路径依赖的开创性研究，他认为，新技术的采用往往具有收益递增的机制，先发展起来的技术通常可以凭借先占的优势，实现自我增强的良性循环，从而在竞争中胜过自己的对手。而后进入者尽管比先进入者在技术上更具优势，但是缺乏足够的支持者而有可能陷于困境，先进入者对用户的"锁定"（lock-in）使其进入到良性循环的发展轨迹，而后进入者则会深陷恶性循环的泥沼中。

网络经济中的转换成本将比传统经济中的转换成本高出许多，因为传统经济中产品的转换仅仅涉及物质产品，而网络经济中更重要的是需要投入更多的智力成本。当人们已经逐渐习惯了某一标准，而让他们转而投向其他产品是比较困难的，尤其在外部效应发挥作用的情况下更是如此。转换成本将由于网络中的节点数的增加而增加，比如一个网络中的 10 个用户转移到另一个不相容的网络系统，其成本远远大于一个人的转换成本的 10 倍。网络效应的存在导致巨大的转换成本，用户更加热衷于一个系统，不会轻易地进行转换，除非技术的先进性足以抵消大部分用户的综合转换成本。锁定成本越高，锁定效应就越强。

2.1.8 达维多定律

达维多定律（Davidow's law）是指任何一家企业如果要在市场上占据主导地位，就必须第一个开发出新一代产品，第一个淘汰自己现有的产品，在本产业中持续不断地更新自己的产品。1992 年，英特尔公司副总裁威廉·H.达维多（William H. Davidow）提出了该定律。

➡ **案例 2-8：王者归来**

1976 年 4 月 1 日，乔布斯与他人共同创立了苹果电脑公司，研发销售著名的苹果电脑。1977 年 4 月，苹果电脑公司在首届西岸计算机展览会上推出了 Apple II。Apple II 成为人类历史上第一台个人计算机。1980 年 12 月 12 日，苹果电脑公司公开招股上市，在 5 年之内该公司就进入了世界 500 强。1984 年，革命性的产品 Macintosh 上市，首次将图形用户界面应用到个人计算机之上，人们争相抢购，苹果电脑公司的市场份额不断上升。

随后，由于乔布斯经营理念与当时大多数管理人员不同，加上其竞争对手 IBM 公司推出个人计算机，抢占大片市场，总经理和董事们便把这一失败归罪于董事长乔布斯，1985 年创始人乔布斯被迫离开苹果电脑公司。

1996 年苹果电脑公司经营陷入困局，其市场份额也由鼎盛的 16%跌到 4%。乔布斯临危受命，重回苹果电脑公司，改革产品线，与微软联盟，公司重获生机。1997 年苹果电脑公司推出 iMac，创新的外壳颜色透明设计使得产品大卖，并让苹果电脑公司度过财政危机。2001 年 10 月，苹果电脑公司推出第一款 MP3 播放器 iPod，改变了苹果电脑公司长期低迷的盈利状况，5 年时间，iPod 全球累计销量超过了 6 000 万台。苹果电脑公司的股价随着 iPod 的不断升级和其销量的不断上升，从 2001 年 9 月的每股不到 10 美元升至 2007 年 1 月的每股 97 美元。

在 2007 年 1 月 9 日举行的 Mac World 大会上（此次会上苹果电脑公司更名为苹果股份有限公司，简称苹果公司），苹果公司正式发布了第一部智能手机 iPhone，iPhone 开创了移动设备软件尖端功能的新纪元，重新定义了移动电话的功能，它创新地把移动电话、可触摸宽屏 iPod 及具有桌面级电子邮件、网页浏览、搜索和地图功能的突破性因特网通信设备这三种产品完美地融为一体并引入了基于大型多触点显示屏和领先性新软件的全新用户界面，让用户用手指即可控制 iPhone。iPhone 每代产品的上市都引起了世界极大的疯狂和销售热潮。iPhone 的出现使全球手机市场及计算机市场的原有格局彻底瓦解，一大批跟上潮流的新公司兴起，而老牌的知名企业被淘汰。2017 年 8 月，苹果公司股价达到历史新高 163.89 美元，仅差 30 美元就可以把苹果市值推到 1 万亿美元。这将使苹果公司的规模略低于墨西哥国内生产总值，跻身全球 20 大经济体。

乔布斯被认为是计算机业界与娱乐业界的标志性人物，美国前总统奥巴马评价他是"美国最伟大的创新领袖之一，他的卓越天赋也让他成了这个能够改变世界的人"。同时人们也把他视作 Mac、iPod、iTunes、iPad、iPhone 等知名数字产品的缔造者，这些风靡全球亿万人的电子产品，深刻地改变了现代通信、娱乐乃至生活的方式。

资料来源：新浪科技．苹果股价创下历史新高资产市值接近万亿美元［EB/OL］（2017-08-31）．http://tech.sina.com.cn/it/2017-08-31/doc-ifykkfat 3184824.shtml．

苹果公司的跌宕起伏正是达维多定律最好的验证。一家企业要在市场中总是占据主导地位，那么就要做到第一个开发出新一代产品，如果被动地以第二或第三的位置将新产品推进市场，那么获得的收益远不如第一家企业作为冒险者获得的收益，因为市场的第一代产品能够自动获得 50%的市场份额，尽管可能当时的产品还不尽完善。企业需要的是，快速地用新产品占据市场份额，即要比竞争对手抢先一步研发生产出市场上没有的产品，并且在后续推出一系列产品的升级版，自我淘汰老产品，保持新产品的新鲜度。在这里，速度和新意是达维多定律的关键词。

达维多定律也意味着，只有时刻否定并超越自己，不断创造新产品，及时淘汰老产品，使成功的新产品尽快进入市场，抢占先机，才能形成新的市场和产品标准，从而掌握制定游戏规则的权利。要做到这一点，其前提是要在技术上永远领先。企业只能依靠创新所带来的短期优势来获得高额的"创新"利润，而不是试图维持原有的技术或产品优势，才能获得更大发展。

2.2 电子商务中的基础理论

电子商务中的理论主要有长尾理论、注意力经济、六度分隔理论、维基经济学、威客理论，下面分别介绍。

2.2.1 长尾理论

长尾（the long tail）这一概念是由美国《连线》杂志主编克里斯·安德森在 2004 年 10 月的《长尾》一文中提出的，用来描述诸如 Amazon 和 Netflix 之类网站的商业和经济模式。长尾理论的核心思想是：只要产品的存储和流通的渠道足够大，需求不旺或销量不佳的产品所共同占据的市场份额可以和那些少数热销产品所占据的市场份额相匹敌甚至更大，即众多小市场汇聚成可产生与主流相匹敌的市场能量。也就是说，企业的销售量不在于传统需求曲线上那个代表"畅销商品"的头部（见图 2-1 中的"主体"部分），而是那条代表"冷门商品"经常为人遗忘的长尾（见图 2-1 中的"长尾"部分）。

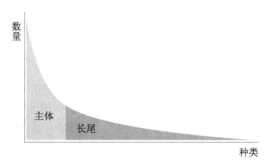

图 2-1　长尾理论模型

➡ **案例 2-9：无处不"长尾"**

最能反映长尾理论的是电子商务中的图书、音像市场及互联网的广告市场，最典型的代表是 Google、Amazon 公司。

Google 是网络经济中把长尾理论在广告方面发挥到极致的公司，它的发展及快速成长离不开数以百万计的小企业和个人。在传统媒体时代，广告界的宠儿始终是知名大企业，它们在主流媒体上刊登成本高昂的广告，向顾客主动推销产品，以此来吸引消费者对企业及产品的关注。而那些小企业在高额的广告费面前望而却步，几乎从未打过广告或根本不敢想去打广告。互联网时代的到来给这些小企业开启了一扇方便之门，Google 的 AdWords 与 AdSense 广告系统把广告这一门槛降下来了：广告不再是高不可攀，不再是大企业的专利，它是自助的，廉价的，谁都可以在搜索引擎上做广告。通过顾客在搜索引擎上主动的搜索行为，Google 的 AdWords 帮助小企业把广告推送到顾客面前，这种推荐是一对一的个性化推荐，价格比较低廉，广告投放的时间及所花费的成本都是由小企业自行控制。此外，Google 与其他小站点建立了广告联盟，其 AdSense 使得大批中小网站都能自动获得广告商投放广告，进一步扩大网络广告投放的范围。据估算，Google 有一半的广告收入来自这些联盟小网站而不是搜索结果中放置的广告。AdWords 和 AdSense 因此汇聚了成千上万的中小企业和中小网站，其产生的巨大价值和市场能量足以抗衡传统网络广告市场和传统主流媒体市场。数以百万计的中小企业和中小网站代表了一个巨大的长尾广告市场，这条长尾能有多长，恐怕谁也无法预知。如果 Google 只是将市场的注意力放在传统的 20% 的大企业身上（像许多门户网站的网络广告策略那样），那么它很难创造现在的辉煌了。

同样，Amazon 也是在图书及商品零售领域把长尾理论运用最娴熟的公司。1988 年，一位名叫乔·辛普森（Joe Simpson）的英国登山家写了一本叫作《触及巅峰》(Touching the Void)的书，讲述了他在秘鲁安第斯山脉的一段令人心痛的生死历险。尽管这本书得到了不错的评价，但却不太畅销，没多久就被大多数人遗忘了。10 年之后，一件奇怪的事发生了。另一本有关登山悲剧的书——乔恩·克拉考尔（Jon Krakauer）的《走进空气稀薄地带》(Into Thin Air)引起了轰动。突然之间，《触及巅峰》又开始热销了。书商们开始宣传《触及巅峰》，把它展示在《走进空气稀薄地带》的旁边，而它的销量也在一路上涨。2004 年初，IFC 电影公司（IFC Films）为书中的故事拍了一部文献片并大获好评。此后不久，哈珀-柯林斯出版社推出了这本书的修订版平装本，结果该书在《纽约时报》畅销书排行榜上一连停留了 14 个星期。到 2004 年年中，《触及巅峰》的销量已经是《走进空气稀薄地带》的两倍还多。这个事件背后的推手就是 Amazon。在《走进空气稀薄地带》刚刚出版的时候，几个读者在 Amazon 网站上发表了评论，指出了这本书与当时已不太为人知的《触及巅峰》的相似之处，并且对后者大加赞赏。其他一些购书者看到了这些评论，查到了《触及巅峰》，然后把它加到了购物车中。很快，Amazon 的软件觉察到了购买行为中的一种规律——"买《走进空气稀薄地带》的读者也会买《触及巅峰》"，于是开始配套推荐这两本书。顾客们接受了建议，衷心表示认同，还写下了更为热情洋溢的评论。更大的销量，更多的自动推荐——一个强大的正向反馈环出现了。尤其值得注意的是，当克拉考尔的书一鸣惊人的时候，辛普森的书已经快要绝版了。若换作 10 年以前，克拉考尔的读者们甚至不会听说辛普森的书——就算他们听说了，他们也找不到这本书。网上书店改变了这一切。他们将两种东西结合在了一起：一是无限的货架空间，二是有关购买趋势和公众观念的实时信息。正是凭借这种结合，Amazon 创造了《触及巅峰》的发烧现象。

资料来源：安德森. 长尾理论［M］. 乔江涛，译. 北京：中信出版社，2006.

克里斯·安德森通过系统研究 Amazon、狂想曲公司、Blog、Google、eBay、Netflix 等互联网零售商的销售数据，并与沃尔玛等传统零售商的销售数据进行对比，观察到一种符合统计规律（大数定律）的现象。这种现象恰如以数量、品种二维坐标上的一条需求曲线，拖着长长的尾巴，向代表"品种"的横轴尽头延伸，长尾由此得名。"长尾"实际上是统计学中幂律分布（power-law distribution）和帕累托分布（Pareto distribution）特征的一个口语化表达。

研究表明，实现长尾需要符合 3 个基本原则。

1. 应有尽有（尾巴必须足够大）

长尾必须有足够长的"尾巴"，意思是要满足所有顾客个性化的需求，需要为顾客提供足够丰富的产品。没有一个巨大数量累积，就不能形成规模经济，长尾活动也将不存在。比如，对于网上图书零售、音乐下载的网站，如果没有一个足够大的产品目录就不可能有自己的长尾经济。Amazon 能操纵长尾，是因为它能比零售店聚合更多的产品，构成了图书信息的长尾，由此也为用户提供了更多选择的机会，满足不同用户的购买需求，这称之为供应的聚合。

2. 半价服务（尾巴的摩擦效应低）

一般的经济规律是"物以稀为贵"，但是长尾产品不仅价格不能升高，甚至需要把价格减半。这种降价是有基础的，不是盲目的降价，需要保证长尾产品在流通过程中"摩擦"的成本降低。Amazon 的价格之所以能比非在线销售商低，是因为它的库存成本和渠道成本几乎为零，同时，它缩短了供应环节，跨越了供应链中的分销，直接从生产商到客户手中，从而降低了传递的成本。iTunes 则是将整张 CD 的销售变为单曲销售，节省了 CD 的生产成本，同时，数字音乐适合网上直接传递，也大大降低了传递的成本，使得每首单曲的价格能降到 20～99 美分，从而赢得了市场份额。

3. 关联推荐（首尾相连实现需求聚合）

长尾经济的形成，并不只是在于让非热门产品的数量多于热门产品数量的总和，而关键是将在尾巴（非热销产品）中的产品与那些在头部（热销产品）的产品之间建立了关联。也就是说，仅有简单的聚合是不够的，必须通过其他的技术来实现产品之间的关联，促进产品被潜在客户发现的机会。Amazon 正是利用协同过滤系统（collaborative filtering）来帮助顾客找到所需要的产品，当顾客主动"暴露"了自己的需求后，Amazon 就会进行关联推荐，即通过研究顾客的浏览行为和购买行为来对其他顾客进行购物指导（如"购买此商品的顾客也购买过……"），使非热销产品与热销产品之间建立了联系，利用推荐让潜在的客户满足了他们的需求，从而也带动对长尾商品的需求。

> 案例 2-10："首尾相连"才能成功

美国有两个音乐网站，一个是 Rhapsody 网站，一个是 MP3 网站，两个网站的经营模式显著不同，Rhapsody 网站与许多唱片公司合作，签了许多大牌明星，同时它也没有忽略众多的草根音乐。MP3 坚持的是纯草根路线，不与任何一个唱片公司签约。结果是 Rhapsody 网站成功了，MP3 网站倒闭了。MP3 网站只注重尾巴（个性化小众需求），而忽视了需要把尾巴带动起来的头部（大众化热门需求）。Rhapsody 网站通过头部产品的热销而带动了尾部产品的销售。这两个网站的例子告诉我们，头和尾不是对立的关系，在网络经济条件下，尽管尾部越来越重要，但是如果把尾部和头部对立起来，结局也是失败的。

资料来源：安德森. 长尾理论 [M]. 乔江涛，译. 北京：中信出版社，2006.

2.2.2 注意力经济

由于互联网的快速发展，人类已经步入以经济活动和社会生活高度数字化和网络化为基本特征的互联网经济时代中，由于互联网的递增效应与信息的非竞争性，使得信息量以几何级数高速增长。在互联网经济中，信息的极大丰富导致了注意力的严重稀缺。经济学研究的是如何利用稀缺资源进行有效生产和合理配置，因此我们可以认为正在崛起的以互联网为基础的"新经济"的本质就是"注意力经济"。

注意力稀缺的问题早在 20 世纪 80 年代中期就引起了人们的注意，而最早提出"注意力经济"概念的是一位名叫桑盖特的心理学家，诺贝尔奖经济学奖获得者赫伯特·西蒙（Herbert Simon）指出："信息的丰富产生注意力的贫乏。"托马斯·达文波特和约翰·贝克在《注意力经济》中，充分运用了生物心理学、管理学中的组织结构和战略理论，用案例和数据对注意力的成因、评估、管理等方面作了阐述，并针对互联网不同种类网站的特点，提出实现黏着力目标的战略。

在这种形态中，最稀缺的资源不是信息本身，也非传统的货币资本，而是相对于无限信息供给而言的优先需求——注意力。对于能够零边际成本无限复制的信息来说，其价值的衡量必须以注意力为标准，只有获得了注意力的信息才具有价值。随着互联网逐步发展成为信息社会的基础信息平台，它将获得对用户注意力资源的完全控制权，同时也是巨大的价值、财富的转移。整个经济体系通过适当的方式把注意力这种新的生产要素进行重新分配，并且转化为财富。

在所有的注意力经济模式中，电子商务的表现最为显著。随着互联网电子商务网站的不断增多，网页数量急剧增长，消费者不可能在有限的时间内对所有的电子商务网站进行关注，因此，网站对注意力的需求显得尤为迫切。这种迫切体现在网站的设计者们绞尽脑汁、挖空心思地进行页面的设计和不断修改，体现在网站营销人员令人眼花缭乱的营销策划，体现在网站 CEO 对产品和服务的精心安排……总而言之，在电子商务领域，决定生死存亡的因素就是网站所获取的注意力的多少，以及对注意力的转化能力。

注意力在互联网时代是稀缺的资源，尽管很多电子商务网站意识到了这个问题，但是对注意力的巨大潜力的挖掘和管理方面还需要进一步提高。网站的经营者们把更多的精力放在了通过百度购买竞价排名广告，通过在论坛发软文广告，更甚至于有些获得风投青睐的公司在传统媒体上进行长期轰炸，以期望消费者能够光顾自己的网站。目前，电子商务网站大多开发或利用他人的软件来监测自己网站的流量，这些工具使互联网上的注意力能够得到有效测量，并能够据此分析出到访的消费者的身份信息、消费习惯信息等。然而在消费者光顾自己的网站后，如何把消费者的注意力持久保留，许多网站则无法做到尽如人意。保持网站对消费者的黏性不是一件容易的事情。对黏性的衡量通常有3个指标：一是消费者在网站停留的总时长；二是每个消费者平均每天访问网站的次数；三是每个消费者平均浏览网站的网页数。一般来讲，这些指标如果比较高，意味着网站对用户的黏性比较大，会有更多的企业愿意在该网站上投放广告，然而对于电子商务类网站，可能还意味着网页设计和站内搜索有问题，消费者不能轻易快速地找到他们所需要的产品。要想提高消费者对网站的黏性，有以下4个策略可供选择：相关联、顾客参与、共有性和便利性。

1. 相关联

相关联是指网站的设计如何对消费者的需求进行关联并满足他。网站的设计者要考虑的问题是网站的目标消费者有哪些，他们想从网站获得哪些方面的需求满足？此外，用通俗、地道的语言展示网站的内容，尽力拓展网站的宽度和深度，加强网站内容之间的关联性都能够增加网站的黏性。现在很多电子商务网站对产品的介绍非常深入，不仅有图片、文字、历史、使用情况、消费者的评论等深度内容，还有其他类似或不同产品的关联推荐。在这些眼花缭乱的信息中，更加需要精确的导航设计，以免消费者迷失在信息的丛林中。消费者的需求是不断变化的，持续的更新是保持关联性获得粘性的关键。

2. 顾客参与

顾客参与是指消费者通过互动、竞争、高产品价值、娱乐和叙事等工具参与到网站的内容建设或网站活动中来。关联性本身并不能够完全保持用户的黏性，毕竟互联网最多的资源就是信息，信息能够被无限零成本地复制。互动是被证实的保持消费者注意力的可行方式。用鼠标在网站上不断点击是互动，翻网页是互动，购买商品后写评论是互动，互动已经被非常娴熟地应用在电子商务领域。竞争在游戏类网站体现得更加充分，在电子商务网站则主要体现在抢购，看谁能够抢到物美价廉的产品。每年淘宝网在11月11日进行的双11抢购活动，可以说是消费者的一场集体竞争，有些消费者甚至半夜不睡觉开始进行商品的抢购活动。高产品价值更容易让人想到的是产品的质量，毫无疑问，质高而价廉的产品更容易引起消费者的购买欲望，在互联网这个虚拟社会里，辨识品质高的产品不是一件容易的事情，更多的是依赖商家的品牌、信誉及消费者的评论。为了给消费者更有趣的购物体验，一些与购物有关的小游戏被应用在了网站中，在提高网站娱乐性的同时提高了网站的注意力。如淘宝网的"砸蛋送红包""一元包邮秒答题"就是娱乐性的充分体现。叙事是通过用特殊记忆的方式来描述信息以建立起网站与用户之间的心灵关系。各类购物网站的论坛、圈子就是通过叙事的方式保持注意力的阵地。

3. 共有性

共有性是把用户纳入到网站的设计中来，利用鼓励用户共同创造、定做、个性化、认同和恭维等方式，促使用户产生对网站强烈的归属感、依赖感和拥有感。这些感觉能够促使用户不断地回访。博客、微博是共有性的典型代表，用户在博客类网站上建立了自己的个人空间，相当于在网站上安了一个固定的家，他们会定期不定期地上传照片、写日志、回复留言等。这种具有博客性质的事物在电子商务网站也同样有，消费者在网站里评论、推荐。

4. 便利性

便利性是指用户在登录网站的过程中获得良好的用户体验，主要体现在登录的速度较快，不受网站页面过多的 Flash 动画、音频、视频等违反消费者意愿的技术干扰，网站的导航、搜索、页面设置非常人性化，使消费者能够迅速找到自己所需要的商品。淘宝网的搜索页面设置极具人性化，当输入一个品名时，它会在搜索框里推荐若干个搜索词，并显示出这些搜索词对应的宝贝数量。

在注意力资源稀缺的今天，在竞争日益激烈的电子商务行业，使用户对网站拥有强烈的拥有感和归属感以产生巨大的黏性，网站的建设必须要更具相关性、更能吸引顾客的参与、更易于顾客的使用，才能使注意力驻留。

2.2.3 六度分隔理论

六度分隔理论（six degrees of separation）是指一个人和任何一个陌生人之间所间隔的人不会超过 6 个，也就是说，最多通过 6 个人，一个人就能够认识任何一个陌生人。1967 年，美国哈佛大学的心理学教授斯坦利·米尔格兰姆做了一次连锁信实验，发现了"六度分隔"现象，他的发现也被称作"小世界现象"。"六度分隔"说明了社会中普遍存在的人与人之间的"弱纽带"关系，却发挥非常强大的作用，通过弱纽带，人与人之间的距离变得非常"相近"。

➡ **案例 2-11：出人意料的"小世界"**

1967 年，美国哈佛大学的心理学教授斯坦利·米尔格兰姆（Stanley Milgram）想要描绘一个联结人与社区的人际关系网，做了一次连锁信实验，他从内布拉斯加州和堪萨斯州招募了一批志愿者，随机选出其中的三百多名，请他们邮寄一封信函。信函的最终目标是米尔格兰姆指定的一名住在波士顿的股票经纪人。由于几乎可以肯定信函不会直接寄到目标，米尔格兰姆就让志愿者把信函发送给他们认为最有可能与目标建立联系的亲友，并要求每一个转寄信函的人都回发一个信件给米尔格兰姆本人。出人意料的是，有六十多封信最终到达了目标股票经济人手中，并且这些信函经过的中间人的数目平均只有 5 个。也就是说，陌生人之间建立联系的最远距离是 6 个人。1967 年 5 月，米尔格兰姆在《今日心理学》杂志上发表了实验结果，提出了著名的"六度分隔"假说，又被称之为"小世界现象(small world phenomenon)"。

在之后 30 多年的时间里，米尔格兰姆的理论从来没有得到过严谨的证明，虽然屡屡应验，但它只是一种假说。进入互联网时代，学者们也对该理论在网络社会下是否成立进行了验证，他们使用了网络时代的新型通信手段——E-mail 来对其进行验证。

2001 年，哥伦比亚大学社会学系的登肯·瓦兹主持了一项最新的对"六度分隔"理论的验证工程，166 个不同国家的 6 万多名志愿者参加了该研究。瓦兹随机选定 18 名目标（比如一名美国的教授、一名澳大利亚警察和一名挪威兽医），要求志愿者选择其中的一名作为自己的目标，并发送电子邮件给自己认为最有可能发送邮件给目标的亲友。到目前为止，瓦兹在世界顶级的科学学术期刊《科学》杂志上发表最新论文表明：邮件要达到目标，平均也只要经历 5~7 个人。

资料来源：瓦茨. 六度分隔：一个相互连接的时代的科学［M］. 陈禹，等译. 北京：中国人民大学出版社，2011.

我们也可以通过数学计算来进行解释：若每个人平均认识 260 人，其六度就是 260^6=1 188 137 600 000。消除一些节点重复，该结果几乎覆盖了整个地球人口的许多倍。

人际关系的"六度分隔"在现实世界和虚拟的互联网世界都在发挥着更大的作用。通过熟人之间的"六度分隔"产生的能量聚合，使虚拟的互联网里人与人之间的关系更加真实，这种真实增加了网络用户之间的信任程度，微信网络、微商网络、社交网站、微博、电子商务等都因为"六度分隔"的存在，使因某种特性聚集起来的社交圈子由"弱链接"随着成员间相互了解的深入而变成"强链接"，从而带来无限的可能。

2.2.4 维基经济学

维基经济（Wikinomics）被称为："来自于大众、传播于大众、服务于大众的新经济时代智慧法则。"维基经济学，是研究大规模协作如何改变企业运作模式、商业模式的新兴术语。维基经济学的得名，缘于维基百科全书网站的巨大成功，它向世界证明：如果有一种方法充分利用组织里每一个人的智慧，它的能量将无比惊人。"在商业中，也许从来也没有比今天更激动人心、也更加危险的时候。稳定消失了。创造一家永远不会被技术所颠覆的企业的想法行不通了。"在《维基经济学》（中文版 2007 年出版）中，唐•塔普斯科特和安东尼•威廉姆斯认为，目前最具颠覆性的技术就是大规模合作。两人援引在互联网上广为流行的维基百科（wiki，一种使用户能够编辑网络内容的软件），将由此衍生的"投入和共同创造"的经济命名为"维基经济"（Wikinomics）。它以开放、对等、共享及全球运作 4 个新法则为基础。

新的大规模协作正在改变公司和社会利用知识和能力进行创新和价值创造的方式。这影响了社会的每个部门及管理的方方面面。新的商业模式正在出现，这种商业模式向世界开启大门，同每个人（尤其是消费者）共同创新，共享以前高度保护的资源，利用大规模协作的力量，不像多国公司而像真正的全球公司一样进行活动。这些公司推动了行业内的重要变革，重写了很多竞争规则。

➡ **案例 2-12：维基百科**

维基百科是一个基于维基技术的全球性多语言百科全书协作计划，同时也是一部用多种语言编成的网络百科全书，其目标及宗旨是为全人类提供自由的百科全书——用他们所选择的语言来书写而成的，是一个动态的、可自由访问和编辑的全球知识体。

Wiki 一词来源于夏威夷语的"wee kee wee kee"，原本是"快点快点"的意思。在这里"WikiWiki"指一种超文本系统。这种超文本系统支持面向社群的协作式写作，同时也包括一组支持这种写作的辅助工具。Wikipedia 就是由 wiki 与 cyclopedia 合并而来的混合词。有人认为，在中文里，"维"指网络，"基"指基础，合起来就是网络基础之意。在数学世界中，维数和基数是描述线性空间（可与时间空间相较）的基础，更加贴切地形容了维基百科包罗万象，所以说"维基"既是音译，也是意译。

维基百科自 2001 年 1 月 15 日正式成立，由 Bomis 网站的总裁吉米•威尔士发起。在成立的第一年，有超过 20 000 条条目被创建，平均每月 1 500 条。目前维基百科由维基媒体基金会负责维持，其大部分页面都可以由任何人使用浏览器进行阅览和修改。因为维基用户的广泛参与共建、共享，维基百科也被称为创新 2.0 时代的百科全书、人民的百科全书。这部全球各国人民参与编写，自由、开放的在线百科全书也是知识社会条件下用户参与、大众创新、开放创新、协同创新的生动诠释。英语维基百科的普及也促成了其他计划，例如，维基新闻、维基教科书等计划的产生，虽然也造成对这些所有人都可以编辑的内容准确性的争议，但如果所列出的来源可以被查证及确认，则其内容也会受到一定的肯定。维基百科中的所有文字都是在知识共享署名-相同方式共享 3.0 协议下发布的，以确保内容的自由度及开放度。所有人在维基百科上编写的条目都将遵循 CC BY-SA 3.0 协议，所有内容都可以自由地分发和复制，真正实现了全民共享信息资源。

截至 2017 年 10 月 15 日，维基百科全球所有 280 种语言的独立运作版本共突破 3 800 万个条目。

资料来源：泰普斯科特，威廉姆斯. 维基经济学：大规模协作如何改变一切 [M]. 何帆，林季红，译. 北京：中国青年出版社，2007.

2.2.5 威客理论

威客模式（Witkey）是一种把人的知识、智慧、经验、技能通过互联网转换成实际收益，从而达到各取所需的互联网模式。主要应用于包括解决科学、技术、工作、生活、学习等领域的问题，体现了互联网按劳取酬和以人为中心的新理念，它是利用互联网进行知识管理的网络创新模式。"威客"两个字也表示一类人，它的英文 Witkey 是由 wit 智慧、key 钥匙两个单词组成，也是 The key of wisdom 的缩写，是指那些通过互联网把自己的智慧、知识、能力、经验转换成实际收益的人，他们在互联网上通过解决科学、技术、工作、生活、学习中的问题从而让知识、智慧、经验、技能体现经济价值。2005 年，当时在中国科学院研究生院攻读研究生的刘锋提出了威客模式。

→ 案例 2-13：亲历威客模式的诞生

我根本没有想到，我会这么近距离地接触到威客模式的诞生。我和刘锋是硕士研究生同学，我们从 2004 年至 2006 年共同在中国科学院研究生院管理学院学习。2005 年，一次课间，我和学计算机出身的刘锋在聊天，他谈到了他关注的互联网上的一些现象，引起了我极大的兴趣。后来，我们经常就这些现象进行讨论，当时他就注意到国外已经有网站通过聚合一些化学家通过悬赏的方式来发布问题、解决问题，而中国也出现了几个发布商标设计、起名字的简单知识交易的网站。他认为这种现象会成为未来一种非常有前途的新的商业模式，该模式会打破互联网免费提供各种知识的模式，使知识通过交易变得更有价值，也能以经济利益的手段充分发挥科技工作者的价值。在我们的讨论中，对这种现象产生的新模式越来越清晰，他认为必须要对这个新模式起一个非常响亮的名字。当时，社会上有各种"客"的称谓，具备某种特征的某类人群经常以"客"来命名，经过苦思冥想，他告诉我他想到了一个名词，就是后来众所周知的"威客"。他说威客是 Witkey 的谐音，Witkey 是由 wit（智慧）、key（钥匙）两个单词组成，意为开启智慧钥匙。在研究的过程中，刘锋梳理了知识交易的发展脉络：第一阶段，从 20 世纪 80 年代开始，电子公告牌的功能不断分离，产生了博客、维基百科等互联网新应用。智力互动问答功能从21世纪初也开始从电子公告牌中分离出去。第二阶段，随着互联网支付手段的不断成熟，信息完全免费共享的互联网时代已经过去。知识、智慧、经验、技能也具备商业价值，可以成为商品进行买卖。第三阶段，知识、智慧、经验、技能的价值化是促进人参与到智力互动问答的催化剂。

随后，刘锋把威客模式写成相应的文章进行发表，成立了威客网并注册了公司，与中国的威客类网站进行多方接触宣传他的理论。我就曾陪他一起与猪八戒网的创始人朱明跃一起讨论过威客模式，谁能想到，近两年，猪八戒网已经估值110亿元了。2015年7月的一天，新闻联播忽然播出了威客模式，"威客"一词一下子为全中国人所熟知，这一由中国人自行提出提炼的理论正式成为互联网的一个新理论。

信息免费共享是促使互联网蓬勃发展的重要因素，例如，维基类网站以人的自我价值体现为动力，把人类已有的杂乱信息结构化形成可免费共享的知识，搜索引擎对互联网中的信息和数据进行索引，人们可以免费使用其搜索功能，新闻类、电子商务、博客类网站为互联网源源不断地提供免费信息。但是从知识管理的角度看，知识的产生本身是要花费大量的时间和经济成本的，完全免费的知识共享不符合经济学的规律和理性人的假设。这种情况最终会阻碍互联网的发展，导致共享知识的质量由于个人保护自己核心能力的原因到了某个高点就很难再提升。威客理论认为互联网上的知识（各种文章、资料、回答问题的答案等）都具有或多或少的经济价值，应该可以作为商品出售，它符合经济学的价值规律。另外，随着互联网支付手段的逐步完善，通过互联网为知识、智慧、能力、经验进行定价就成为可能。因此互联网已经度过了完全免费共享的时代，开始进入互联网的知识价值化时代，知识、智慧、能力、经验通过互联网也具备商业价值的理念将逐步被人接受，知识、智慧、经验、技能都可以成为商品通过互联网进行交易。这是威客模式理论提出的重要前提和基础。知识的价值化一方面使人们参与到智力互动问答中去，并提供高质量的知识产品，另一方面通过问题的提出和解答，知识、智慧、能力、经验也真正成为商品被交易。从知识管理的角度看，智力问答的知识价值化过程也就是人的隐性知识显性化过程。威客理论第一次在世界上提出互联网不仅仅是机器的联网，更是人类大脑的联网。互联网不但连接了世界各地的机器，它也把地球上各个角落的人联结在一起。机器在某些方面的确超越了人类，但更大范围内人的知识、智慧、能力、经验却是机器无法望其项背的。利用互联网充分调动人的积极性解决各个领域的问题是互联网发展被忽略的另一个方向。

思考与讨论题

1. 什么是信息时代的三大定律？
2. 举例来描述双螺旋理论。
3. 什么是锁定效应，举例说明。
4. 达维多定律对企业有什么影响？请举例说明。
5. 什么是长尾理论，请用淘宝网的案例来解释。
6. 什么是注意力经济？
7. 六度分隔理论是什么？

8. 维基经济学体现了什么思想？
9. 请找出几个应用威客理论的网站。

参 考 文 献

[1] 乌家培. 网络经济及其对经济理论的影响［J］. 学术研究，2000（1）：4-10.
[2] 勒维斯. 非摩擦经济：网络时代的经济模式［M］. 卞正东，等译. 南京：江苏人民出版社，1999.
[3] 马广奇. 网络经济的运行模式与竞争策略［J］. 经济前沿，2004（8）：61-64.
[4] 黄江红，徐文学. 基于注意力经济的网络公司价值评估［J］. 科技管理研究，2006（12）：180-183.
[5] 托马斯，约翰. 注意力经济［M］. 谢波峰，等译. 北京：中信出版社，2004.
[6] 吕本富，张鹏. 新经济的双螺旋［J］. IT经理世界，2005（6）：61.
[7] 克里斯. 长尾理论：为什么商业的未来是小众市场［M］. 乔江涛，石晓燕，译. 北京：中信出版社，2015.
[8] 阿瑟. 经济中的正反馈［J］. 经济社会体制比较，1998（6）：18-23.
[9] 吕本富. 网络的外部性：信息经济学原理之十一［J］. IT经理世界，2003（15）：100.
[10] 张金梅，马广奇. 非摩擦经济：网络时代的经济模式与竞争策略［J］. 人文地理，2004（5）：26-29.

第 2 篇

电子商务商业模式篇

第 3 章
电子商务商业模式

绫致集团无缝 O2O 营销

绫致集团（绫致时装集团旗下包括杰克琼斯、SELECTED、ONLY、VERO MODA 四大品牌）经过研发与实践，基本打通了绫致的线上、线下结合。

当消费者进入绫致集团旗下的店铺里，看中了某款衣服后，除了试穿之外，还可以打开微信，扫描衣服吊牌上的二维码，则会有相关的搭配服饰出现，每一款衣服大约会有三款推荐搭配，这就给了顾客更多的体验和选择。若是选中了某款，则可以在店里下单，也可以在微信下单，还可以收藏此款，参考一下家人、朋友的意见再购买。

每个店铺导购的编码与店铺的编码建立关联，当顾客决定下单时，必须要扫描导购的二维码才能下单。这就是最核心的一点：一定要让每一个订单对应一个导购，导购对应店铺，店铺对应各销售大区，整个传统营销体系的积极性就都调动起来了。

传统的线下店铺面积有限，可以陈列的货品有限，每个服装品牌都会有一千多个款式，但是店铺里面顶多也就一百来款。通过一个小小的二维码，让消费者链接到线上商城，通过搭配吸引消费者看到更多的商品，线上享受线下的流量，线下享受线上的服务，充分释放线下店铺这个活广告带来的客流。

资料来源：陈迪生. 社会化商务：全面解读互联网下的新型商务. 北京：电子工业出版社，2014.

3.1 电子商务商业模式概述

3.1.1 电子商务商业模式的基本概念

电子商务商业模式是指在网络环境中的商务运作方式和盈利模式。它是电子商务项目运行的秩序，是指电子商务项目所提供的产品、服务、收入来源及交易对象在电子商务项目运作过程中的关系和作用的组织方式与体系结构。

3.1.2 电子商务商业模式的基本要素

电子商务商业模式是企业运作电子商务，创造价值的具体表现形式。它包含价值定位、盈利模式、市场机会、竞争环境、竞争优势、营销战略、组织发展、管理团队 8 个基本要素。

1. 价值定位

价值定位指的是确定一个企业的产品或服务如何满足客户的需求。要回答的关键问题是：消费者为什么买该产品或服务？产品或服务的特色在何处？

2. 盈利模式

盈利模式描述的是企业如何赚钱，如何获得收入，产生利润。

3. 市场机会

市场机会是企业所预期的市场及企业在该市场中有可能获得的潜在财务收入机会。

4. 竞争环境

竞争环境是其他企业在同一市场空间中经营、销售同类产品。竞争环境表现在竞争对手规模大小、活跃程度，以及每个竞争对手的市场份额、盈利情况、定价情况等方面。

5. 竞争优势

竞争优势是企业比其他竞争对手生产出更好的产品或价格更低的产品，因而获得的竞争能力。

6. 营销战略

营销战略是由如何进入一个新市场、吸引新客户的策略构成的营销计划。营销战略渗透在企业为将产品或服务推销给潜在消费者所做的每一件事情中。

对于企业来说，制订和执行营销计划是至关重要的，如果不能向潜在的消费者营销，那么即使是有再好的商务理念和构想都会失败。

7. 组织发展

组织发展是描述企业如何组织所要完成的工作，从而实现企业目标。每个企业都要有一个组织来有效地实现他们的商业计划和战略。

8. 管理团队

管理团队是企业中负责各类商业模式运作的员工。管理团队的主要职责是为企业迅速获得外界投资者的信任，准确捕捉市场信息，构建企业发展战略等。

电子商务商业模式是企业信息流、资金流、物流及其价值创造过程的运行机制，它包括：信息流、资金流和物流的体系架构，包括不同商业角色的状态及其作用，不同商业角色在商务运作中获得的利润和收入来源，企业在商务模式中创造和体现的价值。

电子商务中的商业角色涉及企业、消费者和政府，由此形成 B2B、B2C、C2C、O2O 等电子商务商业模式。

3.2　B2B

3.2.1　B2B 内涵及特点

B2B（business to business）是企业与企业之间使用 Internet 技术或各种商务网络平台，进行产品、服务及信息交换的商务活动过程。

B2B 参与的双方都是企业，分布相对集中，购买频率较低，但订单量大、金额大。B2B 需要商业洽谈，按照固定合同条款和商业规则进行交易，是典型的信用交易。目前，B2B 是电子商务模式中份额最大，最容易盈利的模式，它的交易量约占电子商务总交易量的90%，最具有发展潜力。

B2B电子商务平台一般以信息发布与交流为主，企业通过内部信息平台和外部网站将面向上游的供应商的采购业务和下游代理商的销售业务有机地联系在一起，构建企业与企业之间的贸易桥梁。

B2B具有以下特点。

（1）可以增加企业的市场机会。生产企业可以通过互联网广泛寻找合适的生产原料，有利于提高产品质量和降低采购成本。通过网络还可以寻求产品的销售渠道。分布在世界各地的采购商可以不受时间和空间的限制，方便地在网上进行选择和订货，从而扩大了销售。

（2）可以降低企业成本。生产企业利用网络将生产信息、库存信息和采购系统连接在一起，可以根据买方的需求数量进行生产，减少库存，节省人力物力，降低成本。

（3）可以实现信息共享，提高效率。企业可以利用B2B平台在网络上发布企业及产品的信息，扩大影响，推广品牌，寻找贸易机会。买方企业可以通过信息交流比较商品的价格，了解卖方企业的交易状况，选择交易对象。买卖双方在交易过程中可以通过网络完成交流、签订协议、支付、交货、纳税等一系列操作，加快货物和资金的流转，提高效率。

➡ **案例3-1：中小企业B2B电子商务平台服务营收规模超230亿元**

据艾瑞咨询集团统计数据显示，2016年中国中小企业B2B平台服务营收规模为235.9亿元，同比增长17.1%。整体而言，中小企业B2B平台服务营收规模稳步增长。

在2016年，在中国中小企业B2B电子商务运营商平台营收市场份额中，9家核心企业占比为72.9%。其中，阿里巴巴占B2B电子商务运营商平台营收的比例为47.5%，稳居首位，继续领跑中小企业B2B电子商务市场；环球资源网和金泉网位列第二、第三位，平台占比分别为5.6%、5.1%，市场份额均有所提高；敦煌网和慧聪网位列第四、第五位，占比分别为4.8%和4.6%；其他B2B电子商务运营商表现相对平稳，市场份额变化较小。

艾瑞咨询集团分析认为，2016年中国中小企业B2B运营商平台营收规模受以下三方面影响。

（1）资本环境。截至2016年12月中旬，全年共有169家B2B企业获得总额超过150亿元融资，中小企业B2B处在资本风口。

（2）进出口市场影响。2016年中国进出口总值24.3万亿元人民币，同比下降1.1%，外贸环境对中小企业的跨境贸易产生了一定的影响。

（3）B2B运营商平台服务的战略布局。2016年较多企业进行了业务和战略调整，探索多元化发展。阿里巴巴提高会员收费标准，开始关注平台盈利；敦煌网加强对平台入驻的规范化管理；慧聪网则增加在不同细分领域的资本布局；科通芯城成立硬蛋平台，探索智能硬件蓝海。此外，这些B2B平台继续加大在线上交易、O2O及互联网金融等B2B 2.0业务的投入，整合供应链资源，新的盈利点刺激平台营收规模的增长。

随着"双创"战略及供给侧政策推进，我国中小企业的转型升级，一方面致力于提升自身效率，另一方面利用互联网不断扩大电子商务的需求。B2B服务平台也逐步从信息服务向交易服务的方向转移，不断打造包括供应链金融、物流等在内的电商服务生态，中国中小企业 B2B 电子商务市场未来仍存在较大的增长空间。

资料来源：2016 年中国中小企业 B2B 平台服务营收规模超 20 亿元，同比增长 17%［EB/OL］（2017-01-10）［2017-09-20］. http://www.sohu.com/a/123886569_505790.

B2B 涉及的企业类型和业务形式多种多样，按照不同的分类标准，B2B 有以下几种交易模式。

1. 按照电子商务市场的类别划分

（1）综合型 B2B。也称为水平 B2B 模式，它是为买卖双方创建起一个信息和交易的平台，采购商和供应商可以在此分享信息、发布广告、竞拍投标、进行交易。它们涵盖了不同的行业和领域，服务于不同行业的从业者。像阿里巴巴、慧聪网等，这一类网站既不是拥有产品的企业，也不是经营商品的商家，它只提供一个平台，在网上将采购商和供应商汇集在一起，提供交易机会。

综合型 B2B 追求的是"全"，这一模式能够获得收益的机会很多，而且潜在的用户群体也比较大，所以它能够迅速地获得收益。但是其风险主要体现在用户群不稳定，被模仿的风险也很大。

（2）行业型 B2B。也称为垂直 B2B 模式，行业型 B2B 网站定位于某个行业内企业间电子商务的网站，面向某一个行业内的上游和下游企业。生产商可以与上游的供应商之间形成供货关系，例如，Dell 计算机公司与上游的芯片和主板制造商就是这种合作方式。生产商和下游的经销商可以形成销货关系，例如，海尔集团与其分销商之间的交易。

与综合型 B2B 网站相比，行业型 B2B 的特点是专业性强，并通常拥有该行业资源的背景，更容易集中行业资源，吸引行业内成员的参与，同时也容易引起国际采购商和大宗买主的关注。这种模式的网站可以提供更加精细和专业的信息服务，更有聚集性、定向性，它容易留住团体会员，易于建立起忠实的用户群体，吸引固定的回头客。不同行业的 B2B 网站在功能上可能有一定的差别，但总的来说仍然属于信息发布平台类网站，如中国粮食网、中国化工网等。

➡ **案例 3-2："一纵到底"与"一横到边"**

1997 年 10 月，沈阳工业大学计算机专业毕业的孙德良从国内早期网络公司"讯业"辞职，以 2 万元起家开始创业，当孙德良去参加一个服装展览会时突遭大雨，在同学那里避雨时发现了满抽屉的化工名片，于是产生了创办化工网站的想法。他于 1997 年 11 月开通了国内第一个垂直化工网站（英文版），也是国内首家专业化的 B2B 电子商务平台——中国化工网。

中国化工网建有国内最大的化工专业数据库，是目前国内客户量最大、产品数据最丰富、访问人数最高的化工网站。自 1997 年推出以来，始终坚持以客户服务为宗旨，不断推陈出新、完善服务内容、强化服务质量。中国化工网以强大的人才优势、技术优势和服务体系逐步确定了其行业权威地位。

目前，中国化工网主要的服务项目有：专业的化工企业网站建设、化工企业网上推广、产品信息发布、网上化工贸易信息撮合、专业的化工资讯电子杂志订阅、专业及时的化工市场行情信息服务、专业的化工企业电子商务解决方案、享受《网上化工资源》的强力推广等。

网站共分新闻热点、行情专递、专家评述、数据统计、行情论坛五大板块；油品、橡胶、塑料、化工四大专区。整个行情中心融石化、化工资源之精华，集产品（油品、塑料、橡胶、化工四大类200余种）、市场（近100个专业市场）、厂商（1200余家代表性生产厂家、3000余名贸易商）于一体，旨在打造一个专业、免费、及时、全面的综合性化工资讯平台，为广大客户提供最优质、最全面的信息资讯服务。

中国化工网隶属于浙江网盛生意宝股份有限公司（以下简称"网盛科技"）旗下，网盛科技是一家专业从事互联网信息服务、电子商务专业搜索引擎和企业应用软件开发的高新企业，是国内最大的垂直专业网站开发商。除了最早创建并运营的中国化工网外，网盛科技还分别创建并运营着中国纺织网、中国医药网、中国服装网、中国机械专家网等多个国内外知名的专业电子商务网站。2005年11月，网盛科技以下属的上海生意宝公司为载体，发起设立行业网站联盟，联合国内近千家行业网站，达成共同推广的效果以提升各自的流量。生意宝是网盛科技发起的行业网站联盟，是一个综合的Web 2.0搜索网站，其作用类似于奇虎的论坛联盟网站。以Web 2.0为特征的网站充分利用客户的主动参与性，以达到加快信息更替和最大化信息量为目的。网盛科技不参与内容的制作，仅仅是提供一个共享的信息平台，并且负责制定联盟的各种规章制度。目前有中国纸业网、中国饰品网、中国机械网近百家专业网站加盟。生意宝的数据库每天收录20万条以上的商机及资讯，为全国中小型企业和商务人士提供方便快捷的电子商务服务，全力打造"全球领先的生意人门户及搜索平台"。2010年，网盛科技继续推出生意社，下设8个分社，涉及能源、化工、橡塑、有色、钢铁、纺织、建材、农副8个国民经济重要产业领域，覆盖1000多个基础原材料、8000多家原材料生产企业和50 000多家流通企业，同时覆盖纽约商品交易所、上海商品交易所等全球20多个期货市场及国内200多个电子交易市场的情况。主要跟踪与国民经济相关的大宗商品、基础原料的产业动向与市场状况，分析、预测商品的价格走势，研究宏观经济与大宗商品的关系及行业、企业、产品的发展问题。

所谓"纵横营销"模式就是中国化工网等行业网站可以专注于向"纵深"的方向发掘服务，做得更专业、更深入；而"生意宝"和"生意社"作为生意人的门户与搜索平台，则可以专注于"横向"发展，做得更综合，向综合应用型平台发展。即专业服务"一纵到底"，综合服务"一横到边"。

资料来源：李晓明. 电子商务案例分析. 北京：中国铁道出版社，2012.

2. 按照企业参与的方式划分

（1）以卖方为主模式。这是一种最普遍的B2B电子商务模式。在这种模式中，提供产品和服务的企业即卖方企业占据主动地位，它先上网公布信息，然后等待买方企业上网洽谈、交易。这种模式有助于企业降低销售成本，扩展销售渠道。

（2）以买方为主模式。需要产品或服务的企业占据主动地位，买方企业先上网公布需求信息，然后等待卖方企业来上网洽谈、交易。这种交易方式类似于现在企业常用的项目招标方式，最适合于一些大型企业物品的采购。

（3）第三方交易市场模式。也就是对卖方和买方而言，企业是作为独立的第三方存在的。企业是B2B交易市场的建设者，为买方和卖方、供应商和分销商提供了一个快速寻找机会、快速匹配业务和快速交易的平台。在交易市场中，买卖双方互相接触，谈判价格和数量，出现纠纷由交易市场统一管理，提高了风险防范能力，如阿里巴巴网站、环球资源网等。

➡ **案例 3-3：从 112 张机票到在家等生意**

2000 年，出生在台湾的刘植开始了创业。他选中了建筑材料——人造石板材。但在一个完全陌生的环境，完全不了解的行业，没有上游供应商和客户，其困境可想而知。2003 年，他在世界各地密集参加各种展会，坐了 112 趟飞机，然而那一年他的收益却只有 12 万美元，都不够他坐飞机跑展会的费用。

在 2003 年底的时候，他第一次认识了网络这个虚拟的商务平台，在阿里巴巴网上他发现了有很多同类型的企业，同行的存在让他看到了产业集中的优势，这样就更容易能让客商发现他的企业，于是他加入了阿里巴巴。4 个月后，他收到第一笔金额 4 万美元的订单。

刘植的公司在采用电子商务以后，很多客户都是在网上进行的业务洽谈，基本上是无纸化办公，员工的工作效率大大提高，2005 年他纳税 100 万元。

除了在网上获取订单外，刘植还用网络做成了很多"大事"。在网上，他结识了一位美国客户，就人造石板材的制作工艺，他们做了很多探讨。起初只是停留在技术层面的讨论，后来刘植把他们讨论的结果在一个生产厂家付诸实践。结果是：美国客户用这种新型石板材申请了专利，国内的厂商获得了美国客户的投资，产品也不愁销路了。

资料来源：网商故事精选［EB/OL］（2016-09-09）［2017-09-20］. http://it.sohu.com/20060909/n245248121.shtml.

3.2.2　B2B 交易主要模式

按照企业参与的方式不同，B2B 网站的商业模式可基本划分为两大类：公司网站和第三方经营的 B2B 网站。不同类别的 B2B 网站有各自的特点和运作方式。

1. 基于自有网站的 B2B 交易

公司自有网站是以销售本公司产品或服务为主的网站，是公司的"网上店面"（storefronts）。这种类型的网站适合于品牌知名度很高且市场份额较大的公司，故公司自有网站又被称为大型企业的 B2B 网站。其中成功的代表有卖家主导型的 Dell、CISCO 和买家主导型的通用、福特汽车公司。值得一提的是，这些公司在过去的 10 几年里还都是中小企业，因勇于先行去实施电子商务，今天已经一跃成为全球赫赫有名的跨国集团。由于公司网站的投入和维护的费用较高，中小型企业一般并不适合建立自己的公司网站。

2. 基于第三方中介网站的 B2B 交易

第三方中介网站的 B2B 交易是网络企业对传统经济的重大贡献，其为没有能力建造电子商务系统的企业建立了大量的"平台"，第三方经营的 B2B 网站就是各种平台中的一种。这个平台不仅在交易中保持中立公平，为买卖双方提供信息发布平台，促成交易机会，而且它能够帮助企业增加市场机会、比较供货渠道、促成项目合作、宣传企业品牌等。

从商业模式来看，第三方中介网站的 B2B 交易模式可以划分成仓单模式、"小门户+联盟"模式、行业型 B2B 模式、综合型 B2B 模式。对后两类模式，前面已经进行过介绍，此处不再赘述。下面分别介绍仓单模式和"小门户+联盟"模式。

（1）仓单模式。仓单是仓库业者接受顾客（货主）的委托，将货物受存入库以后向存货人开具的说明存货情况的存单。第三方中介网站的 B2B 网站的仓单模式是以 B2B 服务平台为基础，由企业信息沟通、在线交易所必须的物流、现金流共同完成。仓单模式可以节约成本，还可以增强网络议价能力。如金银岛、敦煌网这些近几年来发展突飞猛进的仓单模式网站都是很好的例证。

（2）"小门户+联盟"模式。该模式是指通过第三方中介网站将众多"小门户"网站联合起来，全面进行资源整合，消除信息孤岛现象并形成商业合力。同时，联盟网站会在技术、内容、经营和资本等层面对联盟成员进行支持。"小门户+联盟"模式的运作方式能够在合作中实现各行业网站的价值最大化，非常符合目前电子商务网站的竞争趋势和现实需要，未来发展空间无限。例如，网盛科技的"生意宝"就是"小门户+联盟"的最佳商业模式代表。

以上几种目前具有代表性的 B2B 模式并不是孤立的存在和发展，而是有着密切的联系。首先，它们都是 B2B 电子商务顺应时代发展的产物。综合型 B2B 模式是发展最早、应用最广的一种模式，该模式覆盖范围广，拥有强大的用户基础，然而综合型 B2B 模式未能满足各个行业顾客个性化的服务要求，因此行业型 B2B 模式应运而生，从服务范围来讲，综合型 B2B 模式全面涵盖了行业型 B2B 模式。不过，后者大多从小范围入手，对某个行业的服务更专注，能把更专业的增值服务、信息服务提供给交易双方，在与综合型 B2B 模式竞争的发展中，行业型 B2B 模式为弥补服务行业单一、服务范围有限的缺陷，逐步演化为"小门户+联盟"的竞争模式，此种模式提供行业间整合内容的服务，是对综合类网站一种有力的竞争模式。仓单模式相对于"小门户+联盟"模式、行业型 B2B 模式和综合型 B2B 模式，更加注重对在线交易所产生的现金流和物流的保障，更加注重企业成本的节约和盈利能力。总之，仓单模式、"小门户+联盟"模式、行业型 B2B 模式、综合型 B2B 模式各有利弊，从服务 B2B 企业的角度来讲，各模式之间并无不可跨越的鸿沟。

3.2.3　B2B 盈利模式

B2B 交易平台各有其特点，盈利模式归结起来有以下几种。

1. 会员制盈利模式

企业向会员推荐业务，收取推荐费或从成交的销售额中提取一定比例的收入。在 B2B 模式中，企业通过第三方电子商务平台参与电子商务交易，必须注册为 B2B 网站的会员，每年要交纳一定的会员费，才能享受网站提供的各种服务，目前会员费已成为我国 B2B 网站最主要的收入来源。例如，阿里巴巴网站收取中国供应商、诚信通、国际站 3 种会员费，中国供应商会员费为每年 4 万～12 万元，诚信通的会员费为每年 6 688 元，国际站会员费为 29 800 元。

2. 广告支持的盈利模式

网站提供一个刊登广告的场所，并向广告客户收费。网络广告是门户网站的主要盈利来源，同时也是 B2B 网站的主要收入来源。阿里巴巴网站的广告根据其在首页位置及广告类型来收费。中国化工网有弹出广告、漂浮广告、横幅广告、文字广告等多种表现形式可供用户选择。

3. 竞价排名盈利模式

企业为了促进产品的销售，都希望在 B2B 网站的信息搜索中将自己的排名靠前，而网站在确保信息准确的基础上，根据会员交费的不同对排名顺序作相应的调整。阿里巴巴的竞价排名是诚信通会员专享的搜索排名服务，当买家在阿里巴巴搜索供应信息时，竞价企业信息排名靠前的,更容易被买家在第一时间找到。

4. 销售盈利模式

企业通过销售产品或服务来获得收入。实体企业建立电子商务网站,销售产品,"鼠标加水泥"模式,网上和网下经营互为补充,扩大产品销售范围,提高销售量,以获得赢利。

5. 提供增值服务

B2B 网站通常除了为企业提供贸易供求信息以外,还会提供一些独特的增值服务,包括企业建站服务、企业认证服务,网上支付结算服务、产品行情资讯服务、会展服务、培训服务等。

6. 多元化发展盈利

随着综合性网站和行业网站的发展,业务的相互交叉和竞争日趋激烈,一些网站为了提高综合竞争优势,开始了多元化发展道路,以开拓新的收入来源。例如,阿里巴巴集团在 B2B 电子商务的基础上,又发展了在线支付业务、信息搜索业务、企业软件开发业务等。

B2B 盈利模式的根本在于创新,只有不断地创新才能在电子商务市场中取得成功。

➜ **案例 3-4:敦煌网 B2B 的创新盈利模式**

敦煌网的盈利采用"依据交易进行佣金提成、支付"的创新模式。

敦煌网主要开展差异化战略,将自身定位为"B2B 在线交易及供应链服务平台"。敦煌网的买家大多数是小型供货商,这明显区别于基本上是面对大宗采购商的环球资源网、阿里巴巴所运用的方法,敦煌网的买方更倾向于成品采购,采购频次相对较高,单次采购金额通常不大。因此,敦煌网产生的涉外交易就要有较高标准的物流服务,这就要求敦煌网需要提供比较完备的供货系统及可靠的物流产业,使得交易各方的物流通畅,"依据交易进行佣金提成、支付"该种盈利模式便在敦煌网得以完成。采用这种盈利方式产生的原因是该网站的交易主要涉及物流层面,它已经不像其他企业一样主要针对的是双方的交易,它涉及整个商贸环节的货物链。相关价值就会因用户的每次付费而不断产生,效果也相对可靠,用户付费满意度同样能获得有效提升。

相对于 B2B 第三方平台(中国制造网、阿里巴巴等),敦煌网所展开的直接性的强力竞争措施,就使我国卖家可以在这个平台进行免费的注册、入驻,同时,交易佣金由境外买方进行支付。广告费、会员费是阿里巴巴等网站的基本盈利途径,由我国商家支付此类费用,但是商家难以评估这些投入能否为自己带来直接的效益。而敦煌网是通过收取买方的交易佣金来实现盈利,这种模式更容易被国内卖家所接受。对比其他 B2B 第三方平台,入驻敦煌网的成本基本上没有。进驻外贸 B2B 平台的中小企业的门槛得以有效降低,卖方投资风险也被有效地规避了。因此,诸多中小企业纷纷注册、进驻敦煌网,使得敦煌网在 B2B 电子商务平台的运营中取得了巨大的成功。

资料来源:王文瑶. B2B 类电子商务企业的商业模式研究 [D]. 济南:山东大学,2015.

3.2.4 典型案例分析——阿里巴巴

1. 概况

阿里巴巴是中国最大、全球领先的 B2B 类电子商务网站,创立于 1999 年,隶属阿里巴巴集团,主要为小企业之间的贸易往来提供平台。2002 年,阿里巴巴 B2B 公司开始盈利。2014

年 9 月，阿里巴巴集团于纽约证券交易所正式挂牌上市。目前，阿里巴巴拥有"阿里系"的电子商务服务、蚂蚁金融服务、菜鸟物流服务、大数据云计算服务、广告服务、跨境贸易服务及前 6 个电子商务服务以外的互联网服务。阿里巴巴拥有 3 个交易市场：服务全球进出口的国际交易市场阿里巴巴国际站（www.alibaba.com）、集中国内贸易的阿里巴巴中国站（www.1688.com）、在国际交易市场上的批发交易平台全球速卖通（www.aliexpress.com）。其中，阿里巴巴国际站，旨在打造以英语为基础、任何两国之间的跨界贸易平台，帮助全球中小企业拓展海外市场。

截至 2017 年 5 月 18 日，阿里巴巴集团公布 2017 财年全年业绩，全年阿里巴巴集团收入为 1 582.73 亿元人民币，同比增长 56%。电商平台的活跃买家增至 4.54 亿家，近三年的平均复合增长率为 21.2%。阿里巴巴中国交易市场创立于 1999 年，现为中国领先的小企业电子商务平台，在企业间信息发布、订单采购和大额批发市场的基础上，为从事国内贸易的中小企业提供更完善的电子商务服务，促进国内贸易。截至 2017 年 6 月 30 日，全球速卖通收入达人民币 26.38 亿元（3.89 亿美元），同比增长 136%。全球速卖通是阿里巴巴帮助中小企业接触终端批发零售商，小批量、多批次快速销售，拓展利润空间而全力打造的融合订单、支付、物流于一体的外贸在线交易平台。

2. 商业模式分析

1）市场机会

阿里巴巴的创始人马云是中国互联网早期的开拓者，他发现 B2B 的市场机会基于四方面的原因：一是他早期创办海博翻译社的创业经历，二是他去美国对互联网的较早接触，三是其互联网创业历程是从"中国黄页"开始的，四是在 20 世纪 90 年代，正处于中国经济大发展时期，中小企业在"中国制造"中所起的作用。这 4 种因素叠加起来，让马云意识到中国的中小企业在中国制造中的中流砥柱地位，以及对经济发展起到的重要作用，蕴含巨大潜力和市场机会。阿里巴巴就是"中国黄页"的一种延续，是企业对企业的信息发布及贸易促成的 B2B 类电子商务网站，是一种多边平台式的商业模式，所针对的市场也分别是采购商和供应商。此外，阿里巴巴还是电子商务国际化的早期探索者。2007 年，阿里巴巴正式推出日文版网站，拉开了电子商务国际化的序幕。阿里巴巴通过建立自己的多国语言服务网站，在多个国家建立自己的办事处及分公司，为全球 B2B 业务开展服务。以多语种信息传递为基础，网络数字认证安全体系为保障，全程物流配送，充分实现共享资源的共享性、安全性、互动性，建立了规范、有序的网上市场体系。阿里巴巴使中国的企业走出国门，对中国的国际贸易起到了非常重要的作用，同时也开拓了国际化的 B2B 市场。

2）价值定位

阿里巴巴的使命是"让天下没有难做的生意"，愿景是"旨在构建未来的商务生态系统。让客户相会、工作和生活在阿里巴巴，并持续发展最少 102 年"，企业的价值观是"客户第一、团队合作、拥抱变化、诚信、激情、敬业"。这些使命、愿景及价值观体现出了阿里巴巴的价值定位，即利用互联网为中小企业提供一个低成本的网上洽商和商品推广平台，使他们更有效、更容易地做生意，解决他们在做生意中出现的难题，提供给他们最方便低价的平台。阿里巴巴存在的价值及利润来源于向中小企业提供更多的获利机会。近几年，随着免费模式向增值服务过渡可以看出，阿里巴巴的价值主张已经从早期的为中小企业提供一个交易平台转变成为中小企业提供全方位的电子商务服务。

3）盈利模式

2002年，阿里巴巴才开始盈利。1999—2004年属于初步发展阶段，阿里巴巴网络的注册会员由最初的10万户左右逐渐攀升到600多万户，其业务盈利模式"免费注册—增值服务"也趋于清晰。2005—2013年属于快速发展阶段，阿里巴巴国际站得以发展。2014年至今，阿里巴巴从信息服务平台转向交易服务平台。

总体来看，阿里巴巴的盈利模式可以归纳为3类，具体如下。

（1）会员费。对会员收取会费是阿里巴巴的主要收入来源。阿里巴巴有两种会员费类型。一种是国际站出口通，业务费用是4万~12万元/年，"出口通"是阿里巴巴帮助中国企业拓展国际贸易的首选服务。另一种是诚信通，会员为年费制，新会员可以申请年费为6 688元的诚信通服务。根据2017年阿里巴巴的财报，阿里巴巴当年的营收为385.79亿元，而会员费则占收入的40.4%。

（2）增值服务费。增值服务是阿里巴巴辅助企业更好地达成交易的非广告类的服务收费，如提供企业建站、页面装饰、客户分析、阿里贷款、培训、物流等方面的服务。

（3）广告及推广费。阿里巴巴在网站内提供有偿广告服务，主要包括图片广告、邮件广告、旗帜广告、文字链接和模块广告。阿里巴巴于2005年还推出了关键词的竞价排名服务、黄金展位等广告服务。2010年，阿里巴巴的策略逐渐从"偏重于固定会员费模式"转向"与服务效果挂钩的收费模式"，如按点击效果和交易量付费的收费模式。网销宝是一种按效果付费的精准营销服务，通过优先推荐的方式，将企业的产品信息展现在买家上网采购的各种必经通道上，并按潜在买家的点击付费。

4）竞争环境及竞争优势

阿里巴巴属于综合类B2B平台，在这一领域内有很多竞争对手，如环球资源网、网盛科技、慧聪网等。这些同类的平台给阿里巴巴构成一定的威胁。诸多B2B电子商务平台从产品定位、售后服务、营销策略到网站的结构、页面的设计等细节方面都直接瞄准了阿里巴巴，必然会对其产生不同程度的竞争与对抗。此外，市场新进入者也给阿里巴巴带来一定程度的挑战。但是由于阿里巴巴已经构建了较高的市场进入壁垒，同时市场新进入者很难一时采用综合类模式，因此，阿里巴巴面临新进入者的威胁并不是很大。尽管受到同行业强烈的市场竞争，但是依靠其在B2B领域的先发优势及不断创新能力，阿里巴巴目前在B2B市场上仍然占据明显优势，处于领先地位。

阿里巴巴的竞争优势可以归纳为以下几点。

（1）数据优势。马云提出了阿里巴巴的"平台、金融、数据三步走"的发展战略，这显示出阿里巴巴的核心资源是阿里巴巴网站所汇集的庞大的用户数据库，是其非常坚实可靠的知识资产。通过数据库，阿里巴巴一方面继续积累品牌知名度、吸引更多企业的加入，另一方面通过对客户的分析，不断加强客户关系管理，提高企业自身的销售额和利润率。

（2）服务优势。阿里巴巴不是单兵作战，而是由阿里巴巴集团的其他部门形成了一个非常严密的服务体系，互为支撑、互相合作，但根本目的是"致力为全球所有人创造便捷的网上交易渠道"。如2003年，阿里巴巴集团发布了在线支付系统——支付宝，解决了虚拟环境下的交易支付问题；2009年8月，阿里软件的业务管理软件分部注入阿里巴巴B2B公司；2011年1月，阿里巴巴集团宣布将在中国打造一个仓储网络体系，并与合作伙伴携手大力投资中国物流业；2013年1月，阿里巴巴集团重组为25个事业部，以更好地迎接中国增长迅速的电子商务市场所带来的机会和挑战。

5）营销战略

阿里巴巴在网站建立后，利用从风险投资基金公司获得的资金，在美国的 CNN、CNBC 及国内的中央电视台等著名媒体大量投放广告，迅速提高了自己的知名度。在创业初期，阿里巴巴就专注于信息流领域，打造信息服务平台。为了快速地聚集用户，形成庞大的信息流，阿里巴巴采取了客户以免费注册的形式成为阿里巴巴网络平台的会员，供应商在上面发布供应信息，买家发布求购信息，然后买卖双方通过浏览和搜索用户寻找自己需要的信息，通过线上进行咨询及磋商。阿里巴巴在短期内聚集了大量的人气，吸引了大批客户，而人气的提升伴随而来的则是更加庞大的信息汇聚。阿里巴巴曾经邀请 WTO 首任总干事出任特别顾问，利用知名人士的影响力及自身出色的业绩使一些政府部门和民间组织向本国企业进行大力推荐。阿里巴巴在内部建立了庞大而卓越的销售及客服团队。根据阿里巴巴年报所提供的数据显示，至 2017 年阿里巴巴约有 4.7 万名员工。阿里巴巴还在 2006 年将其"诚信通"产品在全国 4 个地区引入了渠道合作伙伴销售制度，自此阿里巴巴坚持达七年之久的直销模式结束，转而成为直销和分销双向并行的模式。阿里巴巴的营销渠道变革可以表示为：以直销模式为基础建立销售和服务渠道—对渠道进行全面而整体的整合工作—直销和分销并行的模式。

6）组织战略及管理队伍

马云于 1999 年带领其他 17 人创立了阿里巴巴，他们信守共同的价值观和共同遵守的规范，并将其深深植根于阿里巴巴的人才管理方面。2012 年 10 月，马云在谈及其继任者的选择时表示，"我要找各种各样的人，这个人有想法，那个人有执行力，把这些人聚在一起，不是找一个接班人，是找一个团队，找一群人"。这句话体现出了阿里巴巴的用人策略，强调的是发挥人的一技之长和团队的合作精神。2013 年 1 月 10 日，马云宣布进行"阿里 13 年来最艰难的一次组织、文化变革"，调整了原有业务决策和执行体系，推出新的决策体系，由战略决策委员会（由董事局负责）和战略管理执行委员会（由 CEO 负责）构成。同时"化整为零"，将阿里系由原来的 7 个事业部变为 25 个事业部。

3. 案例小结

作为中国 B2B 电子商务的典型代表，阿里巴巴不断进行自我创新、自我调整，特别是 2013 年 3 月 11 日，马云宣布卸任 CEO，目前由张勇出任董事兼 CEO。这一系列管理层变动被描述为"从马云的符号式样本到现在整体管理团队的搭建，阿里显然在'后马云时代'的布局颇费心机"。不断求新求变，才能更好地迎接中国增长迅速的电子商务市场所带来的机会和挑战。

3.3 B2C

3.3.1 B2C 内涵及特点

B2C（business to consumer）电子商务是企业对消费者，通过电子化、信息化的手段，尤其是互联网技术，将企业提供的产品和服务直接传递给消费者的商务模式。这也是目前最常见的电子商务模式。

B2C 一般以网络零售业为主，企业通过互联网为消费者提供网上商店这种网络购物环境，消费者通过网络在网上选购商品。B2C 电子商务的付款方式多采用货到付款与网上支付相结合，企业的配送多选择物流外包方式，以节约运营成本。

B2C 电子商务的特点如下。

（1）消费者人数多。网络的普及使得上网并通过网络进行购物的群体越来越大，网上购物用户的人数不断增加，网上购物已成为中国商业流通新的增长点。

（2）B2C 市场空间区域广阔。发达的网络可以让世界上任何一个具备上网条件的人通过互联网登录企业网站购买商品。没有时间和空间的限制，电子商务企业面临的顾客可能来自不同区域、不同城市，甚至不同的国家。

（3）B2C 交易批量小。由于顾客是个体，其需求不同于企业需求，因此，购买商品频率高、品种多，但数量少、金额小。

（4）商品配送时间要求严格，需要物流的支持。

➔ **案例 3-5：家具企业欲借电子商务闯出一条新路**

2012 年 12 月，福建省福州市的市民黄武雄需要购买两张新床，他走遍了福州的家具商场都没有看顺眼的。于是他尝试着上网看看，一下子就相中淘宝店铺中 1 700 多元的带床头柜的 1.7 m×2 m 的布床。经过反复比较后，在 12 月 21 日晚上，他点击确认了 2 张订单。

12 月 22 日上午 8 时，位于龙江龙山皮革大厦 4 楼的吉晨轩公司的制单员李小静一早就从公司的 ERP 系统上看到了黄武雄在"我的拍档"上下的订单，她打印下来立即送到了隔壁的生产车间。"昨晚一共有 9 个订单，20 个商品。"李小静平淡地说："多的时候，一个晚上有 30 个订单。"

吉晨轩是龙江的一家小微企业，约 40 人规模。该公司总经理吴兵表示，订单送到车间后，一张布床的生产需要经过订布架、贴海绵、裁剪皮革、缝皮、蒙皮和包装 6 道工序。工人介绍，每道工序都需要一天左右的时间，整个生产流程大约 7 日，但由于网上大部分的款式是日常生产货品，所以多半已经有半成品了，这也大大缩短了家具的制作时间。

"别看黄武雄的布床很大，看似很难处理。"吴兵说，但从下单到收货，黄武雄的等待时间其实只需要一周左右。由于乐从、龙江物流公司良莠不齐，为了保障货物运输，"我的拍档"和数十家物流公司、全国的安装服务公司达成合作协议，保障家具到达买家所在的城市后，服务公司便会上门安装，"每个环节都可以在企业的 ERP 系统上看到，有人跟踪，保证质量。"

涉足网络销售吃到甜头的吴兵表示，靠着计算机的连接，国内外源源不断的生意从网上飞向他们。

资料来源：家具企业欲借电子商务闯出一条新路［EB/OL］（2013-01-09）［2017-09-20］. http://news.jc001.cn/13/0129/711000_2.html.

下面从不同的角度对 B2C 电子商务模式进行分析。

1. 从商品和服务的角度分析

1）提供商品

这种模式是企业通过网络实施的面向消费者的商品经营活动，企业的主要收益来源于产品买进与卖出之间的差价，或者把商品不通过传统的分销渠道而直接通过网络卖给消费者的成本节省。它与传统零售模式的区别是用虚拟的店面陈列代替实体商场，消费者节省了去店面购买商品的时间及其他成本,企业可以面向全球消费者销售商品。按照销售规模和消费者接受程度的高低,当前 B2C 电子商务的产品主要有 IT 数码产品、百货、家电产品、通信产品、印刷出版类产品、音像制品类产品、礼品鲜花类产品等。

2)提供服务

这种模式是企业通过网络实施的、面向消费者提供的服务活动,主要收入来源于通过网络给消费者提供服务。它与传统服务模式的区别是企业可以面向全球消费者提供服务。通过网络向消费者提供的服务种类繁多,包括网络游戏服务、拍卖平台服务、短信及电信增值服务、旅游服务、即时通信服务等。

2. 从企业和消费者买卖关系的角度分析

从企业和消费者买卖关系的角度看,B2C 主要分为卖方企业—买方个人、买方企业—卖方个人两种模式。

1)卖方企业—买方个人模式

这种模式是商家出售商品和服务给消费者个人的电子商务模式。在这种模式中,商家首先在网站上开设网上商店,公布商品的品种、规格、价格、性能等,或者提供服务种类、价格和方式,由消费者个人选购,下订单,在线或离线付款,商家负责送货上门。这种网上购物方式可以使消费者获得更多的商品信息,虽足不出户却可货比千家,买到价格较低的商品,节省购物的时间。对商家来说,与传统的店铺销售相比,B2C 的优点关键在于店铺被代替之后节省的租金和销售人员的人工费用相当可观,它的网上销售范围几乎不受企业大小的限制。商家还可以通过动态监测商品的点击率、购买率、用户反馈,随时调整商品的进货计划,减少出现积压的情况。当然,这种电子商务模式的发展需要高效率和低成本的物流体系的配合。

2)买方企业—卖方个人模式

这种模式是企业在网上向个人求购商品或服务的一种电子商务模式。这种模式应用最多的就是企业用于网上招聘人才。在这种模式中,企业首先在网上发布需求信息,后由个人上网洽谈。这种方式在当今人才流动量大的社会中极为流行,因为它建立起了企业与个人之间的联系平台,使人力资源得以充分利用。

3. 从无形商品和实物商品的角度分析

1)无形商品和服务的电子商务模式

计算机网络本身具有信息传输和信息处理功能,因此,无形商品和服务(如信息、计算机软件、视听娱乐产品等)就可以通过网络直接向消费者提供。无形商品和服务的电子商务模式主要有网上订阅模式、付费浏览模式、广告支持模式和网上赠予模式 4 种。

(1)网上订阅模式。这种模式是指企业向消费者提供网上直接订阅、直接信息浏览的电子商务模式。消费者可以在网上订阅相关的信息和服务,并用网上支付的方式付费,之后企业收到订单及付款后,将所订阅的信息发送给消费者。该模式主要用来在线销售报纸杂志、影视节目等。如在线出版、在线服务和在线娱乐等。

(2)付费浏览模式。这种模式是指企业通过网页安排向消费者提供计次收费性网上信息浏览和信息下载的电子商务模式。付费浏览模式让消费者根据自己的需要,在网址上有选择地购买一篇文章、一本书的内容,如百万范本网、维普网、中国知网等。付费浏览模式是目前电子商务中发展比较快的模式。

(3)广告支持模式。这种模式是指在线服务商免费向消费者或用户提供信息在线服务,而营业活动支出用广告收入支持，如新浪、搜狐等网站。广告支持模式是目前最成功的电子商务模式之一。由于广告支持模式需要上网企业的商务活动靠广告收入来维持，因此，该企业网页能否吸引大量的广告就成为是否成功的关键，能否吸引网上广告主要看网站的知名度。

（4）网上赠予模式。这种模式是指企业借助于国际互联网全球广泛性的优势，向互联网上的用户赠送软件产品，扩大知名度和市场份额。这种模式实质是指"先试用，后购买"。用户先免费下载有关软件，试用一段时间后，再决定是否购买。采用这种模式，企业不仅可以降低成本，还可以扩大测试群体，改善测试效果，提高市场占有率。适宜采用这种模式的企业主要包括软件公司和出版商。

➡ **案例 3-6：数字化电子商务——云网**

云网是国内首家数字商品在线实时销售网站，是国内首家数字卡网上实时专卖网站。云网利用互联网多元数字化的平台，为客户提供不需要实物载体的数字商品，例如，网络游戏卡、IP 卡、上网卡、邮箱卡、教育娱乐卡、彩票等。云网支持在线购买，实时结算，在线配送商品。消费者只需一台能上网的计算机，登录云网后通过网上银行实时支付，不到 2 秒钟，数字商品的账号和密码就会通过弹出窗口和 E-mail 发送到购买者的面前。实时购买，即时提货，彻底摆脱了时间和空间的限制。

资料来源：腾讯科技. 云网支付@网首批开通中国邮政支付［EB/OL］（2005-12-08）［2017-09-20］. http://tech.qq.com/a/20051208/000105.htm.

➡ **案例 3-7：电商纷纷加入电子书战局**

一向不温不火的电子书一夜间突然成为电商巨头的"宠儿"，随着京东商城高调宣布推出电子书业务，加上已有的当当、汉王、盛大云中书城，电子书尤其是传统出版物的电子书市场竞争越演越烈。电商的加入，使得 1.0 电子书的数字版权分发和销售的渠道拓广，而电商新势力的加入必然会打破以往的市场格局，经历过动荡后，1.0 电子书会重新寻求到利益平衡点。

当当、京东商城、亚马逊三家电子商务企业先后杀入电子书市场，当当推出"数字馆"，签下 10 万本图书电子版权；京东商城推出"lebook"电子书终端，2012 年年底前上线 30 万本电子书；亚马逊 Kindle 商店也在亚马逊中国低调上线，推出电子图书。

资料来源：郝俊慧. 电商纷纷加入电子书战局［EB/OL］（2012-03-12）［2017-09-20］. http://www.ebrun.com/20120312/42072.shtml.

2）实物商品和服务的电子商务模式

实物商品和服务的电子商务模式是传统的有形商品的电子商务模式，采用这种模式，有形商品和服务的查询、订购、付款等活动在网上进行，但最终的交付不能通过网络实现，仍然要通过物流配送的方式完成。这种电子商务模式也叫在线销售。

目前，企业实现在线销售主要有两种方式：一种是在网上开设独立的虚拟商店，另一种是参与并成为网上购物中心的一部分。实物商品和服务的在线销售使企业扩大了销售渠道，增加了市场机会。与传统的店铺销售相比，即使企业的规模很小，网上销售也可将业务延伸到世界的各个角落。网上商店不需要像传统的实物商店那样保存很多的库存，如果是纯粹的虚拟商店，则可以直接向厂家或批发商订货，省去了商品存储的阶段，从而大大节约了库存成本。

实际上，多数企业网上销售并不是仅采用一种电子商务模式，往往它们采用的是综合模式，即将各种模式结合起来实施电子商务。

4. 按 B2C 企业类型分析

B2C 模式的电子商务企业可以分为传统和网上销售并举的企业、没有实体店的网上销售企业和商品制造企业 3 种类型。

（1）传统和网上销售并举的企业。这些企业有自己的商场，传统销售是主营业务，网上销售只是作为企业开拓市场的一条渠道，并不依靠网上销售生存。如北京西单商场、苏宁电器等。

（2）没有实体店的网上销售企业。网上销售是这些企业唯一的销售方式，这些企业在互联网上经营电子商务网上商城。如当当网。

（3）商品制造企业。商品制造商建立企业网站，采用网上直销的方式销售产品，不仅给顾客带来了价格上的优势，而且减少了商品库存的积压，同时又起到了宣传企业形象、推广产品的作用。

→ **案例 3-8：美的冰箱进军电子商务　旗舰店落户京东**

随着全民网购时代的到来，电子商务在刷新销售业绩的同时，也更新着传统家电企业的销售理念。2013 年 1 月 18 日，京东商城美的冰箱官方旗舰店盛大开业，成为首家落户京东商城的冰箱品牌旗舰店。它的开业，昭示着美的冰箱率先从传统家电销售领域中突围而出，向新兴渠道模式——电子商务大举进军，引领了冰箱行业电子商务的变革浪潮。

美的冰箱相关负责人对记者说："在电子商务发展一日千里的背景下，京东商城美的冰箱官方旗舰店的开业，必将使美的冰箱在目前传统家电销售市场僵持的竞争格局中脱颖而出，也将让广大的消费者更加方便地购买到美的冰箱优质产品、享受完善的配套服务，从而找到新的市场增长点。"

笔者通过登录京东商城美的冰箱官方旗舰店体验后发现，美的冰箱的实物图片、产品介绍、产品优势、价格优惠、技术支持和订货情况等信息在网上销售平台上一览无余。顾客可以随时随地根据自己的需求，有针对性地查阅相关信息，摆脱了传统实体门店在提供销售服务时的时间上和空间上的限制，节省了选购时间成本，提高了消费者对美的冰箱的购买欲，深受消费者的好评。

据悉，自美的冰箱官方旗舰店在京东商城正式上线之日起，便受到消费者的热捧，销量一路飙升。在京东商城成功购买一款美的三门冰箱的陈先生向笔者讲述了自己的网购经历：进入京东商城美的冰箱旗舰店后，大量精心设定的产品系列、不同的价格分类、精细的勾选框，让人一目了然。在选定了自己心仪的冰箱后，陈先生只需在计算机前用鼠标轻点几下，美的冰箱官方旗舰店便根据他的要求，很快安排了配货送货，冰箱当天就被送到了家中！"消费者足不出户，就能选购到自己称心如意的产品，整个购买过程既快捷，又人性化。这才是方便、舒适、实惠的'一站式'购物体验！"陈先生满意地说。

对此，营销专家分析认为，互联网已经成为商家与消费者接触的重要介质，信息技术带来的消费者购买行为的变化，已经对整个冰箱销售市场带来不小的冲击，传统冰箱企业必须顺应这一潮流。而京东商城美的冰箱官方旗舰店的开业，为消费者提供了更多产品选择，带来了更加人性化的购物体验。同时，这一电子商务模式的出现，也使美的冰箱传统的销售模式获得有效拓展和优化，增强了自身在市场中的竞争力，必将成为冰箱销售市场中的大赢家。

资料来源：美的集团．美的冰箱进军电子商务旗舰店落户京东［EB/OL］（2013-01-29）［2017-09-20］．http://family.pconline.com.cn/317/3170186.html．

3.3.2　B2C 后台管理流程和网上购物流程

1. B2C 后台管理流程

B2C 后台管理流程的内容包括商品管理、期初数据、采购管理、销售管理、库存管理、商店管理、客户管理、我的资料等。

（1）商品管理。即用于发布商品到前台购物网站及维护商品基本信息。主要包括登记新商品、修改商品、删除商品、提示等内容。

（2）期初数据。即在商户第一次营业前，把当前商品的数量登记入库存，即初始化库存。商品期初数据的操作流程为：第一，商品列表中输入商品数量，然后单击"保存"按钮，保存修改；第二，当所有商品的数量输入并保存后，单击"记账"按钮，系统将自动将商品的数量登记入库存中；第三，期初商品完成。

（3）采购管理。采购管理用于采购商品，并把采购的商品登记入库。采购管理的功能由采购订单、采购入库、单据结算、单据查询组成。采购流程：B2C 商户在缺货的情况下，进行采购，先进入采购订单模块下订单，再对下的订单进行入库处理，然后对订单进行结算，完成整个采购流程。

（4）销售管理。此模块主要是 B2C 商户与 B2C 的采购者之间的交易单据，从 B2C 商户商店管理模块可以看到采购者购买商品所下的订单，并且对订单进行操作。商店管理主要由网上订单、销售订单、发货处理、单据查询等模块组成。

（5）库存管理。此模块是 B2C 商户对仓库中的商品进行管理，主要包括库存查询、预警设置、缺货查询、溢货查询等模块。

（6）商店管理。商户在 B2C 商店管理后台设置好网站的基础信息、标志、横幅广告、模板样式来显示个人网上商店的个性页面，显示的内容还包括商品信息列表、文字广告和按钮广告。

（7）客户管理。该模块可以看到客户（B2C 的采购者）的基本信息明细，并且 B2C 商户也可以查看与客户的交易历史情况。客户明细是指选择要查看的客户明细，单击"客户明细"按钮就可以查到本商户的采购者的信息。查看交易历史是指选择要查看的客户，单击"查看交易历史"按钮，可以查看该采购者的交易情况。

（8）我的资料。单击首页—商户登录—我的资料，可以对商户的注册信息和相关资料进行查看和编辑。

2. B2C 网上购物流程

不同 B2C 电子商务网站的交易环境有所不同，但交易过程基本相似。具体交易流程如下。

（1）消费者进入因特网，查看在线商店或企业的主页，选择购物网站，注册并登录，填写所需要的基本信息。

（2）消费者选择所需要的商品，确定购物商品的品种、规格和数量。

(3）消费者选择完商品后，确定送货方式。
(4）消费者确定购买后，根据需要，选择合适的支付方式。
(5）支付方式确定后形成订单，商家的客户服务器确认消费者付款后，通知销售部门发货。
(6）物流公司送货。
(7）消费者收到货物后，确认签字。

3.3.3　B2C 电子商务运营要求

1. 网站的建设

B2C 电子商务企业与普通流通企业最大的区别就在于其没有固定的实体场所展示其商品，顾客无法体验到真实的商品，无法面对面地接受产品的推销并完成商品交易。网站作为 B2C 电子商务的主要平台，要完成实体店面所有的功能，如商品展示、商品咨询、商品购买、售后服务等，甚至还需要提供实体店面无法实现的服务，如方便的快速搜索服务、同类型产品比较、兴趣商品推荐、365 天 24 小时营业等。网站要非常深入地了解消费者的需求，以便设置合理的购买过程及产品分类，让消费者在整个网购过程中具有良好的购物体验，并最大限度提高营销效果和降低后续营销成本。

2. 品牌的建设

品牌建设是指促使企业本身加强品牌影响力。这其中有两种不同的情况发生，一种是传统流通企业转型，其在传统流通行业建立的品牌影响力可以直接在 B2C 电子商务领域继续发挥作用，并且在新的领域不断通过各种形式的努力，维持其在个人消费者心目中的影响力。另一种则是以全新的形式在 B2C 电子商务领域建立起品牌，这一类情况则需要在不断地投入营销费用和后续的服务中慢慢积累其品牌的影响力。品牌影响力的建立可以增加顾客的忠诚度，提高单个顾客的多次购买行为。

3. 客户关系的建设

拥有庞大的用户资源，是 B2C 电子商务运营是否成功的关键，直接关系到其是否可以获得持续性的发展。一般规模较大的 B2C 电子商务网站其拥有的注册用户数量可达几千万个甚至上亿个。"水能载舟，亦能覆舟"，这样一笔巨大的用户资源，既可能为 B2C 电子商务企业带来巨大的营收，若管理不善也可能会给企业带来沉重的打击。那么怎么样才能够利用好这一笔巨大的资源呢？一方面通过建设社区、常见问题解答、商品评论、企业开放等形式与顾客建立直接的交互关系；另一方面需要从大量的消费者数据中挖掘消费者对服务的满意度、消费者对商品的喜好、消费者的购物习惯等信息，最终制订有针对性的促销手段，并为每一位消费者建立个性化服务，提高消费者购物体验，让消费者成为"回头客"。

4. 供应链的建设

对于网上购物，消费者最关心的是什么？经过调查发现，消费者最关心的有四点：一是消费者在网站上是否可以找到自己所需要的产品；二是消费者所需要产品的价格是否合适；三是所订购的商品是否能够快速准确地送到；四是消费者所订购的商品发现问题是否可以及时得到解决。消费者用户体验的背后是 B2C 电子商务企业运营所要建立的供应链系统，事实上，大多数研究人员所重视的网站展示只占整个 B2C 电子商务企业运营 30%的工作，70%的环节在于商品采购、商品品质管理、商品库存管理、商品仓储、商品配送、逆向物流和极其重要的支付体验。这就要求 B2C 电子商务企业必须要建立一个连续、有效的供应链系统。此供应链系统要基于顾客的体验，同时，又能够在流畅的供应体系中获得最低成本，为销售利润做出双重的贡献。

5. 产品策略

对于 B2C 电子商务企业来说，产品策略可以理解为在网站上卖什么产品。就目前来看，B2C 电子商务网站主要采用两种类型的产品策略。第一种就是大品种产品策略，B2C 电子商务企业沿用传统的百货销售的模式，利用互联网的可无限扩展特点建立平台，销售各种类型、各种品牌的商品。此类产品策略对 B2C 电子商务企业有非常高的运营要求，为了获得更高的市场占有率，企业不得不尽可能多地开发商品，且销售产品的价格要具有竞争力。同时，还要对市场的需求有合理的预测，并以此调整商品的展示方式、促销方式和库存量，既要避免无货状态导致销售订单的取消，又要避免过高的库存给企业带来较高的运营成本。第二种 B2C 较普遍的电子商务产品策略为单一品牌产品策略，此类型企业在其网站上只销售一个自有品牌的商品，销售的商品也为一类或类似品种，如服装或玩具等。此类 B2C 电子商务企业的品牌由于在市场上没有销售，所以没有价格等因素的可比性，这就要求其产品必须要有吸引眼球的特征及占领市场的能力，同时要有强大营销力量的支持。

6. 营销策略

如何让一个 B2C 电子商务企业能够在体量巨大的互联网中被消费者发现，并且使该消费者在这个网站上完成商品的消费呢？除了丰富的商品、合理的价格、快速的配送、及时的售后服务以外，还需要 B2C 电子商务企业根据战略目标制订一个合理的营销策略。关于营销策略，本书后面章节有详细介绍，此处不再赘述。

3.3.4　B2C 盈利模式

综合来看，B2C 电子商务企业主要的盈利方式有以下几种。

1. 收取会员费

根据不同的方式及服务的范围收取注册会员的会费，大多数电子商务企业都把收取会员费作为一种主要的盈利模式，会员数量决定了企业最终获得的收益。

2. 销售本企业产品获得利润

通过网络平台销售自己生产的产品或加盟厂商的产品。商品制造企业主要是通过这种模式扩大销售，从而获取更大的利润，如海尔电子商务网站——海尔集团商城。

3. 销售衍生产品获得利润

销售与本行业相关的产品，如中国饭店网出售食品相关报告、就餐完全手册等。

4. 提供服务，获取利润

企业还可以通过销售商品的其他环节实现盈利。例如，提供网上支付功能，收取交易服务费；开展物流服务，收取费用；提供信用评价服务，获得利润等。

5. 特许加盟

运用该模式，一方面可以迅速扩大规模，另一方面可以收取一定加盟费，如当当网、亚马逊网站等。

6. 信息发布及咨询服务费

发布供求信息、为业内厂商提供咨询服务，收取服务费，如中国药网、中国服装网、中国玩具网等。

7. 网络广告收益

为企业发布网络广告，通过网络广告盈利。网络广告投放效率高，目前这几乎是所有电子商务企业的主要盈利来源。这种模式成功与否的关键是其网页能否吸引大量的广告，能否吸引广大消费者的注意。

综上所述，B2C 电子商务企业按照不同类型，其盈利模式各有侧重。如网上零售企业主要的盈利模式是网络广告收益、提供服务获取利润、收取交易费用和产品销售获利；商品制造企业则以网上销售产品为主要盈利模式；而像中国知网、优酷网等内容提供商的主要赢利模式是浏览订阅付费、网络广告收益和收取会员费等。

3.3.5 典型案例分析——1号店：网上超市

1. 1号店概况

2008 年 7 月 11 日，1 号店网上超市（以下简称"1 号店"，网址为 www.yhd.com，2016 年被京东收购）正式上线，开创了中国电子商务行业"网上超市"的先河。1 号店是中国规模、品类均占行业领先地位的 B2C 电子商务企业。以"家"为核心，打造满足家庭所需的一站式购物平台。除了网站购物外，1 号店还开发了手机版及 iPad 版购物客户端。

目前 1 号店拥有注册用户数超过 9 000 万个，所售商品涉及食品饮料、美容护理、母婴玩具等 29 个大类 90 万种。

1 号店实现了全国范围的战略布局：相继在上海、北京、广州、武汉、成都五地建立仓储物流中心，并在周边城市建立相应的配送点，辐射全国。

上线以来，1 号店实现了 3 年 192 倍的飞速增长，被业界誉为中国成长最快的电子商务公司。客流量、转换率、顾客重复购买率等重要指标在中国电子商务行业处于领先地位。

2010 年，1 号店在第七届网商大会上获得"2010 全球十佳网商"的称号。2011 年，1 号店荣获中国企业家颁发的"21 未来之星——2011 年最具成长性的新兴企业"称号。入选"2011 年德勤高科技、高成长亚太区 500 强"第一名。

2. 1号店商业模式分析

1）市场机会

1 号店是属于综合性的 B2C 类电子商务平台，它立足于生活必需品，销售涵盖与家息息相关的各类商品，极力打造大型网上超市，为消费者打造完美的购物体验：直观清晰的商品展示、消费查询、购物工会、预约送货、货到付款、移动 POS 刷卡、正规发票、无条件退货等保障服务。

国内的电子商务市场，淘宝网是最大的综合性 C2C 类电子商务网站，它的地位无法撼动。在 B2C 类中，京东商城主营 3C 产品，凡客诚品、麦考林涉足服装类，当当及卓越亚马逊从图书迈向了综合类。综合以上分析，1 号店把市场机会盯在经营品类繁多的与生活息息相关的快速消费品网上超市。

2）价值定位

1 号店把目标消费群体锁定在大都市的高学历年轻白领阶层。对于生活在快节奏的都市白领来说，去超市购物已不再是一种休闲活动，排队结账、物品太重、公交拥挤等使白领们花费较多的时间和精力。1号店给他们提供更加方便快捷的新型购物方式，只要点击几下鼠标或用手机、iPad上网，就可以将日常所需送到顾客手中。1号店给顾客提供了3种价值：一是物美价廉——正品行货丰富又便宜；二是满百免邮——多个城市的免邮计划；三是顾客至上——优质的售前售后服务。1号店以这3种价值为核心，注重提高顾客体验。

"诚信、顾客、创新、执行"为1号店的核心理念，把诚信放在第一位，诚信地对待顾客的诉求，不断创新，不断进取，不断提高执行力度。1号店的定位是"1号店，只为更好的生活"。通过邀请著名影视演员、塑造诸多优秀家庭女性角色的海清担任形象代言人，展示出1号店打造的以"家"为核心的购物理念。

3）盈利模式

1号店的盈利模式分为3种：第一种是来自销售商品所赚取的差价；第二种是从厂家获得的销售返点、上架费、促销费等；第三种是广告及营销费用，是为供应商提供营销服务所获得的收益，这是1号店作为一个信息媒体所获得的价值。

2011年，1号店的营业额达到27.2亿元，当年成长速度超过了300%。2015年，1号店已拥有近9 000万的注册用户，并拥有超过3 600万的移动端注册用户，网站流量已达到了每天近2 000万人次。在洗护发、沐浴、女性护理、口腔护理产品等细分品类保持了中国B2C电商行业第一的市场份额。

4）竞争环境及竞争优势

虽然当当网和卓越网也都先后做起了网上超市，但是除图书以外，其他产品收入占其总净收入的20%，并没有真正实现网上超市的构想。此外，当当网和卓越网的市场定位原来都是网上书城，后来才逐渐延伸至百货，消费者在购买商品时，买书会首选当当网和卓越网，但在购买其他产品时，他们会选择其他网站，在很多消费者的心中，对当当网和卓越网的定位仍旧是网上书城，而不是网上超市。家乐福也建立了网上超市，虽然与实体超市同价，但货品不全，与实体超市相差甚远。因此，在网上超市这个细分市场领域，竞争并不是非常激烈。但是由于网上超市经营的品种繁多，特别是生鲜产品，保质期短，物流要求快，产品利润薄，要想取得成功难度更大。

1号店在以下几个方面所拥有的竞争优势，使得其具有良好的经营增值率。

（1）经营的都是正品行货，品种多样，物美价廉，平均价格比家乐福等超市便宜1~2元，产品种类比当当网与卓越网的要丰富许多。

（2）快捷的物流服务及满百免邮的物流费用。1号店自建物流系统，提高了物流的速度和质量。推行"当天送"服务，早上下单，晚上送到，并且顾客可以根据个人情况选择下午送到公司或晚上送到家里。在上海、北京、长三角等诸多城市，1号店已经实行满百免费送货上门服务。

（3）人性化的网站设计，提高用户售前售后服务体验。1号店按照顾客在实体超市购买习惯进行布局，售前会根据顾客的搜索信息和以往购买习惯进行关联推荐，售后提供良好的退换货服务。

（4）持续打造高质量的供应链管理体系，以提高核心竞争力。1号店走的是规模化道路，涉及的商品供应与管理更为复杂，而且网上超市模式独特，如对食品饮料类商品要进行保质期管理和配送等，所以需要一套真正适合网上超市发展的管理软件。1号店独立研发出多套具有国际领先水平的电子商务管理系统并拥有124项专利和软件著作权，使后来者很难模仿和超越。

（5）1号店与众多产品生产商的合作联盟，能够保证产品的高质量、及时性及更高的议价能力。最值得一提的是，1号店与行业龙头企业——竞争对手沃尔玛进行联盟，沃尔玛持有1号店的股份为51%，通过让沃尔玛控股，获得后者在全球的供应链优质资源，并且避免了双方投入大量资金展开两败俱伤的竞争，通过优势互补，加强了自身的实力。

（6）在商业模式上研发并运用了"虚拟超市模式"创造出"无限1号店"。1号店在中国的B2C行业中，率先整合了线下、线上、移动互联和社区等碎片化资源，创下"无边界零售"的先河。"无限1号店"还提升到"2.0"阶段：智能手机用户不到广告墙上拍照就可通过GPS搜索功能，找到附近的1号店"虚拟超市"进行购物。

5）营销战略

1号店采用线上线下营销结合的策略。在创建初期，采用直接邮寄广告等传统方式进行营销。为了进一步扩大用户群，1号店和天涯、新浪等社区结成战略伙伴，进行品牌宣传和促销活动。现在，1号店采用了多种营销手段，像竞价排名广告、搜索引擎优化、知名网站合作、论坛口碑营销、返利网站和线下广告牌。这些成功的营销模式大大扩展了顾客群，提升了投资回报率。最值得一提的是，1号店在北京、上海的一些公交车站设立了广告牌，消费者可以在等公交车时用手机摄像头扫描站牌广告栏里的商品条码并上传进行购买，简单方便。这不仅是一种全新的购物模式，还起到了品牌宣传的作用。

1号店采用品牌形象代言人帮助企业迅速提高品牌知名度。1号店的形象代言人是海清，海清在电视剧中清新的气质和邻家小妹的形象，给观众留下孝顺、勤俭持家的好印象，这与1号店的经营理念相一致，二者互相辉映，为品牌形象增光添彩。

6）组织战略及管理队伍

1号店的创始人于刚是原戴尔全球副总裁，曾任亚马逊全球副总裁，管理其全球供应链包括配送、采购、库存和库容；创始人刘峻岭，曾任戴尔公司全球副总裁，戴尔中国内地及香港地区总裁，管理20亿美元的业务规模。两位创始人运用在专业领域的经验，独立开发了大量的供应链管理模型、技术和系统，大到物流、仓储、比价系统，小到快递员、客服的考核系统，这些技术成果大幅度提高了效率，降低了运营成本。

3. 案例小结

1号店的快速发展是互联网B2C电子商务的又一个传奇，与京东相比，1号店的发展所面临的环境更为复杂，成本压力巨大，但是1号店的管理团队以不断创新的精神，成为其发展的有力支撑。

3.4 C2C

3.4.1 C2C 内涵及特点

C2C（consumer to consumer）即消费者与消费者之间的电子商务。C2C电子商务可以理解为将传统的"小商品商场"交易模式移植到网上，通过电子商务网站为买卖用户双方提供一个在线交易平台，使卖方可以在平台上发布待出售的物品信息，买方可以从其中自行选择商品购买。

从理论上讲，C2C 模式是最能够体现互联网的精神和优势的。数量巨大、地域不同、时间不一、规模不同的买方和同样规模的卖方通过一个网络平台找到合适的对家进行交易，在传统商务领域要实现这样大的工程几乎是不可想象的。作为买家，通过网络可以享有一些"特权"，在家"逛商店"，订货不受时间的限制；获得大量的商品信息，可以买到当地没有的商品；从订货、买货到货物上门无须亲临现场，既省时又省力；商品价格较一般商场的同类商品更便宜。而作为卖家，网上销售的经营成本低、经营门槛不高、经营规模不受场地限制等得天独厚的优势给那些在现实中想创业但条件不成熟的人们带来了无限的商机。

C2C 电子商务的特点如下。

（1）用户数量多，且身份复杂。C2C 电子商务平台对于所有人都是开放的，注册有很多个人卖家和买家。

（2）商品信息多，且商品质量参差不齐。卖家数量众多，商品种类众多，商品质量也就参差不齐。C2C 比较类似于现实生活中的"小商品批发市场"，一个网站中同时存在数目众多的个体经营者，C2C 电子商务网站起一个现实中"市场管理者"的作用。

（3）交易次数多，但每次交易的成交额较小。由于 C2C 电子商务中参加交易的双方尤其是买家往往是个人，因此其购买的商品数量较少。

（4）柔性的价格机制。卖家给出商品的价格，买家可以洽谈、议价，双方可以讨价还价，从而使商品的价格更有弹性，更能体现公平竞争、公平交易的市场经济原则。

（5）为买卖双方进行网上交易提供一系列配套服务。电子商务中最基本的三个要素是信息流、资金流和物流。C2C 网站提供信息交流平台，改变了信息交流方式，扩大了信息交流范围，提供信息交流是 C2C 电子商务平台提供的最根本也是最基础的服务。另外，C2C 电子商务平台还需要满足买卖双方资金和货物的需求，为买卖双方提供支付平台和物流系统。

➡ **案例 3-9：让纪念品发挥余热，追星追出的新创意**

桌子上、书架上、抽屉里、床头边，摆满了明星的照片、写真集、CD、杂志等。小小的闺房显得有点拥挤。有一天，她突然发现自己"长大了，这些东西用不上了"。怎么处理？扔了，觉得有点可惜。这点小事，曾"困扰"了杭州女孩——某知名外企杭州分公司员工陆晓艳好长时间。她是韩国 H.O.T 组合等明星的铁杆粉丝，几年来，逛街淘店，搜到了几百张明星照片，以及"木佬佬"的 CD、杂志等。"就像许多女孩子那样，逛银泰、百大，大袋小袋的衣服拎回家，后来发现都穿不了。我买的明星纪念物品也有些没看到、没听过，基本上有九成新。"那就拿到网上去卖吧，让它们发挥"余热"挣点小钱。"哈韩族、孩子们应该会喜欢。像 H.O.T 组合早已解散了，他们的纪念物品会更加珍贵。如果学生到市场上买，价格不菲，而我可以把价格放低点，比如原价的一半。"她为自己的想法而兴奋。于是，她成了淘宝网的一名会员。她给这些"珍藏品"拍照，图片挂到网店上，并用优美的文字做了说明。几天后，就有人点击要了 H.O.T 组合的一套写真集。对方通过支付宝付了钱，虽然只有十多块钱，可她为此高兴得不得了。就这样，利用空闲时间，她把玩偶、明星的像章等东西，以及朋友送的、家里闲置不用的特色物品，都挂到网店上，"满足了某些特定人的需求"。

网络无国界，即使离你再遥远的人，都可以和你网上做生意。陆晓艳说，"卖出了二三十件物品吧，收入多少？哈哈，讲不上有什么赢利，就当用这个创意为社会做点贡献吧。"不过据她身边好友透露,她卖出的东西远不止这么点。

资料来源:网商故事精选[EB/OL](2006-09-09)[2017-09-20]. http://it.sohu.com/20060909/n245248121.shtml.

3.4.2 网络拍卖平台运作模式

拍卖平台运作模式是以拍卖为主要交易方式的 C2C 电子商务运作方式,也就是在线拍卖。淘宝、拍拍等电子商务网站为网上拍卖提供了交易平台,买卖双方作为 C2C 用户参与在线竞卖与竞买。

网民在 C2C 网站上注册成为会员后,便可以将物品放到网站上进行拍卖,同时也可以参加其他拍品的竞拍。网上拍卖的物品需要事先设定起拍时间、中止时间和起拍价格。开始起拍后,竞拍者根据设定好的加价幅度进行叫价,到达中止时间时,出价最高的竞拍者获得拍品。具体拍卖交易流程如下。

(1)交易双方注册、登录 C2C 拍卖网站。
(2)卖方发布拍卖商品信息,确定起拍价格、截止日期等信息。
(3)拍卖平台认证用户的合法性和所填信息的真实性与准确性,确认后,将其信息显示在网站上。
(4)买方查询商品信息,进入竞拍网页,填写信息,参与网上竞价。
(5)系统认证用户的合法性和所填竞价信息的准确性,如果一切都正确则显示成功。
(6)买卖双方成交,买方付款,卖方交货,交易完成。

3.4.3 店铺平台运作模式

C2C 电子商务典型的运作形式就是店铺运作模式。电子商务企业提供一个 C2C 电子商务交易平台,个人经过注册、审核,在交易平台上开出自己的网上店铺。电子商务平台提供各种信息交流及一系列配套服务,构建信用度评价体系机制,借助所有用户的监督力度来营造一个相对安全的交易环境,买卖双方可以 24 小时自由买卖各种商品。

店铺平台运作模式交易流程如下。

(1)卖方在 C2C 电子商务网站上申请开店,提交个人申请信息,网站平台进行审核,确认是否通过。
(2)店铺申请成功后,卖方发布商品信息,并由网站平台审核商品是否合法。
(3)买方进入卖方店铺选购商品,与卖方实时交流,选择付款方式,确定送货方式,形成订单。
(4)卖方按照要求发货,物流快递送货。
(5)买方收货、验货。
(6)买卖双方互相作出评价。

3.4.4 C2C 盈利模式

1. 现行盈利模式

现行的 C2C 电子商务平台提供商的利润来源主要是交易平台费用、"首页黄金铺位"推荐费、搜索引擎竞价排名、广告收入及最新在淘宝网上开始应用的 B2C 方式收费。

1）交易平台费用

交易平台费用主要包括登录费、交易费、店铺费及特色功能费。其中，登录费包括商品登录费和底价设置费，是发布一件物品所需支付的费用。交易费包括商品成交费、交易服务费。店铺费即开设店铺需要缴纳的基本费用。特色功能费包括分类广告费、陈列改良费、图片服务费、卖家工具费、立即购买费等一系列可选费用。

C2C 网站作为个人对个人（顾客对顾客）交易服务模式的电子商务贸易平台，它本身并不直接参与交易，但它必须对交易双方及交易的过程提供必要的、完善的服务，以最大限度地、公平地保障交易双方的正当利益不受侵害，如对交易双方的身份等基本信息的认证、审核，提出解决电子支付安全性的措施等。同时，公平合理地保障交易双方的利益不受侵害，可以吸引到更多的卖家与潜在买家光顾本网站，从而为网站的生存与发展不断注入新鲜的血液。由此可见，为交易双方提供必要的、完善的交易服务并收取合理的费用，是完全可以得到双方的理解与接受的，所以说，交易平台费用模式是 C2C 网站可持续的盈利模式之一，并随着不断地创新与探索，必将有着广阔的应用前景与巨大的商业价值。

2）"首页黄金铺位"推荐费

据 Alexa 网站统计，除了目的性较强的上网者外，有 70%的上网者只是观看一个网站的首页。所以网站首页的广告铺位和展位都具有很高的商业价值。对于 C2C 网站首页的"黄金铺位"，网站可以定价销售也可以进行拍卖，购买者或中标者可以在规定时间内在铺位上展示自己的商品。

3）搜索引擎竞价排名

如今 C2C 网站的商品众多，买方想要找到自己的商品还真不容易，网站可以推出搜索服务来提高效率。卖家可以通过购买关键字来提高自己的商品在搜索结果中的排名，以促成更多的交易。

4）广告收入

C2C 网站在网络中的地位就像大型超市在生活中的地位，它是网民经常光顾的地方，拥有超强的人气、频繁的点击率和数量庞大的会员。其中蕴藏的商机是所有企业都不想错过的，由此为网站带来的广告收入也应该是网站利润的一大来源。

C2C 网站之所以能受到广告投放人的青睐，是因为它有着众多的独特优势，主要表现在：C2C 网站本身就是一个购物平台，可以说是一个专门的交易市场，因而对广告投放者来说，他们在此平台上直接进行商品与服务的宣传与销售的便利性是其他类型的网站无法比拟的；C2C 网站每天都有大量新增加的商品进入，这些商品也包括众多的特色商品和在生活中很难出售或购买的商品，因而对于有购物需求的网民来说，C2C 网站有更大的吸引力与影响力，从而可以吸引到更多的网民光顾本网站，提高广告的收视率。因此，不管是现在还是将来，网络广告收入都是 C2C 网站赢利的重要来源，并具有不可替代的角色。

5）以 B2C 方式收费

2008 年 4 月 10 日，淘宝 B2C 商城——"淘宝商城"全面上线，2012 年 1 月 11 日，"淘宝商城"正式更名为"天猫"。淘宝网这样一个 C2C 电子商务平台以 B2C 电子商务平台的姿态向进驻商城的店铺收费，同时为他们提供更多服务，给予这里的买家更多保障。

2. 潜在盈利模式

潜在的盈利模式为网上支付、物流、信用认证、网络通信及移动电子商务。

1）网上支付

C2C 网站在线支付工具的技术手段已经相当成熟了，各网站为了推广在线支付工具，都推出了保障措施，对采用在线支付所遭受的损失可以原价赔偿。如果交易双方在采用平台的在线支付系统时出了意外，遭受损失，平台可以通过赔付制度对交易双方进行赔偿，来弥补双方的损失。采用在线支付不仅可以实现资金流迅速、安全地转移，还可以减少买卖双方在交易过程中受到损失。为卖方提供信誉担保，为买方承担一定的交易风险，就是为买卖双方创造价值。一旦网上支付有了足够的用户，就可以考虑通过它来实现盈利。

网上支付和网上银行是与网络购物密切关联的两个网络应用。在网络购物过程，尤其是 C2C 网络购物过程中，网上支付手段的使用已经较为普遍，B2C 网络购物在网上支付手段方面也逐渐丰富，这两项网络应用的发展都在促进网络购物的发展。

2）信用认证

很多 C2C 电子商务网站开始提供信用认证的服务。虽然目前还没有 C2C 电子商务网站通过信用认证来盈利，但在 B2B 中却有成功的案例。例如，阿里巴巴就正是利用开展企业的信用认证，敲开了创收的大门。直到现在，诚信通仍然是阿里巴巴主要的收入来源之一。作为阿里巴巴诚信通的会员，可以享受四大特权，包括独享买家信息、第三方认证、优先排序和网上专业商铺。而这些特权对于从事电子商务的商家而言，是非常有吸引力的。截至 2016 年 7 月，诚信通共有大约 30 万个付费会员，每个会员每年缴纳 6 688 元的会员费，由此可以计算出诚信通每年给阿里巴巴带来 20 亿元左右的收入。这是一笔不菲的收入，如果可以将这一模式成功移植到我国 C2C 网站，必将为其带来巨额收入。

3）移动电子商务

C2C 电子商务平台与移动通信运营商合作，通过手机上网实现随时随地操作简便的商务活动，可采用按流量收费、包月收费等多种可选择的收费方式，利润双方协议拆分。

3. 全新的适用于 C2C 电子商务平台的盈利模式

1）物流

C2C 电子商务网站的一个特点就是交易数量多，但交易成交额往往较小。既然我国 C2C 电子商务的交易规模已经达到数百亿元，不难推测由此而产生的物流业务的市场规模必然也不小。将物流作为提供的服务之一是很多 B2C 网站的做法。亚马逊、当当网都是这类网站中的典型。C2C 电子商务平台也可以考虑与物流企业战略合作，开发自己的特色物流服务，提高物流服务质量的同时在配送过程实现盈利。

2）保证金等金融手段

目前 C2C 电子商务平台为了招揽买家和卖家，对进入门槛要求非常低，退出成本也基本没有，于是造成了很多卖家对买家的欺诈行为，对此，淘宝网提出了"消费者保障计划"，对不同主营业务的 C2C 商铺收取具有先行赔付性质的保证金，以保障买家利益，制约卖家不道德欺诈行为。保证金由固定保证金和浮动交易保证金两部分组成，其中，固定保证金金额约定在 1 000～2 000 元不等，浮动保证金根据卖家的交易量，冻结一定比例的交易额作为浮动保证金。虽然缴纳保证金占用了卖家一部分的流动资金（缴纳的保证金是冻结在支付宝里的，每笔交易解冻期为 30 天），同时对卖家也有了更多的约束，但对买家赋予了更多的保障，也促使买家更乐于与参与"消保"的商铺进行交易，可以说既维护买家利益又为卖家带来销售额、销售量上的实惠，是十分值得推广的。

如果说"消费者保障计划"主要是针对买家的保障的话,那么"拍卖保证金"就是针对卖家的保障。很多主要做 C2C 拍卖的卖家都会有一个苦恼,那就是经常会有买家买到商品后以各种理由拒绝完成交易,造成卖家人力、物力、财力上的损失。为了减少拍卖中存在的买家恶意竞拍现象,淘宝网建立拍卖保证金制度,促进拍卖成交,从而建设良好的拍卖环境。参与拍卖者每笔拍卖需交纳保证金人民币 5 元,获得拍卖资格未拍到的会员在拍卖结束时系统会自动解冻保证金;拍到的会员在对交易进行付款以后,系统会自动解冻保证金;交易成立后的 7 天会员未付款,系统自动关闭交易,此交易成立后的 3~60 天内,若无争议,保证金作为违约金归入淘宝专用账号;若有争议,可以在交易成立的 3~60 天进行投诉,投诉成立,该保证金会解冻。以淘宝网每日 3 亿元的成交量,每日流入支付宝的保证金金额也是相当巨人的。

3.4.5 典型案例分析——淘宝网

1. 概况

淘宝网(http://www.taobao.com)由阿里巴巴集团于 2003 年 5 月投资创立,是中国最受欢迎的 C2C 电子商务网站。2007 年,淘宝网成为亚洲最大的网络零售商圈,全年成交额突破 400 亿元,成为中国第二大综合卖场。2009 年,淘宝网已成为中国最大的综合卖场,全年交易额达到 2 083 亿元。2011 年 6 月,阿里巴巴集团将淘宝网拆分为 3 个独立的公司:淘宝网(http://www.taobao.com)、淘宝商城(http://www.tmall.com)和一淘(http://www.etao.com),以便更精准、更有效地服务于客户。2012 年 1 月,淘宝商城正式宣布更名为"天猫"。截至 2014 年底,淘宝网拥有注册会员近 5 亿人,日活跃用户超 1.2 亿人,在线商品数量达到 10 亿种,在 C2C 市场,淘宝网占 95.1%的市场份额。2016 年 3 月,阿里巴巴集团 CEO 张勇为淘宝的未来明确了战略:社区化、内容化和本地生活化是三大方向。2017 年"双 11"活动,淘宝加天猫成交额再次刷新纪录,达到 1 682 亿元。

2. 商业模式分析

1)市场机会

1999 年,邵亦波创立易趣网,开创了中国 C2C 电子商务平台的先河。同年,马云成立了 B2B 电子商务平台阿里巴巴。2003 年 eBay 通过 1.5 亿美元的价格收购了易趣网,并允诺继续增加对中国市场的投入以增强其在中国市场的绝对领先地位,此时,马云决定成立淘宝网进入 C2C 市场。马云当时的做法让很多人难以理解,但马云认为,"在大家都觉得是一个机会的时候,我们不会去凑热闹。而越在大家都还没有开始准备,甚至避之不及的时候,往往正是最大的机会所在"。马云认为个人电子商务市场开始逐渐成熟,而且阿里巴巴的业务已经相对稳固,需要做更长远的打算。"eBay 易趣当时在中国的确做得很大,但我们发现它有很多弱点。客户对它的抱怨很多,这就是我们的机会。"孙彤宇当时正是淘宝网项目的负责人。他所说的弱点,其中重要的一点是 eBay 易趣坚持的收费原则。"在那个时候就采取收费模式,我们觉得在时间上并不合适。所以我们一直在呼吁大家以培育市场为目的,不要急着去收钱。"这就是马云瞄准的 C2C 电子商务的市场机会。

近年来,马云不断探索新的商机,分别开拓了阿里系的电子商务服务、蚂蚁金融服务、菜鸟物流服务、大数据云计算服务、广告服务、跨境贸易服务,以及前六个电子商务服务以外的互联网服务等业务板块,成立淘宝、一淘、天猫、聚划算、阿里国际业务、阿里小企业业务和阿里云共 7 个事业部(2013 年变为 25 个事业部)。随着淘宝网规模的扩大和用户数量的增加，淘宝也从单一的 C2C 网络集市变成了包括 C2C、分销、拍卖、直供、众筹、定制等多种电子商务模式在内的综合性零售商圈。

2）价值定位

淘宝网的使命是"没有淘不到的宝贝，没有卖不出的宝贝"，其发展目标是"致力打造全球领先网络零售商圈"。淘宝网提倡诚信、活跃、快速的网络交易文化，坚持"宝可不淘，信不能弃"。淘宝网致力于推动"货真价实、物美价廉、按需定制"零售电子商务的普及，帮助更多的消费者购买物美价廉的产品，获得更高的生活品质；通过提供网络销售平台等基础性服务，帮助更多胸怀梦想的人通过网络实现创业就业。2005 年 10 月，淘宝网宣布五年内为社会创造 100 万个工作的机会，帮助更多网民在淘宝网上就业，甚至于创业。2007 年，淘宝网已经为社会创造超过 20 万个直接就业岗位。特别是在 2008 年的金融危机之下，通过淘宝网进行的消费，无论从数量上还是金额上都在逆势上升。2017 年，淘宝网充分赋予大数据个性，通过粉丝、视频、社区等工具，搭台让卖家唱戏，利用优酷、微博、阿里妈妈、阿里影业等阿里生态圈的内容平台，紧密打造从内容生产到内容传播、内容消费的生态体系。因此，淘宝网是通过为买家和卖家提供更优质的服务来实现自己的价值的。

3）盈利模式

淘宝网的盈利模式分为以下几种。

（1）支付宝盈利。作为第三方支付平台，支付宝的担保交易模式为 C2C 买卖双方提供了安全保障。在淘宝网上的绝大多数交易都是通过支付宝这个第三方支付平台进行交易的，因此在支付宝中就沉淀了大量的资金。这里简单地计算一下，根据支付宝网站数据，支付宝日交易总额超过 3.5 亿元人民币，而通常的交易从买家打款到卖家收到款项最少都需要 3~5 天，按照 4 天进行简单计算，每天因为交易而沉淀在支付宝的资金约为 3.5×4=14 亿元。按照存款利率，每年的利息收入都是非常可观的。此外，支付宝还有包括认证、钱包、安全、还款、转账、缴费、服务窗、快捷支付、余额宝、充值、付款、红包等多项业务，都是淘宝网盈利的重要窗口。

（2）广告费盈利。在淘宝网成立之初，淘宝网的收益来源几乎都是广告费。淘宝网凭借无可比拟的与消费者最近的平台优势，通过各种有效渠道展开广告业务，例如，通过全国性和区域性的广告公司代理，以分频道独家代理或多家一级代理等形式开展广告业务。淘宝网上的固定广告位的旗帜广告为国内外众多知名广告主带去了丰厚的利益。另外，关键字竞价形式的广告费用也是广告费的一大收入来源。随着淘宝网的知名度和影响力直线提升，广告费也随之成为淘宝网盈利的重头戏。

（3）服务费盈利。这是淘宝网通过为商家提供各种增值服务或工具所收取的费用。目前，淘宝网提供的服务或工具主要有软件产品/服务、店铺管理工具、营销推广工具、数据分析工具、淘宝分销、淘宝旺铺等。淘宝网向客户推出的增值服务主要包括品牌推广、市场研究、消费者研究、社区活动等，帮助客户促进销售主要指开拓网络营销渠道，包括品牌旗舰店建设、代理商招募等。

（4）合作联盟盈利。淘宝网在马云的带领下，涉足多元化行业和领域，并不断寻求多方合作共赢，开创盈利模式，先后与雅虎、UC 优视、银泰、易传媒、魅族、富士康、联合利华、美国梅西百货、英国 Ezbob 和 Iwoca 等多家知名企业进行战略联盟，这些重要的合作举措，高效地整合了 C2C 交易市场。

4）竞争环境及竞争优势

C2C 电子商务市场的竞争一直非常激烈。2004 年易趣与淘宝网展开广告大战，易趣试图用垄断主要门户网站广告的方式，来封杀淘宝网的广告以阻挡淘宝网客户端的成长，而淘宝网通过站长联盟等方式，利用众多的小网站实现对易趣封杀的突围，从而开始实现飞跃式发展。随后，淘宝网的免费政策、支付宝的成立使淘宝网的服务日趋完善，淘宝彻底将易趣击败，坐到了 C2C 老大的位置，并占据绝对的领先优势。2006 年腾讯的拍拍成立，2008 年百度的有啊成立，这些互联网巨头都想通过其主流商业模式建立起来的巨大用户流量切入 C2C 市场击败淘宝网，但单一的用户端优势和部分的产品改良，都难以实现对淘宝网整个系统的正面进攻。此外，B2C 也加入到了 C2C 的竞争环境中来。近年来，京东商城、当当网、聚美优品、唯品会等 B2C 电子商务的新型模式，无疑对淘宝网形成了巨大的威胁，2008 年淘宝商城成立及 2010 年淘宝商城独立分拆运营，并在 2012 年改名天猫，就是对 B2C 替代性竞争的一种直接的反应。

淘宝网的快速发展，除了与互联网经济自身发展的特性有关之外，更有赖于其有效的竞争策略的制定：① 凭借免费政策迅速切入市场；② 针对中国人的习惯持续改进用户体验以赢得用户；③ 第三方支付平台保证交易，提高了淘宝网的诚信度。淘宝网的竞争优势与阿里巴巴集团的基本一致，都是数据及服务优势，这与阿里巴巴集团的战略直接相关。

5）营销战略

淘宝网成立之初所采取的营销战略非常好地诠释了长尾理论。当时 eBay 与所有的门户网站都签订了排他的广告协议，即不能同时挂淘宝的广告，因此淘宝网采取了曲线突围，一夜之间，数以千计的个人网站都出现了淘宝网投放的广告，淘宝网还把广告做到了线下的地铁、公共汽车上。淘宝网还通过与多家线上公司的合作，实现在搜索引擎、频道、短信平台、邮箱、市场活动等方面展开深入、立体化的合作。近年来，伴随移动智能手机深入人们的生活，淘宝网又开展了一系列的移动广告。即便淘宝网的发展已经进入到了一种正反馈的轨迹中，却依然会看到各个小网站时不时弹出淘宝网的商品广告。

6）组织战略及管理队伍

马云的团队是世界上最优秀的团队之一，十几年的发展，18 人的创立团队还是一个不少，对淘宝的"大淘宝战略"的发展提供了组织保障。淘宝网的员工积极上进，具有很强的组织学习能力，具有丰富的互联网经验及创新精神。

3．案例小结

淘宝网的发展是和阿里巴巴集团整体的战略分不开的，淘宝网被分拆为 3 个独立的公司：淘宝网、天猫平台（前淘宝商城）和一淘，以及 2016 年张勇的战略定位：社区化、内容化和本地生活化，都体现了阿里巴巴集团对客户更精准的分类。

3.5　O2O

3.5.1　O2O 内涵及特点

O2O（online to offline）电子商务模式是线上渠道和线下渠道有机结合的一种电子商务模式。它是指把线上的消费者带到现实的商店中去，即在线浏览、购买、支付线下的商品和服务，再到线下去享受服务、接收商品。其核心就是通过打折、提供信息、服务等方式，把线下商店的消息推送给互联网用户，从而把他们带到现实的商店中去，O2O电子商务模式实现了线上虚拟经济与线下实体经济的融合。

将线下商务的机会与互联网结合在一起，让互联网成为线下交易的前台，对消费者来说，O2O电子商务模式是把用户的线下需求通过线上的方式快速地筛选出来，帮助用户线上掌握信息，线下获得实惠，降低了人们的消费成本和消费风险。对商家来说，O2O模式是满足中小商家对自身产品和服务的可量化的推广需求，帮助商家线上精准营销，线下汇聚客流，实现高的投资回报率，降低对线下黄金地段的依赖。

O2O电子商务模式更多的是挖掘线下商品和服务的提供者在线上的销售机会和潜能，有以下特点。

（1）更省钱。它解决了推广效果量化的难题，让低成本乃至零成本推广成为可能。

（2）更高效。加快商品流转，减少商品或服务资源闲置和浪费，有效提高传统商业的运营效率。

（3）更合理。降低企业与客户的沟通成本，并能按照不同产品（服务）所对应的不同群体实行差异化定向营销策略。

（4）更便捷。方便客户及时、便捷地搜索优惠券和折扣进行消费。

➡ **案例 3-10**：Milo：网上搜寻　实体店购买

一家名为milo.com的公司，于2008年12月在美国上线，希望能从成百上千的电子商务网站中脱颖而出。与传统电子商务不同之处，他们是向用户提供来自用户所在地商店货架上的实时商品信息。这一理念也得到了来自风投的第一轮400万美元融资。

对于普通用户而言，Milo提供的价值有3个：就近找到商品，比较本地商店中的价格，购买前浏览其他用户评论。

对于最新拿到的融资，Milo公司的首席执行官杰克·亚伯拉罕（Jack Abraham）认为，投资者的反应是由于"这个市场的巨大容量和火热的增长"。虽然互联网上也不乏电子商务网站在提供一些实体商店的商品信息，但Milo是唯一收集了所有数据提供给购物者查询，并方便其立即购买的。亚伯拉罕说，也正是因为这些商店感受到了来自用户的压力，所以也尽可能地在网站上提供最新、最及时的库存信息，这些信息在Milo上也是最为准确的。

根据其官方数据，从2008年12月上线以来，Milo已经覆盖了美国3万个社区的4.2万间商店，网站流量月增长保持在70%左右。平均每个月大概添加18.5万件商品信息（平均每天大概6 000件），目前已经超过了150万件。

对于未来的增长机会，亚伯拉罕表示，从Forrester（知名第三方数据调研机构）的研究来看，跨渠道的销售要比在线零售的实际增长快得多，用户在网上搜索寻找，但最终是在实体商店中完成他们的购物行为。

"所以，虽然互联网上的交易增长了，但是实际上这个市场增长却更快，也更庞大"，亚伯拉罕说。

资料来源：网易科技报道［EB/OL］（2009-12-04）［2017-09-20］. http://tech.163.com/09/1204/00/5PL8QR04000915BF.html.

3.5.2 交易流程

O2O 电子商务交易活动的流程主要包括线上处理流程和线下处理流程两部分。线上处理流程包括线上撮合、线上支付、线上评论,线下处理流程包括线下消费和消费反馈。

(1)线上撮合。消费者通过线上获取商品或服务信息,做出选择并进行评估,做出购买决策。

(2)线上支付。经线上撮合后,消费者通过网络银行或第三方支付等在线支付工具进行在线支付或在线预付购买线下的商品或服务,支付成功后,领取数字凭证。

(3)线上评论。这个环节是消费者在线下完成实际消费后又回到 O2O 运营平台上进行消费的评价。

(4)线下消费。消费者凭借数字凭证或优惠券到线下实体店去消费所购买的商品或服务,实现线下消费。

(5)消费反馈。消费完成后,O2O 平台把与交易相关的数据进行实时处理,再把分析的消费数据提供给商家,并把商品信息和消费反馈信息准确推送给消费者,这些准确的信息为消费者再次购买商品或服务提供依据。

3.5.3 O2O 盈利模式

(1)产品或服务的差价。一是对于有形产品来说,通过 O2O 平台,减少了中间交易环节,省去了物流费用,大大降低了管理成本等多方面成本,整体提升了利润。二是对于服务产品来说,O2O 平台主要向消费者提供线下服务,提高了客户体验。产品或服务的差价是 O2O 收益的主要来源。

(2)网络广告收入。知名 O2O 运营商利用自己网站知名度和影响力,可以在网站的首页及其他页面投放其他企业的广告,从广告中获取收益。

(3)按商家实际销售所获取的佣金收入。对于不同品类的商品,制定不同的付费比例。只有产生实际订单,带来销售收入,商家才支出佣金,因此,对商家来说相对风险小。

(4)收取会员费。线下商户要实现在 O2O 平台上的电子商务交易,必须注册为 O2O 网站的会员,通过每年交纳一定的会员费的形式来享受网站提供的各种服务。

(5)其他收入来源。可通过价值链的其他环节来实现盈利,例如,为业内厂商提供咨询服务收取服务费、向消费者提供增值服务并收取一定的订阅费。

3.5.4 典型案例分析——携程网

1. 携程网简介

携程网作为中国领先的综合性旅行服务公司,成功整合了高科技产业与传统旅游业,向超过 5 000 万会员提供包括酒店预订、机票预订、旅游度假、商旅管理、特约商户及旅游资讯在内的全方位旅行服务,被誉为互联网和传统旅游无缝结合的典范。

凭借稳定的业务发展和优异的盈利能力,携程网于 2003 年 12 月在美国纳斯达克成功上市。携程网目前占据中国在线旅游 50%以上的市场份额,是绝对的市场领导者。其主要竞争对手包括已被全球第一大在线旅行公司控股的艺龙网,以及分别背靠大型国有控股旅游集团、拥有雄厚的资金保障和丰富的旅游资源的遨游网和芒果网,但这三大竞争对手并不具备与携程网正面对抗的实力。

2. 携程网盈利模式分析

在线旅游网站的盈利模式分为流量模式和会员模式。流量模式就是不区分用户群，依托庞大的点击率获得广告收入。会员模式则必须区分用户群，依靠足够数量的会员获取会员服务费，或者成为会员与商户的中介，赚取商户的中介费。携程网的盈利模式可归为会员模式，因为它为了获得足够的会员不计成本地发行会员卡，然后赚取旅游中介的费用。携程网的盈利模式主要由网站、上游旅游企业（目的地酒店、航空票务代理商、合作旅行社）和网民市场构成。

携程网的目标市场以商旅客户为主，观光和度假旅游为辅。酒店和机票预订是其主营业务，同时将其整合成自助游和商务游产品。针对商旅客户，携程网还提供差旅费用管理咨询等服务。携程网还与其他旅行社合作推出组团线路，多以出境为主且数量有限。此外，携程网还建立了目的地指南频道和社区频道。有效的信息沟通和良好的环境营造成为盈利流程中不可或缺的辅助因素。就现实情况而言，携程网的盈利模式体现出以下核心竞争力。

1）利用发卡会员制开发中高端商务会员

对携程网而言，广泛发卡和提供积分会员制是因为单个会员的使用频率对它的利润贡献更重要。因为一个会员使用10次就相当于10个会员只使用1次，如果发行10张卡的话，只要有一个人加入会员就可以保证盈利。虽然积分也有一定的成本，但重复使用会增加利润，同时降低单卡的发行成本。携程网广泛发卡只是为了从人群中区分出所需要的目标客户，这些人有较强的消费能力和使用该业务的需求，使用频率非常高，因而发卡成本相当于广告成本。同时，扩大会员规模是为了能够从商户那里得到更低的折扣，所以携程网的发卡成本完全可以降下来，成为一种有效的营销渠道。

当携程网的会员发展到一定规模的时候，它的会员卡将不再毫无价值，相反，它能够给会员带来额外的好处而对非会员形成门槛。也就是说，它把中介平台做得足够大了以后，就占据较为强势的地位，这也是后来携程网不再免费发卡的原因。携程网的本质是个中介机构，只不过借助互联网作为工具，而作为中介最大的风险在于，业务双方直接交流而绕开中介机构。

2）携程网通过多渠道挖掘利润来源

目前携程网特有的会员制盈利模式可从以下5个渠道攫取在线旅游市场的利润。

（1）酒店预订代理费。基本上是从目的地酒店的盈利折扣返还中获取的。

（2）机票预订代理费。是从顾客的订票费中获取的，等于顾客订票费与航空公司出票价格的差价。

（3）自助游的酒店、机票预订代理费及保险代理费。采用了盈利折扣返还和差价两种方式。

（4）在线广告。由于用户完全可以通过携程网和酒店取得联系后双方再直接交易，重新分配携程所应得的中介差价，此种情况导致携程网也提供在线广告以获取利润。

（5）自主度假业务。有些航空公司开通了自己的网上订票业务，避免损失机票预订费中中介所分得的那一部分利润。基于这些原因，携程网开始利用它所掌握的旅游资源提供更多具有更高附加值的服务，如它的自主度假业务就将机票和酒店业务整合在一起，有助于获取更高的利润。

3）携程网核心竞争力分析

携程网作为业内知名度极高的在线旅游品牌，拥有不可复制的核心竞争力，主要表现在以下几个方面。

（1）网站技术提高客户响应速度。携程网基于浏览器或服务器模式的网上订房系统数据库可以与上游酒店内部的客房管理系统数据库实现前向集成，在不改变酒店数据库所有权的前提下实现资源共享，及时掌握上游酒店的数据，消除"牛鞭效应"。同时，携程网还与酒店确认预订环节实现业务流程重组，与客户的互动交流实现客户关系管理，为客户提供更具时效、更经济、更有特色的服务。

携程网的访问量大幅提高，使得更多的酒店愿与其合作。随着后备客房资源越来越丰富，消费者的选择余地也就越加广泛，旅游网站的吸引力也就更大，访问量得以不断攀升，形成一种良性循环。

（2）产品优势。携程网的旅游产品最大的特点在于具有专业性、覆盖面广。传统旅游业和互联网资源经技术创新融合后，传统的旅游运作方式得到极大的改善，并创造出新的产品价值。

携程网充分利用网络资源的优势，整合各地旅游资源，使其不受时空限制，还利用电子商务模式使交易操作程序更简便，交易环节压缩，交易成本大幅节省，交易效果非常显著。

此外，携程网拥有亚洲旅行业首屈一指的呼叫中心，其座席数近 4 000 个。携程网同全球 134 个国家和地区的 28 000 余家酒店建立了长期稳定的合作关系，其机票预订网络覆盖国际、国内绝大多数航线，送票网络覆盖国内 52 个主要城市。规模化的运营不仅可以为会员提供更多优质的旅行选择，还保障了服务的标准化，进而确保服务质量，并降低运营成本。

（3）搜索引擎投放引入访问量。搜索比价式网站的蓬勃发展对携程网造成了一定的压力，为此，2006—2008 年，携程网先后对去哪儿和酷讯屏蔽了业务数据。由于竞争对手非常强势，致使携程网呼叫中心的业务量面临下滑。

为了应对这一竞争格局，2007 年 10 月，携程网携手全球最大的中文搜索引擎公司百度开展酒店搜索方面的全方位合作。出行的客人可以通过百度地图频道查询携程网近 5 000 家会员酒店的地理位置和介绍信息，并且可以直接预订。携程网将旅游信息和搜索引擎结合起来：一方面，搜索引擎具有便捷和快速的优点，与专业的旅游信息提供网站合作后，可以做到优势互补，更好地推动旅游信息推广和在线旅游业的发展。另一方面，此次合作不仅为百度旅游资讯搜索提供了完善的内容支持，也使携程网的预订量有所增长，实现了双赢。

（4）差异化战略打造携程品牌。在国内市场上，大部分在线旅游网站都采用携程模式或艺龙模式，即基本上都包括酒店预订、机票预订、旅游度假产品、公司差旅管理等在线旅游业务，使得在线旅游产品高度同质化，缺乏创新，进而导致恶性价格竞争，妨碍了行业的健康有序发展。尤其是各个服务商为了争夺客源竞相压价，将利润损失转嫁给各酒店和航空公司，造成后者的不满，加剧整个产业链的紧张关系。

为此，新进入者纷纷采取差异化的竞争策略，探索新的盈利模式或深耕某一细分市场。携程网则将技术创新后的产品系统化并细分市场，在保证现有业务领先的基础上，进行诸如团队、会议预订等新业务的多元化延展，深度挖掘网上消费市场潜力，形成完善的自主研发体系和技术创新体系。

此外，携程网通过整合线上线下渠道、协同运作来经营自有品牌，加强网站的品牌优势和核心竞争力，充分提高盈利能力。同时，"携程网"作为优秀的在线旅游品牌为公司提供了竞争优势：第一，凭借其高水平的品牌知晓度和顾客忠诚度，公司节省了营销成本；第二，由于顾客希望分销商与零售商经营这一品牌，这加强了公司的讨价还价能力；第三，由于该品牌有更高的品质，公司可比竞争者索取更高的价格；第四，由于该品牌有更高的信誉，公司更容易进行品牌拓展；第五，在激烈的价格竞争中，品牌给公司提供了某些保护。

思考与讨论题

1. 解释电子商务商业模式的定义，电子商务商业模式的基本要素是什么？
2. 解释 B2B 的含义，B2B 模式有哪些特点？包含哪些类型？
3. B2B 的主要交易模式有哪些？盈利模式如何？
4. B2C 的内涵和特点如何？
5. 阐述 B2C 的后台管理流程和网上购买流程。
6. C2C 电子商务有哪些特点？
7. 网络拍卖平台运作模式是怎样的？
8. 解释店铺平台的运作模式。
9. C2C 电子商务的现行盈利模式和潜在盈利模式有哪些？
10. 解释 O2O 的定义和特点。
11. O2O 的交易流程是什么？详细解释其盈利模式。

参 考 文 献

[1] 石克莹. 电子商务 B2B 模式的研究与应用［D］. 兰州：甘肃工业大学，2001.
[2] 王文瑶. B2B 类电子商务企业的商业模式研究［D］. 济南：山东大学，2015.
[3] 李昂扬. B2C 电子商务企业运营流程的风险评估与防范研究［D］. 北京：北京邮电大学，2013.
[4] 张润彤，朱晓敏. 电子商务概论［M］. 北京：中国人民大学出版社，2014.
[5] 邵兵家. 电子商务概论［M］. 2 版. 北京：高等教育出版社，2006.
[6] 宋林林，张润卓. 电子商务实务项目教程［M］. 北京：清华大学出版社，2012.
[7] 李小燕，李福泉，代丽. 电子商务概论［M］. 2 版. 西安：西安电子科技大学出版社，2011.
[8] 洪涛. 电子商务盈利模式案例［M］. 北京：经济管理出版社，2011.
[9] 李晓明. 电子商务案例分析［M］. 北京：中国铁道出版社，2012.
[10] 周曙东. 电子商务概论［M］. 2 版. 南京：东南大学出版社，2011.
[11] 钟秀红. 电子商务应用［M］. 2 版. 北京：清华大学出版社，2011.
[12] 陈艳华，吴冲. B2C 网上超市创新商业模式研究：以 1 号店为例［C］// 2011 年全国电子信息技术与应用学术会议论文集. 北京：中国会议，2011.
[13] 沈伟民. 于刚：颠覆传统 B2C 电商模式：将无聊等待变成购物时间［J］. 经理人，2012（12）：86-87.
[14] 刘昊. 阿里巴巴网络有限公司商业模式变革研究［D］. 北京：北京交通大学，2012.

第4章 新兴的电子商务模式

去哪儿网呼叫中心式微信客服

2013年4月,去哪儿网基于微信推出呼叫中心式微信客服,成为国内首家把呼叫中心功能搬到微信上的线上品牌。一般消费者在购买旅游产品时,都需要和朋友、家人讨论后再决定。去哪儿网巧用微信的强关系交互和简便的第三方登录能力,开发出"一扫分享"和"优惠券云卡包"等非常方便旅游决策和旅游产品购买的创新服务。

基于微信的企业应用除了能够带来一些服务创新以外,最重要的是能够优化客户服务的基础流程,如提高访客转化率、"一对一"式的会员营销、对客户消费意向的即时判读、有针对性地导购等。去哪儿网的微信客服推出后,每天好友激增超过2 000人,平均每天的查询量在1 000人次左右,70%以上的好友都是活跃用户。

"闪购"可能是微信商业化兑现的第一个突破口,微信和其他社会化媒体的最大差别是,微信是双向短信、是电话、是浏览器、是购物车。另外,微信是第一个可以在统一移动界面上完成"认知、了解、决定、购买、分享"的大体量公共平台。

因此,去哪儿网在微信上实践一种小规模、高针对性、高ROI的社会化营销模式。去哪儿网的几次旅游产品抢购活动只限于微信好友,好友可以通过微信平台直接进入专场促销活动页面。在促销活动前,去哪儿网通过多维度的标签:城市、性别、咨询记录、消费记录和偏好,筛选出目标用户做邀请。2小时封闭专场卖掉15万元旅游产品。

资料来源:陈迪生. 社会化商务:全面解读互联网下的新型商务. 北京:电子工业出版社,2014.

4.1 跨境电子商务

4.1.1 跨境电子商务概念

跨境电子商务,简称跨境电商,是指不同国别或地区间的交易双方(个人或企业)通过互联网及其相关信息平台实现的各种商务活动。具体来讲,跨境电子商务是指分属不同关境的交易主体,通过电子商务平台达成交易、进行支付结算,并通过跨境物流送达商品、完成交易的一种国际商业活动,除了具备一般电子商务特征之外,还具有全球性、匿名性及快速演进等特征。

1. 全球性

网络是一个没有边界的媒介，具有全球性和非中心化的特征。依附于网络发生的跨境电子商务，也因此具有了全球性和非中心化的特征。电子商务与传统的交易方式相比，一个重要特征在于电子商务是一种无边界交易，丧失了传统交易所具有的地理因素。互联网用户不需要考虑跨越国境，就可以把产品尤其是高附加值产品和服务提供给市场。网络的全球性特征带来的积极影响是信息的最大程度的共享，消极影响是用户必须面临因文化、政治和法律的不同而产生的风险。

2. 匿名性

跨境电子商务具有非中心化和全球性等特性，因此很难识别电子商务用户的身份和其所处的地理位置。在线交易的消费者往往不显示自己的真实身份和自己的地理位置，重要的是这丝毫不影响交易的进行，网络的匿名性也允许消费者这样做。在虚拟社会里，匿名身份的便利迅即导致自由与责任的不对称。

3. 快速演进

跨境电子商务越来越成为世界各国关注的焦点。随着世界范围内新一轮产业结构的调整和贸易自由化进程的继续推进，跨境贸易在各国经济中的地位还将不断上升，跨境电商产业整体趋于活跃。

4.1.2 跨境电子商务主要平台

1. 按照商业模式划分

按照商业模式划分，跨境电商平台分为 B2B 平台、B2C 平台及 C2C 平台 3 种类型。

1）跨境 B2B 电子商务

B2B 电子商务是电子商务的一种模式，是英文 business to business 的缩写，即商业对商业，或者说是企业间的电子商务，即企业与企业之间通过互联网进行产品、服务及信息的交换。

所谓跨境 B2B 电子商务，是指分属不同关境的企业对企业，通过电商平台达成交易、进行支付结算，并通过跨境物流送达商品、完成交易的一种国际商业活动。

2）跨境 B2C 电子商务

B2C 电子商务是指企业针对个人开展的电子商务活动的总称，如企业为个人提供在线医疗咨询、在线商品购买等。

所谓跨境 B2C 电子商务，是指分属不同关境的企业直接面向消费者个人开展在线销售产品和服务，通过电商平台达成交易、进行支付结算，并通过跨境物流送达商品、完成交易的一种国际商业活动。

3）跨境 C2C 电子商务

C2C 电子商务是个人与个人之间的电子商务。C2C 即 customer（consumer）to customer（consumer）。主要指通过第三方交易平台实现个人对个人的电子交易活动。

所谓跨境 C2C 电子商务，是指分属不同关境的个人卖方对个人买方开展在线销售产品和服务，由个人卖方通过第三方电商平台发布产品和服务售卖信息、价格等内容，个人买方进行筛选，最终通过电商平台达成交易、进行支付结算，并通过跨境物流送达商品、完成交易的一种国际商业活动。

2. 按照平台类型划分

跨境电商也可以按照平台类型，分为产业终端用户类型、服务类型、平台运营方三种类型，下面进行简要介绍。

1）按产业终端用户类型分类

（1）企业或集团用户平台。该平台提供企业、产品、服务等相关信息。目前，中国跨境电商市场交易规模中企业或集团用户平台跨境电商市场交易规模占总交易规模的90%以上。在跨境电商市场中，企业级市场始终始于主导地位。代表企业有敦煌网、中国制造网、阿里巴巴国际站、环球资源网。

（2）个人消费者用户平台。针对最终客户以网上零售的方式，将产品售卖给个人消费者。该类跨境电商平台同时在不同垂直类别商品销售上也有所不同，如 FocalPrice 主营 3C 数码电子产品，兰亭集势则在婚纱销售上占有绝对优势。该类跨境电商市场正在逐渐发展，且在中国整体跨境电商市场交易规模中的占比不断升高。在未来，该类跨境电商市场将会迎来大规模增长。代表企业有全球速卖通、DX、兰亭集势、米兰网和大龙网。

2）按服务类型分类

（1）信息服务平台。信息服务平台主要是为境内外会员商户提供网络营销平台，传递供应商或采购商等商家的商品或服务信息，促成双方完成交易。代表企业有阿里巴巴国际站、环球资源网、中国制造网。

（2）在线交易平台。在线交易平台不仅提供企业、产品、服务等多方面信息展示，并且可以通过平台线上完成搜索、咨询、对标、下单、支付、物流、评价等全购物链环节。在线交易平台模式正在逐渐成为跨境电商中的主流模式。代表企业有敦煌网、全球速卖通、DX、米兰网及大龙网。

3）按平台运营方分类

（1）第三方开放平台。平台型电商通过线上搭建商城，并整合物流、支付、运营等服务资源，吸引商家入驻，为其提供跨境电商交易服务。同时，平台以收取商家佣金及增值服务佣金作为主要盈利模式。代表企业有全球速卖通、敦煌网、环球资源网及阿里巴巴国际站。

（2）自营型平台。自营型电商通过在线搭建平台，平台方整合供应商资源，通过较低的进价采购商品，然后以较高的售价出售商品，自营型平台主要以商品差价作为盈利模式。代表企业主要有兰亭集势、米兰网、大龙网及 FocalPrice。

4.1.3 跨境电子商务物流与支付

1. 跨境电子商务物流

所谓跨境电子商务物流，是指由商家将商品交由商家境内的物流服务商提供商品物流服务，然后商家境内的物流服务商再将商品转交物流转运公司继续物流服务，再次转运公司通过海关和转包协议将商品交给客户境内的物流服务商，最后客户境内的物流服务商将商品递送到客户手中的过程。

跨境电商具有海外推广、交易支持、在线支付、售后服务、信用体系和纠纷处理等多功能、综合性的特征，要求其物流服务也将进一步向小批量、多频次、周转快等趋势发展。由于跨境电商物流活动涉及多个国家或地区的物流系统，还和国际贸易的通关、检验检疫、国际货物保险业务等紧密相关，作业流程复杂，物流路程更远、时间更长、风险更高，对货物递送的可视化和时效性要求高。现有的 3PL（third-party logistics，第三方物流）服务商可能在某个环节或主要环节做得比较出色，但在全球范围内整合资源、跨供应量运作的能力有限，不能满足跨境电商物流的综合性、敏捷性、柔性化、低成本、高效益的要求。于是基于供应链集成性解决方案、致力于提供各项增值服务的 4PL（fourth-party logistics，第四方物流）就成为必然选择。

目前，我国跨境电子商务平台已超过 5 000 家，企业超过 20 万家。2017 年上半年，我国跨境电商交易总额达到了 3.6 亿元，同比增长 30%。我国跨境电商市场正处在"市场启动期"和"市场高速发展期"之间，但物流却成了跨境电商中最大的问题。

我国跨境电商物流现存的主要问题是大量的跨境电商使得对跨境物流的要求大大提高，但目前我国物流的基础设施和管理水平仍然滞后于发达国家，成为跨境电商快速发展的瓶颈性制约要素。主要问题表现如下。

1）成本高昂

由于跨境电商所售小件商品通过国际快递和国际小包运送，如国际 e 邮宝，以及 DHL、FexEx、UPS、TNT 等。虽然时效能够保证，但运费居高不下。如果卖家相应提高商品售价，与国外产品竞争时则丧失价格优势。

2）时效太慢

跨境电商物流配送的速度是影响境外买家购买的重要因素，欧美等地客户对时效性的要求比较高，如配送超过预期，客户往往会退货或投诉。以中国邮政小包为例，送至亚洲邻国需 5~10 天、欧美主要国家需 7~15 天、其他国家和地区需 15~30 天。小额交易卖家最常选用的中国香港邮政小包曾多次因业务量过多，造成货物严重积压，许多卖家被迫另找价格更贵的物流公司。

3）大型电商的海外仓封闭运营，较少与中小电商企业实现资源共享

随着跨境电商的品类逐渐增多和升级，以家居产品为代表的大货、重货越来越多且难以通过空运配送，原来多用传统海运，由于运送时间过长，很多电商采用海外仓进行配送，缩短商品到达客户的时间以吸引更多买家。eBay、亚马逊、新蛋网等电商平台开始要求或鼓励中国卖家更多地采用海外仓的方式发货，以保证用户体验。目前我国跨境电商在市场成熟的北美、欧洲等海外仓数量居多，如大龙网、FBDD 与 XRD（俄速递）在俄罗斯联建"海外仓"，广州的出口易在美国、英国、澳大利亚、俄罗斯和西班牙等地自建仓储中心。但海外仓的建设及运营成本较高，主要适用于货价较高、对物流成本承担能力较强且市场销售较大的商品，由资金实力雄厚的卖家封闭性运营，与中小电商企业小额产品的资源共享度较低。

4）供应链高端和增值服务能力较弱

目前，中国跨境物流主要还集中在传统的物流运输、配送、货代报关、订舱等层面，而一些供应链高端服务如集成性供应链最优解决方案的提供、云计算信息平台、跨境金融、海外即时送等能力不足。同时，物流的可视化和信息透明度较低。虽然目前国内出现了第三方国际物流仓储集运和 B2C 外贸平台仓储集运，主要由巨无霸型电商企业发起运营，如阿里巴巴的全球速卖通、敦煌网的全价值链服务平台、深圳递四方等跨境供应链综合服务商。先将货物统一集收，再按其目的地、品类、数量等统一分拣配送。对于跨境电商订单数量多、频次高的产品而言，可以使发货时间缩短，配送成本得以分摊，这是电子商务平台服务向产业链高端发展的开始。但由于前期仓储物流投入较大，内外部的资源整合、协调机制不完善，

操作过程复杂，使得其行业渗透度及服务集成度不高。

上述情况的存在严重制约了跨境电商的快速发展。任何物流企业想要在全球范围内覆盖自己的物流网络都需要投入大量的人力、物力和财力，这是绝大多数企业力所不及的。因此急需一种能整合各方内外部资源，优势互补，形成覆盖全球的物流网络，提高跨境电商物流整体运作效率的新型组织运作模式。

目前解决跨境电商物流问题，一是建海外仓，跨境电商出口企业通过在公司主要目标国建设海外仓来缓解物流配送时间长的问题；二是建边境仓，在主要业务目标国相邻近的城市，如对俄贸易就在哈尔滨建仓储。这两种方式都可以解决或缓解跨境电商物流配送的问题。对于跨境进口电商来说，可以像亚马逊一样，通过把商品先放置在自贸区，这样消费者下单后，商品就从自贸区发出，有效缩短配送时间。

2. 跨境电子商务支付方式

目前，在跨境电子商务领域，银行转账、信用卡、第三方支付等多种支付方式并存。B2B用线下模式完成交易，以信用卡、银行转账为主；B2C主要用线上支付完成交易，以第三方支付为主。下面以北美地区、欧洲地区、日本、韩国和中国作为代表，简要介绍跨境电子商务的支付方式。

1）北美地区（泛指美国和加拿大）

北美地区是全球最发达的网上购物市场，北美地区的消费者习惯并熟悉各种先进的电子支付方式。网上支付、电话支付、邮件支付等各种支付方式对于美国消费者来说并不陌生。在美国，信用卡是在线使用的常用支付方式之一。

一般的美国第三方支付服务公司可以处理支持158种货币的维萨（Visa）和万事达（MasterCard）信用卡，支持79种货币的美国运通（American Express）卡，支持16种货币的大来（Diners）卡，同时，PayPal也是美国人异常熟悉的电子支付方式。与美国做生意的中国商家必须熟悉这些电子支付方式，一定要习惯并善于利用各种各样的电子支付工具。美国是信用卡风险最小的地区，来自美国的订单，因为支付的原因引起纠纷的案例并不多。

2）欧洲地区

欧洲人最习惯的电子支付方式除维萨（Visa）和万事达（MasterCard）等国际卡之外，还很喜欢使用一些当地卡，如Maestro（英国）、Solo（英国）、Laser（爱尔兰）、Carte Bleue（法国）、Dankort（丹麦）、4B（西班牙）、CartaSi（意大利）等。

欧洲和中国商户联系比较多的国家包括英国、法国、德国、西班牙等。相比较而言，英国的网上购物市场比较发达，而且不少特点类似美国，如PayPal在英国的使用也很普遍，当然，使用英国的PayPal账号来收款更有利。普遍来说，欧洲国家的消费者比较诚信，相对而言，针对西班牙的网上零售具有比较大的风险。

3）日本

日本本地的网上支付方式以信用卡付款和手机付款为主，日本人自己的信用卡组织为JCB，支持20种货币的JCB卡常用于网上支付。除此之外，一般日本人都会有一张维萨（Visa）和万事达（MasterCard）。同其他发达国家相比，日本与中国的网上零售贸易没有那么发达，但线下日本人在中国的消费相当活跃，尤其针对日本的游客，使用购物网站可以与之建立长久的联系。目前，支付宝和日本软银电子支付已签订战略合作协议，面向日本企业提供支付宝的跨境在线支付服务。

4）韩国

在韩国网上购物市场非常发达，其主流的购物平台多为 C2C 平台，如 Auction、Gmarket、11ST 等。还有众多的 B2C 网上商店，如一些品牌企业的店铺和一些明星开设的店铺。韩国的在线支付当时较为封闭，一般只提供韩国国内银行的银行卡进行网上支付，维萨和万事达的使用比较少，而且多列在海外付款中，以方便外国客人购物。PayPal 在韩国也有不少人使用，但不是一种主流的支付方式。

5）中国

在内地（大陆），最主流的支付平台是以支付宝和财付通为首的非独立的第三方支付，这些支付方式需要关联银行卡才能进行付款，它们都集成了大部分银行的网上银行功能。所以，在内地（大陆）不论是信用卡还是借记卡，只要银行卡开通了网上银行功能，都可以用来进行网上购物。另外，信用卡在内地（大陆）的发展非常快速，在年轻的白领群体中，使用信用卡已经变成一个非常普遍的现象，这个趋势预示着网站站内信用卡直接支付也已经得到发展。

在香港、台湾和澳门地区，最习惯的电子支付方式是维萨和万事达，人们也习惯于用 PayPal 电子账户支付款项。2008 年 11 月，台湾知名电子商务提供商、网易交易平台网劲科技正式宣布与大陆最大的电子支付平台——阿里巴巴集团子公司支付宝合作。2017 年 10 月，首批接入支付宝的香港出租车身上贴着"香港也用支付宝"的标语，从香港大球场出发开始运营。这意味着，此后内地（大陆）的支付宝用户可以在香港和台湾的购物网站上进行购物，并通过支付宝解决支付问题。

4.2 社会化电子商务

4.2.1 社会化电子商务概述

社会化媒体（social media，简称"社媒"）是基于社会化分享，以用户原创内容（user generated content，UGC）为构架的网络媒体，如微博、博客、维基、论坛、社交网站、内容社区、视频分享网站等网络平台。其中微博是最具代表性的社会化媒体。社会化媒体最大的特点是赋予了每个人创造并传播内容的权利。在社会化媒体出现以前，这种创造内容和传播内容给受众的权利掌握在那些拥有内容制作设备和工具的人或组织手中，换句话说，传统媒体掌握着这一切。电视台从事视频节目的制作和传播业务，他们雇佣熟练的专职人员来撰稿、拍摄、编辑和传递内容，并通过相对来说数量很少的电视频道向大众播放节目。同样的，一家报社也会组织一个由记者、编辑、版面设计人员、排版人员和印刷工人、送报员所组成的团队，并与一些报纸经销商签订协议，将报纸卖给读者。随着网络信息的发展，人们创造自己的图片、文字、视频和音频等内容变得越来越容易。如今，人人都是媒体，这类媒体称为"自媒体"。

社会化电子商务（social commerce）是在社会化网络发展下催生的一种新型电子商务模式，是使用社会网络人际关系和社会化媒体来实现商品或服务的网上销售与购买，它涵盖了企业对商品售前推广、售后服务及消费者购买的完整流程。它利用用户之间自主进行的商品内容的传播与分享，来引导其他用户产生购买或消费行为。在这种模式下，社交网络作为媒介属性的特性就显现出来，其已经成为流量主要的流转渠道，社交网络平台将成为未来购物的重要渠道之一。

社会化电子商务模式与传统电子商务相比，主要有以下优势。

（1）利用社会化网络的人际关系传播，能够衍生更多的商业机会、拓展更多的社会资源。

（2）利用社会化网络信息传播的高效性，产品营销和推广可造就前所未有的普及规模及速度。

（3）社会化电子商务模式能够快速进行市场反应，帮助电子商务企业及时把握消费者动态、精准营销及处理消费者的投诉不满等。

（4）社会化电子商务模式在帮助企业宣传企业核心理念的同时，培养消费者对品牌的认同感，缔造企业良好的形象。

社会化电子商务模式关注的核心是消费者，它通过社会化媒体来强化网络购物过程中的人际互动、信息交流和用户参与，以此达到促成交易的目的。

1. 博客

博客（Blog），又译为网络日志、部落格或部落阁等，是一种由个人或团队管理、不定期更新文章的网站。博客上的文章通常根据发布时间由新到旧排列。有些博客专注在特定的主题上提供评论或新闻，其他则倾向于个人生活的记录。一个典型的博客结合了文字、图像、其他博客或网站的链接等，能够让读者以互动的方式留下意见，是博客的重要因素。大部分的博客内容以文字为主，仍有一些博客专注在艺术、摄影、视频、音乐等主题上。博客是社会化媒体的重要组成部分。

企业博客是利用博客促进企业目标实现的一种手段，属于专业博客类别，专注于电子商务领域或网络营销领域实践与研究的专业博客。企业博客可以成为企业与客户的沟通渠道及新闻站点，形成一个低成本、高效率、移动、持续更新的站点。企业的外部博客可以被互联网上的任何人搜索到，而内部博客可以只对企业员工开放。企业博客内容必须与企业网站内容相匹配，合适的博客环境是企业博客快速发展的必要条件。一般来说，企业网站的内容是相对严肃的企业简介和产品信息等，而博客文章的内容题材和形式多样，因而更容易受到用户的欢迎。通过在公司网站上增加博客内容，从不同角度、不同层面介绍与公司相关的内容，丰富了公司网站内容，从而为用户提供更多的信息资源，在增加客户关系和客户忠诚方面具有一定价值，尤其对于具有众多用户消费群体的企业网站更有效，如化妆品、服装、金融保险等领域。

现在越来越多的组织，无论是五百强企业，还是中小企业，都各自使用企业博客开展博客电子商务。

→ **案例 4-1：萨维尔街曝光率最高的裁缝师**

英国伦敦萨维尔街头有一家著名的英式裁剪公司，它的远近闻名主要源于公司有一位有史以来媒体曝光率最高的裁缝师托马斯·马洪，他曾接受过数十家杂志与报纸的专题访问，使得公司销售的昂贵的高级订制西服，受到了大量客户的追捧。

这是一家专门使用博客开展电子商务的公司，公司聘请知名专业博客写手帮忙打造，并帮伦敦裁缝师托马斯·马洪掀起了一股热潮。这个博客很简单：它讨论一般人买不起的 5 000 美元以上的高级订制西服，讨论的方式相当自然。但是真正让读者感兴趣的是，读者可以从博客看出托马斯·马洪对裁缝事业充满热情，而且他最大的乐趣就是看到顾客满意的笑容。

英式剪裁博客中充满了制作与推广西服的信息及启示，巧妙地提供他对业界的专业了解，公开谈论商业秘密，提供一个地方让大家讨论订制西服，并分享经验的博客的特点。成功设置这种博客的关键在于要懂得施与。英式剪裁不仅提供了宝贵的信息，有时候甚至还会送出西服。虽然这是裁缝业的特例，但是这个博客帮托马斯·马洪建立起了让他的公司看起来更人性化、更平易近人的形象。因此，能经常免费提供很多有价值信息的博客，才能长期受大家青睐和光顾。

资料来源：西服定制最高标准：萨维尔街西服定制［EB/OL］（2017-04-11）［2017-09-20］. http://www.360doc.com/content/17/0411/19/34333446_644744909.shtml.

2. 维基

维基（Wiki）指一种超文本系统，人们可以在 Web 的基础上对维基文本进行浏览、创建、更改，而且创建、更改、发布的代价远比 HTML 文本小；同时维基系统还为面向社群的协作式协作提供必要帮助；最后，维基的写作者自然构成了一个社群，维基系统为这个社群提供简单的交流工具。与其他超文本系统相比，维基有使用方便及开放的特点，所以维基系统可以帮助人们在一个社群内共享某领域的知识。

企业利用维基开展电子商务是一种建立在维基这种多人可同时在线编辑的一种新型电子商务手段。它以关键字为主，将关键字作为入口，建立产品或公司品牌的相关链接。由于企业维基是针对关键字来进行的，所以面向的人群更加精确，对于广告主来说，可以提供很好的广告环境。维基电子商务，建立的基础是维基知识的公正性、权威性，相关的衍生使其在搜索引擎上面能排名较好，有较多的其他媒体的引用机会等。

国内维基百科做得比较好的就是百度百科、互动百科、和讯百科等，百度知道、新浪爱问等也属于该类。

➡ **案例 4-2：北汽从《非凡匠心》到《朗读者》的维基电子商务**

2017 年 1 月，由北汽绅宝独家冠名的全国首档原创两代巨匠文化体验真人秀节目《非凡匠心》在北京电视台开播，节目以传统文化的厚重魅力、轻松有趣的文化体验、工匠般的制作精神，成为综艺圈的一股清流。3 月 1 日，北京电视台举办了一场主题为"信心与匠心之《非凡匠心》匠心之旅暨全球匠人寻访启动仪式"的发布会。在发布会结束后，汽车维基 App 对北京汽车股份有限公司副总裁、北京汽车销售有限公司执行董事、总经理蔡建军，北京汽车销售有限公司副总经理陈思英进行了专访。陈思英向记者介绍到，北汽集团的工匠精神与《非凡匠心》所要表达的含义相符，这是此次达成合作的重要原因。实际上，早在 2016 年 4 月，北汽集团董事长徐和谊便亲自撰文《让工匠精神成为北汽转型发展的新引擎》，呼吁工匠精神是"时代""国家""北汽"三个维度的共同选择，更是"北汽集团百年基业的文化基因和精神支撑"。可以说，《非凡匠心》这样的节目与崇尚"工匠精神"的北汽是天作之合。

继《非凡匠心》之后，北汽集团又携手央视打造《朗读者》节目，意在用朗读的方式来重新唤起语言文字所具有的直击人心引人思考的审美力量。节目播出后引起社会上的高度反响，豆瓣上的评分也高达 9.0 分。对于冠名商北汽集团来说，不仅将产品植入到节目中，提高产品曝光率的同时也让作为国有制造业的北汽集团起到了迎合主流文化价值观、弘扬中华文化及提高社会责任感的领头作用，不由得让人心生好感，可谓是一箭双雕。

先是《非凡匠心》获得豆瓣 9.0 的高分，再有董卿主持的《朗读者》引发文化热潮，这两档节目无不大大抬高了电视节目的审美高度，体现出北汽集团作为中国汽车行业领军者的大将风范和家国气度。汽车维基 App 对此进行了深度报道，说明北汽集团开展了一次成功的维基电子商务。

资料来源：汽车维基. 维基营销：从《非凡匠心》到《朗读者》，北汽为何钟爱文化综艺营销？［EB/OL］（2017-03-01）［2017-09-20］. https://www.toutiao.com/i6392564983770644993/.

3. 视频分享网站

视频分享网站（Video）是指在完善的技术平台支持下，让互联网用户在线发布、浏览和分享视频。中国互联网络信息中心（CNNIC）指出，截至 2017 年 12 月，我国网民规模达 7.72 亿人，每周网民在社交媒体上花费的时间最多，其次是搜索引擎，最后就是在线视频。在线视频用户已经超过 5.7 亿人。国外视频类的网站有 Youtube、Hulu 等，国内视频类的网站有优酷、土豆、酷 6 等。

目前网络视频的消费者数量仍处于迅速增长的阶段，并且还具有较大的增长空间。一方面，中国网民基数增长迅速，网络视频将获得更广大的用户基础。另一方面，各大赛事等因素促进了网民对网络视频的需求和认同，用户观看网络视频的习惯也被进一步培养。视频网络拥有巨大的市场潜力。社会化媒体逐渐深入人心，从美国的 Facebook、Twitter，到国内的开心网、人人网、新浪微博、微信朋友圈等席卷了全球数亿人。在这一趋势的推动下，各大视频网站纷纷添加社交网络、微博的应用程序编程接口（application programming interface，API）分享接口。

企业利用视频分享网站的关键就是内容，内容越丰富，能满足不同群体的需求，就能积累越多的用户。用户对视频内容的基本需求是以电视剧、电视节目、电影、动漫为主和其他一些传统的视频节目，在此基础上，视频分享网站再以自拍、原创等内容和方式进一步吸引用户。

➡ 案例 4-3：百事可乐精良的视频分享

百事可乐进入中国市场以来，一直屹立不倒，与竞争对手可口可乐的比拼也越演越烈。随着社会化媒体的深入人心，百事可乐也在不断寻求创新，探索吸睛利器。

近年来，百事可乐借助视频分享网站，将一系列原创内容以病毒式传播的方式激起与消费者的共鸣。2006 年，百事可乐打造了"百事我创·周杰伦"广告创意征集活动，将视频广告的创意权交到消费者手中，让用户自创广告创意内容，并由周杰伦担任主角进行拍摄，这是一种不同于以往由品牌和专业广告公司决定广告创意的操作方式。2012 年，百事可乐将视频内容做到了极致，以"把乐带回家"作为主题，制作了品牌剧情式视频，短片采用了贺岁片式的形式，将各个不同年龄段的明星集中出现在本品牌的广告中。这样做的好处在于可广泛覆盖各个不同年龄段的人群，并有效地制造了一种温馨、感动的团圆气氛，令人印象深刻。2016 年年初，百事可乐以用户情感为纽带，请来了 80 后、90 后的童年偶像六小龄童来拍摄视频《把乐带回家之猴王世家》，百事可乐的视频吸引了众多网友的目光，它的热搜指数也达到了峰值。

4. 论坛

论坛，又称 BBS，全称为 bulletin board system（电子公告板）或 bulletin board service（公

告板服务),是互联网上的一种电子信息服务系统。论坛是用来进行在线讨论的平台,通常围绕特定的话题,是最早出现的社会化媒体、在线社区平台。它提供一块公共电子白板,每个用户都可以在上面书写、发布信息或提出看法。它是一种交互性强、内容丰富而即时的互联网电子信息服务系统。用户在 BBS 站点上可以获得各种信息服务,如发布信息、进行讨论、聊天等。

按照论坛的功能性来划分,可分为教学型论坛、推广型论坛、地方型论坛和交流型论坛。

(1)教学型论坛。通常表现为教学类的论坛,重心放在对一种知识的传授和学习上。在计算机软件等技术类行业,这样的论坛发挥着重要的作用,通过在论坛里浏览帖子、发布帖子能迅速地与很多人在网上进行技术性的沟通和学习,如金蝶友商网。

(2)推广型论坛。此类论坛的目标是为了推广企业或产品。通常推广型论坛的内容最为关键,一旦推广过于直白,网友处于被动接受,便会表现出反感。当然,并非所有的企业论坛或产品论坛都属于此类,有的产品论坛,如小米论坛就受到了用户的欢迎。

(3)地方型论坛。此类论坛是论坛中娱乐性与互动性最强的论坛之一。地方型论坛能够最大限度地拉近人与人的沟通。另外,由于是地方型论坛,论坛中的网民或多或少都来自相同的地方,这样既有真实的安全感,也少不了网络特有的朦胧感。因此,此类论坛常常受到网民的欢迎。

(4)交流型论坛。此类论坛是一个广泛的大类,重点在于论坛会员之间的交流和互动,所示内容也较丰富多样,有情感生活信息、交友信息、社会新闻信息等。

→ **案例 4-4:淘宝史上最强帖——《为了淘宝,老婆辞了 IBM!》**

在淘宝论坛上,有这样一个帖子《为了淘宝,老婆辞了 IBM!》,这个帖子的主人是淘宝经营药妆的五钻夫妻卖家。该帖子主要讲述的是这家药妆店铺的整个淘宝成长历程,内容相当丰富,从做淘宝买家讲起,然后辞了 IBM 的工作,走上淘宝药妆经营路,从一钻发展为五钻。从一个很小的店铺,发展为现在拥有二十多万件库存,较有规模的淘宝五钻店铺,在淘宝药妆行业内位居前列。

该帖子的出色是因为此帖内容先后更新过几十次,字数过万,回帖量超过两千条,浏览量接近五万次,在不同时段既上过淘宝首页,也上过淘宝论坛首页。在给淘友分享网店创业历程的同时,也大大增加了帖子主人在淘宝论坛的曝光率,从而收到了非常好的论坛营销效果。

此帖有三大特点,具体如下。

(1)此帖发表至今仍不断更新,前后共更新几十次,内容都在主帖中,每次新添加的部分就写在主帖的最后,并加上更新日期,所以整个店铺的成长历程能很清晰地被大家所分享,帖子主人认真、执着的精神也为大家所津津乐道。

(2)帖子的论坛营销效果非常好。回帖量超过两千条,浏览量接近五万次,并且这个数字还在不断增长中。帖子给店铺主人带来了相当高的淘宝曝光率,很多网民因为这个帖子认识了他们的药妆,有一部分网民最终成为了他们的药妆用户。

(3)论坛营造的氛围热烈。虽然只是店铺成长经历分享,但大家读起来津津有味。使网友不仅读到了经营店铺的不易,而且还能体会帖子表现出来的快乐基调,给大家留下了深刻的印象。

资料来源：淘宝药妆店：论坛营销经典成功案例［EB/OL］（2010-11-17）［2017-09-20］. http://blog.sina.com.cn/s/blog_6fb892740100nbpl.html.

5. 社交网络

社交网络，源自英语 social network service（SNS）的翻译，中文直译为社会性网络服务或社会化网络服务，也即社交网络服务。

社交网络带来的低成本大规模协作改变了个人与个人、个人与企业之间的关系，这个关系的变化同样也可以推演到企业与企业之间。因为通过更低的沟通成本和更高的沟通效率，若干个社群与企业的联系也有变化的可能。随着网络的不断普及，在网络交往舞台上活跃参与的不再局限于"知识分子"的高管、白领和学生群体。调查发现，蓝领务工人员和农民表现出了很高的网络交往热情，逐渐成为网络交往的新兴活跃分子。网络改变了人们的社交方式，网络社交虚实结合，深得人心。

国外最著名的社交网络是 Facebook，它拥有近 8 亿用户。此外，还有 Twitter、Myspace、Friendfeed、LinkedIn 等，国内的有开心网、若邻网、微信等。

➡ **案例 4-5：优衣库——排队也疯狂！**

优衣库先后与 Facebook 和人人网合作，将 SNS 的促销战场拉到了中国台湾地区和中国大陆。优衣库在人人网发起的"排队"更成了全球最成功的案例。

在圣诞节期间，优衣库把排队地点从店铺搬到了自己的官方网站上，并选择了中国最大的 SNS 网站人人网作为活动的独家媒体。参与者只要用自己的人人账号登录优衣库官网，就可以选择一个喜欢的卡通形象，并发表一句留言同步到人人网新鲜事，用这个小人和其他人一起，在优衣库的虚拟店面前排起一串长长的队伍。同时，还会成为优衣库公共主页粉丝。每隔 5 分钟即可参与一次排队，而每次排队都有机会抽奖。除了每天随机赠送的一部 iPhone 或 iPad 外，如果在队伍里恰好排到第 10 万或第 50 万这样的幸运数字，还可以得到 4 999 元旅游券或 20 件衣服的大礼包。而中奖率颇高的九折优惠券既能让参与者不会空手而回，等待的同时也绝不会无聊，把鼠标移到队伍中的其他顾客，将显示此人的人人网账号姓名和留言。在活动页面还能看到实时更新的人人网好友留言，在线"与好友聊聊"。同时每天在优衣库的公共主页都会在相册公布得奖者的人人网照片，更加体现了抽奖的真实性，这些都为排队者提供了源源不断的动力。参与者每一次 Connect 登录、排队留言、成为粉丝都会产生好玩的新鲜事，在好友中形成口碑传播，甚至出现前所未有的"排队新鲜事刷屏"现象！

优衣库巧妙地运用 SNS 社交网站的真实好友关系，再加上奖品的刺激，形成简单而有趣的活动机制，是吸引用户排队的主要动因。在社交网站上，用户的每一次参与、登录、留言、成为粉丝、聊天等行为都会触发不同的新鲜事告知参与者的人人网好友，吸引好友们的参与，是这次活动口碑发散快且准的关键原因。

资料来源：东方财富网. 优衣库：排队也疯狂［EB/OL］（2011-10-10）［2017-09-20］. http://www.ebrun.com/20111010/33828.shtml.

6. 主题分享社区

主题分享社区（community）是指组织和分享某个特定主题内容的社区。最流行的社区一般集中于分享照片、书签和主题活动等相关内容,如豆瓣网。

随着互联网的发展,主题分享社区在网民的生活中出现,并且慢慢影响网民的网上活动。主题分享社区首先是资源站,拥有各种对网民有价值的活动、文档、图片、音乐、软件等资源;其次,主题分享社区最显著的特征是社交与互动。

目前,国内的主题分享社区呈垂直化发展,主要有 6 种类型。

(1)文档型分享社区。允许用户上传包括 pdf、doc、ppt、txt 在内的数十种格式的文档文件,并以 Flash Player 的形式在网页中直接展示给读者,文档分享社区实现了上传者与分享者的双向互动。国外著名的文档分享社区有 SlideShare,国内用户常用的文档分享社区为豆丁网、百度文库等。

(2)图片分享社区。提供全面、高效的图片服务,包括图片的上传与存放、分类、加标签及图片搜索等。最著名的图片分享社区是 Flickr(http://www.flickr.com)。

(3)点评分享社区。用户在社区内主要分享点评信息。如专注于餐饮美食类点评的大众点评社区(http://www.dianping.com);还有专注于文化类点评的豆瓣社区(http://www.douban.com),在豆瓣上,用户可自由发表有关书籍、电影、音乐的评论,也可搜索别人的推荐进行点评。

(4)活动分享社区。为用户提供分享活动信息的平台,社区中含有大量活动信息,用户也可根据兴趣爱好参与或发起活动。活动包含线上活动与线下活动。国内活动分享社区有聚橙网、豆瓣同城社区等。

(5)音乐分享社区。为音乐爱好者提供丰富的音乐资源,包括流行音乐、经典音乐和原创音乐,用户可以上传音乐,也可将自己喜欢的音乐下载到计算机上或手机里。国内著名的音乐分享社区有虾米网(http://www.xiami.com)。

(6)软件分享社区。主要是指计算机软件和手机软件分享社区。目前国内手机短信分享社区较为流行,尤其是基于 iOS 系统和安卓系统的软件分享社区,如安卓网。

➡ **案例 4-6:豆瓣网与各大品牌的战略合作**

豆瓣网由杨勃创立于 2005 年 3 月 6 日。该网站以书、影、音起家,提供关于书籍、电影、音乐等作品的信息,无论描述还是评论都由用户提供,是 Web 2.0 网站中具有特色的一个网站。豆瓣的核心用户群是具有良好教育背景的都市青年,包括白领及大学生。他们热爱生活,除了阅读、看电影、听音乐,更活跃于豆瓣小组、小站,对吃、穿、住、用、行等进行热烈的讨论。

豆瓣网擅长从海量用户的行为中挖掘和创造新的价值,并通过多种方式返还给用户。其主要的盈利模式是品牌广告、互动营销及不断建设和增长中的围绕电子商务行业的渠道收入。

豆瓣网先后与各大知名品牌进行了成功的战略合作。Tiffany 与豆瓣电影频道进行深度合作,将电影《了不起的盖茨比》与品牌进行捆绑式的大量曝光。在品牌粉丝及影迷中收获良好的口碑传播效应,页面的定制广告位点击率高达 1.42%。Burberry 依附豆瓣同城为品牌的线下艺术展获得充分曝光,吸引豆瓣潮流人士传播关注并参与,借助 51 位明星资源建立品牌传播阵地,围绕明星、风衣、时尚的话题在豆瓣迅速展开,风衣相册被用户累计喜欢、推荐 4 418 次。

资料来源:2013 年 9 个优秀的豆瓣兴趣营销案例[EB/OL](2014-02-08)[2017-09-20]. http://www.woshipm.com/operate/66447.html.

4.2.2 社会化关系

1. 社会化网络关系管理

社会化网络关系（social online relation），主要指人们在各个互联网社区平台中的社会关系。社会关系分为强关系和弱关系，而人对关系的需求，表现在关系拓展和关系维系上。关于社会化网络关系，不同的网络平台有截然不同的关注点，因此，在管理上需要不同侧重。

1）强关系

社会化网络强关系是指基于人们现实生活圈中的真实人脉网络而搭建的关系。这是一种相对稳定的关系，对于这种关系管理，需要更加注重关系的维系。

在全球范围内，Facebook 是发展最成熟的社会化网络强关系服务平台。国内类似的有人人网、微信等。它们都是基于现实关系纽带而建立的，这种关系更可靠，用户对社交圈的关注类别十分相近，朋友、家人和同事是这两大社交媒体用户最关注的社交圈。但是，这两种典型的社会化网站有着截然不同的强关系：Facebook 用户对家人的关注度仅次于朋友，比重远高于其他社会关系的关注；在中国，同事在社交网络中扮演了更重要的角色，其比例甚至高于家人。即使在这些平台中拓展关系，这种新关系与现实关系依然是息息相关的，而非往常依靠论坛、博客等网站建立的纯虚拟关系，这一变化无疑提高了人们通过网络进行社交的信心。而在这种强关系的平台中，应注重关系维系，SNS 网站大大地提高了社交的效率，节约了社交成本与时间，同时也为社交提供了一定的便利性。

2）弱关系

弱关系理论是由美国社会学家马克·格拉诺威特于 1974 年提出，马克·格拉诺威特指出：在社会中，每个人接触最频繁的是自己的亲人、同学、朋友及同事，这是一种相对稳定的关系，但信息在其中的传播范围十分有限，这是一种"强关系"现象。与此同时，还存在另一类相对于前一种更为广泛的社会关系。例如，一个无意间被人提及或打开计算机偶然看到的一个人，马克·格拉诺威特把后者称为"弱关系"。研究发现，弱关系虽然不如强关系那样坚固，但却有着不可估量的威力。对于这种关系管理，需要以关系拓展为主，以信息为关系纽带，来支持用户之间建立关系。

在互联网时代，社会化媒体盛行，人们在个人拓展生活圈子以外的人际关系，以及扩大交友范围中，习惯于有效地借助社会化媒体的力量，即通过社会化媒体平台来经营社会化网络弱关系。人们能在较为轻松且自然的状态下与他人建立关系，从而拓展直接的人脉关系网。主要原因在于：首先，不必担心与陌生人交流的人身安全等现实问题；其次，社会化媒体平台中的信息内容是按照不同的兴趣而划分的众多大大小小的话题，人们可自主挑选自己感兴趣的话题，加入讨论当中。

➡ 案例 4-7：凯迪拉克"风范书"

凯迪拉克官方微博拥有 70 万粉丝，形成了庞大的社会化网络弱关系。凯迪拉克通过与新浪微博合作，率先应用微博推广，对社会化网络弱关系进行管理，来开发潜在消费者。

凯迪拉克发挥强大的内容原创能力，通过 10 个维度讲述 100 多个凯迪拉克风范故事，转发超 10 万人次。通过社交广告+内容营销模式，结合品牌历史与明星话题，将"这就是风范"打造成为新浪微博热门话题，共创造 30 万条话题。通过话题营销，成功向新浪 3.5 亿微博用户传递什么是凯迪拉克的风范。

凯迪拉克"风范书"成功吸引知名媒体、名人、机构参与,共产生34万条"这就是风范"话题,不断在微博上长尾传播,增加了凯迪拉克的曝光度,吸引用户的注意力。

资料来源:3个汽车品牌的社会化媒体营销案例[EB/OL](2012-09-17)[2017-09-20]. http://www.chinaz.com/manage/2012/0917/274926_2.shtml.

2. 社会化客户关系管理

社会化客户关系管理(social customer relationship management,SCRM)是指通过社会化媒体平台及相关工具进行客户关系管理。

与传统客户关系管理(customer ralationship management,CRM)相比,SCRM 表现出很多变化。传统 CRM 是单向沟通模式,而 SCRM 则是多向的沟通模式。消费者对品牌的支持度及消费者的品牌经历成为重要的关键节点,品牌的优劣在更大程度上取决于消费者的口碑。SCRM 的沟通模式使品牌必须与消费者平等交流,充分沟通,也只有这样才能使品牌成功经营。在社会化媒体时代,消费者拥有更大的话语权,他们可以自主选择产品并自主发布产品体验。但是,SCRM 并不会完全替代传统 CRM,它只是一种由传统 CRM 演变进化而成的新型 CRM。SCRM 是一种社会化商务经营发展而成的工具,能够从企业的内部和外部双向进行作用。对于企业来说,目前最大的挑战就是尽快对企业内部进行调整、转变,以满足全新的社会化消费者。

企业可通过 SCRM 对客户进行智能化管理,洞察社会化媒体中个体消费者的价值和需求,选择合适的社会化媒体平台与消费者进行沟通互动,通过满足个人消费者的个性化需求而实现社会化网络关系的搭建与深化。首先,SCRM 是一种基于顾客的参与和互动的经营策略,它涉及的范围是整个企业,而不是一个部门,目标是让消费者都能参与进来并与企业建立联系;其次,SCRM 包含了传统 CRM 的所有内容,SCRM 同样需要一个用户反馈和沟通的机制、一套高效专业的流程管理系统,以能够很快地帮助企业管理客户关系和处理用户数据。SCRM 的核心主体是人与话题。

➜ **案例 4-8:云服务催生的全新品牌——腾讯企点**

腾讯企点是帮助企业提升经营管理效率的 SaaS 级社会化客户关系管理平台。从已上线的官网来看,该产品是一款社会化客户关系管理工具。从功能角度看,腾讯企点除了拥有传统 CRM 和移动 CRM 支持的客户管理、内部协同外,还加入了更多与社会化媒体相结合的营销功能与服务功能。通过与目前最大的两个社会化媒体平台微信公众号、QQ 公众号,以及 QQ、企业网站、企业 App、H5 等渠道的结合,将整个客户管理平台由过去的封闭系统变为一个半开放式系统。企业可以通过在上述渠道的文章、页面中内嵌服务咨询 QQ,方便正在浏览的客户随时进行咨询,增加获客机会;而客户浏览文章、浏览页面的行为和数据也会被记录下来,自动导入到 SCRM 后台,帮助企业更好地进行客户画像,了解客户需求。这一来一往的互动,为整个客户管理系统增加了活力。而渠道的整合,数据、信息的提供,也为企业社会化营销提供了支持。

与微信相比,腾讯企点是企业向社会化客户关系管理的一次大的升级,场景更加明确、优势也更加明朗,产品和市场的成型都更快一步。

资料来源：太平洋电脑网. 腾讯企点开放生态亮相创新企业云服务销售模式［EB/OL］（2017-06-20）［2017-09-20］. http://tech.sina.com.cn/roll/2017-06-20/doc-ifyhfpat5488948.shtml.

4.2.3 立体社会化媒体体系的构建

社会化媒体体系（social media system）是指通过第三方平台与自有平台共同构建的完整网络系统，简称"社媒体系"。社媒体系有助于企业或个人进行网络营销，更有助于建立社会化网络中的弱关系链。社会化媒体有多种形式，构建完整的社媒体系需要经过长期调研规划与执行。根据社会化媒体不同平台的属性与构建的难易程度，构建社媒体系分为五层级，即基础构建、传递构建、整合构建、社区构建和移动构建。其中基础构建、传递构建和整合构建主要在第三方网络平台构建，社区构建和移动构建则是构建自有平台。

1. 基础构建

基础构建（basic structure），以企业对博客的建设为典型代表，由于博客是聚合信息能力强的网络工具，且内容公开，具有知识性、自主性、共享性等基本特征，因此，非常便于企业通过网络形式传递信息，进行基础建设。同时，需要注意的是，企业需要对博客内容进行时常更新，积极回应评论，与有影响力的专业人士建立利益同盟，拓展搜索引擎渠道，多参加官方活动，可以获取更多的流量，增加更多的知名度和关注度。

由于前面已经对博客进行了详细介绍，此处就不再赘述。

2. 传递构建

传递构建（spread structure），是指在传播力强的社会化媒体中通过各种营销手段，把基础构建重要信息在社会化媒体中进行传播扩散。根据微博平台的病毒式传播模型及平台用户量，应首选微博平台作为传递构建的重要渠道，其次是社交网站。

微博的基本传播特点可以归纳为六个字：短、平、快、碎、即、开。"短"即简短式记载；"平"即平等式交友（交流）；"快"即裂变式传播；"碎"即碎片式呈现及时间利用；"即"是指即时式发布与搜索；"开"即开放式的讨论与开放平台。

企业利用微博开展传递构建的四大要素是传播主体、传播内容、传播对象和传播效果。传播主体是传播事件的起点，传播主体的影响力决定着信息传播的覆盖量，如营销专家、著名服装设计师、企业家等都是日常生活中常见的传播主体，这些信息源的信息往往更权威、可靠；传播内容在社会化媒体中，可表现为一句话或一个字，在微博平台上，如热点新闻、名人语录、幽默笑话是很好的传播内容；传播对象除了负责接收信息，还负责信息的传播，如微博平台中的微博粉丝，信息在微博上容易得以迅速及广泛传播；传播效果是一切传播活动的根本，不管有意还是无意，一切传播活动都是为了特定的传播效果，例如，在微博平台中，可以通过微博转发量、覆盖用户量及产生相关延伸内容的数量等重要指标进行传播效果的衡量。

➡ **案例 4-9：年入 400 万元的煎饼铺**

在北京建外 SOHO 西区，有一家以售卖煎饼、豆腐脑等传统小吃为主的店铺黄太吉，定位于附近商圈的白领，在这个只有 20 平方米的店铺外面买煎饼的人经常排起长队，就跟春运买火车票一样，煎饼果子竟能从早晨卖到凌晨，一年能实现 400 万元的流水，被风投估价 4 000 万元人民币！很多慕名前来的客人是从朋友、微博、媒体上知道这家煎饼铺的，故抱着好奇的心理来这里尝尝煎饼到底是什么味。

下面就将从微博信息传递的角度来解析其成功背后的秘诀。

第一，积极互动，挖掘趣事。黄太吉创始人赫畅非常注重社会化媒体体系的构建，尤其是微博传递构建，目前@黄太吉传统美食微博的粉丝已超过142 801人，官微账号会非常频繁地与客人进行互动，这些评论都是出自赫畅之手，并将有趣的内容发成博文，建立了与客人的感情。

第二，借势微博热点，传播品牌。借助开豪车送外卖、美女老板娘等话题，形成这种容易构成围观讨论的话题的传播，让品牌在网络上扩散开。

第三，逢节日的各种推广使之与消费者互动频繁。儿童节店员有扮蜘蛛侠的、有扮超人的去送餐。"端午节不啃不快乐"的猪蹄广告等，这些都成为微博玩家分享新奇的"素材"，让吃煎饼果子、啃猪蹄成了一种时尚。

资料来源：5大餐饮微博营销经典案例，这样的推广方式你做过吗？［EB/OL］（2017-11-27）［2017-12-12］. http://www.sohu.com/a/206845987_100052856.

3. 整合构建

整合构建（integrated structure）是构建程度最深的第三方平台构建，通过分析企业内部各种需求，如运营需求、人力资源需求、推广需求，并结合各种社会化媒体平台的属性，规划相应的社媒矩阵，进行整合构建及运营。

社会化媒体整合构建对于企业来说有很多优点，尤其是对于集团化企业。首先，社会化媒体整合构建保证了传播资讯的统一性，即企业用同一个声音说话，消费者无论从哪个社会化媒体平台所获得的信息都是统一的、一致的；其次，企业与消费者之间通过不同的社会化媒体平台能进行多角度的丰富交流，能够迅速、准确、全面地获取反馈信息。

社会化媒体整合构建是企业战略的重要组成部分，是为了建立、维护和传播品牌，以及加强客户关系等，而对品牌进行计划、实施和监督的一系列相关工作。社会化媒体整合构建就是把各个独立的社会媒体账号综合成一个整体，以产生协同效应。这些独立的社会化媒体账号涵盖博客、微博、维基、论坛、社交网站、视频分享网站等平台。由于前面已对上述社会化媒体平台进行了案例分享，这里不再赘述。

4. 社区构建

网络社区实际上就是一个网络上的小社会。网络社区的形式可以为论坛，也可以为SNS或其他形式。既然是社会，那么这个社会里面的人即用户，他们就需要有身份。因此，网络社区（community structure）里面的人都是有身份的。所以，网络社区要提供用户注册和登录的功能，这也是社区网站最基本的功能。

在网络社区中，提供的最基本的模式就是交流。有的社区网站还提供一些额外服务，如游戏、交易之类的服务。企业或个人可以根据自身需求与特性构建"小社会"，如小米高性能发烧级手机论坛、魅族社区等企业社区。

➡ **案例4-10：小米高性能发烧级手机论坛的米聊社区构建**

小米手机是小米公司（全称"北京小米科技有限责任公司"）研发的一款高性能发烧级智能手机。小米手机定位于发烧友手机和入门级手机，核心卖点其实是高配置和软硬一体化，产品的研发采用了"发烧"用户参与的模式,于发售前让用户首先体验工程机,这个手段开了中国手机销售的先河。同时,小米手机依靠已经建立起来的庞大的米聊社区,已经拥有了一大批忠诚的粉丝,其 1999 元的价格也让很多追求性价比的中低收入人群及学生心动,从而吸引了一大批的追随者购买。

小米手机官网是作为购买小米手机的唯一通道,还是米聊社区的所在地。通过这一系列的整合,资源集中,不仅给网站访问者提供了很大方便,也使小米手机各个项目之间相互促进,大大提升了网站的知名度和扩展度。如米聊社区与商城之间的相互扩展,相互联系;购买手机者与配件商城和米聊社区的交流,都同时使两个模块的访问量大大提升。只要是购买了小米手机的人,必然拥有一个小米账号,由于系统升级、手机维护及各种各样不可避免的问题,大部分人必然要登录米聊社区。随着不断发展,米聊社区成了一些高端智能机发烧友的一个聚集地,提高了用户的黏性,培养了大量忠诚消费者。

资料来源:网络营销成功案例之小米手机[EB/OL](2014-12-08)[2017-12-12]. http://www.wutongzi.com/a/222532.html.

5. 移动构建

移动构建(mobile structure)即移动社区构建,主要指在 iOS、Android 等智能手机系统上构建移动社区。根据工信部提供的数据表明,截至 2017 年 6 月,中国移动电话用户达到 13.6 亿用户。其中,用手机上网的网民数量已达 11 亿人,占上网人数的 80.9%。人均消费流量数据达 1 591 MB,同比增长 125%。这些最新数据证明,网络不再是台式机的网络,更多的是通过平板电脑或智能手机进行接入。移动互联网正在改变每个人获取信息的方式和渠道,并最终带来一场全面的信息技术应用改革。而移动互联网的"移动便携性""本地化""定位导航""社交应用"等特点必将给营销带来新的改变,甚至是颠覆性的改变。典型的移动社区代表是微信。

移动社区的特性与手机的方便、及时等特性结合起来,将能带给用户更好的使用体验,因此,移动社区在手机平台上有巨大的发展潜力。需要注意的是,企业在设计移动社区时,提供手机移动社区服务需要充分发挥移动媒体的重要特性,让用户可以随时、随地、随需地获取信息,或者与他人分享和沟通信息,最大限度地发挥移动媒体的特性,满足用户的使用需求。

➡ **案例 4-11:《疯狂动物城》72 小时火爆朋友圈**

2017 年,有人成了油腻中年,有人早已步入佛系人生……运营人在为企业、为品牌疯狂推广的这一年里,见证了微信移动社区刷爆网络的营销力量。

电影《疯狂动物城》作为迪士尼第 55 部动画长片,不仅在豆瓣网上刷出了 9.4 分的高分,更以近 3 亿元票房打破了由《冰雪奇缘》保持的迪士尼首周票房纪录。比起枯燥的票房数字,它天马行空的想象力、俯拾即是的笑点,以及深刻隽永的寓意,更令其成为朋友圈赞声一片的佳片。

《疯狂动物城》没有前期营销,也没有当红明星配音,似乎少有人关注它。从首映日 Uber 公众号推送了一篇《别逗了!长颈鹿也能开 Uber?还送电影票?!》的文章开始发力。在微信公号等的推荐下,原本对该电影无关注的人在朋友圈里发起了约看邀请。第二日迪士尼顺势推出《疯狂动物城》性格大测试的 H5［HTML5 的缩写，指万维网的核心语言、标准通用标记语言下的一个应用超文本标记语言（HTML）的第五次重大修改］，测试结果在朋友圈刷屏。而树懒式说话和动图也在微博走红。借助这一波新媒体营销，影片的排片、票房迅速上升，话题热度居高不下。

资料来源：微网．四个营销细节告诉你《疯狂动物城》咋就红上了天？［EB/OL］（2016-03-12）［2017-12-12］．http://www.micronet.com.cn/News/201603121653483.html.

4.3 虚拟现实与增强现实电子商务

4.3.1 虚拟现实电子商务

1. 虚拟现实的概念和特征

虚拟现实（virtual reality）是 1989 年美国的 Jaron Lanier 提出的概念。虚拟现实技术（virtual reality technology）简称"VR"，是仿真技术的一个重要方向，是仿真技术与计算机图形学人机接口技术、多媒体技术、传感技术和网络技术等多种技术的集合，是一门富有挑战性的交叉技术、前沿学科和研究领域。虚拟现实技术主要包括模拟环境、感知、自然技能和传感设备等方面。模拟环境是由计算机生成的、实时动态的三维立体逼真图像。感知是指理想的 VR 应该具有一切人所具有的感知。除计算机图形技术所生成的视觉感知外，还有听觉、触觉、力觉、运动等感知，甚至还包括嗅觉和味觉等，也称为多感知。自然技能是指人的头部转动，眼睛、手势或其他人体行为动作，由计算机来处理与参与者的动作相适应的数据，并对用户的输入做出实时响应，分别反馈到用户的五官。传感设备是指三维交互设备。

虚拟现实具有以下特征。

（1）多感知性。指除一般计算机所具有的视觉感知外，还有听觉感知、触觉感知、运动感知，甚至还包括味觉感知、嗅觉感知等。理想的虚拟现实应该具有一切人所具有的感知功能。

（2）存在感。指用户感到作为主角存在于模拟环境中的真实程度。理想的模拟环境应该达到使用户难辨真假的程度。

（3）交互性。指用户对模拟环境内物体的可操作程度和从环境得到反馈的自然程度。

（4）自主性。指虚拟环境中的物体依据现实世界物理运动定律动作的程度。

➡ **案例 4-12：好莱坞利用 VR 开发虚拟演员**

好莱坞征服世界的一个法宝是"明星制度"。对明星偶像的追逐，为电影业带来了滚滚财源。明星制度也让道格拉斯·费尔班克斯、葛丽泰·嘉宝等一批明星成为一些人崇拜的偶像。

但是，明星是吃"青春饭"的，而虚拟演员却可青春常在、活力永存。虚拟演员可以比施瓦辛格更强壮、比卓别林更滑稽、比费雯·丽更妩媚。由计算机制作而成的游戏节目《古墓丽影》，片中的虚拟女主角入选为全球的知名人物，预示着虚拟演员时代即将来临。目前全世界电影业都面临危机。一方面，其他新兴娱乐方式的出现，削弱了它的吸引力；另一方面，电影场面越来越大、演员片酬越来越高，巨额投资往往难有相应效益。使用虚拟演员将可改变这种局面。例如，拍摄《昆虫总动员》，用传统方式拍摄需用 100 人完成动画，用计算机制作动画也要 30 人；而用计算机制作的虚拟演员，只要几个人便够了。

虚拟演员成为电影主角后，电影将成为软件产业的一个分支。各软件公司将开发出数不胜数的虚拟演员供人选购。一个人可以身兼制片人、导演、摄影师、布景设计师，把编写剧本、选择明星、选择艺术手法等所有工作都集于一身，把复杂的拍摄设备变成一台计算机，把有血有肉的演员变成程序。因此，以使用虚拟演员为特征的个人电影也被称为"个人虚拟电影"。

电影诞生以来一直在变革，无声电影、有声电影、彩色电影、立体电影、宽银幕电影……但哪一次都不会像使用虚拟现实技术拍摄个人虚拟电影所引起的变化那么大。

资料来源：北理光电科协. 虚拟现实了解一下［EB/OL］（2018-05-13）［218-06-07］. http://www.vrzy.com/vr/99880.html.

2. 虚拟现实的分类

虚拟现实系统的分类标准有很多，在实际应用中，比较流行的分类标准是根据虚拟现实技术对"沉浸性"程度的高低和交互程度的不同，划分成 4 种典型类型：桌面式虚拟现实系统、沉浸式虚拟现实系统、增强式虚拟现实系统、分布式虚拟现实系统。

1）桌面式虚拟现实系统

桌面式虚拟现实系统也称窗口虚拟现实，是利用初级图形工作站或个人计算机等硬件设备，并以计算机屏幕作为使用者观察虚拟环境的一个窗口，通过鼠标、键盘等输入设备和数据手套等交互设备与虚拟环境进行充分交互。这种系统会受到周围现实环境的干扰，不能完全沉浸于虚拟环境之中，缺乏真实的现实体验。但因其结构简单，实现成本低，故易于普及推广。虚拟展示系统采用这种虚拟现实技术。

2）沉浸式虚拟现实系统

沉浸式虚拟现实系统是一种高级的、较理想的虚拟现实系统，但也是一套比较复杂的系统，它提供一个完全沉浸的体验，让使用者有种置身于真实世界之中的感觉。该系统通常采用头盔式显示器等硬件设备，把使用者的听觉、视觉等感觉封闭起来，并创造一个全新的虚拟感觉空间，利用三维鼠标、数据手套等输入设备和听觉、视觉等设备，让使用者产生一种身临其境的感觉。该系统虽然可以让使用者完全沉浸到虚拟环境中，但由于其价格昂贵，难以推广。

3）增强式虚拟现实系统

增强式虚拟现实系统既允许使用者可以看到真实环境，同时也可以看到叠加在真实环境上的虚拟环境，它是把真实环境和虚拟环境结合在一起的系统，既可以减少构成复杂真实环境的计算（因为部分环境可以由虚拟环境取代），又可对实际物体进行操作（因为部分物体是真实环境），真正达到了亦真亦幻的境界。

4）分布式虚拟现实系统

分布式虚拟现实系统是虚拟现实技术和网络技术发展与结合的产物，是一个在网络的虚拟环境中，将位于地理上分布的不同使用者或不同虚拟环境通过网络连接在一起，使每个使用者同时参与到一个虚拟空间，计算机通过网络与其他使用者进行同一任务的演练。它将虚拟现实技术的应用提升到了一个更高的境界。

3. 虚拟现实在电子商务中的应用

把虚拟现实技术应用于电子商务平台，更好地展现商品、提升潜在购买者的体验，以带来更好效益，早就为人们所共识和推崇。虚拟现实技术在电子商务上的应用，将能大大拉近买家与商家的距离，买家可以在网上立体地了解产品的外观、结构及功能，与商家进行实时交流，如买家对一台冰箱感兴趣，他不但可以从不同的侧面观看冰箱的外形，还可以通过鼠标操作将冰箱门打开，了解冰箱内部结构及性能，通过虚拟现实技术，甚至可以亲临产品生产厂家进行实地考察，对厂家的生产规模、设备配备进行全方位的了解。把这一技术应用于电子商务，将能突破真实感对电子商务发展的制约，吸引更多的消费者接受及积极参与电子商务，促进电子商务的发展。

由于网络虚拟现实技术的上述特点，它在电子商务中正起着独特的作用。

（1）真实感强。网上购物与真实购物环境间的差别，是一个接近现实场景的虚拟智能购物商城。

（2）激发购买热情。网上产品展示的目的不仅仅是展示产品，更重要的是通过让客户更多地了解产品而提高产品的购买率。通过网络虚拟现实技术可将用户在购买过程中产生的假设进行虚拟，呈现相应的结果或效果，这有利于激发用户的购买热情。

（3）拓展电子商务内涵。互联网作为有效的商业信息的交通通道，被广为接受。网络虚拟现实技术的应用，使电子商务的内涵被大大地拓宽和延伸。

目前，虚拟现实在电子商务应用中主要表现在电子商务模型的建立、电子商务交互查询功能的建立和多分辨率渐进传输 3 个方面。

（1）电子商务模型的建立。网络虚拟场景的建立和图形工作站中场景的建立有着很大的区别。它首先强调的是模型的简单化，这是由虚拟现实的实时性要求决定的。在响应速度和场景的真实性发生冲突时，应牺牲一定的真实性，只要能在视觉上达到基本真实即可。因此，常用一些简单的框架来代替复杂模型，但为了保证一定的真实性，可采用贴图的方式来弥补视觉上的不足。贴图有以下两种制作方法：一种是使用绘画软件进行手工绘制，另一种是对建筑物的各个观察面进行拍照，然后用扫描仪扫描成相关贴图材质。虚拟场景中的对象模型可分为以下几类：由简单几何体组成的简单模型，该类模型常用作远处物品的替身，在 LOD 方法中采用；赋予手绘贴图的模型；赋予照片材质的模型；赋予手绘和照片混合材质的模型；具有全部细节的精致模型。

（2）电子商务交互查询功能的建立。为电子商务模型加入交互和查询功能可采用两种方法：通过编程加入相应的交互和查询功能、利用 VRML 的辅助工具来完成交互和查询功能的加入。其中，后一种方法比较适合普通的用户，通过 VRML 嵌入程序，可设置以下辅助工具。

① Anchor：可将某一实体作为热点，当被点击时取出网上所指定的文件。若为 VRML 场景文件，则该场景被下载显示。若为其他类型文件，由浏览器决定如何处理。

② TouchSensor：对从指定设备的输入产生相应的事件，这些事件表示用户是否指向特定几何体，同时也表示用户何时何处按下定位设备的按钮。

③ ProxSensor：接近感知器，指定当用户进入、离开或在立方体的区域内移动时产生的事件。

④ TimeSensor：在时间变化时发出事件，可用来控制动画，也可用于某一时刻进行某项活动，或于某一时间间隔中产生事件。

⑤ NavInfo：描述有关观察者和观察模式的物理特性。

⑥ Background：设定场景的背景。

⑦ Fog：设置雾化的效果。

⑧ Sound：设定声音片段的有效范围，以产生随距离改变的音响效果。
⑨ Billboard：使某一对象随用户一起旋转，以使之始终面向用户。
⑩ LOD：允许浏览器在物体表示的不同层次细节间自动切换。
⑪ Inline：可在文件中引入外部文件的场景，避免重复制作。

通过以上辅助工具，就可制作出电子商务场景及其交互和查询功能。

（3）多分辨率渐进传输。服务器接收了用户端的请求后，通过网络把三维几何数据传送到浏览器进行显示，最理想的方式是渐进式传输，这样客户端在下载完最简单的一级模型数据后就可以进行显示与交互，而不用整个模型传输完毕。

4.3.2 增强现实电子商务

1. 增强现实的概念和特征

增强现实（augmented reality），简称"AR"，也被称为混合现实。它通过计算机技术，将虚拟的信息应用到真实世界，真实的环境和虚拟的物体实时地叠加到了同一个画面或空间同时存在。AR 提供了在一般情况下不同于人类可以感知的信息。它不仅展现了真实世界的信息，而且将虚拟的信息同时显示出来，两种信息相互补充、叠加。在视觉化的增强现实中，用户利用头盔显示器，把真实世界与计算机图形多重合成在一起，便可以看到真实的世界围绕着它。AR 技术最终实现的目标是：借助光电显示、交互、计算机图形和可视化技术等产生现实环境中不存在的虚拟对象，通过注册技术将其准确地映射在真实环境中，同时利用光照处理技术使得虚实场景达到一致的光照效果，从而让用户处于一种不能区分真实和虚拟的融合环境中。

不同于传统的浏览器，基于移动计算平台的增强现实浏览器，将虚拟信息的表示由屏幕显示转变为直接叠加到物理世界影像中，可将现实世界跟虚拟的数字内容完美的结合。随着 AR Apps 使用人群的增多，用户体验不佳的问题逐渐显现并开始掣肘移动 AR 交互的发展和普及。近年的学术调查显示，正由于设计者对人的因素在移动 AR 领域的认识始终有限，因此忽视了对软件界面可视化和交互体验的设计。

增强现实的 3 个基本特征表现为：结合虚拟与现实；即时互动；3D 定位。要达到 AR 的虚实结合，使用者必须得透过某种装置来观看。早先大部分的研究主要是透过 HMD（head-mounted display，头罩式的装置），技术大概分成光学式（optical）与影像（video）两种，前者是一种透明的装置，使用者可以直接透过这层看到真实世界的影像，然后会有一些另外的投影装置把虚拟影像投射在这层透明装置上。另外一种是不透明装置，使用者看到的是由计算机处理好、已经虚实结合的影像。最近几年开始流行起来的智能手机，改变了 AR 的样貌。由于头罩式 HMD 太过麻烦，而智能手机同时具备计算机计算能力、录影、影像显示，还有 GPS、网络连线、触控、倾斜度侦测等的额外功能，价格也逐渐平民化，于是以智能手机为平台的 AR 研究越来越多。

增强现实是近年来国外众多知名大学和研究机构的研究热点之一。AR 技术不仅在与 VR 技术相类似的应用领域，诸如尖端武器、飞行器的研制与开发、数据模型的可视化、虚拟训练、娱乐与艺术等领域具有广泛的应用，而且由于其具有能够对真实环境进行增强显示输出的特性，在医疗研究与解剖训练、精密仪器制造和维修、军用飞机导航、工程设计和远程机器人控制等领域，具有比 VR 技术更加明显的优势。

➡ 案例 4-13：增强现实、时间静止运动技术——平昌冬奥会的黑科技

2018 年第 23 届冬季奥林匹克运动会于 2018 年 2 月 9 日至 25 日在韩国平昌郡举行，这是韩国第一次举办冬奥会。韩媒报道，此次平昌冬奥会，在赛场内外都使用了多种高科技技术。

（1）增强现实技术，得以广泛应用。前往赛场观战的观众，不会出现找不到赛场和座位的情况。使用平昌冬奥会的手机应用软件，可以通过增强现实（AR）技术，3D 立体查看最短路径，确认座位位置。如果仍不放心，可以在火车站、客运站、赛场等地寻求指路机器人的帮助。这些机器人会说 5 国外语，与外国人沟通起来也没有障碍。

（2）花样滑冰比赛将采用时间静止运动技术。赛场江陵冰上运动场的观众席上端设置了 100 个摄像头，观众可以 360° 观看同一场面。

（3）3D 全息演唱会。冬奥会门票除了可以观看比赛外，还可以带观众免费体验多种文化活动。展出韩国最具代表性的美术作品的平昌奥林匹克广场、可以体验 3D 全息演唱会和冬季运动 AR 的直播看台等都对持有门票的观众免费开放。门票还可以在购买 KTX 车票时享受折扣。

资料来源：中国新闻网. 增强现实、时间静止运动技术：平昌冬奥的黑科技［EB/OL］（2018-02-03）［2018-06-07］. http://sh.qihoo.com/pc/2s22ukdmriu?sign=360_e39369d1.

2. 增强现实在电子商务中的应用

将增强现实技术应用于电子商务之中，对电子商务将产生巨大的促进作用。将增强现实技术应用于电子商务中，形成新一代电子商务模式，使得消费者变被动为主动，消费者可通过增强现实场景与商家进行直接交互，从多个角度看到商品，也能看到商品的临场效果从而选择更满意的商品。企业运用编码识别技术、摄像机定标、跟踪注册等技术构建了基于电子商务的 AR 商品展示系统。

AR 商品展示系统，是基于增强现实的一个商业应用项目。随着网络技术的发展，B2C 电子商务网站大量出现，如京东、360buy、当当网、亚马逊、淘宝商城等，使得普通消费者的购物方式可以大致分为实体店购物和网络购物两类。实体店购物对商品感知度高，但浪费时间，并且如果购买家居用品、服饰用品，无法体验商品在家中的摆放、观察效果及穿着效果。将增强现实技术应用于电子商务中，商品在通信设备中的呈现更为直观形象，虚实的结合增强了用户的体验感和临场感，客户能更好地把握商品质量、样式及是否适合，如购买的家具是否适合自己的装修风格等，这大大提升了客户网购的满意度和信任度，同时也改变了电子商务的产业模式，促进电子商务的发展。

思考与讨论题

1. 什么是跨境电子商务，跨境电子商务具有哪些特征？
2. 跨境电子商务的交易模式有哪些？
3. 跨境电子商务主要平台有哪些？
4. 目前我国跨境电子商务物流现存问题有哪些？有哪些措施？
5. 社会化电子商务是什么？与传统电子商务相比，有哪些优势？

6. 请解释博客、维基、视频分享网站、论坛、社交网络、主题分享社区的概念。
7. 如何进行社会化网络关系管理？
8. 什么是社会化客户关系管理？
9. 如何进行立体社会化媒体体系的构建？
10. 以微博、微信为例，解释微平台电子商务运行模式。
11. 什么是虚拟现实电子商务和增强现实电子商务？

参 考 文 献

[1] 陈迪生. 社会化商务：全面解读互联网下的新型商务[M]. 北京：电子工业出版社，2014.
[2] 井然哲. 跨境电商运营与案例[M]. 北京：电子工业出版，2016.
[3] 唐浩. 虚拟现实技术在电子商务中的应用构架[J]. 信息与电脑（理论版），2016（16）：31-32.
[4] 蒋先梅. 基于虚拟现实技术的电子商务展示平台的研究与实现[D]. 南昌：江西科技师范学院硕士，2010.
[5] 王朝晖. 虚拟现实在电子商务中的应用展望[J]. 计算机应用与软件，2008（3）：149-151.
[6] 郭好. 浅析我国社会化电子商务赢利模式[J]. 中外企业家，2012（7）：72-73.
[7] 吴芝新. 简析O2O电子商务模式[J]. 重庆科技学院学报（社会科学版），2012（13）：73-74.
[8] 唐绪军. 新媒体蓝皮书：中国新媒体发展报告No.5（2014）[M]. 北京：社会科学文献出版社，2014.
[9] 洪圣武，王英彦. 增强现实在移动电子商务中的应用[J]. 无线互联科技，2015（4）：82-83.

第5章

移动电子商务与物联网

 导入案例

北京银行"LBS+移动电子商务"的物联网应用

在一个深秋的周末,居住在北京崇文门的陈先生想不出家门,就能够从周边商场买到自己所需要的打折商品。然而,在该繁华地段周边,有很多商场都在进行着周末促销活动,正在打折销售的商品更是品种不一,他如何能在最短时间内了解到自己所需要的商品正在哪些商场打折,并在最短时间内收到自己所需要的打折商品呢?于是,陈先生拿起了手机,想到可通过北京银行开通的移动终端新业务来满足自己的需求。

第一步,陈先生登录到北京银行的基于位置服务(location based service,LBS)的应用客户端,授权银行可掌握他所在的位置信息,此时,银行将通过移动智能终端上的定位功能捕获到他的精确位置;第二步,当银行的定位分析系统接收到陈先生所在的精确位置信息后,将在自有商户资源和第三方合作商所提供的商户资源中,搜索相关指数较高的服务信息;第三步,银行的行为智能分析系统将根据商户信息库中的消费记录、资产状况、投资理财等信息状态,对陈先生进行购物行为大数据分析,并进一步定位陈先生的购物偏好,筛选出相关指数较高的服务信息;第四步,陈先生可在已筛选出的服务信息中,自行挑选一家或多家商场;第五步,银行将陈先生已挑选出的商场信息以电子地图的形式呈现,此时,陈先生可进一步选择商场所销售的打折商品,进行移动支付;第六步,当陈先生进行支付时,银行将自动生成与商品电子标签相对应的消费序列号或手机二维码,此时,陈先生就可等待快递的商品;第七步,当陈先生收到商场快递的商品时,进行电子凭证与商品电子标签的验证,此时,银行将把他的消费记录同步更新到商户信息资料库中;第八步,陈先生可对商场或商品进行评论,并将其同步到移动社交平台中。

基于社会不断进步和物联网高速拓展的背景,在电子商务商业模式、新兴电子商务模式和移动通信发展的触动下,一种新型的电子商务模式已彰显出巨大的市场潜力,它不仅可使用户在不受时间和地点限制的情况下,获得多元化的网络信息与服务,而且还可使在线企业获得更多的商业机遇。陈先生所体验的服务正是面向北京银行业务的"LBS+移动电子商务"模式,该模式必将成为主流的移动商业模式,它完成了线下商务机会与线上服务的结合(online to offline,O2O),具有覆盖率高、定位精准和网络数据传输能力强等特点,这就是移动电子商务。

资料来源:LI X H,MIAO M X,LIU H. An Incentive Mechanism for K-anonymity in LBS privacy protection based on credit mechanism.Soft Computing,2017,21(14):3907-3917.

本章将详细介绍在实际应用移动电子商务与物联网过程中，所涉及的概念、方法与技术等内容。首先介绍移动电子商务的概念、发展现状及特点等；其次介绍无线网络、移动通信、无线应用协议等移动电子商务相关技术；再次介绍移动电子商务的应用等；然后介绍物联网的构建背景、定义、基本特征及体系结构等；最后介绍物联网的数据处理与信息安全技术及应用等。

5.1 移动电子商务

基于移动电子商务应用需求，本节首先通过北京南站预订车票"移动电子商务"的应用案例，介绍移动电子商务的概念；其次介绍第一代、第二代、新一代移动电子商务的发展现状；再次介绍移动电子商务的用户身份安全性、方便性与快捷性、潜在用户规模较大、开放性与包容性特点；然后通过基于无线个域网、无线局域网、无线广域网的移动电子商务应用案例，以及北京地铁"PIS+移动电子商务"的应用案例，介绍移动电子商务相关技术；最后介绍移动电子商务的移动信息服务、基于位置的服务、休闲娱乐服务、移动支付服务应用方向。

5.1.1 移动电子商务的概念和特点

作为一种新型的电子商务方式，移动电子商务（m-commerce）充分利用了无线网络移动技术。与传统电子商务方式相比，尽管移动电子商务仍存在急需解决的问题，但其所体现出的诸多优势仍得到了全世界的重视，以期共同推动其快速发展。

1. 移动电子商务的概念

移动电子商务是指用户利用各类无线终端进行 B2B、B2C、C2C 等的电子商务活动，此过程体现了互联网、移动通信技术、短距离通信技术及移动信息处理技术的相互融合，实现了用户可随时随地和线上线下进行购物与交易，可在线进行电子支付、商务活动、金融活动及相关的综合服务活动。

➡ 案例 5-1：北京南站预订车票"移动电子商务"的应用

在 2017 年的"十一"长假期间，北京接待了数以百万计的游客。张先生 1 家 3 口来自南方的杭州，他们 10 月 1 日来到北京，打算玩几天，10 月 8 日回去。10 月 7 日，张先生使用手机登录了北京南站预订车票系统，准备购买 3 张 10 月 8 日从北京南站开往杭州东站的高铁车票。

在车票预订界面中，他首先选择了始发站和终到站，其次在筛选出的全天多个车次中，他选择了 10:49 开出的 G163 次列车，并输入想要购买的二等票 3 张，最后他先后输入了 1 家 3 口的各自身份证号，提交信息后，在线支付了票款。10 月 8 日上午 10 点，他们来到北京南站候车大厅，张先生在车票提取终端上分别先后放置了 1 家 3 口的身份证后，按照终端系统提示，立即打印出了 3 张昨日已预订的车票，1 家 3 口结束了"十一"长假的旅行，踏上了回家的路。

资料来源：HUANG X D, BAO J S, DAI X L. M&E-NetPay: a micropayment system for mobile and electronic commerce.symmetry, 2016, 8（8）: 74-85.

2. 移动电子商务的发展现状

随着移动电子商务应用方向的不断拓展，其已经历了第一代、第二代和新一代的发展过程。依据艾瑞咨询最新统计数据表明，2014 年中国移动电子商务市场交易规模已达到了 13.3 万亿元，同比 2013 年增长了 27.9%，2015 年中国移动电子商务市场交易规模已达到了 16.4 万亿元，同比 2014 年增长了 23.3%，2016 年中国移动电子商务市场交易规模已达到了 20.2 万亿元，同比 2015 年增长了 23.2%，到 2017 年底，中国移动电子商务市场交易规模达到 24.0 万亿元，同比 2016 年增长 18.8%。

（1）第一代移动电子商务。第一代移动电子商务发展的特点是应用了以短信为基础的访问技术，该技术存在的问题是实时性较差，用户提出的查询请求不会立即获得答复，并且由于短信信息长度受限，也使用户提出的查询请求有时无法获得一个较完整的答复。

（2）第二代移动电子商务。第二代移动电子商务发展的特点是采用了无线应用协议，用户可利用无线终端的浏览器访问到无线应用协议所支持的网页，以实现移动信息的检索功能，初步解决了第一代移动电子商务的访问技术难题。但第二代移动电子商务访问技术也存在一定的缺陷，在访问无线应用协议所支持网页的过程中，用户与移动服务间的交互能力较弱。因此，很大程度上限制了移动电子商务所应具有的灵活性和便捷性。

（3）新一代移动电子商务。无线网络技术和移动网络的应用与发展已经为移动电子商务的发展奠定了坚实的基础。新一代移动电子商务融合了无线应用协议、移动 IP 技术、蓝牙技术、通用分组无线业务、第三代移动通信技术、数据库同步技术、基于智能移动终端和虚拟专用网络技术相融合的第三代移动访问与处理技术、移动定位系统、身份认证技术、基于 SOA 架构的 Web Service 等多种移动通信、信息处理和计算机网络的最新发展技术，使其安全性和交互能力都有了极大的提高，并能够为用户提供一种安全和快捷的现代化移动商务机制。

面对网络安全威胁日益严重的今天，如何保证政府和企业网络的信息安全，如何提高新一代移动电子商务的安全性将是一个不容忽视的重要课题。若为新一代移动电子商务设计一个能够保障其安全性的解决方案，则可在数据完整性、信息保密性、网络安全性及信息处理的每一个环节中，既能保证移动电子商务应用的接入安全，又能保护移动电子商务本身的信息安全性和设备安全性。

3. 移动电子商务的特点

在互联网高速发展的今天，随着人们生活节奏的不断加快，基于有线环境的网络活动正在逐步被基于无线环境的即兴网络活动所替代。在此过程中，移动电子商务显示出较强优势。近几年，随着中国手机支付市场的迅速拓展，已充分显示出拥有更为广泛用户基础的移动电子商务市场所具有的潜在价值，与传统电子商务相比，移动电子商务具有以下主要特点。

（1）开放性与包容性。由于移动电子商务具有接入方式无线化的特性，因此，这使得任何用户都很容易进入网络世界，从而使网络范围延伸得更为广阔和开放。同时，这也使得网络所具有的虚拟功能更加体现出现实性和包容性。

（2）方便性与快捷性。传统电子商务已使人们享受到了网络所带来的便利，但其局限于必须以有线的方式接入，而移动电子商务则可让用户以无线的方式随时随地享用到独特的商务体验，体现了移动电子商务所具有的方便性与快捷性。

（3）潜在用户规模较大。随着互联网的发展，各种各样的网络消费平台正在改变用户的购物习惯，而随着移动终端的发展，部分消费者又在进一步改变自己的购物习惯。因此，以移动终端为载体的移动电子商务已开始呈现，从用户规模及用户消费能力上均超越了传统电子商务。

（4）用户身份安全性。在传统电子商务中，一直存在用户消费信用的问题，而在移动电子商务中，手机号码具有唯一性，手机的客户识别模块（subscriber identity module，SIM）芯片中所存储的用户信息可唯一确定用户身份，这就具备了信用认证的基础，并可进一步为定制服务、技术推广与创新等其他优势奠定应用保障。

5.1.2 移动电子商务相关技术

基于移动电子商务的概念、发展现状及特点，本节将首先介绍无线网络的概念，然后按照覆盖范围和应用角度对无线网络进行分类，并从无线网络的整体和已分类角度，介绍无线网络所具有的特点；其次将介绍 3 类具有典型代表意义的无线网络连接设备、移动通信技术发展的 5 个主要阶段，以及无线应用协议的概念、作用、支持技术。

1. 无线网络的概念

近年来，计算机网络已应用在社会的各行各业，加速了全球信息化的进程，人们的生活、学习与工作已离不开网络环境。计算机网络、电信网络与广播电视网络的三网融合更加凸显了资源共享、信息交换与协同处理的现代网络特点，如图 5-1 所示。按照传输介质进行分类，计算机网络可分为有线网络和无线网络。

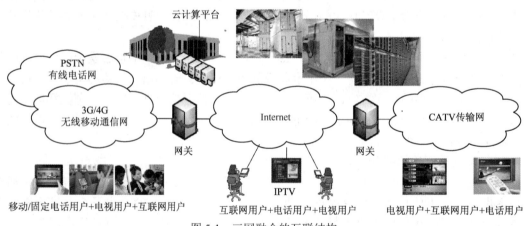

图 5-1 三网融合的互联结构

在计算机网络发展的过程中，光纤高速网络、多媒体网络、智能网络和无线网络均处在高速网络的发展阶段中，如图 5-2 所示，展示了高速网络发展阶段的互联结构，它可应用在移动电子商务、移动银行、移动办公、交互娱乐、远程教育、远程医疗、视频监控、军事活动和智能交通等多个领域。

基于计算机网络的定义和无线网络的形成阶段，无线网络是将地理位置不同的、具有独立功能的多终端，通过无线通信链路进行连接，并在网络操作系统、管理软件与通信协议的协调下，实现资源共享与信息传递的完整系统。

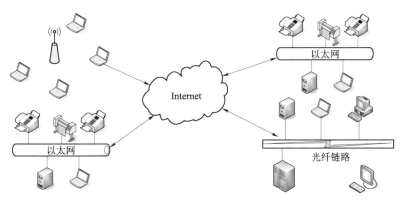

图 5-2　高速网络发展阶段的互联结构

2. 无线网络的分类

1）按网络覆盖范围

按照由小到大的网络覆盖范围,无线网络可划分为无线个域网(wireless personal area network,WPAN)、无线局域网(wireless local area networks,WLAN)、无线城域网(wireless metropolitan area network,WMAN)、无线广域网(wireless wide area network,WWAN)和卫星通信网。

(1) 无线个域网。个域网(personal area network,PAN)是一种通信范围仅覆盖几米的小型计算机网络,既可用于计算机设备之间的通信,也可用于连接多个网络,以实现网络活动半径小、网络业务类型丰富、面向特定群体连接和个人信息终端互联为目标,无线个域网是一种采用无线传输介质连接的新型信息网络。根据传输速率,还可将无线个域网再细分为低速无线个域网、高速无线个域网和超高速无线个域网 3 类,如图 5-3 所示。

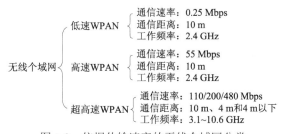

图 5-3　依据传输速率的无线个域网分类

(2) 无线局域网。局域网(local area networks,LAN)是一种在较小地域范围内能够连接各种网络设备的计算机网络,它为学校、企业和商场等区域能够应用网络技术和共享网络资源提供了良好的服务平台。作为计算机网络与无线通信技术相结合的产物,无线局域网是一种采用无线传输介质连接的局域网,可在距离有限的区域内实现无线通信。图 5-4 展示了无线局域网与局域网集成部署的情况。无线局域网应用的区域包括难以采用传统方式布线的风景名胜区和古文化建筑群落、应用无线网络成本较低的区域、需要临时性搭建网络的展会现场、体育场馆、救灾现场等区域、人员流动性较大的场所。图 5-5 展示了北京国家图书馆无线局域网的互联结构。

图 5-4　无线局域网与局域网集成部署图

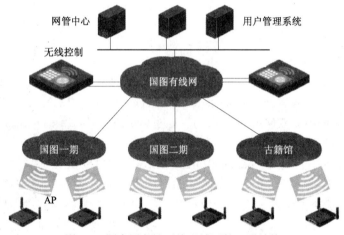

图 5-5　国家图书馆无线局域网的互联结构

（3）无线城域网。与局域网相比，城域网（metropolitan area network，MAN）延展的距离更长，连接的计算机数量更多，在一个现代都市中，一个城域网通常连接多个局域网。以提供面向互联网的高速连接为目标，无线城域网是一种采用无线传输介质连接的城域网。图 5-6 展示了移动电子商务所采用的两种常见的无线城域网结构，即点到多点的结构和网格结构。

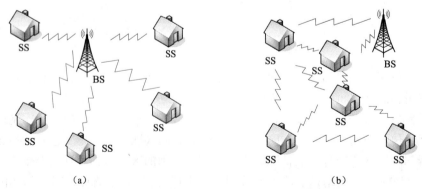

图 5-6　无线城域网的点到多点结构和网格结构

（4）无线广域网。广域网（wide area network，WAN）也被称为远程网，它所覆盖的范围比城域网更大,可从几百 km 到几千 km。无线广域网是一种采用无线传输介质连接的广域网,与其他类型的无线网络相比,无线广域网更加凸显快速移动的特性。图 5-7 展示了无线个域网、无线局域网、无线城域网与无线广域网所能覆盖的移动电子商务活动范围。

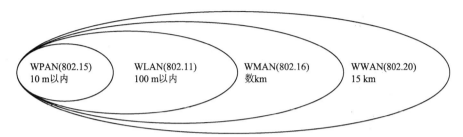

图 5-7　4 类无线网络所能覆盖的移动电子商务活动范围比较

（5）卫星通信网。卫星通信网是利用人造地球卫星作为中继站,在两个或多个地球站之间进行通信的无线网络,它是在空间和微波通信等技术基础上发展起来的宇宙无线通信系统。卫星通信网广泛应用于地面通信系统不易覆盖或网络建设成本过高的区域,典型的卫星通信网系统包括铱星移动通信系统、全球星移动通信系统、Teledesic 卫星移动通信系统、全球定位系统（global positioning system,GPS）、伽利略定位系统和北斗卫星导航系统等。图 5-8 展示了卫星通信网络指挥系统的互联结构。

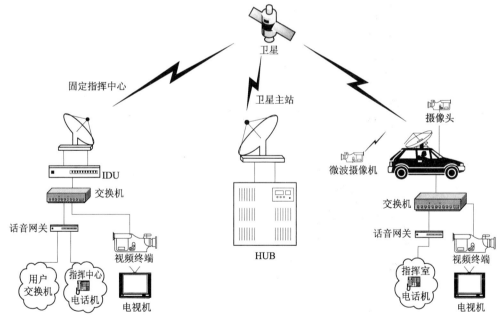

图 5-8　卫星通信网络指挥系统的互联结构

2）按网络的应用角度

按照网络的应用角度,无线网络可分为无线传感器网络（wireless sensor network,WSN）、无线网状网（wireless mesh network,WMN）和无线体域网（wireless body area network,WBAN）。

（1）无线传感器网络。随着无线通信技术、嵌入式计算技术、分布式信息处理技术和传感器技术的快速发展，各种具备通信、计算和感知能力的微型传感器已逐步出现，而由众多微型传感器共同构成的无线传感器网络也正逐渐形成，如图5-9所示。

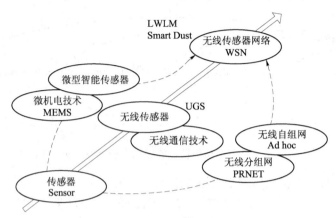

图5-9　无线传感器网络发展的过程

在任何时间、任何地点和任何环境下，无线传感器网络都能以协作方式实时感知、监测、采集和处理网络区域内的各种信息，以使用户能够获得大量、翔实且可靠的真实数据。无线传感器网络的应用领域主要包括军事、农业、环境监测、建筑、医疗监护、工业制造、智能家居和海洋空间探索等。图5-10展示了无线传感器网络在农业生态环境监测中的应用实例结构图。

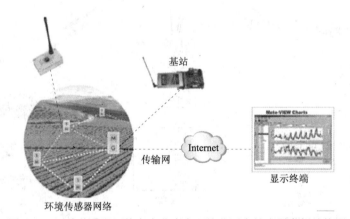

图5-10　无线传感器网络在农业生态环境监测中的应用实例结构图

（2）无线网状网。无线网状网也被称为"多跳（multi-hop）"网络，作为一种从无线移动网络中发展起来的新型网络，无线网状网是一种动态、自组织、自配置的多跳宽带网络。在无线局域网中，需要通过一条与固定接入点相连的无线链路，客户端才能访问网络，将此网络结构称为单跳网络。而在无线网状网中，任何无线设备节点都可同时作为接入点或路由器，网络中的每个节点都可发送和接收信号，每个节点都可与一个或多个对等节点进行直接通信，可利用位置相对固定的无线路由器将多种网络进行互联，并进一步接入高速骨干网。如图5-11所示，展示了无线网状网络的互联结构。

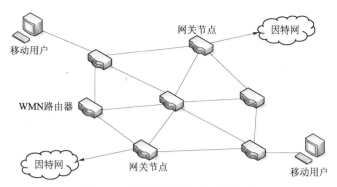

图 5-11 无线网状网络的互联结构

（3）无线体域网。无线体域网是附着在人体身上的一种新型网络，它由一套小巧、可移动、具有通信功能的传感器和一个无线体域网协调器组成。在实际应用中，无线体域网主要用于连续性监测和记录佩戴者的健康指数，并提供相应方式的自动疗法控制。在未来的发展计划中，无线体域网还可广泛应用于娱乐、运动、环境智能和军事安全等领域。

➡ 案例 5-2：基于无线体域网的移动电子商务应用

在医院的神经内科病房区，赵大夫需要对入住的 7 位患者进行实时地临床诊疗。在入住病房的伊始，每位患者的身上都将佩戴一个无线传感器，其主要用于实时监测、记录和传送患者的体征状态。

根据神经内科患者易产生病发的时间规律，在每天早晨的 6~9 时和下午的 4~6 时两个时间段，无线传感器将把患者的实时体征数据通过无线体域网传送到赵大夫的移动终端上。此时，无论赵大夫在何处，都可根据 7 位患者各自不同的体征数据，制订下一步的诊疗方案，并同时将该方案发送到护士站，通知护士长安排具体的诊疗时间，而与诊疗相关的费用也将同时记录到患者入住病房时办理的一卡通上，待病人治疗周期结束或出院时，进行统一结算。

资料来源：OMALA A A, MBANDU A S, MUTIRIA K D. provably secure heterogeneous access control scheme for wireless body area network. Journal of Medical Systems, 2018, 42（6）: 108-120.

3. 无线网络的特点

与有线网络相比，无线网络具有移动性、无线性、能量和资源有限性、动态稳定性和多跳干扰性的特点。

（1）无线网络的移动性。在无线网络中，各类移动设备的相对位置关系可能随时发生变化，网络中的节点也可能随时以可变的速率在移动，这是无线网络与有线网络之间的最大区别，也是无线网络在移动会议、移动搜索、移动电子商务等领域得到广泛应用的主要原因。

（2）无线网络的无线性。在无线网络的各类移动设备之间，需要使用无线电磁波作为信息传输的载体，需要采用无线链路作为信息的传输方式。与有线网络相比，无线信道带宽较小，并容易受到无线干扰，移动设备需要采用单向传输信道，这使得无线通信服务的质量控制成为无线网络所面临的重要挑战。

（3）无线网络的能量和资源有限性。无线网络的各类移动设备可将自备供电系统作为能量的供应来源,有限的能量不仅要用于存储和处理节点本身的数据,而且还要用于接收和转发来自其他移动设备的数据,因此,每类移动设备中的能量是有限的。由于受到各种因素的限制,与有线终端相比,移动设备之间无线通信的带宽和数据的处理能力均较低,因此,移动设备所具有的计算和通信资源是有限的。

(4) 无线网络的动态稳定性。无线网络不仅要支持网络设备的随机移动,还要面对移动设备自身能量的耗尽、失效及毁损等情况,移动设备还可能需要根据自身的需要随时启动或关闭网络连接,此外,无线网络的通信过程也很容易受到信道发射频率、信道间干扰及天线覆盖范围等因素的影响。因此,无线网络的拓扑结构是在动态变化着,其路由技术也需以适应这种动态变化为目标而发展。

(5) 无线网络的多跳干扰性。无线网络设备的无线发射功率是有限的,每类设备所发送信息的信号覆盖范围也是有限的,当网络中的节点间进行通信时,首先应将信号发送到中间移动设备,再由中间移动设备经过一次或多次转发到达目的移动设备。在多跳转发信号的过程中,若采用相同的信道通信,则移动设备之间产生的干扰和冲突将会造成多跳无线网络性能的锐减,因此,无线网络的多跳性将会对其链路层、网络层和传输层的设计带来巨大的挑战。

基于网络覆盖范围和应用角度的分类,无线个域网、无线局域网、无线城域网、无线广域网、卫星通信网、无线传感器网络、无线网状网和无线体域网都存在各自的特点。

1) 无线个域网的特点

在网络构成上,必须运行在许可无线频段内的无线个域网位于整个网络链末端,用于实现同一地点终端与终端间的连接。无线个域网具有大于 100 Mbps 的高速率并行链路、邻近终端间 1~10 m 短距离连接、标准无线桥路与外部因特网的连接、典型的对等式网络拓扑结构、中等用户密度等特点,无线个域网的设备具有价格便宜、体积小、易操作和功耗低等优点。支持无线个域网的技术包括蓝牙、ZigBee、超频波段(ultra wide band,UWB)、红外数据组织(infrared data association,IrDA)、家庭射频等,其中,蓝牙技术在无线个域网中应用最广泛。如图 5-12 所示,展示了基于 ZigBee 技术的超市无线个域网络系统的互连结构。

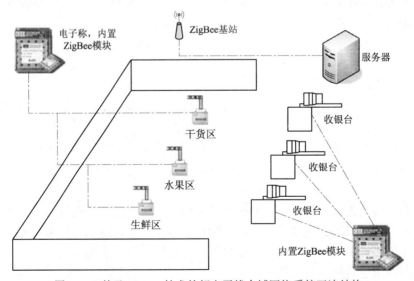

图 5-12 基于 ZigBee 技术的超市无线个域网络系统互连结构

2）无线局域网的特点

无线局域网具有搭建便捷、易于规划和调整、可移动性、灵活性、故障易于定位、易于扩展等优点。无线局域网的搭建过程可最大限度地减少网络布线的工作量，只需安装一个或多个接入点设备，就可搭建起覆盖一定区域的无线局域网络；无线局域网可避免或减少由于网络拓扑结构的改变而重建网络的过程；在无线信号覆盖区域内的任何位置，无线局域网可使多用户以可移动的方式同时接入网络；无线局域网易于定位在由于线路连接不畅而造成的网络物理故障点，并且只需更换故障设备即可恢复网络的正常连接；无线局域网具有多种配置方式，可较快地从仅有几个用户的小型局域网扩展到拥有上千用户的大型网络，并且能够提供节点间漫游等功用。

在为网络用户带来便捷和实用的同时，无线局域网也存在性能易受干扰、速率相对较低、安全性相对较低等方面的不足。无线局域网需要依靠无线装置发射的无线电波才能进行信息传输，而以建筑物为典型代表的障碍物将会对电磁波起到阻碍作用，无线局域网性能也将因此受到影响；与有线信道相比，无线信道的传输速率相对较低，无线局域网的最大传输速率仅适合个人终端和小规模网络的应用；无线电波不需要建立物理的连接通道，因此，其广播范围内的任何发散信号很容易被监听到，这将造成通信信息的泄露。

→ **案例 5-3：基于无线局域网的移动电子商务应用**

小李工作在北京中关村的一家公司，该公司主要致力于系统研发，小李经常需要加班加点的工作。一天晚上，小李已经工作很晚了，他准备从网上订餐，但他发现连接到计算机上的网络出现了问题，于是他想到用手机订餐。

基于无线局域网环境，他首先检索到公司周围的一家送餐公司，并进入到其订餐界面，在该界面中他选择了一家餐厅的菜单，并选择订一份鱼香肉丝盖饭，填写了本人的简要信息、送餐地址和要求的送餐时间后，提交了订单，在 20 分钟内，他就收到了送来的盖饭，并同时将相关费用汇到了送餐公司的账户上。

资料来源：AKHTAR A，ERGEN S C. Directional MAC protocol for IEEE 802.11ad based wireless local area networks. Ad Hoc Networks，2018，69（4）：49-64.

3）无线城域网的特点

无线城域网允许在用户终端和基站之间构建非视距的宽带连接，一个基站可最多支持上千个用户，在可靠性和服务质量方面可提供电信级的性能。面对全世界通信公司和服务提供商，无线城域网能够满足一个可扩展、长距离、大容量无线通信平台的构建需求，并可支持一整套全方位的服务，从而使服务提供商能够在降低设备成本和投资风险的前提下，力争提高系统的性能和可靠性，从而加速无线宽带设备向市场的投放和无线宽带技术在世界各地的部署。如图 5-13 所示，展示了无线城域网工作场景中的 WiMax 发射塔和 WiMax 接收机。

4）无线广域网的特点

无线广域网移动宽带无线接入技术采用了具有低时延架构、性能好、效率高、部署灵活、成本较低等特点的 IEEE 802.20 技术标准，基于将模拟声音信号数字化（voice over internet protocol，VOIP）技术可提供高质量的语音业务，并可支持 3G 所能提供的全部业务。基于分组数据的纯 IP 架构，无线广域网能够处理突发性数据业务，并在业务实现、部署成本、性能优化上均具有较大的优势。无线广域网具有高可移动性、面向高吞吐量数据应用、提供对称数据服务、对数据服务时延敏感度较高、支持全球移动和漫游业务等特点。

（a） （b）

图 5-13　无线城域网工作场景中的 WiMax 发射塔和 WiMax 接收机

➔ 案例 5-4：基于无线广域网的移动电子商务应用

周先生出差在外地，6 月 23 日是他妻子的生日，但由于工作繁忙，他不能回家陪妻子过生日，于是，周先生就想利用移动终端为妻子送上一束鲜花，并祝她生日快乐，给她一个惊喜。

基于无线广域网环境和 Android 平台鲜花预订服务，周先生在移动终端上首先选择了一个异地的鲜花供应商，又选择了该家供应商的一束红玫瑰，其次填写了送花时间、他家地址、他妻子昵称和对他妻子要说的一句祝愿蜜语，并在线提交了订单，预付了服务费用。6 月 23 日那天，当他的妻子收到一束玫瑰和生日祝语时，她感到十分幸福。

资料来源：LEE J Y, JUNG K D, MOON S J. Improvement on LEACH protocol of a wide-area wireless sensor network. Multimedia Tools & Applications, 2017, 76(19): 19843-19860.

5）卫星通信网的特点

卫星通信网具有通信距离远、覆盖范围广、通信费用与通信距离无关、易于实现多址连接通信、通信频带宽、信息传输容量大、机动灵活、通信线路稳定可靠、信息传输质量高、构建成本与通信距离无关等优势。图 5-14 展示了卫星通信网络的应用范围。

6）无线传感器网络的特点

无线传感器网络集成了监测、控制及无线通信的功能，并具有规模大、低速率、低功耗、低成本、短距离、高可靠、高容错、快速部署、自组织、隐蔽性强、动态性等特点。在无线传感器网络系统的框架中，传感器节点将被随机地分布在监测区域内，每个节点都有收集数据的能力，并将其以无线多跳的方式传送给汇聚节点和终端用户。图 5-15 展示了无线传感器网络的宏观系统架构，图 5-16 展示了典型的无线传感器网络节点设备。

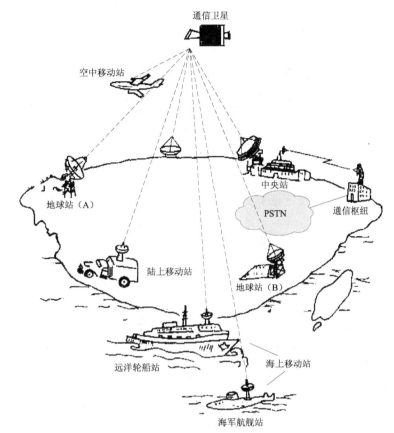

图 5-14　卫星通信网络的应用范围

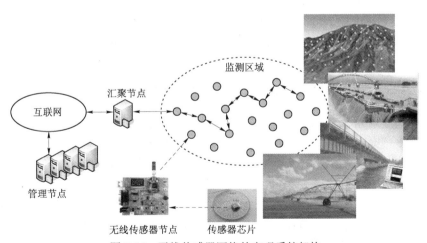

图 5-15　无线传感器网络的宏观系统架构

图 5-16　典型的无线传感器网络节点设备

7）无线网状网的特点

无线网状网具有快速部署、易于安装、易于维护、易于扩展、结构较灵活、高健壮性、高带宽、低干扰、自组网、自管理、自动修复和自我平衡等特点。无线网状网体系结构可分为有基础架构的、客户端的和混合式的 3 类。

在有基础架构的无线网状网中，网状路由器形成了网络的骨干，并为网状客户端提供了回程，通过有网关功能的路由器就可接入 Internet；在客户端的无线网状网中，没有网状路由器，只有网状客户端。与有基础架构的无线网状网相比，此结构对客户端的要求较高，客户端不仅要具有路由功能，而且要负责组织和维护网状连接；混合式的无线网状网是前两种结构的混合体，骨干网可扩大无线的覆盖范围，并为用户提供接入，同时也可将不同的网络互联起来，提供了网络间的操作。

8）无线体域网的特点

将各类无线传感器布置在人体上或人体内的无线体域网融合了众多领域的技术，与其他短距离无线通信技术相比，无线体域网的数据传输速率较高，功率较低。无线体域网发展的重要基础是无线传感器技术的应用，小型化、智能化、高精度、低功率的各类无线传感器是支持无线体域网的必备条件。无线体域网可与家庭网络、有线接入网络、无线接入网络、移动通信网络互联，并在互联的过程中，无线体域网将追求更高的能源利用效率、更低廉的成本、更高的网络自主操作性能，基于防干扰和保护人类健康的角度，无线体域网还将追求更高的电磁干扰屏蔽能力。

➡ 案例 5-5：北京地铁"PIS+移动电子商务"的应用

近年来，为了缓解北京地面的交通压力，北京市政府正在大力修建地下轨道交通，随着北京地铁各条新线路的开通，北京市民可很方便地乘坐地铁到各商业区购物。一个周末的下午，居住在北京南城的王先生打算乘坐地铁 4 号线去沿线商业区购买自己所需要的商品，然而，在 4 号线的沿线上分布着宣武门 SOGO、西单商业区、新街口百货、海淀黄庄电子城等多个商业区，在不出站的情况下，他如何能了解到地铁某站周边的商业区分布及商业特色呢？于是，王先生拿起了手机，想到可通过北京地铁开通的移动终端新服务来满足需求。

当地铁在行进过程中或到达某一站时，王先生登录到了地铁乘客信息系统（passenger information system，PIS）客户端。作为北京地铁运营系统中的一个重要组成部分，该客户端以计算机系统为核心，以无线网络技术为依托，以移动终端和显示终端为媒介，能够向站台、站厅、出入口、换乘通道、隧道区间和行驶中列车上的乘客提供实时的站内和站外周边商业信息、导乘信息、运营信息、动态紧急疏导信息、新闻娱乐、政府公告等综合服务信息,为乘客的出行提供了极大的便利,同时也提高了为乘客服务的质量。

PIS 主要包含了控制中心子系统、车载子系统、网络子系统和传输子系统,PIS 的 3 层网络架构为列车 100 MB 以太网 LAN、隧道 54 MB 无线接入网和隧道 100 MB 以太网光环接入网。当列车通过 54 MB 无线接入隧道 AP 时,将利用光缆把每两站间上下行隧道组成一个密闭的光环网,并且隧道 AP 将通过 100 MB 以太网光环网接入车站交换机,车站交换机再通过 1 000 MB 以太网接入主干网络,从而实现 PIS 网络子系统的功能。目前,用于地铁 PIS 的无线网络主要有无线局域网和无线网络网格等。

尽管地铁信号系统供应商采用了时间多样性、天线多样性和频率多样性等措施以实现车地通信,但仍存在其他信号对 PIS 通信过程的干扰,例如,ATS、内部通信联络信号、3G、GSM、CDMD 等信号。因此,已采用了双频支持技术以避免地铁信号与其他无线信号互相干扰,已采用了异频信道布设以避免产生同频干扰,已采用了带冲突的载波侦听多址协议以使交叠频道和相同频道的干扰降到最低。

通过 PIS,当王先生了解到地铁某站周边的商业区分布及商业特色时,他既可利用移动电子商务所提供的支付服务进行在线购物,也可利用移动电子商务所提供的预订服务,先进行在线预订,当货比多家后,再选择从某个地铁站下车,去到周边的商业区完成线下购物。

资料来源:GIZEMD, MUSTAFA O. Investigation of the factors effecting waiting time in public transportation: reliability, passenger information system and physical conditions. Teknik Dergl, 2017, 28 (3): 7927-7954.

4. 无线网络的连接设备

网络设备及部件是网络中的物理连接实体,目前,常见的网络连接设备有路由器、集线器、交换机、网桥、网关、网络接口卡、调制解调器等。除了常见的网络连接设备以外,无线网络还具有各种面向移动电子商务应用的连接设备,它们可使商务用户能够随时随地访问网络的信息与资源。

(1) 无线远程商务办公接入点。高性能的 802.11n 双频无线远程商务办公接入点是思科 Aironet 系列的一款无线网络连接设备,它可与企业员工家中的宽带互联网进行连接,建立一条与企业网络互通的安全信道,使企业员工在家就能远程访问企业的业务数据,并享用语音、视频和云服务,获得与在企业办公室同感的移动体验。如图 5-17 所示,展示了思科 Aironet 600 系列无线远程商务办公接入点设备。

图 5-17 思科 Aironet 600 系列无线远程商务办公接入点设备

（2）无线集成路由器。作为无线集成路由器的代表产品，思科 3800 系列集成多业务路由器应用了嵌入式安全处理、板载分组话音数字信号处理（digital signal processing，DSP）模块和更高性能的新型接口，在简化了部署和管理的过程中，也降低了无线网络的成本与连接复杂度。

集成多业务路由器的可适应性和模块化特性可为无线网络用户提供多种网络接口与服务，其中包括虚拟专用网络（virtual private network，VPN）的 Internet 协议安全性（internet protocol security，IPSec）、入侵检测、IP 通信、集成交换、商业视频、URL 过滤、应用优化、数字用户线路、ATM 接入和串行设备汇聚等。

（3）无线安全服务器。目前，无线网络的访问方式越来越多，随着 IEEE 802.11 无线局域网和宽带互联网连接的广泛部署，无线网络安全问题不仅存在于无线网络外部，还存在于无线网络内部，如何应用能够防御安全漏洞的身份识别技术已成为全球无线网络用户关注的焦点。

思科 Secure ACS 是具有可扩展性的高性能访问控制服务器，能够支持有线局域网、无线局域网、宽带、IP 上的语音、防火墙和虚拟专用网络等访问连接。思科 Secure ACS 将角色验证、角色访问与策略控制结合在一个集中的身份识别网络解决方案中，不仅提高了移动性与灵活性，增强了访问安全性，而且减轻了与扩展用户和网络管理员访问权限相关的管理负担，并针对所有无线用户执行统一的安全策略，不受用户访问无线网络方式的影响。

5. 移动通信技术的发展

移动通信是指用户在固定点与移动点、移动点与移动点之间的双向通信。移动通信可根据移动设备的应用环境、移动服务的对象、移动通信系统的类别进行分类。

根据移动设备的应用环境，移动通信可分为陆地移动通信、海上移动通信和航空移动通信，在特殊应用环境下，还可分为地下隧道与矿井移动通信、水下潜艇移动通信、太空航天移动通信等；根据移动服务的对象，移动通信可分为公用移动通信与专用移动通信，1995 年出现的第一代移动通信、1997 年出现的第二代移动通信、第三代移动通信均属于公用移动通信，专用移动通信可为公安、消防、急救、公路管理、海上管理、机场管理等部门提供专业移动服务；根据移动通信系统的类别，移动通信可分为公用蜂窝移动通信、专用调度电话、集群调度电话、个人无线电话、公用无线电话、移动卫星通信等。

近几年随着世界移动通信技术的不断发展，移动用户已享用了具有完整的个人移动性、可靠的传输手段和顺畅的接续方式特点的移动通信技术。现代移动通信技术的发展始于 20 世纪 20 年代，至今已经历了 5 个主要的发展阶段。

1）移动通信技术发展的第一阶段

在 20 世纪 20 年代到 40 年代初期，移动通信技术发展的第一阶段为早期专用移动通信阶段。在此阶段，具有标志性移动通信技术的应用是美国底特律市警察专用车载无线电系统。在 20 年代，此系统的工作频率为 2 MHz，到 40 年代，此系统的工作频率已提升到 30～40 MHz。移动通信技术发展第一阶段的主要特点是在短波频段上开发出了专用移动通信系统，但工作频率较低。

2）移动通信技术发展的第二阶段

在 20 世纪 40 年代中期到 60 年代初期，移动通信技术发展的第二阶段，为早期专用移动通信网向公用移动通信网的过渡阶段。在此阶段，公用移动通信业务逐步发展，具有标志性移动通信技术的应用是利用美国贝尔实验室技术在圣路易斯城建立起世界上第一个城市系统公用汽车电话网。此网络使用了间隔为 120 kHz 的 3 个频道，通信方式为单工，在此之后，当时的联邦德国、法国、英国也相继研制出了公用移动电话系统。在延用人工接续方式的基础上，移动通信技术发展第二阶段的主要特点是开始从专用移动通信网向公用移动通信网过渡，虽然通信网的容量仍比较小，但已解决了人工交换系统自动接续问题。

3）移动通信技术发展的第三阶段

在 20 世纪 60 年代中期到 70 年代中期，移动通信技术发展的第三阶段为移动通信系统改进与完善阶段。在此阶段，美国推出了改进型的移动电话系统，此系统实现了无线频道的自动选择，并能够自动接续到公用电话网。移动通信技术发展第三阶段的主要特点是移动通信系统正在逐步改进与完善，并实现了自动选频与自动接续的功用。

4）移动通信技术发展的第四阶段

在 20 世纪 70 年代末期到 80 年代末期，移动通信技术发展的第四阶段为移动通信蓬勃发展阶段。在此阶段，美国贝尔试验室研制出了先进移动电话系统（advanced mobile phone system，AMPS），并建成了能够提高系统容量的公用移动通信网，在芝加哥首次投入商用后，在华盛顿开始正式启用，在随后的应用中，公用移动通信网的服务区域在美国逐渐扩大，截至 1985 年 3 月已扩展到 47 个地区，拥有了约 10 万个移动用户群。

在移动通信技术发展的第四阶段，世界各国也相继开发出了公用蜂窝移动通信网。日本开发出了频段为 800 MHz 的汽车电话系统，并在东京、神户等地投入商用；英国开发出了频段为 900 MHz 的全地址通信系统（total access communications system，TACS），并在伦敦投入使用后，应用范围覆盖了全国；法国开发出了频段为 450 MHz 的移动通信系统；加拿大开发出了频段为 450 MHz 的移动电话系统；瑞典等北欧四国开发出了频段为 450 MHz 的 NMT-450 移动通信网。移动通信技术发展第四阶段的主要特点是蜂窝移动通信网已进入实际应用阶段，并在世界各地迅速发展。

5）移动通信技术发展的第五阶段

从 20 世纪 90 年代至今，移动通信技术发展的第五阶段为移动通信技术成熟和快速发展阶段。在此阶段，从第一代模拟移动通信商用开始到第四代移动通信技术发展，平均每 10 年就会推出新一代的移动通信技术，不断推动着移动通信技术的成熟与快速发展进程。

第一代（1st generation，1G）移动通信系统基于蜂窝结构组网，直接使用模拟语音调制技术，使用户的语音信息能够以模拟信号的方式传输，传输速率约 2.4 kbps。1G 移动通信系统的特点是业务量较少、质量较差、安全性较差、速率较低和无加密。

第二代（2nd generation，2G）移动通信系统采用全球移动通信系统（global system for mobile communication，GSM）和码分多址（code division multiple access，CDMA）等数字技术，主要体现了客户化应用移动网络增强逻辑、最佳路由、立即计费、GSM 900/1800 双频段工作、与全速率完全兼容的增强型话音编解码技术等优势，在提高了话音质量的同时，也使 GSM 系统的容量提升了一倍。在第二代移动通信系统发展的过程中，采用了更密集的频率复用、多复用、多重复用的结构技术，引入了智能天线技术和双频段技术，有效地解决了随着业务量剧增所引发的 GSM 系统容量不足的问题；采用了自适应语音编码技术，以提高系统的通话质量；采用了 GPRs/EDGE 技术，使 GSM 与计算机通信能够相互结合，并将数据传送速率提升到了 384 kbps，使 GSM 功能已初步具备了支持多媒体业务的能力。

第三代（3rd generation，3G）移动通信系统的基本特征是应用了智能信号处理技术，以支持语音、数据和多媒体等多种形式的通信服务，并提供了各种宽带信息业务。第三代移动通信系统能够为用户提供更大的系统容量和更高的通信质量；在全球范围内能够更好地让用户体验到互联网的无缝漫游；使用户能够利用移动端来编辑音乐、图像、视频等多媒体对象；使用户能够利用移动端进行网页浏览、召开电视会议、开展电子商务活动。兼容第二代移动通信系统的第三代移动通信系统加速移动通信网与互联网的业务融合，促进移动互联网应用的快速发展。

第四代（4th generation，4G）移动通信系统应用了正交频分复用（orthogonal frequency division multiplexing，OFDM）；信道传输；抗干扰性强的高速接入；调制和信息传输；高性能、小型化和低成本的自适应阵列智能天线；大容量、低成本的无线接口和光接口等关键技术。

第四代移动通信系统的结构可分为物理网络层、中间环境层和应用网络层。物理网络层提供了接入和路由选择的功能，中间环境层具有质量安全映射、地址变换和安全性管理等功能，物理网络层与中间环境层之间的接口是开放的，易于拓展系统的结构和新服务，具有良好的抗噪声性能和抗多信道干扰能力。

如图5-18所示，展示了第四代移动通信系统的结构与基本工作原理。基于第四代移动通信系统的发展，未来移动通信系统必将向数据化、高速化、宽带化、频段更高化的方向拓展，移动数据和移动IP必将会成为未来移动网络的主流业务。

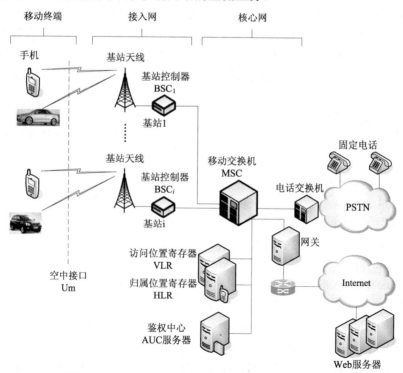

图5-18　第四代移动通信系统的结构与基本工作原理

6. 无线应用协议

无线应用协议（wireless application protocol，WAP）是一种具有移动开放服务标准的全球性网络通信协议,它能够使移动用户充分利用各类无线终端随时随地享用网络的信息与服务。

目前,无线应用协议可广泛地应用于 GSM、通用分组无线服务技术(general packet radio service,GPRS)、CDMA、蜂窝数字式分组数据交换网络(cellular digital packet data,CDPD)、停车距离控制系统(parking distance control,PDC)、个人手持式电话系统(personal handy-phone system,PHS)、时分多址(time division multiple access,TDMA)、FLEX、反射式镜头、集成数字增强网络(integrated digital enhanced network,iDEN)、TETEA、数字增强无绳通信(digital enhanced cordless telecommunications,DECT)、DataTAC、Mobitex 和 3G 等多种无线网络系统。专为无线设备设计的操作系统包括 PalmOS、EPOC、Windows CE、FLEXOS、OS/9 和 JavaOS,它们能够较好地解决无线设备内存小和无线网络带宽受限的问题。以为人类生活提供便利为目标,用户可使用无线应用协议下载网络资源、移动软件和在线主题,可与世界各地的网友进行无线互动,可与网络好友分享自己的网络资源,可进行移动电子商务活动,可在线享用物联网络。

5.1.3　移动电子商务的应用

目前,移动电子商务主要为用户提供了移动信息服务、基于位置的服务(location based service,LBS)、休闲娱乐服务、移动支付服务等应用方向。

(1)移动信息服务。移动信息服务是移动电子商务的主要应用方向之一,移动通信消除了用户所处的时间与空间的限制,移动通信设备也可随身携带,通过无线技术和无线应用协议,移动用户可在任何时间和空间获取所需的个人信息服务。目前,已实现的移动通信服务方式主要分为通过短消息提供的服务、通过彩信提供的服务、通过 Internet 方式提供的服务 3 种。

(2)基于位置的服务。基于位置的服务也被称为移动位置服务,它是移动电子商务的一项创新应用方向。通过无线通信的定位技术,移动用户不仅可方便地获知自身所处的精确方位,还能根据所处的环境,利用手机查询功能搜索到附近各类场所的详细信息,如用户所处区域的酒店、餐厅、商店、医院等公共设施信息。

(3)休闲娱乐服务。在移动电子商务应用中,休闲娱乐服务是获取利润最丰富的方向。用户不仅可从移动门户网站上下载音乐、视频、壁纸、手机图铃等网络共享资源到移动终端上,还可在线交互游戏、发送数字贺卡和看手机电视。因此,不断增长的移动娱乐需求将是推动移动电子商务应用发展的最重要的动力。

(4)移动支付服务。移动支付是在网络交易过程中将移动终端作为工具,通过短信、无线应用协议、互动式语音应答(interactive voice response,IVR)等方式,使用移动话费或信用卡资金来完成购物、缴费、银行转账等商务活动的一项服务。通过体验手机投注、购买游戏点卡、移动梦网、移动付费等商务活动,移动电子商务正逐渐融入人们的日常生活,因此,移动支付服务也将是移动电子商务的主要应用方向之一。

➡ 案例 5-6:基于信息推拉和云计算的移动商务模式应用

信息推送是指有目的地将用户感兴趣的信息发送给其接收端,减少用户在网络上搜索信息的时间,并有助于用户高效率地发掘有价值的信息。信息拉取是指用户有目的地在网络上查询信息，通过从浏览器向Web服务器发出请求而获得所需信息的过程。信息推拉结合了信息推送与拉取两种模式，并根据推与拉的结合顺序及结合方式的差异，形成了4种不同的推拉模式，即先推后拉、先拉后推、推中有拉和拉中有推。智能信息推拉技术是在信息推送与拉取两项技术相结合的基础上，融入了人工智能、机器学习、知识发现、知识推理等方法，将智能信息推送与智能信息拉取相结合，提供了个性化的信息推送服务，并同时有助于用户能够快速、准确地从信源拉取信息。

在移动电子商务的整体建设过程中，移动终端平台的建设重点在于用户界面的设计，其目的是要让复杂的功能在移动终端界面上得到较好的展示；系统服务平台的建设应以智能信息推拉技术模型为基础，使信息管理者能够通过系统服务平台完成对各类信息的管理，利用信息推拉中的机器学习和知识发现等技术，通过对用户历史信息和及时信息进行记录，可对数据库中的数据进行筛选，形成以用户为单位的个性化数据库，以将信息及时有效地推送给用户。

为了从根本上改变我国商业目前存在的信息系统分散、数据量庞大、难以管理的现状，商业系统可创建自己的私有云。从技术层面分析，云计算基本功能的实现主要取决于两个关键的因素，一个是数据的存储能力，另一个是分布式的计算能力。云计算中的"云"可再细分为"存储云"和"计算云"，这正是商业网络环境建设中所需要的，而且云计算的一个重要特征就是能够利用现有设备，通过多点协作模式提高闲置设备利用率，并为大型计算提供良好的解决方案。

基于信息推拉技术和云计算的移动电子商务可将大规模的网络资源进行整合，并以个性化服务的形式提供给信息需求者，使用更具个性化，信息传递更具时效性，用户忠诚度将会更高。

资料来源：LI X Y, YUAN J, MA H D, et al. Fast and parallel trust computing scheme based on big data analysis for collaboration cloud service. IEEE Transactions on Information Forensics & Security, 2018, 13（8）: 1917-1931.

5.2 物 联 网

基于移动电子商务的概念、特点、相关技术及应用方向拓展，本节将首先介绍物联网的构建背景及定义；其次介绍物联网的基本特征及体系结构；再次介绍物联网的数据处理及信息安全技术；最后介绍物联网的实际应用方向。

5.2.1 物联网的概念

基于对移动电子商务的介绍，下面将首先通过物联网构建与发展历程案例，介绍物联网的构建背景；其次将通过对物联网构建与发展历程的梳理，总结解释物联网的定义。

1. 物联网的构建背景

在1995年出版的《未来之路》一书中，比尔·盖茨提出了"物—物互联"的设想。他想象用一根与家庭电子服务设施相连的，能够别在衣服上的"电子别针"感知来访者的位置，并能够控制室内的照明、温度、电话、音响、电视等设备。但是，由于当时计算机网络技术与无线传感器应用水平所限，比尔·盖茨所提出的"物联网"设想没有能够引起人们的关注。

在 1998 年成功地完成了电子产品代码（electronic product code，EPC）研究的基础上，美国麻省理工学院 Auto-ID 实验室的研究人员又提出了利用射频标签（radio frequency identification，RFID）、无线网络与互联网，构建一个物—物互联的物联网解决方案。

物联网构建于 20 世纪 90 年代，在 2005 年国际电信联盟（International Telecommunication Union，ITU）发布了互联网研究报告《物联网（Internet of Things，IOT）》之后，物联网才真正引起各国政府与产业界的高度重视。作为电信行业最具影响的国际组织之一，国际电信联盟从 1997 年至 2005 年一直在研究互联网与移动互联网对电信业发展的影响程度，并发布了 7 份研究报告，从这 7 份研究报告的内容中，可看出物联网构建与发展的过程。

→ **案例 5-7：物联网构建与发展历程**

1997 年 9 月，国际电信联盟发布了第 1 个研究报告 Challenges to the Network: Telecoms and the Internet，该报告论述了互联网的发展对电信业的挑战，并同时指出互联网的发展也给电信业带来了重大的发展机遇。紧接着，1999 年国际电信联盟发布了第 2 个研究报告 Internet for Development，2001 年国际电信联盟发布了第 3 个研究报告 IP Telephony。在 2001 年 9 月国际电信联盟发布的第 4 个研究报告 Internet for a Mobile Generation 中，论述了移动互联网发展的背景、技术与市场需求，以及手机上网与移动互联网服务的发展前景，并指出移动互联网的发展将引领人类进入一个移动信息社会。

2003 年 10 月，国际电信联盟发布了第 5 个研究报告 Birth of Broadband，该报告论述了计算机、通信和广播电视网络的三网融合发展问题，以及宽带网络发展与应用前景，并阐述了宽带技术对未来信息社会的重大影响。2004 年 9 月，国际电信联盟发布了第 6 个研究报告 The Portable Internet，该报告论述了移动互联网技术与市场发展趋势、未来移动互联网技术的发展及其对信息社会的重大影响。

2005 年 11 月，国际电信联盟在突尼斯举行的信息社会峰会上发布了第 7 个研究报告 The Internet of Things，该报告论述了世界上的万事万物只要嵌入一个微型的 RFID 芯片或无线传感器芯片，就可通过互联网实现物与物之间的信息交互，从而构建一个无所不在的物联网，以使世界上所有的人和物随时随地都可方便地进行人与人、人与物、物与物之间的信息交互。第 7 个研究报告还预测到 RFID、传感器、智能嵌入式技术及纳米技术将在未来得到广泛的应用。

资料来源：SANTOS J, RODRIGUES J, CASAL J, et al. Intelligent personal assistants based on internet of things approaches.IEEE Systems Journal，2018，12（2）：1793-1802.

2. 物联网的定义

物联网是在互联网基础上发展起来的，它与互联网在基础设施上有一定程度的重合，但它不并是互联网概念、技术与应用的简单扩展。互联网加大了人与人之间信息共享的深度与广度，而物联网则更加强调它在人类生活各个方面及国民经济各个领域的深入应用。

在一定程度上，物联网的发展要得益于国际电信联盟发布的年度互联网报告，但这些报告并没有提出一个清晰的物联网定义。目前，物联网技术的研究与产业发展正处于初级阶段，其体系结构还不明晰，其理论体系的建立还不完善，还需要在不断的研究与应用过程中深化对物联网的认识程度。物联网的发展涉及计算机、通信、电子、自动化等多个学科领域，涵盖的学科内容也极为丰富，不同学科的学者将从不同的角度对物联网进行研究，以期达成共识。

物联网是一个在互联网与移动通信网等网络的基础上,针对不同应用领域的需求,利用具有感知、通信与计算能力的智能物体自动获取物理世界的各种信息,并将所有能够独立寻址的物理对象互联起来,以实现全面感知、可靠传输、智能处理,构建人与物、物与物互联的智能信息服务系统。

5.2.2 物联网的基本特征

依据对物联网的定义可知,物联网具有全面感知、可靠传输与智能处理的典型特征。它是一种新的计算模式的变革,并将带来巨大的产业发展机遇,引发信息技术的再一次重大变革。物联网将 RFID 标签或无线传感器嵌入到电网、建筑物、桥梁、公路、铁路、隧道、汽车、手机、家电及人类生存的环境和周边的各种物体之中,并将这些物体互联成网,以实现信息世界与物理世界的相互融合,使人类对客观世界具有更透彻的感知能力、更全面的认知能力、更智慧的处理能力,从而在提高人类生产力、生产效率和生产效益的同时,进一步改善人类社会发展与地球生态和谐可持续发展的关系。

物联网的主要技术特征表现为物联网中的智能物体具有感知、通信与计算的能力,物联网可使所有对象随时随地进行互联,物联网的目标是实现物理世界与信息世界的相互融合。图 5-19 展示了物联网所应用的主要技术。

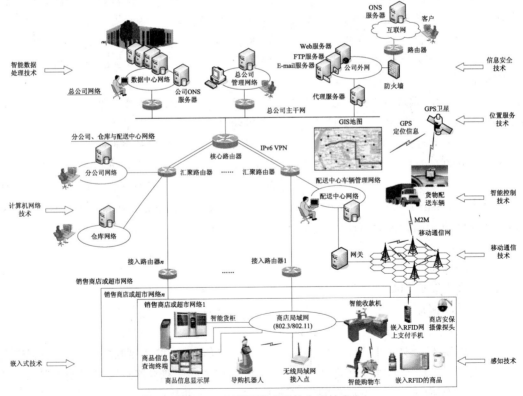

图 5-19 物联网所应用的主要技术

1. 物联网中的智能物体具有感知、通信与计算的能力

物联网中的物体（thing）或对象（object）是指现实社会中物理世界的人或物，他（它）们具有感知、通信与计算的能力。例如，可为超市中出售的各种物品贴上 RFID 标签，当顾客想要买某种物品的时候，就会将其放入购物车内，当把购物车推到结款台时，RFID 读写器就会通过无线信道直接读取 RFID 标签的信息，检索出该物品的名称、类别、生产厂商、生产日期、价格等属性及属性值。因此，这个贴有 RFID 标签的物品就成了物联网中的一个具有感知、通信与计算能力的智能物体（smart thing），也可将其称为智能对象（smart object）。图 5-20 展示了 RFID 应用系统的互联结构。

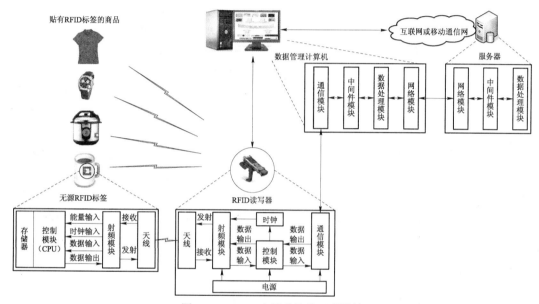

图 5-20　RFID 应用系统的互联结构

通过配置的 RFID 或各种无线传感器，智能物体将具有感知、通信和计算的能力。智能物体能够感知到哪一个或哪几个对象，应由所配置的 RFID 或无线传感器类型所确定。智能物体通信能力的不同性主要表现为，它可主动发送数据，也可被动地由外部读写器读取数据；它可使用有线通信方式，也可使用无线通信方式；它可使用微波信道通信，也可使用红外信道通信；它可进行远距离通信，也可在几米范围内进行近距离通信。智能物体计算能力的不同性主要表现为，它可处理简单的数据，可进行数据的汇聚，也可进行数据融合、路由选择、拓扑控制、数据加密与解密、身份认证计算与控制，若智能物体是具有感知和远程控制的传感器节点，则它的计算能力还应包括正确判断控制命令的类型与要求，并能够决定是否应该执行命令、什么时候执行命令及如何执行命令。

在互联网中，可为 Web 服务器域名分配一个对应的 IP 地址，路由器可根据此 IP 地址寻址到该服务器，因此，互联网中的 Web 服务器域名和地址必须是全网唯一的。但是，若要将服务器域名比作智能物体的名字，则就有可能出现智能物体名字重复的情况，因此，在物联网中，要在全球范围内实现智能物体间的互联与通信，就必须解决物体标识的问题。若节点设备具有足够大的内存，并且应用系统使用了 TCP/IP 协议，则可为每个节点分配一个 IPv4 或 IPv6 地址，电子产品编码与泛在识别标准是对 RFID 标签编码影响最大的两个标准。

综上所述，智能物体的感知、通信与计算能力应根据物联网应用系统的需求来确定。智能物体应是一种嵌入式的电子装置，应是一个装备有嵌入式电子装置的人、动物、植物或物体。其中，嵌入式电子装置可能是功能较简单的 RFID 芯片，也可能是一个功能较复杂的无线传感器节点；可能使用了简单的微处理器芯片和较小的存储器，也可能使用了功能较强的微处理器芯片和较大的存储器。

➡ 案例 5-8：物联网应用中的智能物体

在智能电网的应用领域中，每个用户家中的智能电表是一个智能物体，每个安装有无线传感器的变电器监控装置也是一个智能物体；在智能交通应用领域中，安装有智能传感器的汽车是一个智能物体，安装在交通信号灯上的视频摄像头也是一个智能物体；在智能家居应用领域中，安装了光传感器的智能照明控制开关是一个智能物体，安装了无线传感器的水箱也是一个智能物体；在水库安全预警、环境监测、森林生态监测、油气管道监测应用领域中，无线传感器网络中的每个传感器节点都是一个智能物体；在智能医疗应用领域中，配有生理指标传感器的每位老人是一个智能物体；在食品可追溯应用系统中，贴上 RFID 标签的包装是一个智能物体，贴上 RFID 标签的每枚鸡蛋也是一个智能物体。

因此，在具有不同背景的物联网应用系统中，智能物体的形状可以很大，也可以很小；智能物体可以是固定的，也可以是移动的；智能物体可以是有生命的，也可以是无生命的；智能物体可以是人，也可以是动物或植物；智能物体是连接到物联网中的人与物的一种抽象。

资料来源：CHOI C W. Randomized scheme for cognizing tags in RFID networks and its optimization. Ksii Transactions on Internet & Information Systems，2018，12（4）：1674-1692.

2. 物联网可使所有对象随时随地进行互联

从时间、地点与物体三个维度，国际电信联盟对物联网的运行特点做出了一定的分析。在物联网中，任何一个合法的用户都可在任何时间（anytime）、任何地点（anywhere）与任何物体（anything）进行相互通信，并交换与共享信息，以协同完成特定的服务功能。如何连接不同的物体，如何实现不同物体间的通信，如何构建物联网的通信模型，如何确保物联网的服务质量，如何实现物联网中物体的命名、编码、识别与寻址，如何确保物联网中的信息安全，如何保护物联网中的个人隐私，这些问题都是要在实现物联网通信要求时需要研究和解决的基本课题。

3. 物联网的目标是实现物理世界与信息世界的相互融合

在现实社会中，物理世界与信息世界是分离的，物理世界的基础设施与信息世界的基础设施也是分开建设的。在社会发展的过程中，人类在不断地建设和完善物理世界，例如，人类不断地设计和建设新的建筑物、高速公路、桥梁、机场与公共交通设施。在信息化建设的过程中，人类也在不断地铺设光纤，购置路由器、服务器和计算机，组建宽带网络，建立数据中心，研发各类网络服务系统，架设无线基站，发展移动通信产业。社会发展将是一个渐进的过程，当社会发展到一定水平时，必然会对科学技术提出新的需求，当经济全球化和生产国际化已成为一种发展趋势时，面对着环境恶化和资源紧缺局面的人类更应将信息技术拓展到整个人类社会生活与生存环境中，以将物理世界与信息世界相互融合。

物联网应用的范围可小到家庭网络，大到工业控制系统、智能交通系统，甚至是国家级与世界级的产业应用，在物与物简单互联的基础上，将会产生更多具有计算、通信、控制、协同和自治特点的智能设备与智能信息系统。物联网的目标就是要帮助人类对物理世界具有透彻的感知能力、全面的认知能力和智慧的处理能力，这种新的计算模式可帮助人类在提高劳动生产力和生产效率的同时，进一步改善人类社会发展与地球生态和谐可持续发展的关系。

5.2.3 物联网的体系结构

若将人类对问题进行智慧处理的能力与物联网运行的过程相比，可发现它们之间存在众多相似之处。每个人的感知器官各司其职，眼睛能够看到外部的世界，耳朵能够听到各种各样的声音，鼻子能够嗅到不同的气味，舌头能够品尝到多样的味道，皮肤能够感知到差异的温度，每个人的神经系统将感知器官所感知到的信息传递给大脑，再由大脑将综合感知到的信息和已存储的知识比对，从而得出最佳的分析与判断方案。

物联网处理问题的过程可划分为全面感知、可靠传输与智能计算，因此，可将其比喻成人类用来感知信息的感知器官、传输信息的神经系统、处理信息的大脑所应有的作用，如图 5-21 所示。

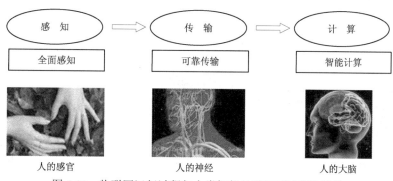

图 5-21 物联网运行过程与人类智能处理问题过程的比较

设计一个复杂的网络系统必然要采用分而治之的分层结构思想，基于开放系统互联（open system interconnect，OSI）参考模型，计算机网络的体系结构是一个从物理层到应用层的 7 层结构，如图 5-22 所示。互联网成功地运用了计算机网络体系结构的设计思想与原则，构建并运行了一个用户已超过 10 亿人的覆盖全世界的大型网络信息系统。

物联网是一个形式多样的涉及社会生活各个领域的复杂网络系统，从实现技术的角度观察，物联网具有网络异构性、规模差异性、接入多样性的特点。物联网的传输网可采用互联网中的虚拟专网结构，可采用移动通信网，可采用无线局域网，可采用无线自组网，也可采用多种异构网络互联的结构。物联网的接入设备可以是 RFID 标签与读写器，可以是不同类型的传感器，可以是智能终端，也可以是笔记本计算机、超级计算机或云计算平台。物联网的应用系统可以是覆盖全世界的物流供应链，也可以是深山密林中的无线传感器网络，因此，物联网应用系统的规划、设计和实现将涉及多种学科的应用技术。尽管物联网系统的结构较复杂，其功能和规模差异也较大，但它们也存在诸多内在的共性特征，借鉴已应用成熟的计算机网络体系结构模型，可将物联网体系结构模型划分为感知层、网络层与应用层，如图 5-23 所示。

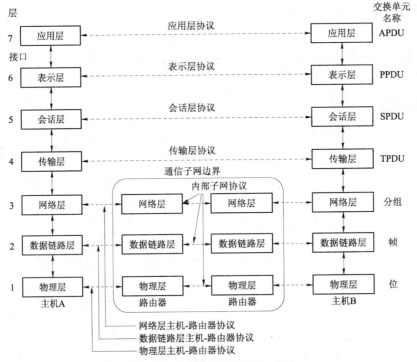

图 5-22 开放系统互联参考模型

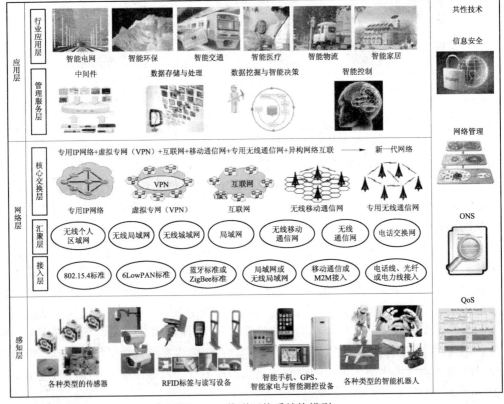

图 5-23 物联网体系结构模型

1. 感知层

感知层是物联网的最底层,它是联系物理世界与信息世界的纽带。感知层的无线设备主要分为自动感知设备与人工智能信息电子设备两类,自动感知设备能够自动感知外部物理实体与环境信息,其中包括各种类型的无线传感器、RFID 标签与读写设备、GPS、智能家用电器与智能测控设备、各种类型的智能机器人;人工智能信息电子设备是自动感知设备的辅助产品,其中包括智能手机、个人数字助理(personal digital assistant,PDA)、笔记本电脑。

➡ **案例 5-9:物联网应用中的无线传感器节点**

人类将存储了物体信息的 RFID 标签比喻成能够让物体"开口"的技术,通过无线信道将 RFID 标签中存储的数据传送到网络系统中。一般的无线传感器只具有感知周围环境参数的能力,例如,在环境监测系统中,一个无线温度传感器可实时地传送出它所测量到的环境温度,但它对环境温度并不具备监控的能力。而对于一个处在精准农业物联网应用系统中的植物定点浇灌无线传感器节点,系统设计者更希望它能够在监测到土地湿度低于一个已设定的阈值时,就自动启动相关设备的开关为植物浇水,这种感知节点既具有感知能力,又具有控制能力。

在突发事件应急处理的物联网应用系统中,根据指挥中心发出的指令,处理核泄漏现场的机器人需要启动相关设备的开关,进入指定位置后,通过无线传感器将周边的核泄漏相关参数测量出来,再将其传送给指挥中心;在基于桥梁监控系统的无线传感器网络结构中,其主要功能是实时监控桥梁的安全状态,并及时向管理中心汇报监控到的数据,再由专业工程师对系统状态的数据进行分析与处理;在基于高速公路收费站 RFID 自动收费的 ETC 系统结构中,每辆车需配置 RFID 标签,ETC 收费站应设有 RFID 读写器,而执行器的控制杆是受 ETC 系统控制的独立设备;在基于汽车装配线上的智能机器人与机械手系统结构中,智能机器人与机械手可通过无线传感器感知到加工部件的精准位置与状态信息,并根据智能控制去完成工件的装配工序。

综上所述,作为具有智能处理能力的无线传感器节点,无论它是一块简单的 RFID 标签芯片,还是一个基于某类应用的无线传感器或测控装置,还是一个复杂的智能机器人,在具备感知和控制两种能力的同时,还应具备适应周边环境的行动能力。

资料来源:NEAMATOLLAHI P, ABRISHAMI S, NAGHIBZADEH M, et al. Hierarchical clustering-task scheduling policy in cluster-based wireless sensor networks. IEEE Transactions on Industrial Informatics, 2018, 14 (5): 1876-1886.

2. 网络层

网络层是物联网的中间层,从低层到高层又分为接入层、汇聚层和核心交换层,其中,接入层相当于计算机网络开放系统互联参考模型中的物理层与数据链路层,RFID 标签、无线传感器与接入层设备共同构成了物联网感知网络的基本单元,汇聚层与核心交换层的网络通信设备与通信线路共同构成了传输网。

图 5-24、图 5-25 和图 5-26,分别展示了网络层中接入层与 RFID 基本单元、网络层中接入层与无线传感器网络基本单元、网络层中汇聚层与核心交换层结构。

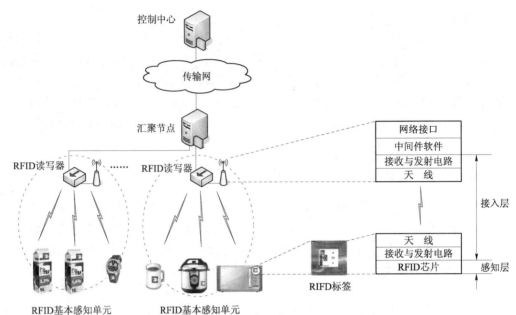

图 5-24 网络层中接入层与 RFID 基本单元

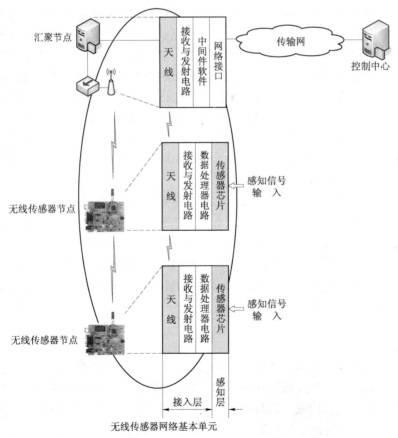

图 5-25 网络层中接入层与无线传感器网络基本单元

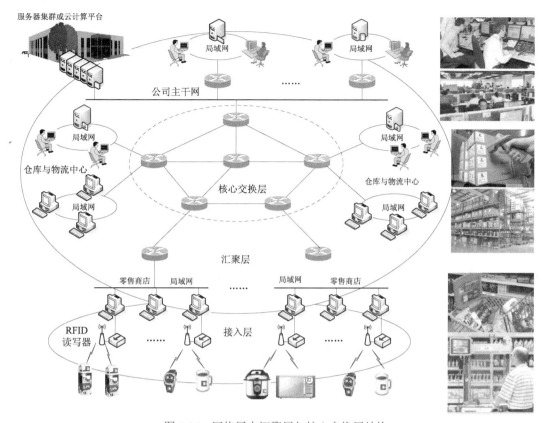

图 5-26　网络层中汇聚层与核心交换层结构

通过 802.15.4 标准、6LowPAN 标准、蓝牙标准、ZigBee 标准、局域网、无线局域网、移动通信、机器到机器、电话线、光纤、电力线等接入技术，接入层起到连接用户终端的作用。汇聚层位于接入层与核心交换层之间，通过无线个域网、无线局域网、无线城域网、局域网、无线移动通信网、无线通信网、电话交换网。汇聚层的基本功能包括汇接接入层的用户流量；进行数据分组传输的汇聚、转发与交换；根据接入层的用户流量，进行本地路由、过滤、流量均衡、优先级管理、安全控制、地址转换、流量整形等处理；再根据处理结果把用户流量转发到核心交换层或在本地进行路由处理。通过专用 IP 网络、虚拟专网、互联网、无线移动通信网、无线通信网、专用无线通信网，核心交换层为物联网提供了一个高速、安全、具有服务保障能力的数据传输环境。

3. 应用层

应用层是物联网的最高层，可分为管理服务层和行业应用层。通过中间件、数据存储与处理、数据挖掘与智能决策、智能控制，管理服务层实现了感知硬件和应用软件的物理隔离与逻辑无缝连接，提供了高效与可靠地汇聚、整合与存储海量数据的能力，并为智能电网、智能环保、智能交通、智能医疗、智能物流和智能家居等行业应用提供了安全的网络管理与智能服务。

5.2.4　物联网的关键技术

基于物联网的构建背景、定义、基本特征及体系结构，接下来将首先介绍物联网的数据处理技术，其次将介绍物联网的信息安全技术。

1. 物联网的数据处理技术

物联网不仅要通过覆盖全球的无线传感器和 RFID 标签技术去实时感知海量的数据，而且还要对海量数据进行汇聚、挖掘与智能处理，以获取更有价值的信息，并为不同行业的应用提供智能服务。

1）物联网数据的特点

在国际边境与敏感区域安全防卫的物联网应用系统中，大量无线传感器节点均需通过飞机被抛洒到被监控区域，因此，这些分布随机的无线传感器节点将会产生海量的数据。而这些数据又是在动态变化的，若只使用一种传感器，则只能判断出感知目标是人类还是作战工具，而无法进一步判断出人类是否已经携带武器。因此，感知数据应由多种传感器发出，此过程体现了感知数据所具有的多态性，同时，若要准确地判断出人类和作战工具出现的精准位置及其行进的方向与速度，就需要对相关联的感知节点数据进行再处理。综上所述，物联网数据具有海量、动态、多态与关联的特点。

➡ **案例 5-10：物联网应用中的数据特点**

若无线传感器网络中有海量节点，每个无线传感器每分钟传输一定数量级的数据，则每天将产生海量数量级的数据，而对于实时性要求较高的智能电网、桥梁安全监控、水库安全监控、机场安全监控、智能交通等系统，每天产生的数据量可达到大数据量级，在医疗护理应用系统中，需要对患者的体温、心率、血压等生理指标进行 24 小时不间断实时监测，这也将产生大数据量级的数据。当越来越多的物联网应用系统构建起来以后，物联网节点的数量将是非常多的，因此，它们所产生的数据量也一定是大数据量级的。

在不同的时间段，不同的无线传感器测量到的数值都会有差异，例如，在每日的白天和晚上、上下班的高峰时段、晴天或雨雪天，通过同一个交通路口的行人与车辆流量差异将会很大。因此，不同时段的数据将会有不同的取值范围、不同的表示形式、不同的表示单位和不同的精确程度。

当一个物体通过一个传感器节点周围时，传感器节点可通过感知物体所产生的压力、振动、声音、方位来区分出感知目标的类别。为超市中出售的各种物品贴上 RFID 标签后，即可识别出物品的不同种类、规格、产地、价位等属性；在精准农业生态环境监控系统中，能够感知到的数据有温度、湿度、光照、二氧化碳浓度、土壤成分等环境参数，需要使用多种传感器去观测数据的多样状态。

在物联网中，数据之间绝不是相互独立的，而是存在一定的关联性。例如，无线传感器节点可通过感知移动物体所产生的压力、振动、声音、方位来区分感知目标，并需要根据多个节点在同一个时刻感知到的目标数据，计算出其位置，根据不同时刻目标位置的变化，计算出其移动的方向、速度与路线，以提供精确的报警信息。在生态环境监控系统中，需要比较同一个传感器节点在不同时间段内传送出的温度数据，需要比较同一个时间在不同位置的传感器节点传送出的湿度数据。在森林环境监测系统中，若同一个时间点不同传感器节点传送出的温度值为 15～18℃，则可判断出这片森林的情况是正常的，若某个传感器节点传送出的温度值为 80℃，则就需要结合这片森林周边传感器传送出的温度和湿度值，再进一步判断是否出现了火情或是此无线传感器节点发生了故障。若这片森林周边传感器传送出的温度和湿度值都正常，而只有此传感器报告的温度值偏大，则可判断此传感器节点发生了故障；若这片森林周边的传感器传送出的温度值都在升高，并且湿度都在降低，则可判断这片森林在此时可能出现了火情。综上所述，物联网的数据之间无论是在空间维度上，还是在时间维度上均存在紧密的关联性。

无线传感器网络节点需要完成环境感知、数据传输、协同工作的任务，因此，在一段时间内必然会产生海量的数据。但是采集数据又不是构建物联网的根本目的，若不能从海量数据中提取出有价值的信息，则采集的数据量越大，垃圾信息就会越多。根据不同的物联网应用需求，如何深入研究物联网的数据处理技术是十分重要的。

资料来源：KHAN M，HAN K J，KARTHIK S. Designing smart control systems based on internet of things and big data analytics. Wireless Personal Communications，2018，99（5）：1683-1697.

2）物联网数据处理的关键技术

基于物联网数据所具有的海量、动态、多态、关联特征，物联网数据处理的关键技术包括海量数据的存储、数据存储的模式设计、数据融合、数据查询、数据检索、数据挖掘、智能决策。

在物联网中，海量数据主要来自两个方面，一方面是每个无线传感器和 RFID 读写器在不断且实时地采集的海量数据，另一方面是物联网中数以亿计的物品所产生的海量信息。在医疗监护系统中，保存着与人类生命安危相关的重要数据；在智能电网系统中，保存着影响一个国家或地区供电效率与安全性的重要数据；在现代物流系统中，保存着不同地区销售和物资运送的重要数据；在机场安防系统中，保存着敏感区域内人员活动的重要数据。物联网数据的重要性要远高于互联网中 Web、聊天与游戏应用中产生的数据，因此，如何利用数据中心与云计算平台存储物联网中的海量数据，如何在充分利用物联网信息的同时实现对其隐私的保护，这将是物联网数据处理技术需要面对的一个关键性问题。

在物联网中，存储无线传感器网络的监测数据主要有两种设计模式，即分布式存储与集中式存储。在分布式存储设计模式中，无线网络传感器节点分为存储节点、中继节点和汇聚节点三类。其中，中继节点只能感知和传递数据，不能存储数据，而存储节点除了能够感知数据和传递数据之外，还能够存储数据，中继节点将采集到的数据向汇聚节点传送，若下一个节点仍是中继节点，则此中继节点可继续发送数据，若下一个节点是存储节点，则数据就将存储在此存储节点中。当汇聚节点接收到一个查询命令时，就会将此查询命令分发到网络中，存储节点将负责回复此查询结果，而中继节点不参加查询回复的过程。在分布式存储设计模式中，由于用户只会对某一部分数据感兴趣，因此数据查询的过程可限制在汇聚节点与存储节点范围内，以减少大范围查询所产生的通信量。在分布式存储设计模式中，若信息存储的数量级超过了存储节点的承受能力，则将会出现数据丢失的情况，若存储节点本身的能量消耗过大，则将会导致无线网络不能正常运行。

在集中式存储设计模式中，没有设置存储节点，所有能够感知到的数据都将被发送到汇聚节点，查询也将被限制在汇聚节点。在集中式存储设计模式中，所有采集到的数据都将被存储在计算与资源配置较高的汇聚节点，计算工作量较大的查询任务由汇聚节点承担，不用再分散到整个网络中的中继节点。在集中式存储设计模式中，由于所有数据都必须通过无线传感器节点进行多跳转发，因此中继节点无法保证转发的数据不丢失，也无法解决数据重复与冗余的问题、数据转发过程中的能量优化问题。

综上所述，海量数据的存储模式设计将影响物联网系统的可靠性与效率，因此，数据存储的模式设计将是物联网数据处理技术中需要面对的一个关键性问题。

目前，数据融合（data fusion）技术已发展成为数据处理方向的一个重要分支，针对物联网数据所具有的多态性，基于多种传感器的数据融合技术将能够对各种传感器的数据进行综合分析，并从中提取出有价值的信息。在物联网的智能交通、工业控制、环境监控、精准农业、突发事件处置、智慧城市、智能电网等应用系统中，必然要应用多种传感器去综合感知多种物理世界的信息，并从中提取出用于智慧地处理物理世界问题的有价值的知识，因此，数据融合技术将是物联网数据处理技术中需要面对的一个关键性问题。

在物联网中，感知到的数据具有实时性、周期性与不确定性等特点，从感知数据的查询方法角度观察，其处理方式主要有快照查询、连续查询、基于事件的查询、基于生命周期的查询与基于准确度的查询。在互联网中，Web 搜索引擎已成为用户查询各类信息的主要方式，传统的搜索引擎是通过搜索算法，以在服务器或计算机上扒取人工生成的信息，然而在物联网中，由于采用各种感知手段获取的信息与传统的互联网信息共存，因此，搜索引擎就需要与各种智能的和非智能的物理对象密切配合，并主动去识别物理对象，以获取有价值的信息。对于传统的搜索引擎，数据查询和数据检索技术的新应用将是一个重大的研究课题。

针对银行、企业、政府部门已存储在数据库中的海量数据，用户已不再满足于系统所提供的查询、搜索与报表统计等简单的数据处理服务，而是希望从数据库中发现更有价值的信息，这就需要使用数据挖掘技术。在大型数据库中，数据挖掘是发现、抽取隐藏的预言性信息的一种方法，基于统计方法和人工智能方法，它将寻找出普通数据查询中所忽视的或数据所隐含的趋势性信息，用户可利用数据挖掘技术从海量的数据中提取出更有价值的信息。例如，银行管理人员可从海量储户存取行为的数据中，提取出不同收入群体、不同时间段、不同地区的规律性活动与变化的信息，以开展有针对性的新业务与新服务；根据提取出的不同地区、不同时段、不同商品的销售信息，大型商业团体可应用数据挖掘技术寻找其销售的规律，以扩张有针对性的销售业务。

物联网的最终发展目标并不是简单地将物与物互联，而是要催生出很多具有计算、通信、控制、协同与自治特征的智能设备与系统，以实现实时感知、动态控制和智能服务。在人类的整个活动中，感知、通信、计算、智能、控制已构成了一个完整的行为过程，其中，智能是人类运用信息、提炼知识、生成策略、认识问题和解决问题能力的体现，同时智能又是人类生命体的一种能力标志，是人类能力提升的最高体现。人类通过眼、耳、鼻、舌、皮肤去感知外部世界，并获取信息，再通过神经系统将感知到的信号传送到大脑，大脑通过分析与比对，再从表象的信息中提炼出相应的知识，以升华为处理问题的智能策略，最终大脑再将智能策略转变为智能行为，形成智慧地处理问题的能力。智能决策就是一个从感知、通信、计算，再到提炼知识，形成智能策略的过程，它是物联网信息处理技术追求的最终目标。

2. 物联网的信息安全技术

在物联网信息安全中，涉及了 4 个重要的关系，即物联网信息安全与现实社会的关系、物联网信息安全与互联网信息安全的关系、物联网信息安全与密码学的关系及物联网信息安全与国家信息安全战略的关系。

1）物联网信息安全与现实社会的关系

物联网是一把双刃剑，一方面，物联网的应用将对世界各国的经济与社会发展产生重大的影响；另一方面，物联网中的信息安全威胁将随着物联网的发展而不断演变。透过复杂的技术层面，网络虚拟世界和现实物理世界之间，在众多方面都存在对应的关系，现实世界中人与人在交往过程中形成了复杂的社会与经济关系，而在网络世界中，这些社会与经济关系又将以数字化的方式延续着。

物联网应用系统所涉及的范围可小到一个家庭，大到一个国家，其已覆盖了从信息感知、通信、计算到控制的整个过程，这种影响的广度与深度是互联网所没有的。互联网中的信息安全问题均会在物联网中出现，但物联网在信息安全中具有其独特的问题，如隐私保护。因此，物联网将面临比互联网更加严峻的信息安全的威胁、考验与挑战。

2）物联网信息安全与互联网信息安全的关系

物联网信息安全与互联网信息安全之间有着紧密的联系，两者具有共性技术，物联网也有其个性技术。从技术发展的角度观察，RFID 与无线传感器网络是构建物联网的两个重要的技术基础，互联网所能够遇到的信息安全问题，在物联网中均会存在，可能只是在表现形式和被关注程度上会有所不同。互联网信息安全技术在对抗网络攻击、网络安全协议、防火墙、入侵检测、网络取证、数据传输加密与解密、身份认证、信任机制、数据隐藏、垃圾邮件过滤、病毒防治等方面均开展了深入研究，作为共性技术，互联网信息安全的研究方法与成果可作为物联网信息安全技术研究的基础。借鉴互联网信息安全研究的方法，物联网的信息安全研究从层次上可划分为感知层安全、网络层安全与应用层安全，其中，隐私保护将是物联网必须面对的重大问题。

3）物联网信息安全与密码学的关系

密码学是信息安全研究的重要工具，它在网络安全中具有很多重要的应用，物联网在用户身份认证、敏感数据传输的加密过程中均会应用密码技术。计算机网络、互联网、物联网的安全涉及的是人所知道的事，人与人之间的关系，人和物之间的关系，以及物与物之间的关系，虽然密码学是研究信息安全所必需的一种重要工具与方法，但是物联网安全研究所涉及的问题要比密码学应用广泛得多。

4）物联网信息安全与国家信息安全战略的关系

目前，计算机网络与互联网已应用于现代社会的政治、经济、文化、教育、科学研究与社会生活的各个领域，在互联网发展的基础上，物联网进一步发展了人与物、物与物之间的交互。若人类的社会生活越依赖于物联网，则物联网的安全问题对社会稳定、国家安全的影响力就会越高。当今，一些发达国家都已将防范和应对攻击与破坏关键信息基础设施作为信息时代国家安全战略的重点，信息安全问题已成为信息化社会的一个焦点问题。只有每个国家进一步研究网络安全技术，培养专门人才，发展网络安全产业，才能构筑本国的网络与信息安全防范体系。因此，自主研发网络安全技术、发展网络安全产业也将成为关系到一个国家安全的重大问题。

5.2.5 物联网的应用

物联网应用系统多种多样,有面向小范围的简单应用,有面向中等规模的协同感知应用,也有面向大规模的行业性应用。

小型的物联网应用系统可以是一个文物或珠宝展览大厅的安保系统,可以是一个智能家居系统,可以是一幢大楼的监控系统,也可以是一个仓库的物流管理系统;中等规模的物联网应用系统可以是一个保税区的物流系统,可以是一个城市智能交通系统,也可以是一个智能医疗保健系统;大规模的物联网应用系统可以是一个国际民用航空运输系统,可以是一个海运物流系统,可以是一个国家级的智能电网,也可以是一个智能环保系统。

物联网是基于感知技术,并融合了各种应用的服务性网络系统,不同类型的物联网应用系统所使用的 RFID 与传感器的类型、接入方式、数据传输方式都会有很大的差别,因此,实际应用将是推动物联网发展的原动力。在《物联网"十二五"发展规划》中,图 5-27 展示了智能工业、智能农业、智能物流、智能交通、智能电网、智能环保、智能安防、智能医疗与智能家居等多个物联网重点应用领域,图 5-28 展示了智能家居网络的互联结构。

图 5-27　物联网重点应用领域

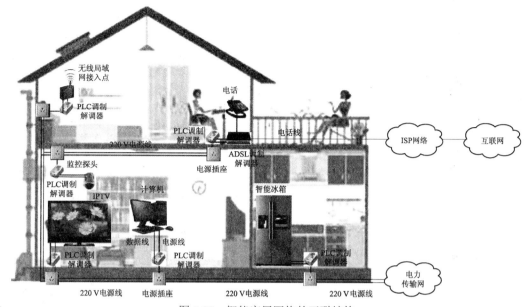

图 5-28 智能家居网络的互联结构

下面将通过 3 个典型案例向读者展示面向物联网应用的智能电网、智能交通与智能医疗，让读者感受物联网应用的无限魅力。

➡ 案例 5-11：物联网应用中的智能电网

电力系统是由发电、输电、变电、配电与用电等环节组成的电能生产与消费系统，通过发电设备，传统的电力系统首先将煤、天然气或燃油转换成电能，再经过输电、变电、配电的过程，将电能供应给各类用户。目前，电能需求的不断增长、地球环境的不断恶化、电网复杂程度的不断增加、电力安全要求的不断提高、电力资源利用率的不断提升等众多因素都将成为推动智能电网快速发展的源动力。

智能电网（IntelliGrid）具有自愈能力、安全运行能力、兼容能力、互动能力、优化管理能力的特点。利用自动监测装置，可对电力设备运行的状态进行实时监控，以及时发现运行过程中的异常状态，并立即采取快速隔离故障等保护措施，可有效防止电网大规模崩溃、减少因设备故障所造成的供电中断现象。对电网的攻击可分为对电网设施的物理攻击和对智能电网的信息攻击两大类，因此，智能电网必须具备发现、预测、抵御和应急处置突发事件的能力。

在智能电网中，不仅要接入一些大型集中的电厂，还要接入一些小型分布的太阳能、水力、风能等各种可供再生能源发电及电能存储的设备，因此，智能电网必须对分布的不同种类再生能源发电与储电设备具有较强的兼容能力。在知情的情况下，用户可与电力公司进行双向通信，以选择适合自身的供电方案，也可向电力公司提出个性化的供电服务请求，以实现较强的互动功能，满足各类特殊用户的供电需求。由于电网运行的基础设施具有覆盖面较广、设备种类较复杂、数量巨大、服务对象较复杂等特点，因此，智能电网应包括高级计量体系、高级配电运行体系、高级输电运行体系和高级资产管理体系，并建设出先进的电力系统管理、控制和决策体系，以优化电网的管理能力。

物联网在智能电网中的应用特点为深入的环境感知、全面的信息交互、智慧的信息处理。随着物联网应用的深入，在未来的智能电网中，基于从发电厂、输变电、配电到用电的全过程，可应用各种无线传感器对从电能生产、传输、配送到用户使用的内外部环境进行实时的监控，从而能够快速地识别环境变化对电网所造成的影响；通过监控各种电力设备的参数，可及时准确地实现对从输配电到用电过程的全面在线监控，实时获取电力设备的运行信息，以及时发现可能出现的故障，并对故障点进行快速的管理，从而提高系统的安全性；利用网络通信技术，可整合电力设备、输电线路、外部环境的实时数据，通过对信息的智能处理，可提高设备的自适应能力，从而实现智能电网的自愈能力。

物联网技术可将电力生产、输配电管理、用户使用等环节有机地连接起来，并通过网络实现对电网系统中各个环节数据的自动感知、采集、汇聚、传输与存储。基于物联网技术构建的智能电网系统能够实现从电能生产、配电调度、安全监控到用户计费的全过程，通过数据挖掘与智能信息处理算法，管理人员可从大量的数据中提取对电力生产、电力市场智慧处理有价值的信息，以实现对电网系统资源的优化配置，从而达到提高能源利用率、节能减排的目的。如图 5-29 所示，展示了物联网在智能电网中的应用方向。

资料来源：RAMOS F, GUTIERRE Z-RIVAS L, LOPEZ-JIMEN EZ J, et al. Accurate timing networks for dependable smart grid applications. IEEE Transactions on Industrial Informatics, 2018, 14（5）：2076-2084.

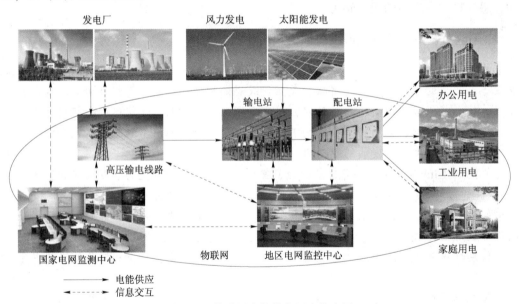

图 5-29　物联网在智能电网中的应用

➜ 案例 5-12：物联网应用中的智能交通

通过在交通基础设施、交通工具中广泛应用信息技术、网络技术与通信技术，智能交通系统（intelligent transportation system, ITS）能够提高交通运输的安全性、可管理性及效能，同时也能够降低能源的消耗和对环境的负面影响，其构建目标是实现公路交通的智能化。

智能交通具有环保、便捷、安全、高效、可视、可预测的特点，智能交通系统应能够起到降低温室气体与其他各种污染物的排放量、降低能源消耗、提高能源利用率的作用。通过移动通信网和移动互联网,并基于图像的方式和语音提示的方式,智能交通系统可及时地向用户提供与交通相关的气象、道路、拥堵情况、最佳路况等信息;在智能交通系统中,除了具有传统的紧急刹车辅助系统(electronic brake assist,EBA)、电子稳定程序、安全气囊之外,每辆车还可通过车载网等技术手段,提高车辆、驾驶员、乘客与行人的主动安全性;智能交通系统可将所有公共交通工具与私家车的信息整合在一起,进行统一的数据管理,并提供整体环境下的交通网络状态视图;智能交通系统可持续地进行数据分析与建模,根据各种实时感知与采集的数据,进行交通状态预测,并根据预测结果去规划和改善交通基础设施的建设。如图 5-30 所示,展示了城市智能交通综合管理指挥系统结构。

资料来源:依据 KALAMARAS I,ZAMICHOS A,SALAMANIS A,et al. An interactive visual analytics platform for smart intelligent transportation systems management. IEEE Transactions on Intelligent Transportation Systems,2018,19(2):487-496.

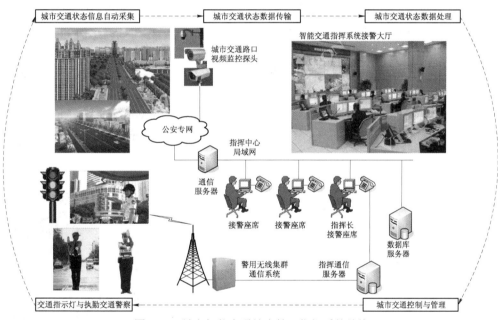

图 5-30 城市智能交通综合管理指挥系统结构

➔ 案例 5-13:物联网应用中的智能医疗

智能医疗已将物联网应用于医疗领域,基于借助数字化、可视化、自动感知和智能处理技术,智能医疗已实现了感知技术、计算机技术、通信技术、智能技术与医疗技术的融合;患者信息与医生信息的融合;三级医院、二级医院、一级医院与社区医疗的融合。智能医疗的应用可将有限的医疗资源提供给更多的患者,把医院的作用向社区、家庭及偏远农村延伸和辐射,进一步提升全社会的疾病预防、疾病治疗、医疗保健与健康管理的水平。由于欧洲、美国、日本和我国都已先后步入了老龄化社会,因此,医疗卫生社区化与保健化趋势日渐明显,智能医疗也必将成为物联网应用中实用性较强、贴近民生、市场需求旺盛的重点发展领域。

无线传感器网络的应用在智能医疗的发展中起到了重要的作用，健康监测功能主要用于人体的监护和生理参数的测量，可对人体的各种状况进行实时监控，并将数据传送到各种通信终端上，如 PC、手机、PDA 等。目前，我国已进入了老龄化社会，面向老人的健康监护需求将不断扩大，无线传感器网络将为健康的监测和控制提供更方便、更快捷的技术实现方法和途径，其应用空间也将十分广阔。例如，在需要护理的老年人身上，安装具有特殊用途的无线传感器节点，如心率和血压监测设备，通过无线传感器网络，医生可随时了解被监护患者的病情，以进行及时的处理。还可应用无线传感器网络长时间地收集患者的生理数据，在研制新药品的过程中，这些数据将是非常有价值的。

在对患者的管理过程中，患者的 RFID 卡记录了其姓名、年龄、性别、血型、以往病史、过敏史、亲属姓名、联系电话等基本信息，当患者就诊时，只需携带此 RFID 卡，所有对医疗有用的信息就可直接显示出来，患者不必再自述，医生也不必再反复录入，同时也避免了信息的不准确和人为操作的错误。住院的患者可使用一种特制的腕式 RFID 标签，在此标签中，记录了患者重要的医疗信息和治疗方案，医生和护士可随时通过 RFID 读写器了解患者的治疗情况。若将 RFID 标签与医学传感器相结合，如心跳、脉搏、心电图等信息的患者生命状态就可定时记录在 RFID 标签中，医生和护士能够随时通过 RFID 读写器了解患者生理状态的变化信息，并为及时治疗创造一定的条件。如图 5-31 所示，展示了智能医疗环境中的医院信息系统结构。

资料来源：XU F Q, LU H F. Implementation and application of wearable devices in intelligent medical treatment. International Journal of Simulation：Systems，Science and Technology，2016，17（27）：221-227.

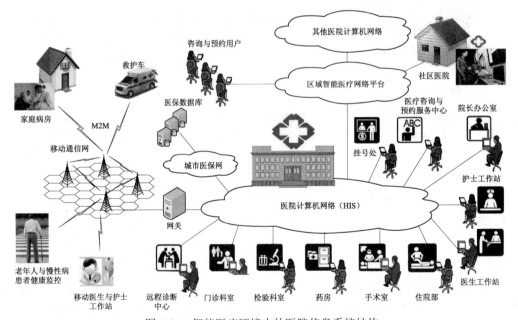

图 5-31　智能医疗环境中的医院信息系统结构

思考与讨论题

1. 简述移动电子商务的概念、发展现状及特点，并举例说明。
2. 简述移动电子商务的应用技术，并列举案例说明。
3. 简述移动电子商务的应用方向，并举例说明。
4. 简述物联网的构建背景及定义，并举例说明。
5. 简述物联网的基本特征、体系结构及应用技术，并列举案例说明。
6. 简述物联网的应用方向，并举例说明。
7. 论述移动电子商务与物联网的融合。

参 考 文 献

［1］王红蕾. 移动电子商务［M］. 北京：机械工业出版社，2015.
［2］陈建忠，赵世明. 移动电子商务基础与实务［M］. 北京：人民邮电出版社，2016.
［3］权金娟. 移动电子商务［M］. 北京：清华大学出版社，2016.
［4］朱容波. 绿色无线网络性能优化［M］. 北京：科学出版社，2017.
［5］张守国，王建斌，李曙海，等.4G 无线网络原理及优化［M］. 北京：清华大学出版社，2017.
［6］徐振华. 无线网络安全现状及对策研究［M］. 北京：知识产权出版社，2016.
［7］余晓玫，赖小龙，喻婷，等. 移动通信原理与技术［M］. 北京：机械工业出版社，2017.
［8］易梁，黄继文，陈玉胜.4G 移动通信技术与应用［M］. 北京：人民邮电出版社，2017.
［9］刘建成. 移动通信技术与网络优化［M］.2 版. 北京：人民邮电出版社，2016.
［10］张冀，王晓霞，宋亚奇，等. 物联网技术与应用［M］. 北京：清华大学出版社，2017.
［11］韦鹏程，石熙，邹晓兵，等. 物联网导论［M］. 北京：清华大学出版社，2017.
［12］王浩，郑武，谢昊飞，等. 物联网安全技术［M］. 北京：人民邮电出版社，2016.

第 3 篇

电子商务的支撑环境篇

第6章

电子商务安全与风险管理

淘宝"错价门"事件

2011年9月1日早晨,丁先生在淘宝网购物,发现部分网店和淘宝商城许多商品以1元秒杀包邮价出售,也有很多原价数百元的商品标价几元或几十元。丁先生知道,互联网上这样的一元秒杀活动或超低价商品甩卖促销是司空见惯的。所以,丁先生没有多想,花了几个小时按照正常程序买了许多商品,均付款成功并生成订单。丁先生在淘宝网上下了10多份订单,分别用1元、几元、几十元的价格,购买了两三千元的商品,包括服装、数码产品等。但是后来让丁先生没有想到的是,之后许多订单被淘宝网取消。

那么是什么原因导致丁先生的订单被淘宝取消呢?是丁先生订单有误?还是淘宝网电子商务系统故障?一时间引起淘宝网购者的猜疑和不满。随后,淘宝网发布公告称,此次事件为第三方软件"团购宝"交易异常所致。部分网民和商户询问"团购宝"客服得到自动回复称:"服务器可能被攻击,已联系技术紧急处理。"据统计,截至9月5日,商务部电子商务中心BCP信用投诉中心连续收到100多人的投诉。投诉者均反映:9月1日,淘宝网开展1元秒杀活动,次日却发布公告称,由于第三方软件错误,取消所有秒杀订单,并赔偿10元淘宝券。对这种处理方式,许多消费者表示异议,认为网民不知情,淘宝网应履行承诺,尽快发货。然而,出售这些商品的商户表示:超低价商品并非商家搞促销活动,而是商品价格被莫名其妙地更改,这给商户经营带来很大的经济损失。多数商户与网民之间的交易已经被强制关闭,少数商户虽然没有关闭交易,但是商户也拒绝发货。

金山网络安全工程师李铁军分析认为,此次淘宝网大批商户的价格数据被恶意篡改,并不能完全排除黑客利用第三方软件的漏洞进行攻击的可能性。电子商务企业后台系统一旦被黑客侵入,数据库会被肆意篡改,不仅仅是商品的价格,还包括接收货物的客户个人信息等,这种非法入侵往往会造成很大的混乱,带来很严重的后果,相关企业甚至会因此破产,这个行为涉嫌刑事犯罪。李铁军分析指出,黑客攻击可能是多层次、多方面、多种形式的。

这起"错价门"事件涉及众多商户和消费者,扰乱了正常的网络商品交易秩序,从某种程度上看,已经形成一个被广泛关注的公共网络安全事件。同时,暴露出我国电子商务安全问题不容小觑。在电子商务领域,这种价格被恶搞的事情尚属首次。这次是被恶意标注低价,吸引消费者哄抢,下次也有可能被恶意标注高价,把所有消费者都吓跑。这些恶搞行为都会使商户遭受严重的经济和信誉损失。其他一些商户也表示忧虑:电子商务网站的安全缺乏保障,势必影响商户们的日常经营。

资料来源:淘宝"错价门"敲响电子商务安全警钟[EB/OL].(2012-09-24). https://club.1688.com/threadview/30965611.html.

本章从电子商务安全的概念入手,分析当前电子商务安全面临的主要问题,产生原因和基本要素;阐述电子商务的安全体系架构及风险管理;最后,通过电子商务安全技术和电子商务安全实践,了解保障电子商务安全的具体措施。

6.1 电子商务安全的概念

电子商务以其低廉的交易成本,简化的贸易流程,超越时空限制的经营方式和预期的巨大利润空间,引起了全球的关注。与此同时,电子商务以开放的互联网为基础,各种复杂的商务信息在计算机系统中存放、传输和处理,也带来了各种电子商务交易安全问题的困扰。据 CNNIC 统计报告分析显示[1],截至 2017 年 6 月底,网络购物用户规模达到 5.1 亿人,网民使用率提升至 68.5%。网上银行、网上支付、网上订外卖用户规模分别为 3.8 亿人、5.1 亿人、2.9 亿人;网约专车和快车、共享单车的用户规模分别是 2.1 亿人和 1.1 亿人。这些网络交易行为随着互联网的发展,用户规模都在不断上升,而且应用类别也在不断创新。然而网民在这些网络交易的活动中,账号或密码被盗、遇到病毒或木马攻击、消费欺诈的数量也是层出不穷。2016 年 12 月 16 日,以"互联互通·共享共治——共建网络空间命运共同体"为主题的第二届世界互联网大会上,习近平主席在致辞中提到一点:"保障网络安全,促进有序发展。安全和发展是一体之两翼、驱动之双轮。安全是发展的保障,发展是安全的目的"。电子商务安全是电子商务发展的重要问题,建立一个安全的电子商务环境,将促进电子商务健康快速的发展。

6.1.1 电子商务安全的含义

电子商务安全涉及很多方面,例如,电子商务系统的计算机主机系统的安全、数据存储的安全、网络安全及电子商务交易数据、交易实体的安全等。因此,电子商务安全的含义包含两个层次的内容,即基础设施的安全和商务交易安全。另外,还包括管理、法律和标准等方面的隐性问题。基础设施安全和商务交易安全实际上是密不可分的,两者相辅相成,缺一不可。

1. 基础设施安全

电子商务的基础设施安全包括计算机网络设备安全、计算机网络系统安全、数据安全、应用安全等。其特征是以保证计算机网络自身的安全性为目标。

1)计算机网络设备安全

计算机网络设备一旦出现故障就会影响电子商务系统的运行。特别是计算机的硬盘如果损坏,数据就会丢失,可能造成不可估量的损失。因此,需要保证计算机网络设备的安全性,主要是提高计算机网络设备的可靠性和稳定性。

---

[1] 中国互联网络信息中心. 第 40 次中国互联网络发展状况统计报告. http://cnnic.cn/gywm/xwzx/rdxw/201708/t20170804_69449.htm.

2)计算机网络系统安全

网络是用户进行数据交换和信息传递的主要途径。通过网络，用户可以访问网络中不同的计算机系统。网络系统安全主要考虑限制用户对用于电子商务系统的计算机的访问权限，防止未授权的用户对系统的访问及越权访问。

3)数据安全

在网络上传递的数据如果不采用任何安全措施，就会受到各种各样的攻击，如数据被截获，甚至数据被恶意篡改和破坏。数据安全主要考虑防止数据被截获或截获后被破译，以及防止数据被恶意篡改和破坏。

4)应用安全

在网络环境下，计算机病毒猖獗，如果不加防范，就容易导致应用软件被病毒感染，程序被非法入侵和破坏，系统的功能受到限制。更严重的是导致系统不能正常工作，数据和信息丢失。应用安全主要是考虑防止应用软件被各种病毒非法入侵和破坏。

2. 商务交易安全

商务交易安全则紧紧围绕传统商务在互联网络上应用时产生的各种安全问题，在计算机网络安全的基础上，如何保障以电子交易和电子支付为核心的电子商务过程的顺利进行。即实现电子商务的保密性、完整性、可鉴别性、不可伪造性和不可抵赖性。主要包括交易信息安全、支付安全和诚信安全。

1)交易信息安全

交易信息安全包括商家的产品信息和订单确认信息、客户的订单信息。交易信息具有机密性，不能篡改。交易信息安全主要是防止交易信息被截获或截获后被破译，以及防止数据被恶意篡改和破坏。

2)支付安全

支付安全主要是客户的银行账号、交易金额及个人识别码和电子货币信息。支付过程中必须保证这些信息的安全。同时，对商家来说，可能存在虚假订单，假冒者以客户名义订购货物，而要求客户付款；对客户来说，可能存在欺骗性网站，盗取客户敏感信息，导致资金被窃取。如何保证客户支付信息安全及买卖双方身份的真实性，是支付安全主要考虑的问题。

3)诚信安全

电子商务的在线支付形式有电子现金、电子支票、信用卡支付等。采用在线支付，要求客户先付款，商家再发货。这样客户付款后，会担心收不到货物或收到劣质的货物。如果是先发货，后付款，商家会担心客户是否会付款。诚信安全影响电子商务支付型业务的发展。

6.1.2 电子商务安全面临的主要问题及产生原因

近些年来，电子商务发展迅速，已将全球的商务企业都推进到一场巨大的商业改革大潮中，然而安全问题是关键。电子商务的安全问题是不容忽视的，分析其面临的主要问题及产生原因，对于设计电子商务系统，保障电子商务系统的正常运转有极其重要的意义。

1. 主要问题

电子商务系统是一个庞大的系统，一旦出现安全问题，将会使企业和消费者遭受很大的经济损失，电子商务安全的主要问题表现在网络安全、法律法规、交易过程几个方面。

1）网络的安全性问题

网络的安全性问题主要表现在以下几个方面。

（1）信息的篡改。

➔ 案例 6-1：不翼而飞的网银

2010 年 7 月 15 日，某银行个人网银客户李某在淘宝网成功支付一笔 100 多元的订单。一个多月后，李某发现自己账户上的 10 800 元不翼而飞，于是到公安机关报案。公安机关根据李某的计算机硬盘副本和该客户网银登录日志及交易日志，针对客户在 7 月 15 日前后在硬盘上的操作痕迹和账户交易日志进行了分析。在对日志的分析过程中发现该客户是该银行的普通（一代）U 盾客户，经常使用 B2C 进行支付交易，在 2010 年 7 月 15 日 17 点 57 分发生一笔转账汇款，转账金额为 10 800 元，该金额和李某被盗金额一致，与当天正常 B2C 交易发生时间相差几十秒，且进行交易的网银登录 IP 与该客户正常的 B2C 交易中所使用的 IP 一致，据此可以认定该笔转账发生于李某自己的计算机。随后，通过查询李某网银的登录日志发现，有 10 余个非北京市的可疑 IP 登录过受害客户的网银，根据信息技术安全小组的经验判断，该客户网银资金被盗案件很可能系一个犯罪团伙所为。另外，客户的计算机系统审核日志已经被清除，所以一些关键的系统信息无法获取。

在此案例中，该客户的计算机安全环境非常恶劣，被黑客植入了大量的木马程序和恶意程序，黑客可以获取客户的键盘操作信息，并可以用 Guest 远程登录系统且不被客户察觉，在客户进行网银操作的时候 U 盾是插在计算机上的，黑客应该是借此机会登录到客户的计算机上进行了转账的操作。

资料来源：北京分行网银客户资金被盗案件的案情分析与启示［EB/OL］. http://www.doc88.com/p-907539844198.html.

当攻击者熟悉了网络信息格式以后，通过各种技术方法和手段对网络传输的信息进行中途修改，并发往目的地，从而破坏信息的完整性。这种破坏手段主要有 3 个方面。

- 篡改：改变信息流的次序，更改信息的内容，如购买商品的出货地址。
- 删除：删除某个消息或消息的某些部分。
- 插入：在消息中插入一些信息，使得接收方读不懂或接收错误的信息。

（2）信息的截获和窃取。

➔ 案例 6-2：数千万社保用户信息泄露

2015 年 4 月 22 日，从补天漏洞响应平台获得的数据显示，围绕社保系统、户籍查询系统、疾控中心、医院等大量爆出高危漏洞的省市就已经超过 30 个，涉及居民的社保参保信息，以及财务、薪酬、房屋等敏感信息。这些信息一旦泄露，造成的危害不仅使得个人隐私泄露，而且还会被犯罪分子非法利用，可能会发生复制身份证、盗用信用卡、盗刷信用卡等一系列刑事犯罪和经济犯罪事件。

资料来源：盘点：2015 年网络安全威胁事件大盘点［EB/OL］（2016-02-14）. http://b2b.toocle.com/detail—6311687.html.

在这种方式下，如果没有采用加密措施或加密强度不够，攻击者可能通过互联网、公共电话网、搭线、电磁波辐射范围内安装截收装置或在数据包通过的网关和路由器上截获数据等方式，获取输入的机密信息，或者通过对信息流量和流向、通信频度和长度等参数的分析，推出有用信息，如消费者的用户名与密码、银行账号与密码及企业的商业机密等，这些数据资料如果被盗，将给企业及其用户带来很大的安全隐患。

（3）恶意攻击和破坏。

➔ 案例 6-3：金海贷遭黑客攻击

2014 年 8 月 9 日，深圳 P2P 平台金海贷发布公告称，因为遭遇黑客攻击，网站不能正常运营。金海贷运营总监肖海涛表示，8 月 9 日 15 点 55 分左右，金海贷客服收到来自"黑客"的消息，要求公司给 400 元，否则将会"封闭网站"，并且提供了一个支付宝账号。此后，金海贷网站开始受到攻击而打不开。随后，又有人通过 qq 两次联系金海贷客服，索要的金额从 400 元涨到了 600 元，再到 700 元。

资料来源：盘点：2015 年网络安全威胁事件大盘点［EB/OL］（2016-02-14）. http://b2b.toocle.com/detail—6311687.html.

这种方式主要表现为黑客对电子商务系统的恶意攻击和破坏。电子商务平台正在成为黑客攻击的重要目标。

黑客的恶意攻击和破坏主要通过伪造 LAN 主机的 IP 地址，并根据这个伪造的地址进行不正当的存取。黑客先使被信任的主机丧失工作能力，然后伪装成被信任的主机，同时建立起与目标主机基于地址验证的应用连接。如果成功，黑客可以进行非授权操作，偷盗、篡改信息；黑客通过软件程序跟踪检测软件，可检测到用户的登录名、密码，在获得用户账户的读写权限之后，可以对其内容胡乱加以修改，毁坏数据，甚至输入病毒，使整个数据库陷于瘫痪；黑客发送大量的"请求服务"指令，使得 Web 服务器或路由器因过载而停止服务，使电子商务网站的运转处于瘫痪状态。

2）商务交易中电子合同的法律效力问题及完整性保密问题

➔ 案例 6-4：电子签名法

自 2005 年 4 月 1 日起开始施行《中华人民共和国电子签名法》，其中规定，电子签名是指数据电文中以电子形式所含、所附用于识别签名人身份并表明签名人认可其中内容的数据。数据电文是指以电子、光学、磁或类似手段生成、发送、接收或储存的信息。《中华人民共和国电子签名法》的实施，标志着我国的电子签名法真正走入司法程序，数据电文、电子签名、电子认证的法律效力得到了根本的保障。通过电子签名法的实施，基本上所有与信息化有关的活动在法律层面都有了自己相应的判断标准。

资料来源：全国人民代表大会常务委员会. 中华人民共和国电子签名法［EB/OL］（2004-08-28）. https://baike.baidu.com/item/中华人民共和国电子签名法/1780444.

在传统国际贸易法中，合同形式要求为书面形式，而电子商务中的合同是电子合同，与传统的书面形式存在很大的不同，其法律效力如何认定取决于法律的有关规定。而且，由于电子商务所依赖的互联网平台本身具有开放性的特点，交易双方的数据如何避免被他人截取和篡改，以保证其完整性和保密性，这都是电子商务发展必须面对和解决的问题。

3）商务交易中的安全性问题

电子商务交易中出现的安全性问题主要表现在以下几个方面。

（1）网上诈骗。

➡ **案例 6-5：一分钱订单设下的陷阱**

张先生在网上买书时，卖家要求他进入一个"新世纪购物网站"，下载一个 1 分钱的订单。张先生按照订单的要求，把银行卡号和密码都输进去。但过了很长一段时间，还是没收到书，然后到银行查账，发现卡上的一万多元钱都没了。上海警方陆续接到许多网民的举报。国内一些银行也向上海警方报案，同时告知网民"新世纪购物网"和它们没有任何网上合作关系，提醒网民警惕。上海市公安局侦查员谈道："好多网民觉得这一分钱很少，比较疏忽，到网站上张贴的一个假的银行支付页面，把自己的银行卡的账户和密码输进去了，这个时候卡上的账号和密码也就被犯罪嫌疑人窃取到了。"经过侦查，警方将以李波为首的 3 名犯罪嫌疑人全部抓获。李波供认，他们以 1 分钱的网上订单为诱饵，诱骗网民将银行卡号和密码输入虚假的支付页面，盗取卡号和密码后，迅速提走现金。

资料来源：网络诈骗 12 种手法全揭秘［EB/OL］. http://tech.qq.com/zt/2008/wlqz/.

网上诈骗目前已是世界上最为常见的投资诈骗形式，主要有以下几种形式：亲合团体式诈骗，它利用团体内部成员对宗教、种族及专业性团体的迷信进行诈骗；不正当销售行为诈骗，向不适宜的投资者推销欺骗性报价及市场操纵。

（2）信息假冒。

➡ **案例 6-6：购买个人信息雇他人行骗**

据了解，2014 年初至 2015 年 1 月间，34 岁的关某在北京市房山区城关街道时尚广场 3 号楼 1 单元某室，通过网络非法从他人手中购买唯品会、京东商城、聚美优品等网站的会员个人信息共计 68 151 条。随后，2014 年初至 2015 年 1 月间，关某雇用董某、杨某等人谎称唯品会等网站客服人员，以中奖、回馈老客户做活动等理由，向被害人杨女士等 128 人以 298 元至 498 元不等的价格推销假冒欧莱雅产品套装并赠送无法使用的电话充值卡，骗取杨女士等 128 人共计 60 532 元。在此过程中，部分被害人事后发现被骗，又找到了关某，关某看这些受害人态度强硬，为了"不出事"，便将一些受害人的钱财主动退回。后来经人举报，2015 年 1 月 19 日，关某被公安机关传唤到案。当被问及所骗欠款的去向时，关某称"已经花光"。

资料来源：男子网购近 7 万条个人信息雇人冒充电商卖假货［EB/OL］（2016-06-05）. http://news.sohu.com/20160605/n452972852.shtml.

当一些不法分子掌握了网络信息数据规律或解密了商务信息以后，可以假冒合法用户或发送假冒信息来欺骗其他用户。例如，伪造用户，发大量的电子邮件，窃取商家的商品信息和用户信用等信息；冒充他人消费；冒充主机欺骗合法主机及合法用户；冒充网络控制程序，套取或修改使用权限、通行字、密钥等信息。

(3) 交易抵赖。

→ **案例 6-7：网购最好当面验货**

2013 年，公安局刑警支队会同城阳公安分局等单位联合作战，经过一个多月的大量侦察，一举捣毁了位于城阳区的一个电信诈骗团伙，抓获犯罪嫌疑人 22 名。这一团伙凭借购买个人快递信息、假冒厂家或卖家客服来"以旧换新"，借着"货到付款"的时间差，用"障眼法"三年疯狂诈骗 2 000 多万元，涉及全国 20 多个省市。据民警介绍，杨某这种诈骗方式，完全是以"货到付款"这种方式，借着被骗者的大意而诈骗得手。当被骗者收到快递后，如果不开箱验货、不仔细检查，就被骗了，如果当场开箱验货并检查，实际上很容易就发现有问题，完全可以拒绝付款，从而避免上当受骗。杨某也正是抓住这种在收货、验货环节上的漏洞，而实施诈骗。

资料来源：半岛都市报．"电商公司"购买快递信息冒充厂家狂骗两千万 [EB/OL]（2013 – 11 – 04）. http://tech.hexun.com/2013-11-04/159334541.html.

在进行网上交易时，由于交易双方不是面对面的，没有对方真实、详细的信息，一旦交易的一方不守信用时，则可能对已实施的操作进行抵赖，或者诬陷对方实施了其实没有实施的操作，这种抵赖往往都是恶意的。交易抵赖包括多个方面，如发信者事后否认曾经发送过某条信息或内容、收信者事后否认曾经收到过某条消息或内容、购买者做了订货单不承认、商家卖出的商品因价格差而不承认原有的交易。

(4) 病毒感染。

→ **案例 6-8：电商类 App 成病毒重灾区**

手机病毒正出现快速增长的趋势，严重威胁移动支付安全。据腾讯手机管家的信息显示，2014 年一季度截获手机病毒包数达 143 945 个，感染手机病毒用户数达到 4 318.81 万人。其中，手机支付类病毒增长迅速，电商类 App 下载量和该类别感染的病毒包数均排名第一。2013 年，更是手机支付类病毒集中肆虐的一年，典型代表如"伪淘宝"病毒、"银行窃贼"及"洛克蜘虫"等。"伪淘宝"手机病毒是一款针对淘宝用户的病毒，它通过伪装淘宝客户端，来骗取用户的淘宝账号、密码及支付宝密码。当用户登录后，病毒执行指令，将支付宝密码发送到指定的手机号码，同时诱骗用户安装恶意安装包，导致用户的核心隐私泄露。手机病毒的仿真度及隐蔽性日益提高，让消费者防不胜防。

资料来源：通信信息报（福州）．电商类 APP 成病毒重灾区产业链整合破安全乱象 [EB/OL]（2014 – 05 – 05）. http://tech.163.com/14/0505/10/9RFN7HTK000915BF.html.

有数据显示，在我国的 1 000 多万中小型企业中，其中 80% 以上的中小型企业都没有安装网络版杀毒软件，导致企业局域网长期带毒运行，全国中小型企业每年因病毒所造成的损失高达 80 亿元。手机购物支付类 App 成为用户新宠，但与此同时，安全问题越发凸显，用户隐私、财产安全遭到威胁，亟须整个移动互联网产业链为维护用户利益通力合作。

2. 产生原因

电子商务安全问题威胁到电子商务的正常交易，根据目前电子商务交易中所出现的安全问题，其产生原因主要有以下几点。

1）硬件故障

电子商务的应用基础是开放式的因特网，而因特网的物理支撑是各种硬件设施，这些硬件设施不是十全十美的，一旦发生故障，就会使电子商务出现安全风险，给企业和个人造成严重的损失。

2）软件缺陷

除了硬件外，电子商务组成部分还有各种系统软件和应用软件，由于技术和人为的原因，各种软件不可避免地存在缺陷和漏洞，再加上由于某些软件很复杂，在使用中也会由于操作不当使电子商务系统出现安全漏洞。一旦黑客入侵，对电子商务的危害将是非常严重的，不但可能造成企业及个人的电子商务系统出现运行故障甚至崩溃，而且如其对网络中现有机要信息进行修改乃至删除，其后果是非常严重的，可能导致企业和个人的信息及资金被盗。

3）管理漏洞

（1）管理水平低。严格的电子商务管理是使企业免受损失的重要措施，目前由于许多企业的电子商务管理人员缺少正规的安全教育，不能胜任所承担的电子商务安全管理工作。有的企业购买了电子商务安全监控设备，但没有安装和使用，总是在受到攻击后才会想到加强自己网站的安全。有的企业即使安装了安全检测设备，但是他们盲目地认为只要安装了防火墙等防入侵监测系统，就能保障其网站的安全，压根没有定期进行安全测试和检查，给电子商务带来很大的安全隐患。

（2）消费者安全意识不强。广大消费者对于电子商务缺乏相应的安全知识，安全意识极为淡薄，他们根本不注意保护自己的密码等关键信息，容易导致冒名交易等；有的消费者对错误的信息判断能力差，容易上当受骗，导致资金被盗等；还有的消费者对电子商务的交易流程不清楚，容易误操作，如误删除某些软件等。近年来，在电子商务过程中，交易欺诈行为明显增多，严重影响了消费者对网络上产品的信任感，给电子商务市场带来了不利的影响。

4）法律缺失

我国电子商务领域安全问题一直引人注目，如支付宝被盗、网银被盗现象频频发生，给用户造成越来越多的损失。由于电子商务的开放性和虚拟性，交易双方不能面对面交谈，因此在身份的判别等方面存在很大的困难，这给利用电子商务进行交易的企业和个人带来很大的风险，交易中容易产生商业欺诈、商业诽谤、商业信用等各种问题，例如，消费者在网上所买的产品质量不合格及合同欺诈等。这些现象的出现，对电子商务的安全提出了警示。然而早些年，由于电子商务发展较快，相关的法律空白，导致许多电子商务纠纷的解决缺乏法律依据，消费者权益难以保护。2017年6月1日起施行的《中华人民共和国网络安全法》是为保障网络安全，维护网络空间主权和国家安全、社会公共利益，保护公民、法人和其他组织的合法权益，促进经济社会信息化健康发展制订，该法的实施是今后电子商务安全的保障。

6.1.3 电子商务安全的基本要素

电子商务发展的核心是"交易的安全性"。由于Internet的开放性，电子商务交易面临着种种风险。作为一个安全的电子商务系统，首先必须具有一个安全、可靠的通信网络，以保证交易信息安全、迅速地传递；其次必须保证数据库服务器绝对安全，防止黑客闯入网络盗取信息。因此，有关电子商务安全的基本要素具体表现在以下几个方面。

1. 网络传输要素

电子商务是在开放的网上进行交易，因此，要预防非法的信息存取和信息在传输过程中被非法窃取，以保证信息的机密性；要防止对商务信息的随意生成、修改和删除；要防止数据传输过程中信息的丢失、重复或信息传送的次序差异等导致贸易各方信息的不同。

2. 交易安全要素

电子商务是在开放的网上进行交易，因此，订单、合同和支付等大量信息的安全很重要，主要表现为以下几点。

1）保密性

电子商务作为贸易的一种手段，其信息直接代表着个人、企业或国家的商业机密。电子商务是建立在一个较为开放的网络环境上的，维护商业机密是电子商务全面推广应用的重要保障。交易信息的保密性包括交易信息的隐私问题和交易内容的保密性。

（1）交易信息的隐私问题，是指用户在上网过程中所涉及的各种操作行为和事项，如日期、时间和浏览过的网页等。

（2）交易内容的保密性，是指信息在传输过程中，只有发送者和接收者知道，保证信息不被他人截取或即使截取了也无法知道真实内容。因此，需要对网上传输的信息先加密再传输。

2）可靠性

根据 CNNIC 统计报告分析，在电子商务方面，52.26%的用户最关心的是交易的安全可靠性。在传统贸易中，贸易双方通过在交易合同、契约或贸易单据等书面文件上手写签名或印章来鉴别贸易伙伴，确定合同、契约、单据的可靠性并预防抵赖行为的发生。在无纸化的电子商务方式下，通过手写签名和印章进行贸易方的鉴别已不可能，因此，要在交易信息的传输过程中为参与交易的个人、企业或国家提供可靠的标识。任何个人、企业或商业机构及银行都不会通过一个不安全的网络进行商务交易，这样会导致商业机密信息或个人隐私的泄露，从而导致巨大的利益损失。

3）完整性

电子商务简化了贸易过程，减少了人为的干预，同时也带来维护交易各方商业信息的完整、统一的问题。由于数据输入时的意外差错或欺诈行为，可能导致交易各方信息的差异。交易各方信息的完整性将影响到交易和经营策略，保持交易各方信息的完整性是电子商务应用的基础。

4）抗抵赖性

交易信息的不可抵赖性是指在电子商务交易过程中，信息双方必须对他们发送的信息进行认可。交易双方必须对自己的交易行为负责任，信息发送者和接收者都不能予以否认。通过"数字签名"进行身份信息识别，使得他们难以抵赖。

5）有效性

要对各种事项进行防范和控制，以保证贸易数据在确定的时刻、确定的地点是有效的。

3. 法律法规要素

电子商务的安全必须依靠法律手段、经济手段来保障参与电子商务的各方的利益。因此，法律法规要素主要包括：保障交易各方身份认证的法律，电子合同的法律地位，电子商务中消费者权益保护的法律，网络知识产权保护的法律，电子商务侵权法。

6.2 电子商务的安全体系架构及风险管理

为了电子商务的健康持续发展，需要一套完善的电子商务安全架构，以保障电子商务交易各个环节的安全稳定。明确电子商务安全体系架构中各个环节，对于电子商务的安全管理具有重大的指导意义。

6.2.1 电子商务安全的主要环节及影响因素

电子商务安全架构应该是一个涵盖技术环节、管理因素等在内的综合体系。具体包含保护、检测、反应及恢复4个环节，人员、过程和技术3个因素。

1. 4个环节

（1）保护。采用一些网络安全产品、工具和技术保护网络系统、数据和用户。

（2）检测。实时监控系统的安全状态，是实时保护的一种策略，满足一种动态安全的需求。

（3）反应。当攻击正在发生时，能够及时做出响应，防止攻击进一步发生，将安全事件的影响降低到最小的范围。

（4）恢复。当系统因为攻击或入侵造成一定的破坏时，必须有一套机制来及时恢复系统正常工作。

2. 3个因素

（1）人员因素。人作为一种实体在电子商务交易过程中存在，对电子商务的安全产生重要的影响。可通过人员培训、教育等措施来降低人为因素带来的安全隐患。

（2）过程因素。在电子商务交易中，有不同的操作过程，例如，系统登录、下订单、数据更新等，需要有严格的制度来规范各种操作行为，杜绝系统的安全隐患。

（3）技术因素。技术因素对电子商务安全的影响最为直接，在电子商务交易中，首先要从技术上保障系统的安全可靠。

6.2.2 电子商务安全体系结构

电子商务的安全体系结构是保证电子商务中数据安全的一个完整的逻辑结构。电子商务安全体系结构由网络安全层、加密技术层、安全认证层、安全协议层、电子商务系统应用层及电子商务安全管理层组成，如图6-1所示。

1. 各层关系

从图6-1中可以看出，下层是上层的基础，为上层提供了技术支持；上层是下层的扩展与递进。各层之间相互依赖、相互关联，构成统一整体。各层通过控制技术的递进，实现电子商务系统的安全。

电子商务系统是依赖网络实现的商务系统，需要利用Internet基础设施和标准，所以构成电子商务安全体系结构的底层是网络安全层，它提供信息传送的载体和用户接入的手段，是各种电子商务应用系统的基础，为电子商务系统提供了基本灵活的网络服务。

为确保电子商务系统全面安全，必须建立完善的加密技术和认证机制，在电子商务安全体系结构中，加密技术层、安全认证层、安全协议层均为电子交易数据的安全而构筑。其中，

图 6-1　电子商务的安全体系结构

安全协议层是加密技术层和安全认证层的安全控制技术的综合运用和完善。电子商务系统应用层主要是面向电子商务交易的用户，有了下层的保障和支持，消费者才可以安全放心地使用电子商务的交易系统。另外，一个健康良好的电子商务系统，离不开企业的管理，尤其是电子商务系统安全尤为重要，三分靠技术，七分靠管理。因此，电子商务安全管理不容忽视。

2. 各层含义

（1）网络安全层。采用的主要安全技术有防火墙技术、入侵检测技术、病毒防范技术和安全评估技术等，用以保证计算机网络自身的安全。

（2）加密技术层。加密技术是电子商务最基本的安全措施。在目前技术条件下，加密技术通常分为对称加密和非对称加密两类。

（3）安全认证层。保证电子商务交易安全的身份认证技术，包括数字摘要技术、数字签名技术、数字时间戳技术、数字证书技术、认证技术、生物特征识别认证技术等。

（4）安全协议层。电子商务的运行需要一套完整的安全协议。目前，比较成熟的协议有安全套接层协议、安全电子交易协议等。

（5）电子商务系统应用层。包括支付型业务系统和非支付型业务系统。

（6）电子商务安全管理层。包括电子商务中对人员管理、安全制度管理、法律法规等策略及方案。

6.2.3　电子商务安全风险管理

从 6.2.2 节的分析得知，电子商务的安全管理，需要一个完整的综合保障体系，应规避信息传输风险、信用风险、管理风险和法律风险，以保证网上交易的顺利进行。电子商务的安全管理是电子商务中的首要问题，它是保证市场游戏规则顺利实施的前提，是保证电子虚拟市场交易顺利发展的前提。

1. 风险管理与控制

电子商务的风险管理与控制，应采用综合防范的思路，从基础设施、技术、管理、法律等方面综合考虑。

（1）加快基础设施建设。计算机系统、网络通信设备、通信线路、网络服务器等是电子商务交易的硬件保障，选择高性能的网络设备、加快基础设施的建设，利于构建安全、便捷的电子商务环境。

（2）实施技术防范。电子商务运作涉及资金安全、信息安全、货物安全、商业机密等多方面的安全问题，任何一点漏洞都可能导致资金的流失。可靠的技术保障，利于建设安全、便捷的电子商务环境。

（3）完善管理制度。电子商务企业应逐步完善其管理制度，从内部管理到外部经营有一套合理完善的制度，从而保障电子商务环境的安全。

（4）加强审计与监督。电子商务的安全问题日益突出，安全审计尤为重要，包括对网络经济的审计、网络系统的审计等。安全审计利用整合测试技术、内嵌式审计模块加入技术、同步式审计技术、电子商务询证等技术进行审计，通过在线监督和远程联网进行审计，对交易过程中敏感和重要环节进行监测，从而达到对电子商务进行鉴证和监督的目的。

（5）健全法制与诚信。电子商务的安全法规包括两方面的内容：一是电子交易，二是网络安全。这两点都需要有相关的法律加以保护。对于信息技术领域的计算机立法、网络安全立法、交易本身的商法和民法还需进一步的健全，从而进一步规范网上交易的安全性。

（6）培养专业人才。要发展电子商务，保障电子商务安全，需要大量的掌握现代信息技术和现代商贸理论与实务的复合型人才。政府应引导国内高等教育机构及企业充分利用各种途径和手段，培养、引进并合理使用好一批素质较高、层次合理、专业配套的网络、计算机及经营管理等方面的专业人才。

2. 安全管理策略

企业在参与电子商务系统规划的初期，就应当根据企业信息资产，对可能存在的信息传输风险、信用风险、管理风险、法律风险进行分析，分析电子商务的安全需求，结合安全需求和安全策略的内容，不断完善其安全管理策略。

1）安全策略

安全策略的制订包含物理安全策略、网络安全策略、数据安全策略、数据备份策略、病毒防护策略、系统安全策略、身份认证及授权策略、灾难恢复策略、事故处理及紧急响应策略、安全教育策略、口令管理策略、系统变更控制策略、商业伙伴及客户关系策略、复查审计策略。此外，应列出相关的国家法律、法规作为对系统主体及其与外界关联行为的规范和约束。

2）内部管理制度策略

内部管理制度包括安全管理和执行机构的行为规范、岗位设定及其操作规范、岗位人员的素质要求及行为规范、内部关系与外部关系的行为规范等。主要包含以下几个部分。

（1）管理制度。安全管理相关人员必须具有传统市场营销的知识和经验、必须具有相应的计算机网络知识和操作技能，多人负责原则、任期有限原则、最小权限原则。

（2）保密制度。保密级别一般分为绝密级、机密级、敏感级三级。

(3）跟踪、审计、稽核制度。跟踪制度——日志机制，审计制度——日志的检查审核，稽核制度——稽核业务应用软件。

(4）网络系统的日常维护制度。硬件的日常管理和维护，软件的日常管理和维护，数据备份制度。

(5）病毒防范制度。给计算机安装防病毒软件，认真执行病毒定期清理制度，控制权限，高度警惕网络陷阱、木马、骗取信用卡账号密码。

3）人员培训策略

为了保障电子商务的安全实施，应对相关人员的安全培训做出规定，内容应包括法律法规培训、内部制度培训、岗位操作培训等。

4）安全制度管理策略

对于安全制度的管理，主要从以下几个方面进行。

(1）安全机构。设立一个安全机构和安全管理员对安全进行管理，负责日常的安全事务，机构大小视企业规模而定。此机构负责教育培训用户，使管理层了解安全威胁和破坏的存在，并对用来保障安全的工具进行维护。

(2）访问控制。安全机构通过对访问控制、验证机制及授权策略进行管理，保证有访问权限的人才能使用系统，避免非法用户使用电子商务系统。

(3）验证机制。包括使用数字签名、权威机构发放的证书及公钥基础设施，现在电子签名已经拥有了与原始手写签名一样的法律地位。很多企业正在寻找可以测试并确认签名者身份的方法。

(4）授权管理。规定了用户在何时何地可以访问 Web 网站的某个部分。通过给每个用户建立进入规则，授权管理系统可以随时管理用户的访问区域。

(5）安全审计。包括对于访问日志的常规检查，每月要生成一份报告，来反映对于系统的常规和非常规的访问，并识别非正常的活动。

6.2.4　电子商务安全与云计算

自 2007 年 10 月 Google 和 IBM 在美国的各大高校推广各自的云计算（cloud computing）计划以来，云计算以其高可靠性、高可扩展性、低成本等方面的优势，迅速为广大用户所接受。把云计算技术应用到企业的电子商务活动中，给企业电子商务带来巨大的变化，促进了电子商务的发展。企业电子商务活动利用云计算技术，不仅可以有效地利用资源、降低成本，而且还能为企业提供可靠安全的数据存储中心，改善企业电子商务应用的安全性。云计算可以提供快捷的云服务，改善企业电子商务应用的灵活性和专业性。云计算技术使企业电子商务应用拥有强大的计算能力，可以快速响应用户的各种业务要求，实现普通计算环境下难以达到的数据处理能力。由于基于云计算模式的应用，电子商务的大量商务信息都是在云系统中存储、传输和处理，一旦出现问题，其带来的风险比传统的电子商务模式要高出许多。当前，安全问题已成为企业实施基于云计算模式电子商务的首要问题。

➡ 案例 6-9：云安全的翅膀

2015 年初，支付宝宕机、阿里云瘫痪、携程数据被删除……一系列网络安全事件，让不少将"身家性命"都放置于互联网上的人们心惊胆战。如何保障"离钱最近"的电子商务领域的信息安全？在7月1日举办的第三届中国网络安全大会上，百度首席安全架构师云朋发表了主题为《让电子商务插上云安全的翅膀》的主题演讲，给出了解决方案。

作为具有15年信息安全经验的行业专家，云朋表示当前必须重视电子商务安全的原因主要有三个，一是针对电子商务的攻击越来越频繁，呈现有组织化的倾向；二是企业在信息安全人才储备上极度匮乏；三是面对竞争残酷的局面，一旦出现安全风险将会给当事者带来直接且巨大的经济损失。

云朋认为，传统安全技术已经无法应对日新月异的网络安全形势，"智能敏捷"是未来安全发展的关键词，安全服务提供商既需要掌握庞大的数据信息，又要具备对大数据进行专业处理的能力。"百度安全在大数据处理方面具有国内领先水准，"云朋表示："我们有很多的数据源，比如百度云观测，它目前有391个节点，7×24小时不间断地对网站的速度、可用性和安全进行监测。"

据了解，百度云安全当前服务网站数近100万个、日均请求数60亿次、日防CC近32亿$^+$次、对DDOS压制能力达800 GB、全国网站平均提速400%。丰富的数据加上百度在PC安全、移动安全、云安全上的丰富产品布局，依托百度独有的云计算算法，实现对海量数据进行的分布式数据挖掘。

当前百度安全已经能够做到利用大数据，对安全威胁进行智能检测、对流量进行智能调度、对攻击进行智能防护，以及快速敏捷地实现安全部署与有效防御。更有趣的是，百度安全的云安全计算不仅局限于互联网，还可以通过对包含LBS信息的大数据进行分析，预测旅游景点的舒适度。"将云安全贯穿线上线下，更有效保障万物互联网时代的泛安全之外，对于企业发现潜在商机、及时优化经营策略也有着非常高的参考价值。"云朋表示。

当前，在全资收购国内知名云安全公司"安全宝"之后，百度云安全在国内云安全市场份额已经接近30%，形成全面覆盖大中小型网站及云加速服务全平台的云安全加速服务产品体系。基于百度在人工智能等尖端高科技研发上的领先优势，百度云安全为电子商务提供了包括事前检测、事中防护、事后审计在内的一揽子云安全解决方案。百度云安全产品7×24小时的防护、领先的科技及清晰的呈现之外，更重要的是百度云安全还为用户提供了安全人员的资源池，给予更大支撑的同时为用户节省人员编制，解决安全问题的同时又为用户降低了安全成本。

"百度不是一家以电子商务为主营业务的公司，"云朋表示："百度的使命是连接人与服务，我们为电子商务公司提供的云安全服务目的更为纯粹，更简单可依赖。"当前百度云安全在电子商务、医疗教育、网络社区、移动应用等行业拥有数量庞大的优质客户，丰富的行业经验让百度云安全有能力为包括智慧医疗在内的新兴融合性行业提供安全保障，是创业型公司、电子商务公司的最佳伙伴之一。

资料来源：百度首席安全架构师解读电子商务"云安全的翅膀"［EB/OL］（2015-07-02）. http://www.itbear.com.cn/html/2015-07/129409.html.

1. "云计算"的概念

云计算，是并行式、分布式计算和网格计算的一种延伸，主要通过计算机网络庞大的计算处理能力，将待处理程序自动分拆成无数个较小的子程序，再交由多部服务器所组成的庞大系统经搜寻、计算和分析，最后将处理结果回传给用户。在这种计算模式下，用户无须考虑终端的运算能力、存储能力、负载能力等问题，这些工作都将交给网络中超大规模的"云"

来完成，实现资源共享和网络协同工作。

通过云计算，可以将千万甚至过亿的信息提供给云进行计算，从而得到相当于超级计算机所能提供的服务。云计算带来了更低的基础设施成本，不仅对云客户端的硬件设备和软件成本要求低，而且还带来了更高的性能。

目前，云计算有3种主流商业模式，具体如下。

（1）基础架构即服务（infrastructure as a service，IaaS），提供给消费者的服务是对所有计算基础设施的利用，包括处理CPU、内存、存储、网络和其他基本的计算资源，用户能够部署和运行任意软件，包括操作系统和应用程序。消费者不管理或控制任何云计算基础设施，但能控制操作系统的选择、存储空间、部署的应用，也有可能获得有限制的网络组件（如路由器、防火墙、负载均衡器等）的控制。如国内的阿里云。

（2）平台即服务（platform as a service，PaaS），是面向软件开发者的服务，提供给消费者的服务是把客户采用的开发语言和工具（如Java，python，.Net等）或开发、购买的应用程序部署到供应商的云计算基础设施上去。客户不需要管理或控制底层的云基础设施，包括网络、服务器、操作系统、存储等，但客户能控制部署的应用程序，也可能控制运行应用程序的托管环境配置。

（3）软件即服务（software as a service，SaaS），是面向软件消费者的，提供给客户的服务是运营商运行在云计算基础设施上的应用程序，用户可以在各种设备上通过客户端界面访问。

2. 基于云计算模式的电子商务所面临的安全问题

由于云计算本身的复杂性、用户动态性等因素，使电子商务企业在构建电子商务平台面临许多新的安全问题。主要有以下几个方面。

（1）云计算平台的可靠性。由于基于云计算模式的电子商务平台所有的数据都存储在"云端"，如果有自然灾害、硬件设施遭到损坏和故障等情况发生时，云计算的可靠性体现在云计算的提供商是否有相应的措施来保障电子商务平台的正常运行。

（2）数据存储风险。电子商务企业将无法对存储在云端的本企业敏感信息进行监管，例如，如何才能保证企业的敏感数据不会被非法收集、处理和利用。由于云计算采用虚拟化技术，电子商务企业使用云计算服务时，根本不清楚自己的数据储存在哪里，甚至都不知道数据位于哪个国家。云计算环境和数据由多个用户共享，所以，电子商务企业往往会担心自己的数据是否会和其他用户的数据混淆，自己的数据是否会进行加密处理，自己的数据或应用程序是否被恶意使用。

（3）相关法律法规不完善。有关云计算和电子商务相关的法律还不完善。云计算服务供应商在服务协议中尽可能地规避大部分风险问题，不承诺对任何数据泄密事件及数据被破坏行为承担法律责任或义务。而在广大云计算用户看来，云计算供应商应当承担所有的安全责任。所以一旦出现安全问题，很容易引起双方的纠纷。

（4）病毒和黑客的攻击更加隐秘。黑客可以利用虚拟化技术等新兴技术，编写出以虚拟机形式传播的恶意软件，使用户更加难以察觉和被移除。同时，利用租用的虚拟机来隐藏自己的真实身份，使之难以被追踪。这些都将对电子商务企业的数据安全带来极大的危害。

（5）持久服务的风险。一旦发生云计算服务供应商终止服务或被其他公司收购等情况，用户需要考虑自己的业务和商业数据是否会受到影响，如何拿回自己的数据，现在的系统是否和以前的系统兼容等一系列问题。

（6）未知的风险。未知的安全漏洞、软件版本、安全实践和代码更改等都可能对云计算带来安全威胁。

3. 基于云计算模式的电子商务的安全策略

如果不能解决云计算模式下电子商务面临的安全问题，那电子商务将无法享受云计算带来的便利，这样就严重阻碍了云计算在电子商务中的应用。因此，对于云计算模式下电子商务面临的安全问题提出以下几种安全策略，以加强云计算模式下电子商务安全风险的控制。

1）云服务商的应对策略

（1）建立云计算系统的纵深安全防御机制，控制病毒木马在云计算平台内外部网络传播，对系统数据流量和运行状态实时监控，及时发现及时修复。部署网络攻击防御系统，防范黑客攻击，建立完善的容灾备份机制和应急响应机制。

（2）保护用户信息的可用性、私密性和完整性。对用户系统和数据进行安全隔离和保护，确保用户信息的存储安全及用户间逻辑边界的安全防护。通过采用数据加密 VPN 等技术保障用户数据的网络传输安全。完善用户信息的数据加密与密钥管理及分发机制，完善数据备份，安全恢复机制。

（3）身份认证与安全接入控制。建立严格的 AAA 机制，实施严格的身份管理安全认证与访问权限控制。

（4）加强云计算数据中心的安全管理，完善安全审计机制。加强数据中心的安全管理，加强对操作、维护等各类日志的审计管理。

2）电子商务企业的安全策略

（1）对云计算服务供应商的选择。确保提供商在 IT 和安全服务方面都要有丰富的经验和很好的口碑。仔细阅读和咨询云服务提供商提供的隐私说明，确保云提供商有严格的数据管理标准条例，防止云计算提供者的超级用户有可能对企业的数据进行查看或修改，造成数据泄露。

（2）数据安全的管理。

① 数据加密。电子商务企业在数据传输前对数据进行加密，在传输过程中即使被窃取，得到的也是乱码，能够保证数据的安全。加密的数据存储在云端，即使设施处于法律调查阶段，也会保证数据的安全性。

② 数据监控。云监控通过和云计算平台的整合，针对网络、系统、应用等提供可用性、用户体验和安全性等方面的监控服务，保障云计算用户的业务稳定安全运行。当服务器端发生故障时，及时地给网站管理人员发送邮件和报警短信，第一时间了解网站状态，将故障时间降低到最小。同时也可以追踪用户访问网站的速度、协助用户判断故障等。电子商务企业使用监控系统，连续不断地监控云计算中的数据，可防止重要数据的丢失。

③ 数据备份。电子商务企业应该慎重考虑数据丢失的风险，定期进行数据的备份。在虚拟化的环境下，选择能支持基于磁盘的备份与恢复、能支持文件完整与增量备份的云服务，以便出现数据丢失时快速高效进行数据恢复。

6.3 电子商务安全技术

电子商务安全技术主要包含数据加密技术、认证技术、安全协议技术、黑客防范技术、病毒防范技术和虚拟专网技术 6 大类。

6.3.1 数据加密技术

数据加密技术是电子商务的最基本安全措施，是保证电子商务安全的重要手段。加密技术是指通过使用代码或密码将某些重要信息和数据从一个可以理解的明文形式变换成一种复杂错乱的、不可理解的密文形式（加密），在线路上传送或在数据库中存储，其他用户再将密文还原成明文（解密），从而保障信息数据的安全性。在目前的技术条件下，通常加密技术分为对称加密技术和非对称加密技术两大类。

➡ **案例 6-10：Visa 回应信用卡数据被盗：黑客袭击后反加密**

随着信用卡业务量的大幅增加，信用卡犯罪数量也随之攀升，犯罪手法、技术更是层出不穷。2012 年 3 月底，专门为 VISA、万事达、美国运通等国际卡机构处理信用卡交易的美国环汇公司（Global Payments）表示，怀疑其客户资料 3 月初被黑客入侵，已实时通报执法机关，现由联邦特勤局统筹调查。随后 Visa 与万事达就这一事件向各家银行及发卡商发出通知，旗下信用卡账户信息可能遭窃，提醒发卡机构密切留意户口情况，同时会采取措施保障数据安全。2012 年 4 月 17 日，Visa 全球企业风险官艾睿琪（Ellen Richey）就此前 Visa 涉及的信用卡信息被盗事件，在京回应道："此次（信息遭窃）事件可能导致 150 万个账户受到影响，整个调查结束之后，可能相关的数字还会高一些，但是不会太高。我们能确信的是，受影响的账户有 95%～97%是美国的。"艾睿琪称，黑客这次的袭击非常精明，"袭击者使用了非常先进的工具，他们进入这个系统之后对自己进行了加密，所以别人看不出来他们已经进去了。以前我们一致认为加密是我们自我保护的手段，没想到也被犯罪分子利用了。"

早在 2005 年，Visa 同样也是因为第三方服务提供商被黑客侵入计算机系统，导致 4 000 万张信用卡的资料被盗。凭借这些资料，黑客能制造伪卡，大肆刷卡，这也是美国有史以来最严重的信用卡资料泄密事件。一笔信用卡支付涉及收单机构、发卡机构、卡交易处理提供商、持卡人、商户、商户交易处理提供商多个环节，每一环节都面临信用卡欺诈风险的考量。信用卡数据泄密对于包括卡组织、用户、银行在内的任一方面无疑是噩梦。

资料来源：Visa 回应信用卡数据被盗：黑客袭击后反加密［EB/OL］（2012 – 04 – 18）. https://www.ratuo.com/marketing/ecommerce/38128.html.

1. 对称加密技术

对称加密也称为"秘密密钥"加密。发送方用密钥加密明文，传送给接收方，接收方用同一密钥解密。其特点是加密和解密使用的是同一个密钥。

典型的加密算法代表是美国国家安全局的 DES。它是 IBM 于 1971 年开始研制，1977 年美国标准局正式颁布其为加密标准，这种方法使用简单，加密解密速度快，适合于大量信息的加密。但存在几个问题：第一，不能保证也无法知道密钥在传输中的安全。若密钥泄露，黑客可用它解密信息，也可假冒一方做坏事。第二，假设每对交易方用不同的密钥，N 对交易方需要 $N(N-1)/2$ 个密钥，难于管理。第三，不能鉴别数据的完整性。

2. 非对称加密技术

不同于对称加密，非对称加密的密钥被分解为公开密钥和私有密钥。密钥对生成后，公开密钥以非保密方式对外公开，只对应于生成该密钥的发布者，私有密钥则保存在密钥发布方手里。任何得到公开密钥的用户都可以使用该密钥加密信息发送给该公开密钥的发布者，而发布者得到加密信息后，使用与公开密钥相应对的私有密钥进行解密。

非对称加密也称为"公开密钥"加密。公钥加密法是在对数据加密解密时，使用不同的密钥，在通信双方各具有两把密钥，一把公钥和一把密钥。公钥对外界公开，私钥自己保管，用公钥加密的信息，只能用对应的私钥解密，同样地，用私钥解密的数据只能用对应的公钥解密。具体加密传输过程如下。

- 发送方甲用接收方乙的公钥加密自己的私钥。
- 发送方甲用自己的私钥加密文件，然后将加密后的私钥和文件传输给接收方乙。
- 接收方乙用自己的私钥解密，得到甲的私钥。
- 接收方乙用甲的公钥解密，得到明文。

这个过程包含了两个加密解密过程：密钥的加密解密和文件本身的加密解密。在密钥的加密过程中，由于发送方甲用乙的公钥加密了自己的私钥，如果文件被窃取，由于只有乙保管自己的私钥，黑客无法解密，这就保证了信息的机密性。另外，发送方甲用自己的私钥加密信息，因为信息是用甲的私钥加密，只有甲保管它，可以认定信息是甲发出的，而且没有甲的私钥不能修改数据。可以保证信息的不可抵赖性。

目前，常用的非对称加密算法是 RSA 算法。它是由 Rivest、Shamir、Adleman 3 人于 1977 年提出的一个公钥加密算法。但是 RSA 的加密解密要两次，处理和计算量都比较大，速度慢，所以只适合于少量数据的加密。

因此，在当前的加密应用中，经常使用对称密钥来对文本加密和解密，用非对称 RSA 加密体系对私钥加密和解密。发送方把密文和加密后的私钥一起发送给接收方。使用这种联合加密法，不仅可以确保数据的保密性，而且还可以实现一种名为数字签名的认证机制。发送者私钥加密的数据可以提供对发送者身份的认证，接收者私钥加密的数据可以提供对接收者身份的认证。

6.3.2 认证技术

现有的数据加密技术不足以保证电子商务中的交易安全，认证技术是保证电子商务安全的又一重要技术手段。采用认证技术可以直接满足身份认证、信息完整性、不可否认和不可修改等多项网上交易的安全需求，较好地避免了网上交易面临的假冒、篡改、抵赖、伪造等种种威胁。认证技术主要用于身份认证与报文认证。身份认证用于鉴别用户身份，报文认证用于保证通信双方的不可抵赖性和信息完整性。

➡ 案例 6-11：企业与个人的"信用标签"

支付宝举办了国内首个以信任为主题的互联网信任环境调查，69%的网民认为互联网可信度很高，把互联网作为获取信息的主要渠道，对其日常消费行为起到决定性参考。在如何改善互联网信任环境方面，56%的网民认为成立第三方信用评价体系、所有商家和个人必须经过认证和审核、利用技术手段进行监控都非常必要，88%的网民认为非常有必要给诚信的企业和个人贴上"信用标签"。

在企业信任度方面，信任有品牌知名度网站的网民占到 52%，有 38%的网民信任通过相关机构认证的网站。从调查结果来看，阿里巴巴、新浪、盛大、携程等大型网站通过近年来的发展，已经建立了强大的商业信誉度，仍是网民获取信息的主要渠道，同时，一些经过"认证"的网站也得到了网民的认可，例如，由于支付宝推出的全额赔付制度，网民更愿意与支持支付宝的网站进行交易，一旦因为交易而受到损失，可以得到补偿。

资料来源：支付宝发布互联网信任环境调查报告［EB/OL］（2007-07-25）．http://it.sohu.com/20070725/n251233148.shtml．

1. 数字摘要技术

数字摘要技术又被称为指纹画押（finger print）或被称为数字指纹。采用安全 Hash 编码法（secure hash algorithm，SHA）对明文中重要元素进行某种交换运算得到一串 128 比特的密文，这串密文也称数字指纹，有固定的长度。不同的明文形成的密文摘要必定是一致的，因此，这个摘要便可以作为验证明文是否是"真身"的"指纹"了。

其基本原理如下。

- 被发送文件用 SHA 编码加密产生 128 比特的数字摘要。
- 发送方用自己的私用密钥对摘要再加密，这就形成了数字签名。
- 将原文和加密的摘要同时传给对方。
- 对方用发送方的公共密钥对摘要解密，同时对收到的文件用 SHA 编码加密产生又一摘要。
- 将解密后的摘要和收到的文件在接收方重新加密产生的摘要相互对比。如两者一致，则说明传送过程中信息没有被破坏或篡改过。否则则有可能被破坏或篡改。

2. 数字签名技术

数字签名是公开密钥加密技术的一种应用，是指用发送方的私有密钥加密报文摘要，然后将其与原始的信息附加在一起，合称为数字签名。

其基本原理如下。

- 报文发送方从报文文本中生成一个 128 比特的散列值（或报文摘要），并用自己的专用密钥对这个散列值进行加密，形成发送方的数字签名。
- 这个数字签名将作为报文的附件和报文一起发送给报文的接收方。
- 报文接收方首先从接收到的原始报文中计算出 128 比特的散列值（或报文摘要）。
- 再用发送方的公开密钥来对报文附加的数字签名进行解密，如果两个散列值相同，那么接收方就能确认该数字签名是发送方的，通过数字签名能够实现对原始报文的鉴别和不可否认性。

数字签名技术采用数字签名来模拟手写签名，解决了电子商务中不可否认的安全需求。可以保证接收者能够核实发送者对电子文件的签名，发送者事后不能抵赖对文件的签名，接收者不能伪造对电子文件的签名。因此能够在电子文件中识别双方交易人的真实身份，保证交易的安全性和真实性及不可抵赖性，起到与手写签名或盖章的同等作用。

3. 数字时间戳技术

在商务交易文件中，时间是十分重要的信息。在书面合同中，文件签署的日期和签名一样均是十分重要的，是防止文件被伪造和篡改的关键性内容。在电子交易中，同样需对交易文件的日期和时间信息采取安全措施，而数字时间戳服务（digital time-stamp service，DTS）

就能提供电子文件发表时间的安全保护。数字时间戳服务是网上安全服务项目,由专门的机构提供。

时间戳(time-stamp)是一个经加密后形成的凭证文档,它包括 3 个部分:需加时间戳的文件的摘要(digest)、DTS 收到文件的日期和时间、DTS 的数字签名。

其基本原理如下。
- 用户首先将需要加时间戳的文件用 Hash 编码法运算行程摘要。
- 将该摘要发送到 DTS。
- DTS 在加入了收到文件摘要的日期和事件信息后再对该文件加密(数字签名)。
- 送达用户。

4. 数字证书和认证技术

数字证书是由权威机构——CA(certificate authority)证书授权中心发行的,能提供在 Internet 上进行身份验证的一种权威性电子文档,人们可以在互联网交往中用它来证明自己的身份和识别对方的身份。其应用范围包括传统的商业、制造业、流通业的网上交易及公共事业、金融服务业、工商税务、海关、政府行政办公、教育科研单位、保险、医疗等网上作业系统。

1)认证机构

CA 机构,是一家能向用户签发数字证书以确认用户身份的管理机构。作为电子商务交易中受信任的第三方,承担公钥体系中公钥的合法性检验的责任。CA 中心为每个使用公开密钥的用户发放一个数字证书,数字证书的作用是证明证书中列出的用户合法拥有证书中列出的公开密钥。CA 机构的数字签名使得攻击者不能伪造和篡改证书,其负责产生、分配并管理所有参与网上交易的个体所需的数字证书,是电子商务交易的核心环节。中国数字认证网界面如图 6-2 所示。

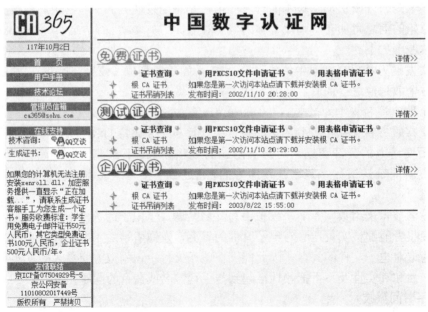

图 6-2 中国数字认证网界面

我国目前存在的电子认证服务机构包括北京数字证书认证中心、中国金融认证中心、深圳电子证书认证中心等多家机构。

2）数字证书

数字证书是由权威的认证机构 CA 发放的，功能和个人身份证一样用来解决网络上的身份问题。数字证书主要通过非对称加密体制来实现。每个用户自己持有一个仅为本人所知的私钥，用它来进行解密和签名，同时设定一把公开密钥并由本人公开，由一组用户所共享，用于加密和验证签名。当发送一份保密文件时，发送方使用接收方的公钥对数据加密，而接收方则使用自己的私钥解密。

数字证书具体包含信息有：证书所有者的信息、证书所有者的公开密钥、证书颁发机构的签名、证书的有效期、证书的序列号等。数字证书的类型有个人数字证书、企业（服务器）数字证书、软件（开发者）数字证书。

3）数字证书颁发过程

用户产生了自己的密钥对，并将公共密钥及部分个人身份信息传送给一家认证中心。认证中心在核实身份后，将执行一些必要的步骤，以确信请求确实由用户发送而来，然后，认证中心将发给用户一个数字证书，该证书内附了用户及其密钥等信息，同时还附有对认证中心公共密钥加以确认的数字证书。当用户想证明其公开密钥的合法性时，就可以提供这一数字证书。

4）根证书

根证书是认证中心与用户建立信任关系的基础。根证书是 CA 认证中心给自己颁发的证书，是信任链的起始点。安装根证书意味着对这个 CA 认证中心的信任。根证书是一份特殊的证书，它的签发者是它本身，下载根证书就表明用户对该根证书以下所签发的证书都表示信任，而技术上则是建立起一个验证证书信息的链条，证书的验证追溯至根证书即为结束。用户在使用自己的数字证书之前必须先下载根证书。

数字证书能够起到标识贸易方的作用，是目前电子商务广泛采用的技术之一，保证信息除发送方和接收方外不被其他人窃取、信息在传输过程中不被篡改、发送方能够通过数字证书来确认接收方的身份、发送方对于自己的信息不能抵赖。一般用户和商家交易都使用数字证书证实自己的身份。

5. 生物特征识别认证

生物特征识别技术是通过计算机与光学、声学传感器和生物统计学原理等高科技手段相结合，利用人体固有的生理特征（如指纹、掌纹、虹膜等）来进行个人身份的鉴定。其核心在于如何获取这些生物特征，并将其转换为数字信息，存储于计算机中，利用可靠的匹配算法来完成验证与识别个人身份的过程。将生物特征识别技术和数字签名技术有机地结合在一起，可以提供一种更加安全、便捷的用户身份认证技术。

6.3.3 安全协议技术

电子商务的运行需要一套完整的安全协议。目前，比较成熟的协议有安全套接层协议（secure socket layer，SSL）、安全电子交易协议（secure electronic transaction，SET）等。

➡ 案例 6-12："绿色地址栏"技术确保网站安全

Extended Validation SSL Certificates 翻译成中文即扩展验证（EV）SSL 证书，该证书经过

最彻底的身份验证，确保证书持有组织的真实性。独有的绿色地址栏技术将循环显示组织名称和作为 CA 的 GlobalSign 名称，从而最大限度上确保网站的安全性，树立网站可信形象，不给欺诈钓鱼网站以可乘之机。

对线上购物者来说，绿色地址栏是验证网站身份及安全性的最简便可靠的方式。在 IE7.0、FireFox3.0、Opera 9.5 等新一代高安全浏览器下，使用扩展验证（EV）SSL 证书的网站的浏览器地址栏会自动呈现绿色，从而清晰地告诉用户正在访问的网站是经过严格认证的。此外，绿色地址栏临近的区域还会显示网站所有者的名称和颁发证书 CA 机构名称，这些均向客户传递同一信息，该网站身份可信，信息传递安全可靠，而非钓鱼网站。

资料来源：中国科学技术学会. SSL［EB/OL］. http://baike.baidu.com/view/16147.htm.

1. 安全套接层协议技术

安全套接层协议（secure socket layer，SSL）是 Netscape 公司率先采用的网络安全通信协议。现在被广泛用于 Internet 上的身份认证与 Web 服务器和用户端浏览器之间的数据安全通信，已成为保密通信的工业标准。SSL 采用对称密码和公开密码相结合技术，采用密码和证书实现通信数据完整性、认证性等安全服务。SSL 的安全服务位于 TCP 和应用层之间，可为 HTTP、FTP、SMTP 等提供安全业务，服务对象主要是 Web 应用，即客户浏览器和服务器。该协议允许客户端/服务器应用之间进行防窃听、防消息篡改及防消息伪造的安全的通信。

1）SSL 协议的功能

（1）客户对服务器的身份确认。SSL 服务器允许客户的浏览器使用标准的公钥加密技术和一些可靠的 CA 证书，来确认服务器的合法性（检验服务器的证书和 ID 的合法性）。对于用户服务器身份的确认与否是非常重要的，因为客户可能向服务器发送自己的信用卡密码。

（2）服务器对客户的身份确认。允许 SSL 服务器确认客户的身份，SSL 协议允许客户服务器的软件通过公钥技术和可信赖的证书来确认客户的身份（客户的证书）。对于服务器客户身份的确认与否是非常重要的，因为网上银行可能要向客户发送机密的金融信息。

（3）建立起服务器和客户之间安全的数据通道。SSL 要求客户和服务器之间所有的发送数据都被发送端加密，所有的接收数据都被接收端解密，这样才能提供一个高水平的安全保证。同时 SSL 协议会在传输过程中检查数据是否被中途修改。

2）SSL 协议的组成

SSL 协议的组成是握手协议层和记录协议层。握手协议建立在记录协议之上，此外，还有警告协议、更改密码说明协议、应用数据协议等对话协议和管理提供支持的子协议。记录协议具体实现压缩/解压缩、加密/解密、计算机 MAC 等与安全有关的操作。握手协议是用来在客户端和服务器端传输应用数据而建立的安全通信机制。

3）SSL 协议的服务

（1）认证服务。使得用户和服务器能够确信数据将被发送到正确的客户机和服务器上。客户机和服务器都有各自的识别号，由公开密钥编排。为了验证用户，SSL 要求在握手交换数据中做数字认证，以此来确保用户的合法性。

（2）数据加密服务。SSL 采用的加密技术既有对称密钥，也有公开密钥。具体来说，客户机与服务器交换数据之前，先交换 SSL 初始握手信息。SSL 握手信息中采用了各种加密技术，以保证其机密性和数据的完整性，并且经数字证书鉴别，这样就可以防止非法用户破译。

（3）数据完整性服务。SSL 采用密码杂凑函数和机密共享的方法，提供完整信息性的服务，来建立客户机与服务器之间的安全通道，使所有经过 SSL 处理的业务，在传输过程中都能完整、准确无误地到达目的地。

4）SSL 协议的运行步骤

SSL 协议的运行分为 6 个步骤，具体如图 6-3 所示。

图 6-3　SSL 协议的运行分为 6 个步骤

当上述动作完成之后，两者间的资料传送就会加密，接收方收到资料后，再将密文资源还原。即使盗窃者在网络上取得密文资料，如果没有原先编制的密码算法，也不能获得可读的有用资料。

在电子商务交易过程中，按照 SSL 协议，客户的购买信息首先发往商家，商家再将信息转发给银行，银行验证客户信息合法后，通知商家付款成功，商家再通知客户购买成功，并将商品寄送给客户。

2. 安全电子交易协议技术

安全电子交易协议（secure electronic transaction，SET）是基于信用卡在线支付的电子商务安全协议，它是由 Visa 和 MasterCard 两大信用卡公司于 1997 年 5 月联合推出的规范。SET 通过制订标准和采用各种密码技术手段，解决了当时困扰电子商务发展的安全问题。目前它已经获得 IETF 标准的认可，已经成为事实上的工业标准。

1）SET 协议的功能

SET 协议是一个基于可信的第三方认证中心的方案，涉及的当事人包括持卡人、发卡机构、商家、银行及支付网关。SET 协议的主要目标是：信息在公共因特网上安全传输、订单信息和个人账号信息隔离、持卡人和商家相互认证。具体功能如下。

（1）保证电子商务参与者信息的相互隔离；持卡人的资料加密或打包后到达银行，商家看不到持卡人的账户和密码信息，银行看不到持卡人的购物信息。

（2）保证信息在互联网上安全传输。

（3）解决多方认证问题，不仅要对消费者的信用卡认证，而且要对在线商店的信誉程度认证，同时还有消费者、在线商店与银行间的认证，保证付款的安全。

（4）保证网上交易的实时性，使所有的支付过程都是在线的。

（5）提供一个开放式的标准、规范协议和消息格式，促使不同厂家开发的软件具有兼容性和互操作功能，并且可运行在不同的硬件和操作系统平台上。

2）SET 协议的组成

SET 为基于信用卡进行电子交易的应用提供了实现安全措施的规则。SET 支付系统主要由持卡人、商家、发卡行、收单行、支付网关、认证中心 6 个部分组成。对应地，基于 SET 协议的网上购物系统至少包括电子钱包软件、商家软件、支付网关软件和签发证书软件。

3）SET 协议的技术

SET 协议是一种电子支付系统的安全协议，涉及加密、认证等多种技术。

（1）加密技术。加密技术是 SET 协议中的核心技术，在 SET 中使用的技术主要包括对称加密技术、非对称加密技术、数字签名技术、消息摘要技术、数字信封技术、双重签名技术等。通过这些加密技术的使用，为电子交易的过程提供了身份的认证、交易信息的完整性、信息的机密性和交易的不可否认性。

（2）认证技术。通过认证机构来认证交易双方身份的合法性，保证买卖双方进行每一笔交易的可靠性。认证机构完成的主要流程包括接受注册请求处理、批准/拒绝请求、发行证书。

4）SET 协议的运行步骤

在一个完整的购物流程中，SET 工作过程如图 6-4 所示。

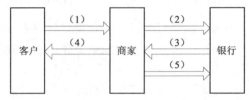

图 6-4　SET 协议的运行步骤

（1）持卡人通过浏览器从商家网站选择要购买的商品，填写订单，选择付款方式，此时 SET 开始介入。持卡人通过网络发送给商家一个完整的订单及要求付款的指令。在 SET 中，订单和付款指令由持卡人进行数字签名，同时，利用双重签名技术保证商家看不到持卡人的账号信息。

（2）商家接受订单，通过支付网关向持卡人的金融机构请求支付认可。

（3）在银行和发卡机构确认和批准交易后，支付网关给商家返回确认信息。

（4）商家通过网络给顾客发送订单确认信息，为顾客配送货物，完成订购服务。客户端软件可记录交易日志，以备将来查询。

（5）商家请求银行将钱从购物者的账号转移到商家账号。

3. SSL 与 SET 的比较分析

SSL 与 SET 两种协议都能应用于电子商务中，都通过认证进行身份的识别，都通过对传输数据的加密实现保密性。但 SSL 和 SET 在具体的内容方面有明显的不同，具体表现在以下几个方面。

1）认证要求

以前的 SSL 还未能提供商家的身份认证机制，虽然在 SSL3.0 里能够通过数字签名及数字证书去完成浏览器及网络服务器两方身份验证，却依然无法完成多方的认证；与 SSL 相比，SET 的安全要求比较高，全部参与 SET 交易的成员（包括持卡方、发卡银行、商家、收单行及支付网关）都需要申请数字证书取得身份识别。

2）安全性

SET 协议对整体商务活动流程进行了规范，将整个交易过程中的信息流的走向和必要应用的加密及认证全部制订了严格的标准，这样高度确保了整个商务活动的商务性、协调性、集成性和服务性。而 SSL 只是对持卡人和商店的信息交换采取密码保护，这可看作是用于传输那部分的技术规范。从电子商务的特性上来说，SSL 不具有商务性、协调性、集成性和服务性。所以，SET 比 SSL 的安全性更高。

3）网络层协议位置

SSL 是基于传输层基础上通用的安全协议，而 SET 则位于应用层，且对网上的其他各层也会涉及。

4）应用领域

SSL 主要和网络应用共同工作，然而 SET 则为信用卡的交易提供安全服务。所以，若电子商务的应用只通过网络或 E-mail，那么就可不用 SET。但是，若电子商务的应用涉及多方面的交易，那么用 SET 则更加安全和通用。

6.3.4 黑客防范技术

电子商务是基于计算机互联网上的交易行为，黑客们常常利用自己在计算机方面的高超技能，对网络中的一些重要信息进行修改、伪造，给社会造成重大的经济损失和极为恶劣的影响。

➡ **案例 6-13：电商成黑客敛财新目标　大多企业遭过攻击**

随着电子商务企业被业界公认为最近几年的"吸金王"，在获得眼球和关注的同时，也被一群叫"网络黑客"的"新生组织"盯上，并不定期"骚扰"索要"保护费"，每次索要金额从几百元到上千元不等。受制于电商环境的大背景，一些电商企业由 2011 年大手笔狠砸硬广（媒体上刊登的纯广告），转而寻求搜索引擎竞价排名的推广，却没想到这一举动竟惹上了黑客的关注。

业内人士认为，按照以往的惯例，具有一定规模和知名度的企业才是"网络黑客"的重点，一则是这些企业资金充沛，二则"保护费"金额不高，他们更愿意花钱了事，所以一些中小电商企业并无太大危险。

表 6-1 为一位资深电商从业者从黑客交易渠道获悉，部分电商企业被攻击的情况，因涉及电商企业的数据保密，一些具体数据并未标出。另据团购行业的中层透露，诸如此类情况，京东、当当、凡客、支付宝包括一些团购企业也都不同程度地遇到过，造成的损失和数据泄露也都引起了高层的关注，但是出于某种原因，他们并未采取法律手段或是积极寻求解决途径，而是保持沉默或积极撇清。

表 6-1　被黑客攻击的电商企业及其损失情况

电商企业	被攻击时间	造成损失
京东商城	2010 年大规模攻击	数据外泄，损失金额未知
当当网	2011 年 11 月大规模攻击	200 万会员个人数据（电话、姓名、地址、邮箱等）泄露
凡客诚品	2011 年大规模攻击	数据外泄，损失金额未知
淘宝网	2010 年 10 月大规模攻击	支付宝用邮箱 2 400 多个个人账号泄露
走秀网	2009 年、2010 年、2011 年陆续被攻击	600 万会员注册邮箱账号泄露
佳品网	未知	100 多万会员注册邮箱账号泄露
1 号店网上超市	2009 年、2010 年、2011 年陆续被攻击	90 万用户数据泄露，7 月份整月购物数据泄露

资料来源：电商成黑客敛财新目标　大多企业遭过攻击［EB/OL］（2012-02-06）. http://www.2cto.com/News/201202/118517.html.

1. 防火墙技术

防火墙技术是近年来发展的最重要的安全技术，是一种用来加强网络之间访问控制的特殊网络设备，它对两个或多个网络之间传输的数据包和连接方式按照一定的安全策略进行检查，从而决定网络之间的通信是否被允许。

防火墙，是一个分析器、限制器、分离器，能有效地控制内部网络与外部网络之间的访问及数据传输，从而达到保护内部网络的信息不受外部非授权用户的访问和过滤不良信息的目的。

1）防火墙的功能

（1）网络安全的屏障。只有经过精心选择的应用协议才能通过防火墙，可使网络环境变得更安全。如防火墙可以禁止 NFS 协议进出受保护的网络，这样外部的攻击者就不可能利用这些脆弱的协议来攻击内部网络。防火墙同时可以保护网络免受基于路由的攻击，如 IP 选项中的源路由攻击和 ICMP 重定向中的重定向路径。防火墙应该可以拒绝所有以上类型攻击的报文并通知防火墙管理员。

（2）强化网络安全策略。通过以防火墙为中心的安全方案配置，能将所有安全软件（如口令、加密、身份认证、审计等）配置在防火墙上。与将网络安全问题分散到各个主机上相比，防火墙的集中安全管理更经济。例如，在网络访问时，一次一密口令系统和其他的身份认证系统完全可以不必分散在各个主机上，而集中在防火墙上。

（3）对网络存取和访问进行监控审计。如果所有的访问都经过防火墙，那么，防火墙就能记录下这些访问并做出日志记录，同时也能提供网络使用情况的统计数据。当发生可疑动作时，防火墙能进行适当的报警，并提供网络是否受到监测和攻击的详细信息。另外，收集一个网络的使用和误用情况也是非常重要的。可以清楚防火墙是否能够抵挡攻击者的探测和攻击，并且清楚防火墙的控制是否充足。而网络使用统计对网络需求分析和威胁分析等也是非常重要的。

（4）防止内部信息的外泄。通过利用防火墙对内部网络的划分，可实现内部网重点网段的隔离，从而限制了局部重点或敏感网络安全问题对全局网络造成的影响。

2）防火墙的分类

按照防火墙的技术划分，可以分为"包过滤型"和"应用代理服务型"防火墙两大类。

（1）包过滤型（packet filtering）防火墙。工作在 OSI 网络参考模型的网络层和传输层，依据系统事先设定好的过滤逻辑，检查数据流中的每个数据包，根据数据包的源地址、目标地址，以及包所使用端口确定是否允许该类数据包通过。只有满足过滤条件的数据包才能被转发到相应的目的地，其余数据包则从数据流中丢弃。包过滤技术有两种不同的版本，分别为"第一代静态包过滤"和"第二代动态包过滤"。

包过滤技术的优点：通用，适用于所有网络；廉价，大多数路由都提供数据包过滤；有效，很大程度上满足了大多数企业的安全要求。

包过滤技术的缺点：不能充分满足安全要求；过滤规则有限；缺少审计和报警机制，容易受到"地址欺骗型"攻击；对安全管理人员要求高。

（2）应用代理服务型防火墙。工作在 OSI 的应用层，通常是一个软件模块，运行在一台主机上，代理服务器与路由器的合作，路由器实现内部和外部网络交互时的信息流导向，将所有的相关应用服务请求传送给代理服务器。代理服务器有两种不同的版本，分别为"第一代应用网关型代理服务器"和"第二代自适应代理服务器"。

代理服务型防火墙的优点：安全，可以对网络中任何一层数据通信进行筛选保护；代理机制可以为每一种应用服务建立一个专门的代理，内外网之间的通信需要经过代理服务器审核，避免了入侵者使用数据驱动类型的攻击方式入侵内部网。

代理服务型防火墙的缺点：速度较慢，当内外网通信高吞吐量时，代理防火墙就会成为内外网络之间的"瓶颈"。

2. 创建防火墙的步骤

（1）定制安全策略。
（2）搭建安全体系结构。
（3）制订规则次序。
（4）制订规则集。
（5）注意更换控制。
（6）做好审计工作。

3. 入侵检测技术

入侵检测是指"通过对行为、安全日志或审计数据、其他网络上可以获得的信息进行操作，检测到对系统的闯入或闯入的企图。"进行入侵检测的软件与硬件的组合称为入侵检测系统（intrusion detection system，IDS）。入侵检测被认为是防火墙之后的第二道安全闸门，在不影响网络性能的情况下能对网络进行检测。

1）入侵检测系统的功能

入侵检测系统从计算机网络系统中的若干关键点收集信息，并分析这些信息，看看网络中是否有违反安全策略的行为和遭到袭击的迹象。在发现入侵后，会及时做出响应，包括切断网络连接、记录事件和报警等。具体功能如下。

（1）监视、分析用户及系统活动。
（2）检测系统配置的正确性和安全漏洞，并提示管理员修补漏洞。
（3）识别反映已知进攻的活动模式，并向网关人员报警。
（4）异常行为模式的统计分析，发现入侵行为的规律。
（5）评估重要系统和数据文件的完整性。
（6）操作系统的审计跟踪管理，并识别用户违反安全策略的行为。

2）入侵检测系统的分类

入侵检测是一种主动保护自己免受攻击的网络安全技术。作为防火墙的合理补充，入侵检测技术能够帮助系统对付网络攻击，扩展了系统管理员的安全能力，提高了信息安全基础结构的完整性。根据信息源的不同，分为基于主机的和基于网络的入侵检测系统。

（1）基于主机的入侵检测系统。一般主要使用操作系统的审计、跟踪日志作为数据源，某些也会主动与主机系统进行交互以获得不存在于系统日志中的信息以检测入侵。

优点：检测率高；适用于被加密的及切换的环境；近于实时的检测和响应；不要求额外的硬件设备；能够检查到基于网络的入侵检测系统检查不出的攻击；监视特定的系统活动。

缺点：占用主机资源，依赖于主机的可靠性，所能检测的攻击类型受限。不能检测网络攻击。

（2）基于网络的入侵检测系统。基于网络的入侵检测系统使用原始网络包作为数据源。

优点：成本较低；检测基于主机的入侵检测系统漏掉的攻击；检测未成功的攻击和不良意图；操作系统无关性；占用资源少。

缺点：只能监视经过本网段的活动，无法得到主机系统的实时状态，精确度较差。

基于主机的和基于网络的入侵检测系统各有优势，相互补充，一般的网络安全解决方案都同时采用这两种入侵检测系统。

3）入侵检测技术

（1）特征检测。这一检测假设入侵者活动可以用一种模式来表示，系统的目标是检测主体活动是否符合这些模式。它可以将已有的入侵方法检查出来，但对新的入侵方法很难发现。其难点在于如何设计模式表达"入侵"现象，而且不能检测到从未出现过的黑客攻击手段。

（2）异常检测。假设入侵者活动异于正常主体的活动。根据这一理念建立主体正常活动的"活动简档"，将当前主体的活动状况与"活动简档"相比较，当违反其统计规律时，认为该活动可能是"入侵"行为。异常检测的难题在于如何建立"活动简档"及如何设计统计算法，从而不把正常的操作作为"入侵"或忽略真正的"入侵"行为。

4）入侵检测步骤

（1）信息收集。主要收集包括网络、系统、数据及用户活动方面的状态和行为等信息，在收集过程中进行检测。入侵检测系统的信息来源主要包括系统和网络日志文件、目录和文件中的不期望的改变（包括修改、删除和创建）、程序执行中的不期望行为和物理形式的入侵信息（未授权的对网络硬件连接，物理资源的未授权访问）。

（2）信号分析。对信息的分析主要指模式匹配、统计分析和完整性分析。

① 模式匹配。收集到的信息与已知的网络入侵和系统无用模式数据库进行比较，从而发现违背安全策略的行为。

② 统计分析。给系统对象（如用户、文件、目录和设备等）创建一个统计描述，统计正常使用时的一些测量属性（如访问次数、操作失败次数和延时等），测量属性的平均值和偏差被用来与网络、系统的行为进行比较。观察值在正常值范围外时，认为有入侵行为发生。

③ 完整性分析。关注某个文件或对象是否被更改，包括文件和目录的内容及属性，在发现被更改的、被安装木马的应用程序方面非常有效。例如，可以在每一天的特定时间内开启完整性分析模块，对网络系统进行全面扫描。

4. 网络安全评估技术

网络安全评估技术在保障网络安全方面发挥了积极的作用。因为：第一，它们是通过程序而不是人工的手段来完成各项任务的，这样就可以加快工作效率。第二，它们既可以加强对安全脆弱性的检测与监管，又可以加强对整个系统的安全评估。第三，它们可以将各项评估信息进行及时的反馈和处理，为下一步的行动提供指导性意见。

1）网络安全评估技术的内容

网络安全评估技术可分为基于应用和基于网络两种评估技术。基于应用的评估技术采用被动的、非破坏性的办法检测应用软件包的设置，发现安全漏洞。基于网络的评估技术采用积极的、非破坏性的办法来检验系统是否有可能被攻击。它利用了一系列的脚本对系统进行攻击，然后对结果进行分析。有时候它还针对某些网络漏洞进行检验。

2）网络安全评估技术工作原理

通过漏洞扫描来监测计算机的安全脆弱性技术；根据各种监测的信息，完成对计算机安全的评估,找出存在的各种安全隐患。

3)网络安全评估技术的方法

主要方法是:基于规则的评估,基于模型的评估。在实践中,应该实行两种方法的有效结合。

4)网络安全评估技术的实施

做好计算机网络安全评估工作,必须做到以下两点。

(1)采用各种先进的监测技术,完成科学合理的扫描工作,这是保证网络安全技术评估真实有效的前提条件。现如今,比较常用的有基于应用的监测技术、基于主机的监测技术、基于目标的监测技术、基于网络的监测技术 4 种。通过这 4 种技术,可以高效地完成对计算机内部和外部的各项监测,发现其存在的各种漏洞,为下一步的评估工作做准备。

(2)建立科学的评估标准,完成综合系统的评估工作,这是保证网络安全技术评估真实有效的中心环节。

6.3.5 病毒防范技术

在网络环境下,病毒的防范显得尤其重要。因为网络病毒具有更大破坏力,而且一旦遭到病毒破坏的网络要进行恢复非常困难,有时恢复几乎不可能。因此,采用高效的网络防病毒方法和技术对于保障电子商务安全极其重要。病毒防范技术主要包括病毒预防技术、病毒检测技术及病毒清除技术。

➡ **案例 6-14:警惕网购木马"抢钱"**

最近有一个网友上淘宝网购物,卖家通过即时通信软件,给网友发了一个 RAR 的压缩包。解压后是个类似"图片"的文件,可是当网友运行以后提示错误,于是卖家声称"发成店铺装修工具了"。网友定了一笔 39 000 元的订单,接着又定了第二个 7 800 元的订单,可是网银支付成功后返回淘宝确认的页面居然出现错误。后来网友发现自己的钱已经被银行扣除,才知道自己已经被骗了约 5 万块钱。

在此案例中,该网友很明显是中了现在非常流行的"网购木马"病毒。这类木马病毒的传播过程是,一旦"卖家"发现消费者有购买意向,就会通过阿里旺旺或 QQ 与其联系。这时卖家就会以"实物图"等名义向消费者发送一个压缩包,只要网友接收,并运行了其中的文件,就会中招。在金山毒霸的"网购保镖"里面,就有专门的"拦截网购木马"功能,可防止网购中毒。网友一旦通过即时通信软件收到病毒文件,金山毒霸就会弹出下载保护的安全提示框,点击"立即清除"按钮就可以删除病毒。

资料来源:赛迪网. 网购被骗案频曝光　专家建议装安全防护软件[EB/OL](2011-03-18). http://www.ciotimes.com/safety/yyaq/47364.html.

1. 病毒预防技术

病毒预防技术就是通过自身常驻系统内存优先获得系统的控制权,监视和判断系统中是否有病毒存在,进而阻止计算机病毒进入计算机系统和对系统进行破坏。具体来说,病毒的预防是通过阻止计算机病毒进入系统内存或阻止计算机病毒对磁盘的操作,尤其是写操作。病毒预防技术采用一种动态判定技术,即一种行为规则判定技术。

具体过程如下：采用对病毒的规则进行分类处理，而后在程序运行中凡有类似的规则出现则认定是计算机病毒。病毒的预防应用包括对已知病毒的预防和对未知病毒的预防两个部分。目前，对已知病毒的预防可以采用特征判定技术或静态判定技术，而对未知病毒的预防则是一种行为规则的判定技术，即动态判定技术。

病毒预防技术包括磁盘引导区保护、加密可执行程序、读写控制技术、系统监控技术等。例如，防病毒卡，其主要功能是对磁盘提供写保护，监视在计算机和驱动器之间产生的信号及可能造成危害的写命令，并且判断磁盘当前所处的状态：哪一个磁盘将要进行写操作，是否正在进行写操作，磁盘是否处于写保护等，来确定病毒是否将要发作。

2. 病毒检测技术

病毒检测技术是指通过一定的技术手段判定出特定计算机病毒的一种技术。它有两种：一种是根据计算机病毒的关键字、特征程序段内容、病毒特征及传染方式、文件长度的变化，在特征分类的基础上建立的病毒检测技术。另一种是不针对具体病毒程序的自身校验技术。即对某个文件或数据段进行检验和计算并保存其结果，以后定期或不定期地以保存的结果对该文件或数据段进行检验，若出现差异，即表示该文件或数据段完整性已遭到破坏，感染上了病毒，从而检测到病毒的存在。

3. 病毒清除技术

病毒清除技术是病毒检测技术发展的必然结果，是计算机病毒传染程序的一种逆过程。目前，清除病毒大都是在某种病毒出现后，通过对其进行分析研究而研制出来的具有相应解毒功能的软件。这类软件技术发展是被动的，带有滞后性。而且由于计算机软件所要求的精确性，杀毒软件有其局限性，对有些变种病毒的清除无能为力。

6.3.6 虚拟专网技术

随着电子商务应用的日益广泛，对企业内网的使用范围不断扩大，在外出差的员工或在家办公的员工，都希望能够随时与企业保持联系，并使用信息系统的资源；企业的分支机构或与企业有密切业务往来的合作伙伴，也需要及时、有效地与企业沟通，最有效的沟通方法是让相关员工和相关企业与本企业内网直接连接。

虚拟专用网（virtual private network，VPN）技术，将物理上分布在不同地点的网络通过互联网连接而形成逻辑上的虚拟"私"网，依靠因特网服务提供者（Internet server provider，ISP）或网络业务提供商（network service provider，NSP）在安全隧道、用户认证和访问控制等相关技术的控制下达到与专用网络相类同的安全性能，从而实现基于 Internet 安全传输重要信息的效应。

1. VPN 的功能

VPN 技术既能够实现授权用户与企业局域网资源的自由连接，不同分支机构之间的资源共享，又能够确保企业数据在公共互联网络或企业内部网络上传输时安全性不受破坏。因此，VPN 能够满足以下所有方面的要求。

（1）加密数据。通过公共互联网络传递的数据必须经过加密，以保证公网传输的信息即使被截获也不会泄露。

（2）信息认证和身份认证。必须能够验证用户身份并严格控制，只有授权用户才能访问 VPN 以保证信息的完整性、合法性并能鉴定用户的身份。另外，方案还必须能够提供审计和计费功能，显示何人在何时访问了何种信息。

（3）提供访问控制。不同的用户有不同的访问权限。

（4）钥匙管理。能够生成并更新客户端和服务器的加密密钥。

（5）多协议支持。VPN 方案必须支持公共互联网络上普遍使用的基本协议。

2. VPN 的分类

按接入方式划分，VPN 可以分为专线接入方式和拨号接入方式。

（1）专线接入方式。通过专线接入 ISP 边缘路由器，是一种"永远在线"的 VPN，可以节省传统的长途专线费用。

（2）拨号接入方式。向利用拨号 PSTN 或 ISP 的用户提供的 VPN 业务，是一种"按需连接"的 VPN，可以节省用户的长途电话费用。

3. VPN 对于电子商务企业的优势

（1）建网成本低。企业不必租用长途专线建设专网，不需要大量的网络维护人员和设备投资。利用现有的公用网组建的 Internet，要比租用专线或铺设专线节省开支。

（2）网络之间可扩充性好且灵活性高。网络路由设备配置简单，无须增加太多的设备，省时省钱，只需连接到公用网上对新加入的网络终端在逻辑上进行设置，不需要考虑公用网的容量和设备问题等。

（3）完全控制主动权。VPN 上的设备和服务完全掌握在企业手中，企业可以自己负责用户的查询、访问权、网络地址、安全性和网络变化管理等重要工作。

（4）良好的安全性。能实现不同等级的服务质量保证认可。VPN 架构中采用了多种安全机制，如信道、加密、认证、防火墙及黑客侦防系统等技术。

6.4 电子商务安全实践

通过学习电子商务安全技术的基本概念、原理和技术，为了加深理解，培养实验技能、动手能力和分析问题、解决问题的能力，本节设计了关于电子商务安全的 4 个主题的实践内容。

6.4.1 Windows 操作系统的安全设置实践

操作系统是运行电子商务网站和其他应用软件的基础平台，操作系统的安全直接关系到商务网站的安全。对电子商务网站而言，服务器上使用的主流操作系统安全保护机制的不完善、不健全及配置不合理是出现安全问题的主要原因。在国家信息安全等级保护制度中，操作系统被纳入信息系统的重点防护内容和保证业务运行的关键安全防护对象。

1. 管理内置的用户账号

右击【计算机】，选择【管理】|【系统工具】|【本地用户和组】|【用户】命令，禁用 GUEST 账户和删除其他一些不必要的账户，在右侧窗口中选中 Administrator，点右键将该账户更名。

2. 系统启动密码的设置

在 Windows 7 中单击【开始】|【运行】命令，输入"Syskey"，运行系统密码设置程序，在弹出的对话框中单击【更新】按钮，进入密码设置对话框。选择【密码启动】按钮，然后在下面的窗口中依次输入同样的密码，保存设置即可。最好也设置屏幕保护密码。

3. 禁止显示登录用户名

打开控制面板，选择【管理工具】|【本地安全策略】|【本地策略】|【安全选项】命令，在右边双击【登录屏幕上不要显示上次登录的用户名】，选中"已启用"，确定后退出。

4. 设定账户安全选项

打开控制面板，选择【管理工具】|【本地安全策略】|【账户策略】|【账户锁定策略】命令，设置该项如下：复位账户锁定计数器（20分钟）；账户锁定时间（20分钟）；账户锁定阈值（3次）。开启【密码策略】，设置该项如下：密码必须符合复杂性要求（启用）；密码长度最小值（7位）；强制密码历史（5位）；密码最长存留期（42天）。在【本地策略】的"安全选项"中双击"网络访问：不允许 SAM 账户匿名枚举"，确保选中"已启用"；同时启用"网络访问：不允许 SAM 账户和共享的匿名枚举"。在【IP 安全策略】中，设置安全服务器。

5. 打开审核策略

开启安全审核是 Windows 最基本的入侵检测方法。当有人尝试对系统进行某些方式（如尝试用户密码、改变账户策略、未经许可的文件访问等）入侵的时候，都会被安全审核记录下来。很多的管理员在系统被入侵了几个月都不知道，直到系统遭到破坏。

以具有管理员权限的账号登录，在 Windows 7 中单击【开始】|【运行】命令，输入"Gpedit.msc"并回车，打开组策略编辑器。左侧的面板中依次展开【计算机配置】|【Windows 设置】|【安全设置】|【本地策略】|【审核策略】命令，然后在右侧的面板中双击打开【审核对象访问】这个策略，下面的这些审核是必须开启的：审核账户管理、审核登录事件、审核对象访问、审核策略更改、审核特权使用、审核系统事件等。

6. 禁止修改用户文件夹

单击【开始】|【运行】，在对话框中输入 regedit，在注册表编辑器中找到 HKEY_CURRENT_USER\software\microsoft\windows\currentversion\policies\explorer。

如果要锁定"图片收藏""我的文档""收藏夹""我的音乐"这些用户文件夹的物理位置，分别把下面这些键值设置成 1：DisableMyPicturesDirchange，DisablePersonalDirchange，DisableFaboritesDirchange，DisableMyMusicDirChange。

7. 禁止建立空连接

在默认情况下，任何用户可通过空链接连上服务器，进而枚举出账号，猜测密码。可以通过修改注册表来禁止建立空链接：Local_Machine\System\CurrentControlSet\Control\LSA-RestrictAnonymous 的值改成 1 即可。

8. 关闭默认共享

Windows 安装好以后，系统会创建一些隐藏的共享，可以在 cmd 下输入命令"net share"查看隐藏的共享。要禁止这些共享，选择【管理工具】|【计算机管理】|【共享文件夹】|【共享】命令，在相应的共享文件夹上右击，选择停止共享即可。

6.4.2 CA 认证实践

由于电子商务的安全问题，必须要采用先进的安全技术对网上的数据、信息发送方、接收方进行身份确认，以保证各方信息传递的安全性、完整性、可靠性和交易的不可抵赖性。CA 认证建立了一套严密的身份认证系统，它提供的身份认证、数字签名、数字信封等数字加密技术是目前通用可行的安全问题解决方案，可以确保电子商务的安全性。

1. 安全电子邮件证书实践

1)电子邮件证书概述

电子邮件证书,是可以为电子邮件签名和加密的一种数字证书。使用电子邮件证书时,可以保证该邮件是发送到可以解密和阅读该邮件的收件人。收件人也可以确保该电子邮件没有被任何的方式篡改过。

用户可以在一个 SSL 证书权威机构来申请电子邮件证书,申请成功之后,证书机构会给用户发送证书文件,用户可以将证书安装到自己的电子邮件客户端上,发送一个签名并且加密的电子邮件给发送电子邮件的人。联系人的电子邮件客户端会自动下载其证书添加到地址簿。从那时起,联系人在创建一个新邮件时点击"加密"就可以给用户发送加密的邮件。

2)申请证书

实践申请证书可以使用该网址:https://ica-enroll.itrus.com.cn/cscfree/,返回页面如图 6-5 所示。

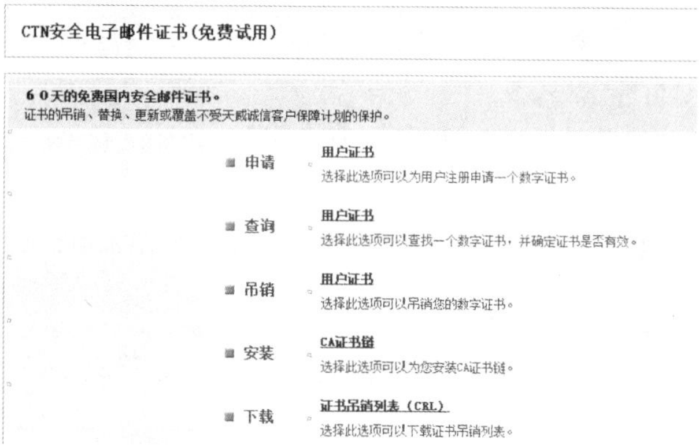

图 6-5 电子邮件证书页面

选择【申请】选项,返回页面如图 6-6 所示。

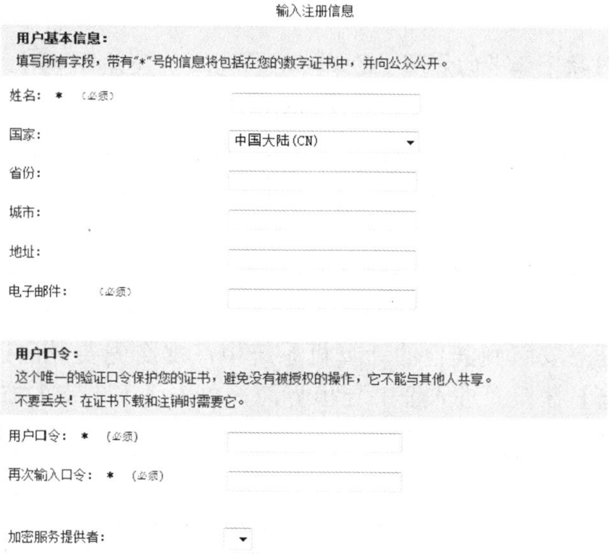

图 6-6 申请页面

3）查询

申请完毕后，点击【查询】按钮可以进行证书的查询，页面如图 6-7 所示。

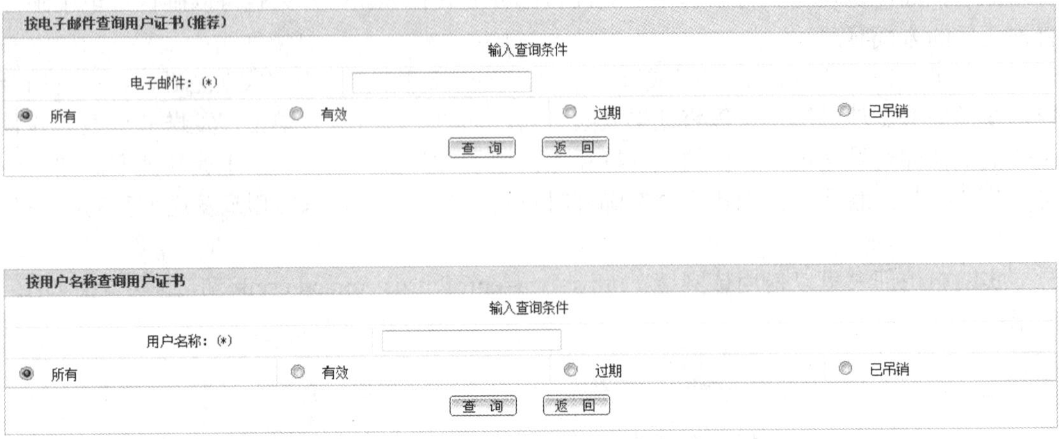

图 6-7　查询页面

4）安装

证书的安装，点击【安装】按钮，即可将 CA 证书安装在本机，如图 6-8 所示。

图 6-8　安装页面

5）Windows 中对数字证书的管理

右击【浏览器】，在弹出的菜单中选择【Internet 属性】，然后选择"内容"选项卡，单击【证书】按钮。如图 6-9 所示。

选择"个人"选项卡，从中选择证书，然后根据需要单击【导入】、【导出】或【删除】按钮。如图 6-10 所示。

注意：导入、导出时文件的扩展名为.cdr 或.crt，导出时默认的存储路径为"我的文档"或 Windows 目录。

有时候需要将证书安装到其他的计算机系统中，那么先要导出证书。选择需要备份的证书，单击【导出】按钮；进入证书导出界面，单击【下一步】按钮；选择导出私钥；选择导出文件的格式。这里要注意的是一定要选中"如果可能，将所有证书包括到证书路径中"。

证书导入和证书导出的操作类似，按照向导提示操作即可将证书导入到系统中。

第 6 章　电子商务安全与风险管理

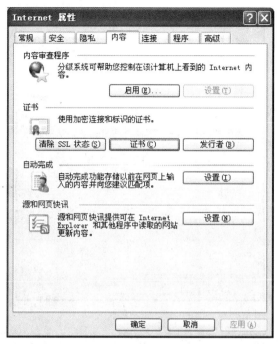

图 6-9　数字证书管理界面

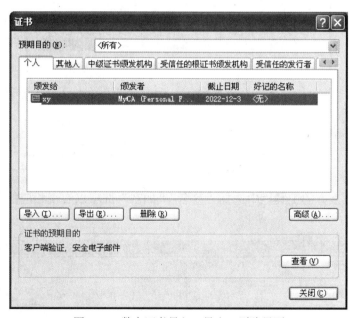

图 6-10　数字证书导入、导出、删除界面

6）证书的应用

发送安全电子邮件，在 Outlook Express 里选择【工具/账户】，选择申请证书的邮件账号，单击【属性】按钮，选中"安全"选项卡，如图 6-11 所示。

在"安全"选项卡里选择相应的签名和加密证书。如图 6-12 所示。

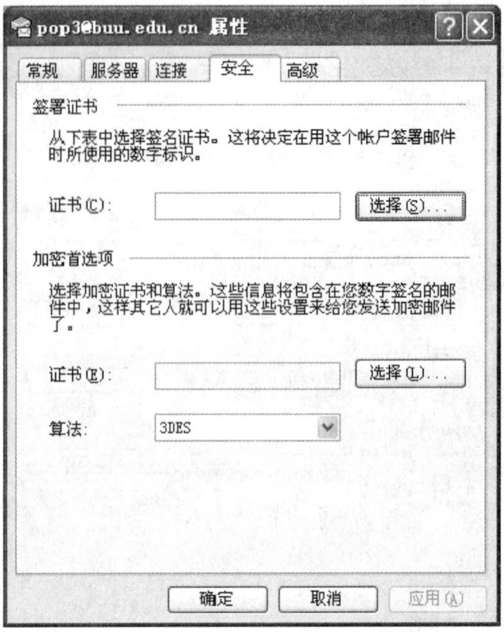

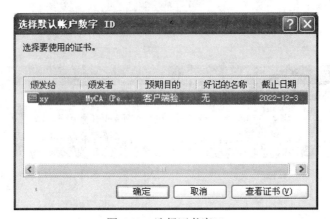

图 6-11　账户属性窗口

图 6-12　选择证书窗口

写好邮件后在上方的工具栏中选择"签名""加密"选项以实现相应的功能，如图 6-13 所示。

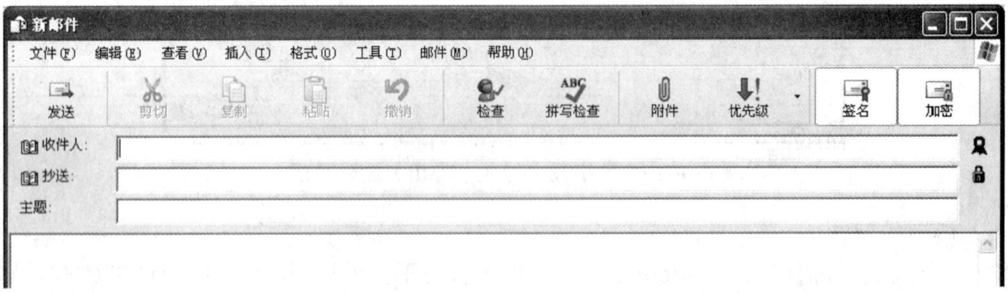

图 6-13　新邮件窗口

注意：

电子邮件的加密前提是必须要收件人和发件人都有数字证书，如果发件人想要给指定的收件人发送加密邮件的时候，那么必须有这个指定的收件人发送的签名邮件。如果使用 Outlook Express 或 Outlook 接收邮件，那么在收件箱中收取邮件，选定该邮件右击，选择"将发件人添加到通信簿"选项，则系统会自动将收到邮件的签名证书导入系统，这样在下一次想要给对方发送加密邮件的时候，只需要选中加密按钮即可完成加密过程。

2. 中国数字认证网实践

中国数字认证网（http://www.ca365.com）如图 6-14 所示。如果是第一次访问该站点，请下载并安装根 CA 证书。

图 6-14 中国数字认证网主页

1）根证书的下载和安装

单击"根 CA 证书"链接；将"rootFree.der"文件保存在本机上。打开"rootFree.der"文件，如图 6-15 所示。单击【安装证书】按钮进行安装。

图 6-15 "证书"窗口

2)申请、下载和安装数字证书

单击主页上【用表格申请证书】,进入注册页面,填写用户信息,单击【提交】按钮,如图 6-16 所示。

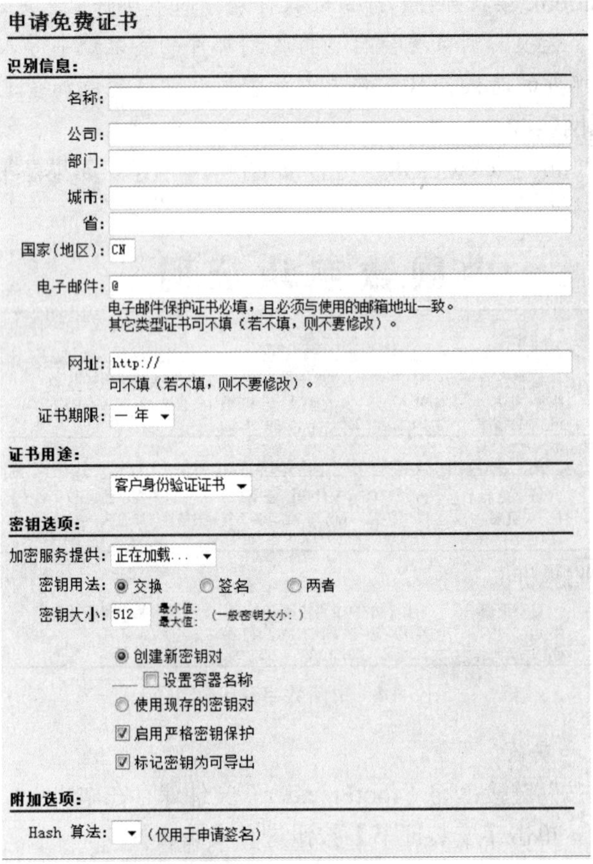

图 6-16 申请免费证书页面

申请证书时,可以根据用途选择证书,如图 6-17 所示。

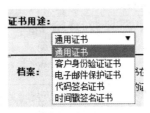

图 6-17 证书用途

3)查询和吊销

查询和吊销证书,在主页面上分别选择相应按钮功能即可。

6.4.3 电子签章实践

《中华人民共和国电子签名法》由中华人民共和国第十届全国人民代表大会常务委员会第

十一次会议于 2004 年 8 月 28 日通过，并自 2005 年 4 月 1 日起施行。为电子商务第三方认证奠定了强有力的法律基础。

《中华人民共和国电子签名法》明确规定：可靠的电子签名与手写签名或者盖章具有同等的法律效力。企业用户施加电子签章的认证申请书与盖章的纸质申请书具有同等的法律效力。电子版产品认证证书是经过数字证书签名加密后对用户发布的。

电子签章是电子签名的一种表现形式，包括数字证书和电子印章，存储于 USB-Key 中。

数字证书：用来验证用户身份的，是个人或企业在互联网上的身份标识，由权威公正的第三方机构签发。以数字证书为核心的加密技术可以确保网上传递信息的机密性、完整性，以及交易实体身份的真实性，签名信息的不可否认性，从而保障网络应用的安全。因而，数字证书的可靠性保障了电子签章的法律效力。

电子印章：运用印章图像，将电子签章的操作转化为与纸质文件盖章操作相同的可视效果。用户用电子签章对申请书进行签章操作时，可以看到电子版申请书上会显示红色的图章图像，同纸质的盖章效果一样。

电子签章的架构一般分为服务器端与客户端。服务器端有：印章制作管理系统，印章签名认证系统，用户身份认证系统。客户端有：客户端电子签章系列软件，客户端公文阅读系列软件。

某电子签章系统，针对企事业单位中高规模电子签章信息化的软件产品，提升用户更加安全、可靠实现办公盖章电子化、签名电子化，满足电子签章综合应用，达到投入最高性价比。安装好电子签章后，打开 Word 或 Excel，可以看到如图 6-18 所示的工具栏窗口。

图 6-18　Word 中的电子签章工具栏

1. 电子签章

使用电子签章功能的前提是服务器已发放了钥匙盘，且制作好了签章，在操作盖章的时候，请插好钥匙盘，在需要盖章的文档上，单击"电子签章"，将出现窗口，提供现在可以使用的签章供选择，选择好要盖的章，并填好密码，单击【确定】按钮即可，如图 6-19 所示。可以选择"记住密码"，该功能在计算机重新启动之前一直有效。如果使用的钥匙盘没有在系统发放或没有连接服务器，将提出相应提示，不能盖章。

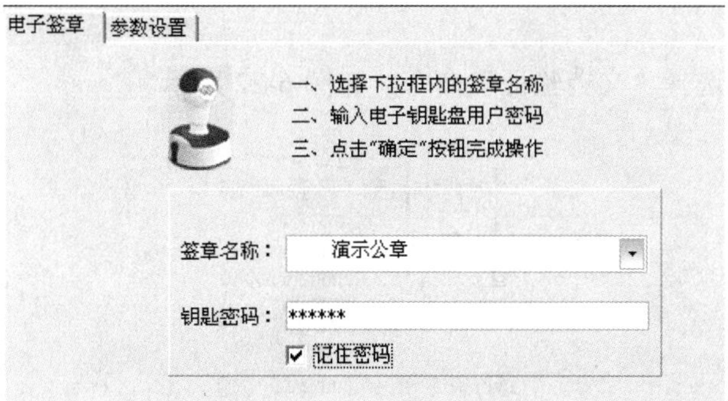

图 6-19　电子签章窗口

2. 手写签名

手写签名分为"文字批注""手写批注""署名批注"3 种情况，可以混合使用以适应实际工作的各个情况，如图 6-20 所示。

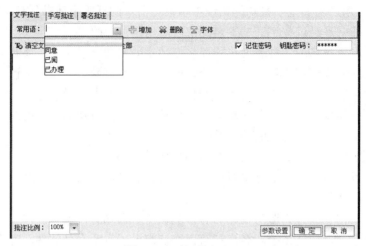

图 6-20　手写签名窗口

"文字批注"：可以添加一些常用短语，在需要的时候，直接使用。

"手写批注"：可以使用鼠标填写，也可以通过连接一些手写软件进行签名。

"署名批注"：在手写和文字的基础上，还可以类似"电子签章"加盖公章。

"批注比例"：根据需要将显示批注的大小进行缩小和放大，以便以合适的比例在文档上显示签章。

显示效果如图 6-21 所示。

图 6-21　印章及手写电子签章显示效果

3. 签章验证

在签章处，右击选择"文档验证"命令，如图 6-22 所示。

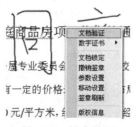

图 6-22　签章验证

签章验证有效：如果文档在签章后没有被篡改，此时验证签章/手写签名，验证信息将提示"文档完好无损"。签章验证无效：如果文档在签章后被篡改，此时验证签章/手写签名，验证信息将提示被篡改，任何微小的改动都将被捕捉到。批量验证：如果文档内存在多枚签章，可以通过"批量验证"来查看签章情况。

4. 参数设置

可以根据界面上所提供的参数进行设置，如图 6-23 所示。

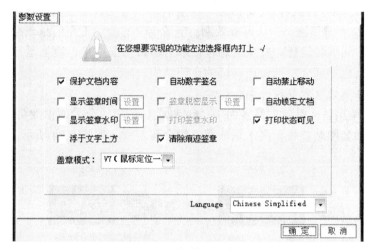

图 6-23　参数设置窗口

6.4.4　诚信认证实践

据权威统计，当电子商务用户遇到不信任网站时，有 92.6%的用户选择退出网站，有 86.9%的用户选择取消交易。有 63.4%的用户会寻找可以验证认证网站是否可靠的信息。我国互联网、电子商务行业正步入一个重要的发展期，切实加强网络诚信建设，是贯彻落实科学发展观的必然要求，也是市场经济适应自身建设和发展的迫切需要。

1. "诚信网站"认证简介

"诚信网站"认证是由北京盘石信用管理有限公司、互联网信用认证平台推出的第三方网站真实身份认证服务，它通过对域名、网站、工商登记或组织机构信息进行严格交互审核来验证网站真实身份。"诚信网站"认证服务依据工信部、商务部、国资委、发改委等信息化主管部门的政策指导，其网址为：http://www.cecdc.com/。

"诚信网站"认证用户会得到"诚信网站"认证的标识，该标识一般放在网站的醒目位置上，以一个图标的形式出现，用户单击这个图标可以链接到认证页面，查看该网站的认证信息及安全信息。对网站而言，"诚信网站"认证能帮助网站健全网络钓鱼防范措施，拓宽网站诚信品牌的展示和推广力度；对网民而言，"诚信网站"认证能有效提高亿万网民辨别网站真伪和识破网络诈骗的能力。申请单位通过"诚信网站"认证，表明网站"身份可信诚信"，但网站经营主体的运营状况、财务状况、信用状况等不在"诚信网站"认证范围内。

1)"诚信网站"认证作用

"诚信网站"认证全面集成了网站身份证明、网站运行监护、网页篡改监护、木马病毒监控等网站可信诚信安全标准功能。身份证明：通过对域名、申请单位资质（企业营业执照或组织机构代码证)、网站进行严格的鉴定、审核。网站运行监护：对网站的运行监测，包括可用性、可用率、响应时间等数据的统计，尽快发现并定位网站故障，保证网站的运行性能。网页篡改监护：对网站的页面内容进行检测，一旦发现有改动，立即以邮件或短信的方式通知给网站联系人，为网站内容的完整性和稳定性提供保障。木马病毒监控：对网站部分页面进行定期的木马病毒扫描，帮助网站尽早发现木马或病毒，保证网站的安全性。

2）认证页面的内容

诚信网站认证页面内容包括身份信息、安全信息和特色认证信息。身份信息包括该网站的域名、网站名称、"诚信网站"认证有效期；申请单位的企业工商信息或组织机构代码证信息；CN 域名网站的域名信息；安全信息包括木马病毒扫描结果、数据运行监控等安全信息的展示。特色认证包括部分特殊资质认证的认证结果。

3）"诚信认证"的有效期及分类

"诚信网站"单次认证有效期最多为 10 年。诚信认证可以分为诚信龙头单位、诚信网站、诚信示范网站、知名网站。每一类的认证服务费会有差别，如图 6-24 所示。

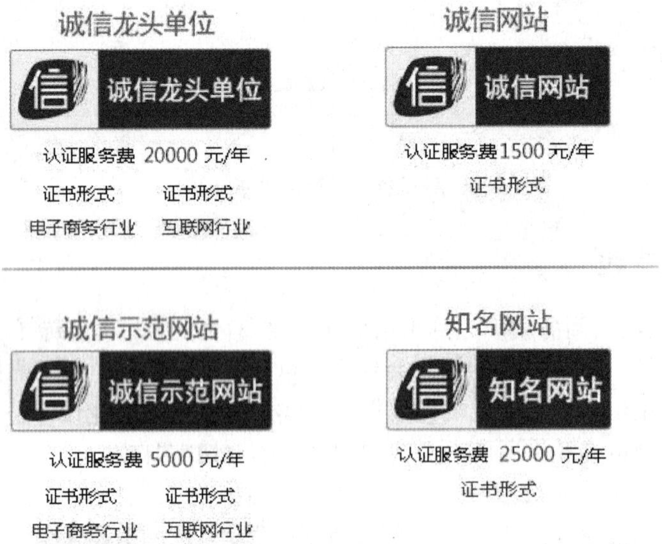

图 6-24　诚信认证类别

2. 诚信查询

用户可以自行在网上查询诚信情况，主要有 3 个数据库可以查询，即全国诚信网站认证权威数据库、全国企业网站站长工具、诚信网站用户牌匾。

1）全国诚信网站认证权威数据库查询

全国诚信网站认证权威数据库查询，可以根据"授权单位""证书编号""公司名称""网站""网站域名""APP 名称"进行查询，如图 6-25 所示。

2）全国企业网站站长工具查询

全国企业网站站长工具查询，可以根据"公司名称""网站域名""ICP 备案号"进行查询，如图 6-26 所示。

图 6-25　全国诚信网站认证权威数据库

图 6-26　全国企业网站站长工具查询

3）诚信网站用户牌匾查询

诚信网站用户牌匾查询，可以根据"授权单位""诚信用户网站牌匾"进行查询，如图 6-27 所示。

4）诚信查询案例

以"浙江淘宝网有限公司"为例，进行诚信信息查询，如图 6-28 所示。其诚信结果显示如图 6-29 所示。

图 6-27 诚信网站用户牌匾查询

图 6-28 "浙江淘宝网络有限公司"诚信信息查询

以"浙江淘宝网络有限公司"为例,进行企业网站站长工具查询,如图 6-30 所示。返回结果如图 6-31 所示。

第 6 章 电子商务安全与风险管理

浙江淘宝网络有限公司
档案编号：CX20160715023573390688

网站名称： 淘宝网
认证产品： 诚信龙头单位
持有时间： 2016-07-15 至 2019-07-15
taobao.com
指导机构： 中国电子商务协会数字服务中心
认证机构： 互联网信用认证平台

图 6-29 "浙江淘宝网络有限公司"诚信档案页面

图 6-30 "浙江淘宝网络有限公司"企业网站站长工具查询

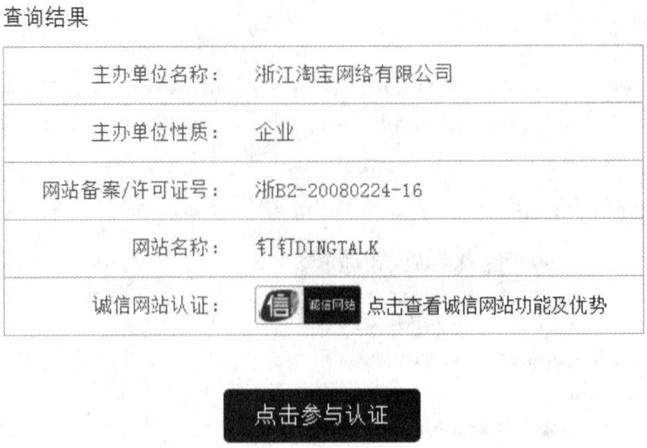

查询结果

主办单位名称：	浙江淘宝网络有限公司
主办单位性质：	企业
网站备案/许可证号：	浙B2-20080224-16
网站名称：	钉钉DINGTALK
诚信网站认证：	诚信网站 点击查看诚信网站功能及优势

点击参与认证

图6-31 "浙江淘宝网络有限公司"企业网站站长工具查询结果

3. 诚信认证申请

申请流程如下。

（1）"诚信网站"认证申请者（以下简称"申请者"）应当是依法登记并且能够独立承担民事责任的组织。申请页面如图6-32所示。

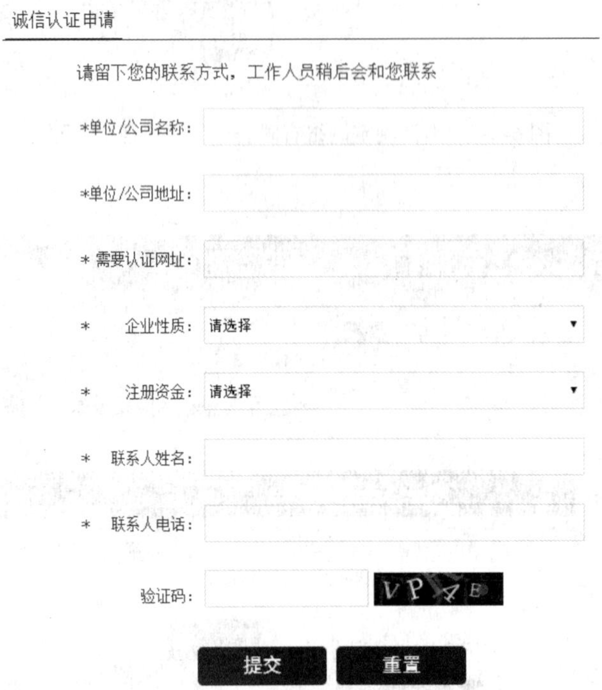

图6-32 诚信认证申请页面

（2）申请者申请"诚信网站"认证需提交的相关申请资料（电子版），包括以下几项。

① 企业单位提交申请单位营业执照副本复印件（加盖公章）；非企业单位提供组织机构代码证复印件（加盖公章）。

② "诚信网站"认证申请书（每页加盖公章）。

③ 经办人的身份证明复印件。

④ 可将想要进行认证的特色资质复印件加盖公章单独提交至认证服务中心处进行申请。

（3）"诚信网站"认证管理机构对申请者提交的相关申请资料（电子版）的完整性、真实性和有效性予以形式性审查和真实性核验。

① 形式性审核范围包括以下几种。

- 申请书、营业执照副本或组织机构代码证复印件每页有无加盖申请单位公章或合同章。
- 申请书填写的单位名称及其公章、营业执照副本或组织机构代码证复印件的单位名称及其公章是否一致。
- 电子版申请材料若为黑章（传真件），为进一步核验可以向用户索取申请材料原件。

② 真实性核验范围包括以下几种。

- 营业执照或组织机构代码证信息的真实性核验。
- 经办人个人身份证件信息的真实性核验。
- 申请者申请意愿的真实性核验。

（4）"诚信网站"认证管理机构对申请资料的有效性、真实性核验，核验方法包括以下几种。

① 营业执照真伪，与国家工商信息权威数据库进行比对。

② 组织机构代码证真伪，与国家组织机构代码信息权威数据库进行比对。

③ 经办人身份证真伪，与国家公民身份信息权威数据库进行比对。

（5）"诚信网站"认证管理机构同时对申请者与提交申请网站的隶属或授权关系、经办人与申请者的隶属或授权关系一并进行真实性认证。核验方法包括以下几种。

① 申请者与提交申请网站之间的关系，通过域名注册信息权威数据库或网站备案信息权威数据库进行比对或核验。

② 经办人与申请者之间的关系，通过电话回访或实地查访等方式予以核验。

4. 诚信认证实践

利用下面信息，查询以下内容的诚信证书及全国企业网站站长信息。

（1）公司名称：小度生活（北京）科技有限公司

（2）网站域名：www.banyuetan.org

（3）诚信档案编号：CX20150521010033010160

（4）诚信档案编号：CX20111018000613000621

（5）网站名称：小米手机官网

（6）网站名称：超前涂料官网

（7）ICP 备案号：粤 ICP 备 08130115 号-1

（8）ICP 备案号：浙 B2-20080224

思考与讨论题

1. 电子商务安全的含义包括哪些方面？
2. 云计算下电子商务的安全策略有哪些？
3. 保障电子商务安全，主要有哪些安全技术？
4. 黑客入侵的手段主要有哪些？

5. 何谓认证机构 CA？CA 的主要作用是什么？
6. 试比较 SSL 协议和 SET 协议的优劣。
7. 诚信认证网站的认证内容包含哪些？

参 考 文 献

[1] 李捷. 基于生物特征识别和数字签名技术的电子商务身份安全认证系统应用研究[J]. 商场现代化，2008（25）：70-71.
[2] 高峰，许南山. 防火墙包过滤规则问题的研究[J]. 计算机应用，2003，23（6）：311-312.
[3] 赵启斌，梁京章. 防火墙过滤规则异常的研究[J]. 计算机工程，2005（12）：158-160.
[4] 谢希仁. 计算机网络[M]. 6 版. 北京：电子工业出版社，2013.
[5] 许洸彧. 电子商务安全中的防火墙技术和入侵检测技术[J]. 信息网络安全，2011（4）：21-23.
[6] 姬翔宇. 计算机网络安全评估技术[J]. 中小企业管理与科技（上旬刊），2011（7）：276.
[7] 段丽. 浅谈 VPN 技术在电子商务中的应用[J]. 电子商务，2011（1）：71，75.
[8] 张皓. 关于电子商务网站的数据库安全技术问题分析[J]. 吉林省经济管理干部学院学报，2012（01）：68-70.
[9] 陈联刚，甄小虎. 电子商务安全与实训[M]. 北京：经济科学出版社，2009.
[10] 贾晓丹. 电子商务安全实践教程[M]. 北京：中国人民大学出版社，2012.
[11] 杨天剑，胡桃，吕廷杰. 电子商务系统分析与设计[M]. 北京：北京邮电大学出版社，2007.
[12] 蒋国银，王有天，杜毅，等. 基于云计算的电子商务解决方案研究[J]. 数学的实践与认识，2013，43（8）：151-159.
[13] 王萍，菅利荣. 基于云计算的电子商务服务模式分析[J]. 商业时代，2013（5）：40-41.
[14] 于平，马桂真. 基于云计算的电子商务安全问题研究[J]. 商业时代，2012（33）：37-38.
[15] 吴卫华. "云计算"环境下电子商务发展模式研究[J]. 情报杂志，2011，30（5）：147-151.
[16] 张冬青. 云计算对未来电子商务发展的影响[J]. 学术交流，2010（4）：135-138.

第7章
电子支付

大学生活中的电子支付

哈尔滨某大学的小刘是一名来自贵州一个小县城的大学一年级新生。到学校不久，他打电话给远在贵州的爸爸，请他放心，他的钱保管得很好。原来，在接到录取通知书后，按照学校提供的招商银行账号，小刘的爸爸汇入了小刘在学校所需的学费、生活费等费用。到学校以后，小刘领到了一张集学籍管理、学业管理、内部消费、图书借阅、就餐、医疗和存取款功能于一体的招商银行校园卡。利用这张卡，小刘交了学费、办了饭卡，还可以到小卖部买东西。星期天，小刘和同学一块儿逛街，在商场买了一部手机。付款时，他高兴地发现该卡还可以在商场使用。售货员告诉他，他还可以在学校的自助存取款机上缴电话费，而不用去电信公司或银行。这样，小刘基本上可以不用现金了。而且，这张集磁卡、IC卡于一体的校园卡还有一个特别的功能，可以在自助存取款机上将小额的钱从需要密码的磁卡上转到不需要密码的IC卡电子钱包上。这样，在食堂吃饭、小卖部买东西等进行小额消费时就免除了输密码联机验证的麻烦，而且卡即使丢了损失也不大。后来，小刘成了网民一族，在网上购物时开通了招商银行网上支付功能，这样他既可以在线完成支付，也可以通过送货人员随身携带的手持卡读写设备刷卡结账，潇洒地体验电子商务了。后来，小刘到广州的同学家里玩时了解到，买电、买水、买气、买油、就医等都可以通过刷卡结账。同学家虽然远在偏僻小区，但他们楼下就有一台自助存取款机，可以在电卡上只有1度电时从容地下楼充值电卡。同学的妈妈是个股民，告诉他，在炒股时IC卡特别有用。如果看准一只股票，而卡里没有足够的钱时，可以及时从自己的账户转账，抢占买入时机，从而充分把握市场先机。同学的爸爸是个交通警察，他告诉小刘，现在实行收支两条线，司机可以用IC卡交罚款，记扣去的分；不但如此，司机到加油站加油时也可以通过加油站的自助刷卡设备进行缴费。

电子支付系统是电子商务的重要组成部分，本章从电子支付的概念入手，介绍电子商务系统的组成及其基本的业务流程。用于电子支付的电子货币的形式多种多样，本章介绍几种常用电子货币的支付方式。网上银行和第三方支付平台是网上支付的重要模式，本章将就其涉及的业务内涵进行介绍。另外，现阶段移动支付发展迅速，本章亦将重点介绍。

电子支付系统是电子商务的重要组成部分，是关系到电子商务是否健康发展的核心因素。目前我国的网上支付市场处于快速发展时期，从网络购物到网上转账、还贷、缴费、买保险、订机票、订酒店、金融理财服务等，应用行业渗透率不断提高，电子支付已渗透到人们生活的方方面面。与传统支付相比，网上银行支付、电子现金、电子钱包、智能卡等电子支付方式方便、快捷；网上银行是电子支付的重要途径，各大银行纷纷推出了网上银行服务；第三方支付交易额年年保持翻番增长。另外，随着手机用户数井喷式的增长，移动互联网的发展推动移动支付快速崛起。电子支付为电子商务的发展创造了条件。

7.1 电子支付概述

7.1.1 电子支付的概念

电子支付是指从事电子商务交易的单位或个人通过电子终端发出支付指令，实现货币支付与资金转移的行为。

电子支付包括网上支付、电话支付、移动支付、销售点终端交易、自动柜员机交易等支付形式。

网上支付是以互联网为基础，利用电子支付工具在线进行货币支付，完成购买者和销售者之间的现金流转和资金清算。网上支付是电子商务支付最重要的手段。

电话支付是电子支付的一种线下实现形式，是指消费者使用电话或其他类似电话的终端设备，通过银行系统从银行账户里直接完成付款的方式。

移动支付是指使用移动设备通过无线方式完成支付行为的支付方式。随着移动通信技术的发展，移动支付必将更广泛地应用于电子支付交易过程中。

销售点终端交易是指通过 POS 机实现电子资金转账的电子支付方式。POS 机是安装在银行卡的特约商户和受理网点中，为持卡人提供授权、消费、结算等服务的专用银行电子支付设备。

自动柜员机交易是指通过 ATM 自动柜员机完成的电子支付方式，客户可以通过在机器上插入银行卡自助地进行提款、存款、转账等银行柜台服务。

7.1.2 电子支付与传统支付方式的区别

电子支付通过网络以电子数据形式完成资金支付，而传统支付则是以现金、票据、银行汇兑等物理实体来实现支付的。与传统支付方式相比，电子支付没有时间、空间限制，但需要有软硬件设备支持，且对安全程度要求高。

以网上信用卡支付和传统信用卡支付比较为例，两者的区别体现在以下几方面。

（1）使用的信息传递通道不同。传统信用卡使用专用网，因此比较安全；网上支付信用卡的消费者和商家均使用互联网，而银行使用专用网络，因此必须在 Internet 与银行的专用网之间设置支付网关，以保证银行网络及交易的安全。

（2）付款地点不同。传统信用卡必须在商场使用 POS 机进行付款；网上支付信用卡消费者可以在家中或办公室使用自己的计算机进行购物和付款。

（3）身份认证方式不同。传统信用卡在购物现场使用身份证或其他身份证明验证持卡人身份；网上支付信用卡在计算机网络上使用 CA 中心提供的数字证书验证身份。

（4）付款授权方式不同。传统信用卡在购物现场使用手写签名的方式授权商家扣款；网上支付信用卡使用数字签名进行远程授权。

（5）商品和支付信息采集方式不同。传统信用卡使用商家的 POS 机、条形码扫描仪和读卡器设备采集商品和信用卡信息；网上支付信用卡直接使用自己的计算机，通过鼠标和键盘输入商品和信用卡信息。

电子支付能够实现跨地区跨时空支付，实现全球 24 小时服务保证，有助于降低交易成本，提高交易效率。

7.1.3 电子支付的产生

20 世纪 80 年代到 90 年代末，以商业银行为代表的金融系统对其内部运行系统进行信息化改造，实现通过金融专用网络在金融机构营业网点间进行同行、跨行间的资金往来，并开始通过"金卡工程"在全国范围推广使用银行卡，标志性的应用为各商业银行的信息化系统、"金卡工程"与央行大小额支付系统。电子支付基础设施发展为我国金融机构的电子支付体系打下基础框架，这一阶段重点是对金融系统内部的信息化改造和提高我国金融账户的普及率，这一阶段大幅提升了我国金融体系内部的运转效率。

进入 21 世纪后，随着互联网与移动互联网技术的普及，我国开始发展利用互联网与移动互联网等开放网络平台的个人电子支付工具，如商业银行的网上银行、第三方支付的网上支付与移动支付等，这些利用信息通信技术（information and communication technology，ICT）最新成果的新的电子支付方式极大地提高了我国个人电子支付方式的多样性和便捷性。

移动网络的发展贡献最为突出的当属我国的第三代、第四代通信技术的发展和 WiFi 的覆盖。2008 年 12 月 31 日，时任我国国务院总理的温家宝主持召开国务院常务会议，正式同意启动第三代移动通信牌照发放工作。2009 年 1 月 7 日，工业和信息化部为中国移动、中国电信和中国联通发放 3 张第三代移动通信（3G）牌照，标志着我国正式进入 3G 时代，虽然移动通信技术仍在不断进步，但是 3G 时代是我国移动数据通信实现质的飞越的时代，移动通信不再只局限于通话、短信并附加简单低速的数据通信的功能，而是进入了高速数据通信时代。根据工信部公布的数据显示，截至 2015 年 11 月，我国 3G 与 4G 用户占全部移动电话用户的 58.61%，考虑到部分用户一人具有 2 张甚至多张 SIM 卡的使用习惯，我国 3G、4G 用户的实际普及率可能要高于 58.61% 这一数字，并且按照目前的趋势，3G、4G 用户的比例仍会快速提高。据中国互联网络信息中心的统计，截至 2015 年年末，我国手机上网用户使用 3G、4G 进行手机上网的比例已经达到 88.8%，我国移动互联网已经正式进入 3G、4G 时代。我国移动网络进入 3G、4G 时代从技术角度讲是由于移动互联网数据传输速度的大幅提高，这种网络速度的提升给移动网络带来的是由量到质的改变。除了 3G、4G 网络的接入，WiFi 也是我国移动互联网接入的一个重要方式，我国"智慧城市""无线城市"的大力建设，加速了 WiFi 热点的建设速度，在城市的主要公共场所 WiFi 日益普及，家庭用的无线路由器也成为一种廉价亲民的电子设备，进入了众多家庭，无线 WiFi 网络成为我国网民在固定场所下的首选接入方式，截至 2015 年 12 月，我国半年内通过 WiFi 接入过互联网的用户比例已经达到 91.8%。

结合我国目前 WiFi 的普及，我国已经建设出了固定场所通过 WiFi 接入、动态时通过 3G、4G 网络接入的移动互联网环境，我国网民已经更加习惯于使用移动终端接入互联网，移动互联网与互联网已经高度融合，截至 2015 年年末，我国已有手机网民数量达到 6.2 亿人左右，使用手机上网占所有网民的比例达到 90.1%。"十二五"期间是我国移动互联网加速建设普及的阶段，这为我国移动支付的迅速发展提供了基础的技术环境，使用移动网络接入互联网已经成为我国网民最重要的接入方式之一。

移动网络发展的同时，近年来我国手机的硬件也经历了一场革命性的换代，搭载智能移动操作系统的平板触屏手机开始逐步占有我国手机市场。根据艾瑞咨询的统计，截至 2015 年末，我国智能手机的保有量达到 4.7 亿部，人均约 0.34 部，智能手机在我国渗透率于 2011 年后有着明显的增长，而到 2015 年之后我国智能手机保有量仍有增长但是增长率已经有所放缓，我国这一代智能手机产业进入成熟期。

7.1.4 电子支付的发展

电子支付经历了不同的发展阶段。
- 第一阶段是银行利用计算机处理银行与银行之间的汇划结算业务。
- 第二阶段是银行计算机与其他机构计算机之间的资金的汇划，如代发工资、代缴水电费、电话费等。
- 第三阶段是利用网络终端向客户提供各项银行服务，如客户在 ATM 机上办理存取款业务等。
- 第四阶段是利用银行销售点终端向用户提供自动扣款服务。如 POS 系统。
- 第五阶段是可以随时随地通过互联网直接转账结算，完成网上支付。

电子支付具有方便、快捷、高效的特点，而且能够降低交易成本、减少现金流、提高交易透明度，提高电子商务企业的资金周转速度和资金管理水平。随着电子商务应用领域的不断扩大，作为电子商务核心组成部分之一的电子支付必须要跟上电子商务发展的步伐。目前，政府正在积极推动电子支付管理办法的制定，相关的法律框架正在逐步形成，商业银行都在积极加快电子支付系统的建设，把多项业务搬到网上，我国电子支付的发展前景广阔。

7.1.5 电子支付系统的基本构成

电子支付系统由客户、商家、认证中心、支付网关、客户开户行、商家开户行和银行专用网络七个部分组成。如图 7-1 所示。

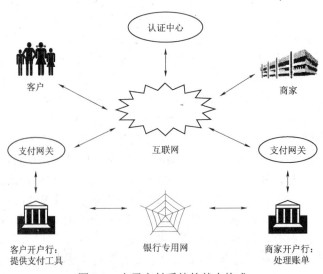

图 7-1 电子支付系统的基本构成

1. 互联网

互联网是电子商务网上支付的基础,是将交易方联系在一起进行前台交易的电子支付,是商务信息、支付信息传送的载体。

2. 客户

客户一般是指利用电子交易手段与企业或商家进行电子交易活动的单位或个人。客户向商家购买商品或服务,用自己拥有的电子支付工具进行支付,是电子支付系统运作的起点。

3. 商家

商家是指向客户提供商品或服务的单位或个人。在电子支付系统中,它必须能够根据客户发出的支付指令向金融机构请求货款划拨,这一过程一般是由商家设置的一台专门的服务器来完成的,包括认证及不同支付工具的处理。

4. 认证中心

在互联网环境下进行交易的支付双方要进行身份认证,认证中心负责为参与电子交易活动的各方发放数字证书,进行身份验证,保证电子支付的安全性。

5. 客户开户行

客户开户行是指为客户提供资金账户和网上支付工具的银行,在利用银行卡作为支付工具的网络支付体系中,客户开户行又被称为发卡行。

6. 商家开户行

商家开户行是为商家提供资金账户的银行,其账户是整个支付过程中资金流向的地方。商家将客户的支付指令提交给其开户行后,商家开户行向客户开户行发出支付授权请求,并进行它们之间的清算工作。因为商家开户行是依据商家提供的合法账单来工作的,所以又被称为收单行。

7. 银行专用网络

银行专用网络是银行内部及各银行之间进行通信的专用网络,将交易双方的开户行联系在一起进行后台账户划转的结算,具有较高的安全性。

8. 支付网关

支付网关是互联网公用网络平台和银行内部的金融专用网络平台之间的接口,是阻断非法信息侵入和恶意操作破坏,保护银行内部网络安全的一组服务器。其主要作用是完成互联网与银行内部网络之间的通信、协议转换和进行数据加密、解密,以保护银行内部网络的安全。支付信息必须通过支付网关才能进入银行支付系统。

除以上参与各方外,电子支付系统还包括支付中使用的支付工具及遵循的支付协议,是参与各方与支付工具、支付协议的结合。

7.1.6 电子支付系统的基本流程与要求

1. 电子支付系统的基本流程

电子商务网上支付系统各有特点,但基本流程大致相同,如图 7-2 所示。基于互联网平台的电子支付的一般流程如下。

(1) 客户接入互联网,通过浏览器在网上浏览商品,选择货物,填写订单,选择电子支付工具,并且得到银行的授权使用。

(2) 客户机对相关的订单信息和支付信息进行加密,通过 Internet 传递给商家。

(3) 商家服务器对客户的订单信息进行检查、确认,并把相关的、经过加密的客户支付信息转发给支付网关,得到银行专用网络的银行后台业务服务器验证确认,以从银行等电子货币发行机构得到支付资金的授权。

(4)银行验证确认后,通过建立起来的经由支付网关的加密信息通道,给商家服务器回送确认及支付结算信息。

(5)银行得到客户传来的进一步授权结算信息后,把资金从客户账号上转拨至商家银行账号上,借助金融专用网进行结算,并分别给商家和客户发送支付结算成功的信息。

(6)商家服务器收到银行发来的结算成功信息后,给客户发送网络付款成功信息和发货通知。电子支付流程结束,商家和客户可以分别借助网络查询自己的资金余额信息,以进一步核对。

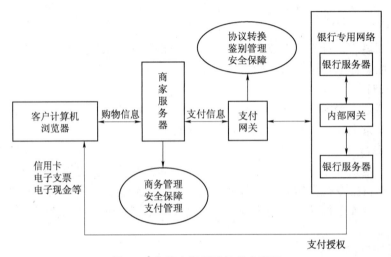

图 7-2 电子支付系统的基本流程

2. 电子支付系统的要求

为电子商务提供支撑的电子支付系统需要满足以下要求。

(1)真实性。保证使用网上的电子支付系统的交易者的身份真实,以及交易者所使用的电子支付工具的真实性。

(2)安全性。确保网上交易的双方在网上传递信息的安全,即在进行网上电子支付时,其信息不被窃取。

(3)完整性。在网上购物并进行网上电子支付的记录要保持其完整性,即交易和支付所产生的凭证和票据不能被随意更改。

(4)隐私性。要保护网上电子支付系统的使用者的个人隐私,确保用户的信用卡号码、身份信息、用户所购买商品的名称、数量等信息不被他人所获取。

7.2 电子货币

➡ 案例 7-1:网络时代——电子货币

我们可以想象,所有的信用卡和借款卡的功能都将"无缝"地集成到网络货币系统中,"真正的钱"就是存在于计算机系统中的一组加密数据。网络货币的发行者通过贷款等信用手段将代表货币的数据用 E-mail 发给贷款人,贷款人再用这个"数据"去采购、发工资、偿还债务等。货币发送、接收极为方便,你可以在家中,可以在单位,或在全球的任何一个地方,只要记得密码和账号,就可以将资金转给任何一个人,这就如同我们用电话卡打电话一样。你不必担心你的行为会给对方造成任何不便,因为你只要知道对方的账号或 E-mail 地址,付款从头至尾都是无声的,而且仅需几秒钟便可完成。对方一旦打开自己的电子钱包,就会发现资金已经在里面了。网络货币可以存放在网络银行提供的电子钱包中,也可以"下载"到硬盘上,还可以传送到 IC 卡中随身携带。不用害怕自己的货币被别人非法复制,因为这种数据本身就不可复制,数据传输也都是加密进行的。在凌晨 2 点钟,在街头 ATM 柜员机前一边取现金,一边紧张地回头看看有没有坏人的时候一去不复返了。

资料来源:电子货币应用的实例[EB/OL](2007-04-13). http://blog.sina.com.cn/s/blog_4c6ad8370100098t.html.

7.2.1 电子货币的概念及分类

1. 电子货币的概念

电子货币是以金融电子化网络为基础,以商用电子化机具和各类交易卡为媒介,以电子计算机技术和通信技术为手段,以电子数据形式存储在银行的计算机系统中,并通过计算机网络系统以电子信息传递形式实现流通和支付功能的货币。

2. 电子货币的分类

电子货币作为一种电子化支付方式,可以分为以下几种类型。

(1)银行卡型电子货币。包括信用卡、借记卡等。
(2)数字现金型电子货币。包括电子现金、电子钱包等。
(3)智能卡型电子货币。包括公交卡、校园卡、电卡等。
(4)支票账单型电子货币。包括电子支票、电子汇款、电子划款等。

7.2.2 电子货币的职能

作为计算机技术、信息技术与金融业相结合的产物,电子货币的职能如下。
(1)转账结算职能。电子货币可以直接进行消费结算,代替现金转账。
(2)储蓄职能。可以使用电子货币存款和取款,因此电子现金具备储蓄功能。
(3)兑现职能。在异地使用货币时可以进行货币兑换,减少兑换环节。
(4)消费职能。可以应用电子货币在网上购物、网上消费。
(5)信贷职能。可以先向银行贷款,提前使用电子货币。

7.2.3 电子货币的运行条件

电子货币的运行需要具备一定的条件。这些条件主要包括以下几项。

1. 计算机及网络的支持

计算机及现代通信技术构成的计算机网络,是电子货币广泛发展的先决条件,它将标准化的货币流通信息加以处理、存储和传输,使电子货币能在不同的网络间运行。这种联网有不同的层次,可以是同一银行的分支机构间的联网,也可以是不同银行间的联网;有同城的联网,也有异地跨地区联网,甚至有在世界范围内的联网。

2. 数据记录技术和处理技术的完善

由于磁记录技术的出现，使电子货币走出银行，使计算机转账的单纯功能向全方位货币功能转化，发展了电子货币的存、取、转、付的作用，并深入到社会流通领域。新一代非磁记录型的智能卡装有集成电路芯片，本身就是一个带处理器和记忆功能的微型计算机，具有记忆和处理数据资料的能力，不但可有效地发挥电子货币的功能，而且可以在一些没有计算机联网的地区使用。

3. 对电子货币系统的有效管理

电子货币是一项系统工程，它不仅需要金融机构对电子机具进行科学的安装、组合、操作和维护，而且需要对有关电子货币业务进行行政管理和依法管理，对所涉部门及人员进行妥善的协调，以提供科学高效的管理与服务。电子货币管理内容包括以下几项。

（1）电子货币发行管理。针对电子商务时代的特征，中央银行需及时制定电子货币的发展策略，规范发行电子货币的规章、管理制度。在鼓励发展新兴电子货币的同时进行严格的管理，只有具有一定条件的银行才能发行电子货币，并需要规定储备金、可随时兑换等相关条例，保证电子货币的发行是合法的、可控制的。

（2）金融认证管理。统一规划建立全国性金融认证体系，执行金融交易的合法性认证。对所有的认证中心进行分级别的严格管理，防范金融伪造、诈骗、洗钱等非法活动。

（3）电子货币工具管理。发展新兴电子货币工具，推广使用电子货币。电子货币工具必须具有统一的管理模式，做到互通操作、全国流通。这将有助于减少社会现金的流通量，加速货币回收，提高金融体系的安全性。

（4）安全电子交易管理。制定公共网络上金融交易的安全交易条例，采取安全技术措施，保证电子交易的正常进行。

（5）电子货币运行监控管理。从法律上保证电子货币信息的及时、准确地传递、汇总和分析，保证中央银行可随时掌握电子货币的使用、存储的情况，分析其对国家经济金融形势的影响，以采取相应手段调控电子货币的走势，促进国民经济的健康发展，防范金融风险。

7.2.4 电子货币的应用

1. 银行卡

一般来说，凡是由银行发行的金融交易卡统称为银行卡，是目前使用最普遍的电子支付工具。银行卡中最常见的是信用卡和借记卡。

1）信用卡

信用卡也称贷记卡，是发卡银行给持卡人规定一个信用额度，信用卡的持卡人就可在任何特约商店、在信用额度内先消费后付款，也可在 ATM 上预支现金。

信用卡具有支付和信贷两种功能，目前在我国信用卡已成为一种普遍采用的支付方式，用户应用信用卡可以完成转账结算、消费信贷、储蓄和汇兑。利用信用卡结算可以减少现金流通量，简化收款手续，提高结算效率；客户可以使用信用卡在异地进行存取现金，免去了随身携带大量现金的不便，而且又有安全保障。用户使用信用卡时，需要向发卡银行交付一定数量的年费。

2）借记卡

借记卡的持卡人必须在发卡行有存款，不能透支，卡内的金额按活期存款计付利息。持卡人在特约商店消费后，通过电子银行系统，直接将持卡人在银行中的存款划拨到商店的账户上。除了用于消费外，借记卡还可以在 ATM 上提取现金。

值得注意的是，信用卡和借记卡内实际上并没有现金，这些卡的持卡人所拥有的真正的钱是存在发卡行内的存款。这些银行卡只是证明持卡人的身份，证明持卡人在发卡行内有存款，或者是在金融上是可信赖的消费者。持卡人之所以可以持卡消费，是因为银行保证交易成功后商家可以很快从银行得到与消费金额等量的现金。

一般来说，银行卡网上支付有 4 种类型。

（1）无安全措施的银行卡支付。买方通过网上订货，而用于支付货款的银行卡信息通过电话、传真和没有任何安全措施的 Internet 传送给商家，商家和银行通过各自的授权来检查银行卡的合法性。其流程如图 7-3 所示。

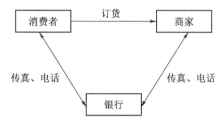

图 7-3 无安全措施的银行卡支付

这种支付方式存在以下不安全因素。

① 商家存在风险。由于没有得到买方的签字，如果买方拒付或否认购买行为，卖方将承担一定风险。

② 买家存在风险。银行卡信息在线传输，没有任何安全措施，买方将承担银行卡信息在传输过程中被盗取及卖方获得银行卡信息等风险。

（2）通过第三方代理机构的银行卡支付。通过第三方代理机构的银行卡支付的业务流程如图 7-4 所示。其基本流程如下。

① 买方在第三方代理人处开设账号，第三方代理人持有买方银行卡号和与之对应的账号。
② 买方在线订货并支付时，将这个账号传送给商家。
③ 商家将此账号提供给第三方代理人验证。
④ 第三方代理人验证账号信息后，将验证信息返回给商家。
⑤ 商家确定接受买方的订货。

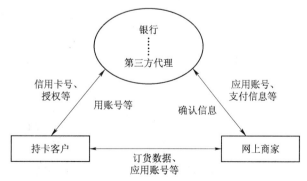

图 7-4 通过第三方代理机构的银行卡支付的业务流程

这种支付方式具有以下特点。

① 支付通过买卖双方都信任的第三方来完成，降低了商家的商业风险。

② 银行卡信息没有在互联网上传递，买方的银行卡信息在网上被盗的风险可以避免。

③ 商家只能看到买方的账号信息而看不到银行卡信息，这对买方的个人金融信息也是一种保护。

这种通过第三方代理机构的银行卡支付方式的关键是第三方，交易双方都对它有较高的信任度，风险主要由它来承担，买方银行卡信息的保密等也由它来实现，比较适合于交易金额不是很大的B2C、C2C交易。目前，国内的支付宝、贝宝、易付通等都提供第三方支付代理人的支付服务。

（3）基于SSL协议的银行卡支付。基于SSL协议的银行卡支付方式付款时，买方银行卡信息通过加密后向商家传输，采用的加密协议有SSL、SHTTP等。它是目前比较常用的一种银行卡支付方式。其主要的业务流程如图7-5所示。

① 首次使用该支付方式时，买方持卡人需到发卡银行申请，开通网上支付功能。

② 买方在商家订货并选择银行卡支付方式。

③ 商家接到买方持卡人的订单及对应的银行卡类别信息后，会生成订单号，同时将银行卡类别信息发往发卡银行。

④ 持卡人与发卡银行端的服务器建立基于SSL的安全连接，持卡人端将自动验证发卡银行端网络服务器的数字证书，之后SSL握手协议完成，持卡人与发卡银行之间建立了安全的连接通道。在浏览器右下方的状态栏中，可以看到一个锁的标志，这说明该状态下的连接是安全的。同时，网络地址端的http://变为https://，表明SSL协议在发挥作用。

⑤ 随后，计算机显示发卡银行的支付页面，出现商家发来的订单号及支付金额信息，持卡人填写银行卡号及密码，并确认网上支付成功。

⑥ 发卡银行将相应的资金转入商家的账户，并向商家发送付款成功的信息，商家收到信息后，送货。

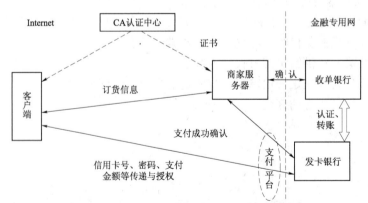

图7-5 基于SSL协议的银行卡支付的业务流程

这种支付方式的特点为：一是买方的银行卡信息是经过加密后在网上传输，只有支付业务的提供商才能识别，这样保证了买方的个人金融信息在互联网上传输时的安全性；二是买方支付时只需要在浏览器中输入自己的银行卡号，而且可以用这个银行卡号多次支付，大大方便了买方；三是不支持多边支付。

（4）基于 SET 协议的银行卡支付。在前面电子商务安全协议中所介绍的 SET 协议是一种具有非常安全、逻辑非常严密的网上信息交互机制，它主要针对信用卡的网络支付使用。信用卡在线结算方式为实时处理，消费者在网上购物时将信用卡信息通过 Internet 传送至特约商户，商户再将数据集成传至信用卡取款银行，然后通过原有的信用卡清算系统完成实时支付，商店账户上的资金相应增加。在 SET 协议支持下，交易信息与信用卡信息是分离处理的，商户只能得到交易信息，而信用卡公司只能得到账户信息，从而保证了交易安全。

虽然 SET 协议在目前的网络基础设施与技术状况下存在实施过程复杂、成本较高、支付速度慢等不足，但可以提供非常高的网上交易和支付的安全性。

基于 SET 协议的银行卡支付的业务流程如图 7-6 所示。
① 消费者选择商品。
② 消费者选择付款方式，确认订单，签发付款指令，此时 SET 协议开始介入。
③ 在 SET 协议中，消费者必须对订单和付款指令进行数字签名，同时利用加密保证商家看不到消费者的银行账号信息。
④ 商家接受订单后，向消费者所在银行请求支付许可。信息通过支付网关到收单银行，再到发卡银行确认。
⑤ 发卡银行验证支付请求的数字签名，以及解密支付请求账号，验证通过后，将钱从消费者的账号转移到商家账号，返回确认信息给支付网关。
⑥ 支付网关向商家转发支付确认信息。
⑦ 商家收到后，认可持卡人的订货单，并给消费者发回相关购货确认和支付确认。
⑧ 商家发货，并通知收单银行向发卡银行请求支付。

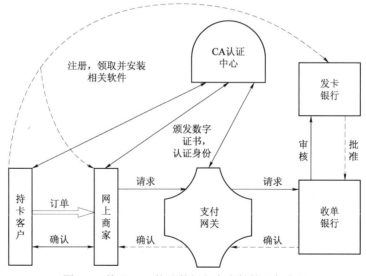

图 7-6 基于 SET 协议的银行卡支付的业务流程

2. 电子现金

随着电子商务的发展，电子现金成为货币流通的一种形式，可用于网上支付。
1）电子现金的概念
电子现金，又称数字现金，是一种以电子数据形式储存并流通的货币，它通过把用户银行账户中的资金转换成为一系列的加密序列数,这些序列数表示现实中各种金额的币值。用户可以用这些加密的序列数在网上允许接受电子现金的商店购买商品或服务。可以说电子现金是传统纸币的电子化,是网络支付的支付工具之一。

2)电子现金的支付流程

当消费者在网上用电子现金进行支付时,需要在客户端、商家服务器及发行电子现金的银行分别安装相应的软件,商家和发行银行还应该从第三方 CA 申请数字证书。具体的电子现金的支付流程如图 7-7 所示。

(1)购买电子现金。客户在电子现金发行银行处开设电子现金账号,存入一定金额的资金,购买电子现金。然后利用电子现金软件,将现金分成若干成包的"硬币",产生随机号。随机号码加上银行使用的私钥进行电子签名,形成电子现金。

(2)存储电子现金。客户可以使用计算机客户端电子现金软件按照严格的购买兑换步骤,兑换一定数量的电子现金,存放在客户机的硬盘上或其他特定设备上。

(3)用电子现金购买商品。客户向同意接受电子现金的商家订货,用商家的公钥加密电子现金后传送给商家。

(4)资金清算。商家接收电子现金后,与电子现金发行银行之间进行审核与清算,电子现金发行银行认证后把同额资金转账到商家账户。

(5)确认订单。商家获得付款后,向客户发送订单确认信息。

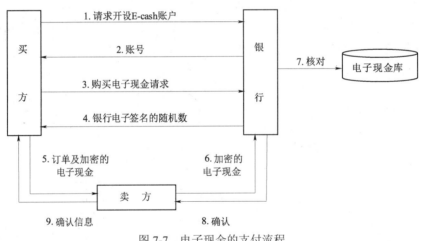

图 7-7　电子现金的支付流程

3)电子现金的支付特点

从上面所述的电子现金的支付流程中可以看出,电子现金不仅具有与传统的纸币类似的特点,还具有其独有的特点,具体表现为以下几点。

(1)灵活性。电子现金使用上与传统现金相似,可以很方便地存取和转让,也可以申请到非常小的面额,因此在使用中十分灵活,也十分适合电子商务中的小额交易。

(2)匿名性。电子现金可以匿名使用,使用过程具有不可追踪性。因此,可以有效地保护电子现金用户的个人隐私,具有匿名性。当然,因为其匿名和不可追踪,如果电子现金丢失了,也会像纸币现金一样无法追回。

(3)对软件的依赖性。买方、商家和电子现金的发行银行都必须安装各自相应的应用软件，对于买方来说，初期设置比较复杂。这些都在一定程度上提高了使用成本。

（4）安全性。电子现金充分利用了数字签名、数字证书认证等安全技术，防止伪造、抵赖，保证了电子现金在使用过程中的安全。

→ **案例7-2：玩转金融IC卡——电子现金**

喜欢用卡的人，平时钱包里总是塞了名目繁多的卡，如公交卡、银行卡和各种消费购物卡，还不得不备一些零钱（角票、硬币）备用，比较麻烦。用银行卡消费有时也麻烦，刷的过程中要输密码、签名。现在好了，江西省各大银行正在大力推行的金融IC卡，不仅具备传统磁条银行卡的所有功能，还新增了电子现金的功能。

其实说来很简单，这种金融IC卡相当于随身携带的"电子现金"，它的最高额度可存1 000元，用来轻松"刷零钱"，例如，早餐店、公交车、菜市场和超市这些地方，都可以使用金融IC卡进行消费。所以，要是出门的话，带零钱都免了，有一张金融IC卡就成。

金融IC卡还可以实现跨行业、跨平台、多功能的广泛应用，对公共交通、通信和水电、气等小额交易进行支付和结算，而小额消费时无须密码、无须签名，拿卡轻轻一触即可完成支付，非常便利快捷。

现在江西省内各大银行都推出了金融IC卡。有了这个安全便利的电子现金，日常消费就省心多了。

资料来源：玩转金融IC卡：电子现金［N］. 江西日报，2012-11-13.

3. 电子支票支付

支票是被广泛应用的金融工具，随着网上交易额的快速增长，给电子支票的运用带来了发展空间。

1）电子支票的定义

电子支票是将传统纸质支票的全部内容电子化和数字化后，形成标准格式的电子版，借助互联网或无线接入设备和银行专用网络完成其在客户之间、银行与客户之间及银行之间的传递和处理，从而实现银行客户间的资金支付结算。

电子支票是纸质支票的电子版本，是客户向收款人签发的、无条件的数字化支付指令，它包括支票号、支付人姓名、支付人金融机构名称、支付人账户名、被支付人姓名、支票金额、签发日期等，可用来支付各种账单、购物、转账等，也适用于任何可以使用纸质支票的场合。电子支票需要经过电子签名，用数字证书验证相关参与者的身份，安全工作则由公开密钥加密来完成。

2）电子支票的支付流程

电子支票的支付可以分成以下几个步骤。

（1）用户必须在提供电子支票的银行注册，开设支票账户，并存入一定数额的存款，再申请电子支票的使用权。电子支票应具有银行的数字签名，用户需要下载相应的软件用于生成电子支票。

（2）买方和卖方达成购销协议，选择用电子支票支付。

（3）买方在计算机上填写电子支票的有关内容，并用自己的私钥在电子支票上进行电子签名，用卖方的公钥加密电子支票后，通过银行专用网络向卖方发出电子支票，同时向银行发出付款通知单。

（4）卖方收到电子支票后进行解密，验证买方的电子签名后，即可确认付款方的订单。

（5）卖方开户银行验证买方和卖方的电子签名后，通过银行专用网络发送给买方开户银行。

（6）买方开户银行验证卖方开户银行和买方的电子签名后，从买方账户划出款项，卖方开户银行在卖方账户存入款项。

3）电子支票的支付特点

与传统的纸质支票支付相比，电子支票支付具有以下特点。

（1）电子支票在内容、外观、支付流程上与传统支票十分相似，易于被用户理解和接受。

（2）电子支票具有可追踪性，所以当使用者支票遗失或被冒用时可以停止付款并取消交易，风险较低。

（3）电子支票采用了多种安全技术，以加密方式传递，使用了数字签名或个人身份证号码代替手写签名，还运用了数字证书，比纸质支票中使用印章和手写签名更加安全可靠。

（4）电子支票适于各种市场，可应用于 B2B 电子商务结算，也可以很容易地与电子数据交换系统应用结合，推动电子订货和支付。

（5）电子支票支付自动化程度高，处理速度快，减少了在途资金。

（6）应用电子支票支付，需要申请认证，安装数字证书和专用软件，操作比较复杂。不适合小额支付。

➡ **案例 7-3：深圳国地税首创"跨境电子支票缴税"**

2017 年 6 月 29 日，深圳国税、地税"跨境电子支票缴税"系统正式上线，成为全国首创的新型税款缴纳方式。"跨境电子支票缴税"是由深圳市国家税务局、深圳市地方税务局、中国人民银行深圳中心支行、香港金融管理局联合发起，深圳金融电子结算中心有限公司承建，联同深港两地银行推出。该功能使深圳多元化缴税平台更趋完善，为纳税人提供了具有国际范的更加便捷多样的缴款方式选择。

相比境外纳税人汇款的传统缴税方式，"跨境电子支票缴税"具备以下明显优势。

一是"快"，缴款时间由两到三天缩短为一天，最多节省 2/3 的时间。依托于深港两地互通的电子支票系统，深港两地电子支票票据实现同城清算。税款直接由纳税人境外账户到国库待缴库资金账户，节约了汇款过程资金审核时间。

二是"准"，缴款金额精确。传统汇款方式，由于存在汇率波动等原因，汇入资金往往大于待缴税金。而纳税人签发电子支票可直接使用外币进行人民币结算，不存在汇率差，更有利于企业资金管理。

三是"省"，电子支票的签发目前不需手续费。根据香港某银行官方网站显示，传统电汇手续费最高为 210 港元/笔，备注栏留言还将可能产生 100 港元/笔的额外收费。若采用"跨境电子支票缴税"，2016 年至今可为纳税人节约手续费约 18 万元。

四是"利"，税务管理更加便利。由于待缴库资金账户的特殊性，账户的管理问题一直困扰着银行与税务机关。"跨境缴税"的上线实现了待缴库电子化，优化了待缴库税款资金账户管理。

资料来源：深圳市地税局. 深圳国地税首创"跨境电子支票缴税"[EB/OL]（2017-11-30）. http://www.sz.gov.cn/szzt2010/jjhlwzwfw/cxal/201711/t20171130_10081868.htm.

4. 智能卡

智能卡集信息存储与计算机编程等多项功能为一体，使用灵活方便，既可以应用在专用网络平台上，也可以应用在基于互联网等公共网络的平台上。

1）智能卡的概念

智能卡也称集成电路卡，简称 IC 卡，是一种将具有微处理器及大容量存储器的集成电路芯片嵌装于塑料基片上而制成的卡片。智能卡可以用来存储用户的个人信息及电子货币信息，并具有电子支付和结算等功能。

2）智能卡的特点

智能卡在外形上与信用卡相似，但卡上不是磁条，而是计算机的集成电路芯片，能够储存并且处理比较丰富的数据，如持卡人的位置、客户的身份证号码、客户的地址、客户持有的电子货币信息（如信用卡号码与电子现金等），这是一般的磁卡力所不及的。对智能卡上的存储信息还可设置一个安全的个人识别码保护，只有得到授权的消费者才能访问它，因此智能卡是非常安全的。智能卡既可以在线使用，也可以在不联网的状态下脱机工作。

3）智能卡的支付流程

（1）申请智能卡。用户向智能卡发行银行申请智能卡，申请时需要在银行开设账号，提供输入智能卡的个人信息。

（2）下载电子现金。用户登录到发行智能卡银行的 Web 站点，按照提示将智能卡插入智能卡读写设备，智能卡会自动告知银行有关用户的账号、密码及其他加密信息。用户通过个人账户购买电子现金，下载电子现金存入智能卡中。

（3）智能卡支付。在网上交易中，用户可选择采用智能卡支付，将智能卡插入智能卡读写设备，通过计算机输入密码和网上商店的账号、支付金额，从而完成支付过程。

4）智能卡的应用

（1）电子支付。智能卡用于在专用网络上支付，如电话卡、电卡、公交卡等。

（2）网络支付。智能卡充当电子钱包，存放银行卡号、电子现金等电子货币及个人相关信息，在互联网上支付。

（3）电子身份识别。把相关授权信息存放在卡内，控制访问。如门禁卡。

（4）信息存储。适时存储和查询持卡人的相关信息。如社保卡、校园卡等。

➡ **案例 7-4：智能便民的京津冀交通一卡通**

京津冀交通一卡通联名卡是以中国建设银行龙卡通为载体，为广大客户旅游休闲提供服务优惠的银企联名卡。该产品以市场需求为导向，以惠民、便民为中心，以京津冀都市圈为依托，通过有效整合三地旅游资源，实现旅游、消费优惠与金融工具相结合的一种创新产品。

京津冀交通一卡通在 2015 年开始启动，2017 年三地重点城市实现一卡通。自 2017 年 12 月 30 日起，石家庄轨道交通纳入京津冀交通一卡通互联互通应用范围，河北省各市及北京、天津的市民持印有"交通联合"标识的交通一卡通，均可在石家庄地铁刷卡乘车。

2018 年 1 月 5 日，京津冀交通一卡通系统升级完成，用户可使用京津冀交通一卡通在北京、天津、河北三地的公交和地铁线路上刷卡乘车，实现了京津冀地区的互联互通。另外，用户使用带有 NFC 功能的手机，安装美伽汇 App 后，便可使用手机给京津冀一卡通充值。

充值完毕后，还可以直接在手机上申领电子发票。

资料来源：王月. 京津冀一卡通用 NFC 功能的手机可充值. ［EB/OL］（2018-01-05）. http://news.enorth.com.cn/system/2018/01/05/034343951.shtml.

5. 电子钱包

电子钱包是在网上交易中应用的支付工具，常用于小额支付，具有与现实生活中使用的钱包相似的功能。

1）电子钱包的概念

电子钱包实际上是一种应用软件，可以把自己的各种电子现金、电子银行卡上的信息输入到电子钱包内，在网上购物时，只要打开电子钱包，就可以用选中的支付工具进行支付了。

在使用电子钱包前，需要下载由网上银行免费提供的应用软件安装在客户端计算机上。

电子钱包具有管理各种电子支付工具、进行网上支付、储存交易记录、查询电子货币余额等功能。

2）电子钱包的特点

（1）安全性能高。电子钱包用户的个人资料存储在服务器端，不在个人计算机上存储任何资料，从而降低了资料被窃取的风险。

（2）方便。由于消费者的个人资料存储在服务器端，则当用户出差在外时，不用携带电子钱包资料，即可进行网上支付。

（3）快捷。电子钱包内设有众多商户站点链接，消费者可以通过链接直接进入商户站点进行网上购物。

（4）灵活。电子钱包适用于消费者网上小额支付。

目前世界上有 Visa Cash 和 Mondex 两大电子钱包服务系统，其他还有 IBM 的 Commerce POINT Wallet 和 HP 的 Vwallet 电子钱包等。

➡ **案例 7-5：电子货币取代纸币的"无现金社会"**

丹麦政府自 2016 年起便已开始基本进入"无现金社会"。这个国家总人口为 560 万人，其中，有 200 万人使用移动支付服务，因此，丹麦政府从 2016 年开始实施"无纸币政策"，除了医院、药局与邮局等机构外，所有零售商家，包括加油站、服饰店和餐厅等，都已取消收银机，只接受使用信用卡或手机移动支付等电子货币服务。甚至连教堂旁都设置刷卡机，以便教友捐款。丹麦政府为了让"无纸政策"更进一步，在与各大银行协商后公布政策，2017 年起，除了同一家银行的支票，将不再接受跨行支票的付款及转账。

另一个北欧国家瑞典也紧跟趋势。根据瑞典中央银行的调查，自 2009 年起，瑞典使用实物现金（包括硬币和纸币）的情况迅速下降，流通量下降了 40%。因此，瑞典央行副总裁 CeciliaSkingsley 表示，瑞典央行可能推出电子货币，成为第一个创立自己的虚拟货币的主要央行。根据瑞典央行的数据，非现金交易平稳增长，比过去十年多出 10%，达到了 92% 的高峰。

资料来源：国际金融报. 电子货币取代纸币的"无现金社会"真那么美吗？［EB/OL］（2017-10-16）. http://www.nbd.com.cn/articles/2017-01-16/1070459.html.

7.3 网上支付

7.3.1 网上支付的产生与发展

1. 网上支付的产生

广义地讲,网上支付是以互联网为基础,利用银行所支持的某种金融工具,发生在购买者和销售者之间的金融交换,而实现从买者到金融机构、商家之间的在线货币支付、现金清算、资金清算、查询统计等过程,并以此为电子商户服务和其他服务提供金融支持。

网上支付在我国的发展大致经过了孕育阶段(1992年之前)、初创阶段(1993—1995年)、准备阶段(1995—1998年)和发展阶段(1999年以后)。

1992年前,互联网虽然尚未进入大规模的商业用途,但是多种电子化支付得到了相当充分的应用与发展,如 POS 机、软/硬件电子现金、预付款机制、计费系统、电子钱包等,这些为探索网上支付模式奠定了基础。

1993—1995年,随着互联网的发展,信用卡支付开始通过互联网这种新型信息交换渠道进行,最初的交易方式非常简单,几乎没有任何防护,只是通过互联网传递信用卡号码而实现交易。1995年以后,政府与中国人民银行开始关注与重视电子货币,关注与重视网上支付,一个重要的步骤就是银行卡组织开发与推广建立金融支付标准(SET)。SET 的开发目的在于防止早期信用卡通过网络简单呈递这一模式中出现的欺诈行为。同时,银行业开始尝试将其他传统支付工具(直接借记、贷记转账)进行改造以适用于互联网,由此,网上银行的业务获得了初步的增长与发展,这一阶段大致延续至 1998 年。

1999 年以后,互联网支付系统得到了长足的发展,信用卡网上支付在全球范围占据了 70%~90%的份额,并建立了统一信用卡在线认证标准。2000 年以后,中国的网上支付发生了飞跃式的发展,从 2001 年以来中国网上支付的市场规模逐步上升,特别是从 2007 年以后更是呈高速发展。

2010 年我国网上支付的规模出现跳跃式增长。2010 年中国人民银行正式宣布网上支付跨行清算系统建成,这是电子化进程中的一个重要里程碑。之后,各类跨行清算系统的相继建成和投入应用,构建了各类金融机构和金融市场间的资金高速公路,对建立我国安全、高效的金融支付体系起到了有效的支持和推动作用,促进了电子商务的快速发展。截至 2017 年 12 月,我国使用网上支付的用户规模达 7.72 亿人。

2. 网上支付的发展

近年来网上支付在我国的发展可以说是突飞猛进,并且被广泛认为会有更大的发展。目前我国网上支付用户最主要使用的网上支付类型是第三方支付账户余额支付和网上银行支付,快捷支付和卡通支付也成为新的支付趋势。其中用户覆盖最广的第三方支付工具是支付宝,有80%的网上支付用户使用支付宝实现网上支付,其在网民中的覆盖率遥遥领先于其他第三方支付工具;排在第二位的是财付通,有21.1%的使用率;第三位的是银联在线,有16.9%的使用率。

虽然网上支付用户规模不断增长,发展前景被广泛看好,但也面临一些阻碍与暴露出来的问题,如:第一,信用不足、使用者缺乏相关知识,致使企业与客户对网上支付结算的安全性、方便性持谨慎、怀疑甚至消极的态度；第二，网上支付需要一个完善的技术平台和管理机制，全国缺乏一个统一、权威的认证中心，容易造成交叉认证和混乱，此外各商业银行推出的网上支付方式不同等。上述问题阻碍了一部分用户使用网上支付，有些用户是因为担忧不安全、担心资金被盗，有些用户是担心账户信息泄露，也有些用户不愿意和众多银行签约网上银行。

7.3.2 网上支付的内涵

网上支付也叫互联网支付，是指用户通过互联网实现的资金转移。网上支付可分为以下几种模式。

（1）银行网关模式。电子商务企业跟银行签约，电子商务平台通过支付网关连接到银行网银系统。在这种模式下，买卖双方在进行网上支付时，只涉及电子商务平台和银行，网上支付实际上直接进入银行的网银系统处理完成。

（2）第三方支付平台模式。电子商务平台先连接到第三方支付平台，第三方支付平台再和银行连接。

（3）银联模式。采用先进的信息技术与现代公司经营机制，建立和运营全国银行卡跨行信息交换网络，实现银行卡全国范围内的联网通用。

（4）支付平台内部的交易支付模式。这种模式实际上是封闭的，电子商务平台为买卖双方提供了账户服务，通过平台内部的账户就可以完成交易支付。

7.3.3 网上银行及其应用实例

银行作为电子化支付和结算的最终执行者，起着连接买卖双方的纽带作用。网上银行的出现为我们的生活提供了便利，为电子商务的发展提供了有力的支撑。

1. 网上银行的概念

网上银行是银行业务在网络上的延伸，它利用数字通信技术，借助互联网，以银行的计算机系统为主体，以单位和个人的计算机为入网操作终端提供银行业务服务，把传统银行业务"搬到"网上。

网上银行一般包括个人网上银行、企业网上银行、手机银行和电话银行。

2. 网上银行的功能

可以说，网上银行是在互联网上的虚拟银行柜台，具备以下功能。

（1）金融信息服务。通过网站发布银行信息、储蓄利率、外汇市场行情、理财产品行情数据等。

（2）互动交流。网上银行通过网络论坛、在线客服、电子邮件、调查问卷等，为客户提供业务咨询及投诉等服务。

（3）银行业务项目。网上银行提供的基本银行业务项目包括在线查询账户余额、交易记录、储蓄业务、信用卡业务、转账汇款业务和网上支付等。

（4）投资理财。网上银行向客户提供国债、股票、基金、期货、贵金属及各种理财产品。各大银行将传统银行业务中的理财业务转移到网上进行，从而极大地扩大了商业银行的服务范围，并降低了相关的服务成本。

（5）外汇交易。不少银行已开通国际业务、外汇储蓄业务，在此基础上为客户提供网上外汇交易业务。

（6）资产托管。接受客户委托，安全保管客户资产、行使资金清算、会计核算、估值及监督职责，并提供与投资管理相关服务的业务。

（7）其他金融服务。各大商业银行的网上银行还通过自身或与其他金融服务网站联合的方式，为客户提供多种金融衍生产品和特色服务，如银证转账、保险、抵押贷款和按揭、自助缴费等，以扩大网上银行的服务范围。

3. 网上银行的特点

1）从客户的角度，可以为用户提供更好的服务

（1）节约时间，节省精力。用户所有的操作都可以在网上进行，不受银行工作时间和工作地点的限制，可以享受每天 24 小时的服务，还不用去银行网点排队，节省了大量的时间和精力。

（2）省钱。由于网上银行节省了银行的成本，所以在网上银行的转账汇款和缴费比柜台费用低。

（3）交易明细查询方便。网上银行提供银行账户资料的各项查询功能，还可以查询各项交易记录。

2）从银行的角度，可以为银行降低成本，扩大客户群体

（1）运营成本低。传统银行有下属的分行和广泛分布的营业网点，需要大量的人力、物力和财力投入，而网上银行是计算机系统处理信息，所以网上银行的成本比传统银行低得多。

（2）无时空限制，有利于扩大客户群体。网上银行业务打破了传统银行业务的地域、时间限制，能在任何时候、任何地点为客户提供金融服务。从时间上看，网上银行每天可向客户提供 24 小时不间断的服务；从空间上看，网上银行是一个开放的体系，是全球化的银行。因此网上银行有利于扩大客户群体，开辟新的利润来源。

（3）可向客户提供多种类、个性化服务。传统银行的营业网点难以为客户提供详细的、低成本的信息咨询服务，而网上银行则容易满足客户咨询、购买和交易多种金融产品的需要，为客户提供个性化的金融服务。还可以通过网上咨询、答疑、操作演示、电子邮件等给客户提供及时有效的服务。

4. 网上银行支付流程

电子商务网站要开通网上支付功能，实现网上银行的直接支付，需要与银行签署协议，获得一个支付接口。办理相关手续之后，银行提供给商户一个商户编码，在消费者选购商品，选择银行卡网上支付后，商家通过其网站把商户编码和支付信息等内容提交给银行处理系统就可以了。以使用工商银行银行卡支付为例，网上银行支付的基本流程如下。

（1）客户在电子商务网站上浏览商品信息，签订订单。

（2）商户向中国工商银行提交订单数据。

（3）客户确认使用中国工商银行支付后，将此表单提交给工商银行。

（4）工商银行网银系统接收此笔订单，将订单信息和商户信息进行检查，检查通过后显示中国工商银行的支付界面。

（5）客户在此页面可以查询客户在银行的预留信息，确认无误后，输入银行卡号、银行密码和验证码等进行在线支付。

（6）工商银行检查客户信息，检查通过后显示确认页面。客户确认提交后，工商银行进行支付指令处理。

（7）工商银行进行支付指令处理后，将交易结果显示给客户。

➜ 案例 7-6：信用卡还款

自从分期购买了手机之后，小张每个月都定期到招商银行去给信用卡还款。招商银行的网点不多，每次去还款都要走很长的路，而且自动存款机前经常会排起很长的队伍。为了避免超期产生利息，小张每次都要花上半天时间用来赶路、排队。

这个月的还款日又到了，这一次小张给银行卡开通了网上银行，打开计算机，点击鼠标，实现了网上信用卡还款，既节约了时间，又保证了信用记录良好。

5. 网上银行的应用

下面以工商银行为例，展示其个人网上银行的应用。

个人网上银行是通过互联网，为工商银行个人客户提供金融服务的网上银行。凡是拥有工商银行银行卡的个人客户，均可到工商银行营业网点开通个人网上银行服务。使用个人网上银行的用户根据使用的安全工具不同分成普通用户、电子银行口令卡用户和 U 盾用户 3 种类型，不同的用户有不同的权限和功能。

1）普通用户

普通用户持有银行卡，但没有开通网上银行。普通用户登录银行主页，输入银行卡卡号和查询密码即可登录，但是只能使用账户的查询功能。目前，工商银行银行卡的类型包括财富卡、理财金账户、牡丹灵通卡、牡丹灵通卡 e 时代、牡丹信用卡、活期存折等。

2）电子银行口令卡用户

电子银行口令卡是指以矩阵形式印有若干字符串的卡片，每个字符串对应一个唯一的坐标，如图 7-8 所示。在使用个人网上银行对外转账、付款、缴费、网上购物等交易时，电子银行系统会随机给出一组口令卡坐标，客户根据坐标从卡片中找到口令组合并输入电子银行系统，口令组合一次有效，交易结束后即作废。

电子银行口令卡操作简单、便于携带、成本低廉，但支付额度有限制。工商银行个人网上银行、电话银行、手机银行客户，特别适合对安全级别有一定要求，但暂时不打算申请 U 盾的客户。当电子银行口令卡的支付限额无法满足要求时，需要使用 U 盾。

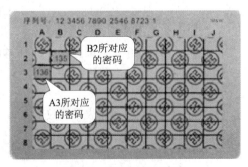

图 7-8 电子银行口令卡

3）U 盾用户

U 盾是用于网上银行电子签名和数字认证的工具，它内置微型智能卡处理器，采用 1 024 位非对称密钥算法对网上数据进行加密、解密和数字签名，确保网上交易的保密性、真实性、完整性和不可否认性，如图 7-9 与图 7-10 所示。

（1）交易更安全。U 盾的安全级别高，可以有效防范假网站、木马病毒、网络钓鱼等风险，保障电子银行交易安全。并且作为 U 盾客户，银行账户纳入证书管理，在没有插入 U 盾的情况下，任何人都无法利用该客户的身份信息和账户信息通过互联网盗取资金。只要登录卡号、登录密码、U 盾和 U 盾密码不同时泄漏给一个人，就可以放心安全地使用网上银行。U 盾证书文件的服务期为 5 年，在服务到期前 1 个月，工商银行电子银行系统将提示进行证书更新以延长证书的服务期。可通过个人网上银行"U 盾管理-U 盾自助更新"功能自助进行证书更新。

使用不同类型安全工具的安全级别比较见表 7-1。

图 7-9　一代 U 盾

图 7-10　新版 U 盾

表 7-1　安全级别比较

用户类型	安全级别	安全机制	价格
静态密码	安全级别一般	登录密码、支付密码双重保护	免费
电子银行口令卡	安全级别较高	动态密码，随机产生登录密码保护	免费
U 盾	安全级别最高	基于硬件的数字签名 1 024 位非对称密钥加密 证书密码保护 网银登录密码保护	免费

（2）支付方便，功能全面。拥有 U 盾，在网上银行办理转账汇款、B2C 支付等业务都必须启用 U 盾进行验证。U 盾是唯一的、不可复制的。应用 U 盾，可以轻松实现网上大额转账、汇款、缴费和购物。

使用不同类型安全工具的支付功能比较见表 7-2。

表 7-2 支付功能比较

用户类型	账户查询	转账汇款	在线缴费	投资理财	定期存款提前支取	网上购物	网上证券	贵金属	网上保险
静态密码	是	否	否	否	否	否	是	是	是
电子银行口令卡	是	额度受限	额度受限	否	是	额度受限	是	是	是
U 盾	是	是	是	是	是	是	是	是	是

图 7-11 工商银行电子密码

4）工商银行电子密码器用户

工商银行电子密码器是工商银行推出的一款全新的电子银行安全产品，是具有内置电源和密码生成芯片、外带显示屏和数字键盘的硬件介质，与计算机没有任何物理连接，无须安装任何程序即可在电子银行等多渠道使用，如图 7-11 所示。

工商银行电子密码器支持在个人网上银行、手机银行、电话银行等渠道使用，特别适合使用移动终端办理大额支付业务的客户，一次一密，保障交易安全。一个客户对应一个工商银行电子密码器。已经有了 U 盾，也可以申领工商银行电子密码器。

工商银行电子密码器使用流程如下。

在申领工商银行电子密码器后，在个人网上银行、手机银行、电话银行等渠道进行对外转账、B2C 购物、缴费等对外支付交易时，需要从密码器中获取动态密码并将该动态密码输入，完成交易。下面以个人网上银行转账汇款为例介绍密码器的使用流程。

（1）登录个人网上银行，选择"转账汇款—工商银行汇款"，填写输入项后，点击提交，进入动态密码输入界面。

（2）打开工商银行电子密码器，连续输入收款人账号后 6 位和转账金额，按确认键，获得 6 位动态口令，将口令输入到动态密码框中。

（3）工商银行电子密码器验证通过后，完成网上转账交易。

7.3.4 第三方支付

第三方支付作为目前主要的网络交易手段和信用中介，起到了在商家和银行之间建立连接，实现第三方监管和技术保障的作用。

1. 第三方支付的概念

第三方支付是具备一定实力和信誉保障的独立机构，采用与各大银行签约的方式，提供与银行支付结算系统接口的交易支持平台的网络支付模式。

第三方支付是指由银行和用户之外的第三方机构提供的交易支付服务。在电子商务交易中，第三方支付机构是交易双方支付结算服务的中间商，交易双方通过第三方支付平台间接使用网上银行进行结算。

2. 第三方支付的特点

（1）第三方支付是交易过程中的支付中介。消费者和商家不直接发生货款往来，借助第三方支付平台完成货款的转移支付。与银行提供的资金转账汇划不同，第三方支付完成的资金转账都与交易订单密切相关。

（2）第三方支付服务商不参与商品或服务的买卖，提供方便及时的退款和止付服务，可以公平、公正地维护消费者和商家的权益。

（3）第三方支付平台是技术中间件，提供一系列的应用接口程序，连接多家银行，使互联网与银行系统之间能够加密传输数据，向商家提供统一的支付接口，使商家能够同时利用多家银行的支付通道。

由此可以看出，第三方支付为消费者提供了方便、快捷、安全的交易通道，起到了信用担保、安全风险防范的作用，可以消除消费者对网络购物和交易的顾虑，提供的支付接口可以帮助商家降低运营成本，帮助银行节省网关开发的费用。

3. 第三方支付的交易流程

第三方支付平台各有其特色，但支付担保的原理相同。即买方付款到第三方支付平台；由第三方支付平台代为看管此笔金额；卖方得到买家已付款的信息后，发送货物；买方收到货物后，到第三方支付平台确认；第三方支付平台再将代为保管的款项划入卖方账户。

以 B2C 交易为例，第三方支付的交易流程如图 7-12 所示。

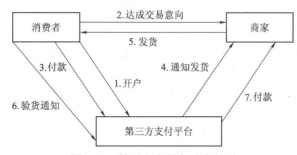

图 7-12　第三方支付交易流程图

（1）消费者用借记卡或信用卡将资金转移到第三方支付账户中。

（2）消费者在电子商务网站选购商品，与商家在网上达成交易意向。

（3）消费者发出支付授权，第三方支付平台将消费者账户中相应的资金转移到自己的账户中保管。

（4）第三方支付平台收到货款后通知商家发货。

（5）商家收到通知后按照订单发货。商家发货后不能立即收到货款，货款由第三方支付平台暂时保管。

（6）消费者收到货物并确认满意后通知第三方支付平台。如果消费者对商品不满意，可通知第三方支付平台拒付货款并将货物退回商家。

（7）第三方支付平台将货款划入商家账户，交易完成。如果消费者对商品不满意，第三方支付平台确认商家收到退货后，将该商品货款划回消费者账户或暂存在第三方账户中等待消费者下一次交易的支付。

4. 第三方支付的应用

第三方支付平台可以分成两大类，一是以首信易支付、快钱为代表的金融型的、独立的第三方支付企业；二是以支付宝、财付通为代表的依托电子商务交易平台发展起来的，以在线支付为主，捆绑电子商务网站的支付企业。

下面以支付宝为例介绍第三方支付平台的应用。

支付宝（中国）网络技术有限公司（以下简称"支付宝"）是我国第三方支付机构的龙头企业，阿里巴巴集团旗下专注于电子支付业务的企业，目前是中国最大的第三方支付平台。支付宝最初是为淘宝网解决网络交易安全所设的一个功能，在阿里巴巴电子商务公司的支持下，支付宝的支付服务于 2003 年 10 月在淘宝网推出。2004 年 12 月，支付宝独立为浙江支付宝网络技术有限公司，成为阿里巴巴集团旗下的子公司之一，其整个业务流程与淘宝网的业务流程剥离，支付宝网站上线并独立运营，支付宝范围也不再局限于为淘宝用户服务，而是逐步覆盖了整个 C2C、B2C 及 B2B 领域。除了基本的网购支付功能，支付宝还相继推出了机票行业、网游行业、公共事业缴费、直销行业、保险行业等一系列行业解决方案。2011 年 5 月，支付宝获得央行颁布的首批第三方支付牌照，其业务在《支付业务许可证》中明确，涵盖在全国范围内从事互联网支付、移动电话支付、预付卡发行与受理、银行卡收单。支付宝在我国第三方互联网支付与第三方移动支付市场目前市场份额均为第一。

随着阿里巴巴电商平台的发展壮大，支付宝的用户数量也随着平台用户数量迅速增长，这一发展历程与美国的 Paypal 与 ebay 的伴生发展十分相似。2015 年我国支付宝用户已经超过 3 亿人，其中活跃用户达到 2.78 亿人，基本覆盖我国电子支付用户。

支付宝以用户实名注册的形式建立个人支付宝账户，拥有个人支付宝账户的用户，可以在互联网端进行快捷支付（不需要开通网银，属于互联网支付业务），用户也可以通过银行账户向支付宝账户进行充值，并且使用账户余额进行支付（预付卡业务）。近年来，支付宝重点发展移动端 App 的业务发展，支付宝钱包 App 不仅可以实现手机端的移动购物、移动缴费等在线业务，还支持线下的二维码支付、声波支付、NFC 支付等线下业务，在手机平台集成线上线下移动支付功能。

1）支付宝的特点

（1）安全交易。支付宝提供第三方在线担保功能，在买卖双方交易中，支付宝作为第三方暂时保管资金，等买家收货满意后，才给卖家付款，在流程上保证了交易过程的安全诚信。另外，支付宝可以对买卖双方的交易进行详细记录，防止交易双方对交易行为的抵赖及为在后续交易中可能出现的纠纷问题提供相应的依据。

（2）方便快捷。支付宝与国内众多银行建立了合作伙伴的关系，提供多种银行卡的网关接口，实现了与多家银行间的无缝对接，使得交易双方能使用银行卡顺利地利用支付宝完成交易。在交易过程中，支付宝用户可以实时跟踪资金和物流进展，方便、快捷处理收付款和收发货业务。

2）支付宝的支付模式

支付宝的支付模式可以分为担保交易付款和即时到账付款两种。

（1）担保交易付款。在淘宝上购买商品，进行网上支付时，都属于担保交易付款模式。按照"收货满意后卖家才能拿钱"的支付流程执行。

（2）即时到账付款。购买商品，使用支付宝账户支付后，款项马上会到达对方的支付宝账户，交易完成后不能退款。非淘宝交易在使用支付宝付款时，一般都是即时到账付款方式。

3）支付宝的功能

支付宝的个人服务功能包括转账付款功能；信用卡还款功能；水电煤气、有线电视、电话费等缴费功能；买基金、股票、黄金等理财功能；交通罚款代办、医院挂号等其他功能。

支付宝的商家服务功能包括担保交易；付款收款；技术支持；营销工具、第三方服务等增值服务；账户管理等功能。

目前，支付宝的应用领域已涉及多种考试系统支付、网上缴费、购买火车票、飞机票，甚至打出租车也可以使用支付宝付款了。

4）支付宝的交易流程

支付宝服务的具体运行流程是：首先，买方在网上选中自己所需商品后就与卖方取得联系并达成成交协议，这时买方需把货款汇到支付宝这个第三方账户上；支付宝作为中介立刻通知卖方钱已收到可以发货；待买方收到商品并确认无误后支付宝才会把货款汇到卖方的账户，整个交易就完成了。支付宝作为代收代付的中介，主要是为了维护网络交易的安全性。基于交易的进程，支付宝在处理用户支付时有两种方式。

（1）担保交易付款方式支付流程。支付宝担保交易流程如图 7-13 所示。

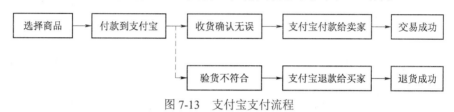

图 7-13　支付宝支付流程

支付宝支付流程的具体解释如下。

① 买卖双方都在支付宝开设账户，并通过开通的网上银行将款项划至其所在支付宝账户。

② 买方在网上选购商品，付款到支付宝，由支付宝代为看管此笔资金。卖方可以在自己的界面看到买方是否已付款。

③ 卖方看到买方付款后，发货给买家。

④ 买家收货后并验货满意后，在支付宝上确认货已收到。

⑤ 支付宝将买方先前划来的款项从买家的账户中划至卖家的支付宝账户。

（2）即时到账支付流程。即时到账交易是支付宝的即时支付功能，即交易双方可以不经过确认收货和发货的流程，买家通过支付宝直接付款给卖家。支付宝告知卖家买家通过支付宝发给其一定数额的款项。如果卖家这时不是支付宝的用户，那么卖家要通过注册流程成为支付宝的用户后才能取得货款。

支付宝提供的这种即时支付服务不仅限于淘宝和其他的网上交易平台，而且还适用于买卖双方达成的其他的线下交易。除了淘宝商城、天猫网以外，通过支付宝向其他系统、其他网站支付多采用即时到账方式。

除了利用支付宝账户支付外，支付宝还提供了快捷支付方式，快捷支付用户通过电话或网站等方式订购商品时，不需开通网上银行，直接通过输入银行卡卡面信息，即可便捷、快速地完成支付。一个支付宝账户可以绑定多个银行和多张银行卡，每次付款时只需输入支付宝的支付密码和手机校验码即可完成付款，系统自动完成实名认证，安全、便利、快捷，适用于小额支付。

7.4　移　动　支　付

移动支付作为一种新的支付方式，具有广阔的发展前景，并且会引领移动商务和无线金融的发展。

7.4.1 移动支付的概念与种类

1. 移动支付的概念

移动支付是指使用移动设备通过无线方式对所消费的商品或服务进行账务支付的方式，最常用的移动支付方式是手机支付。

移动支付系统为每个手机用户建立一个与其手机号码关联的支付账户，其功能相当于电子钱包，为手机用户提供了一个通过手机进行交易支付和身份认证的途径，完成银行转账、缴费和购物等商业活动。

2. 移动支付的分类

根据支付距离的远近，可以分为手机近端支付和手机远程支付。

（1）手机近端支付，指用户利用近距离无线通信技术，如蓝牙红外、射频识别等技术，在商场POS终端、自动售货机、汽车停放收费表等终端设备完成支付。

（2）手机远程支付，指用户通过短信、手机上网等方式完成缴费、转账、购物等的支付方式业务。

根据支付金额的大小，可以分为小额支付和大额支付。

（1）小额支付，指运营商与银行合作，建立预存费用的账户，用户通过移动通信的平台发出划账指令，代缴费用。

（2）大额支付，是指用户手机号码与银行账户绑定，用户通过多种方式对与手机绑定的银行卡进行操作，完成支付。

按照支付媒介分类，可以分为电话账单的移动支付和手机电子钱包的移动支付。

（1）电话账单的移动支付，交易费用直接从手机电话费中支出，用户交易结算所产生的费用和电话账单费用合并为一张账单。不需要银行及信用卡公司的介入，方便、快捷，适合于小额支付。

（2）手机电子钱包的移动支付，是将银行账户与手机号码绑定，手机用户可以通过发送短信、语音、GPRS等多种方式对自己的银行账户进行操作，完成查询、转账、消费等功能。支付密码与银行账户密码不同，保护资金安全，可用于大额支付。

另外，按照不同的业务模式，可以分为手机银行、手机钱包、终端POS机、手机圈存、手机一卡通等。

➔ **案例7-7：中国移动手机钱包**

手机支付、手机钱包业务是中国移动面向用户提供的综合性移动支付服务。手机钱包联名卡是中国移动与浦发银行联合推出的集电子现金账户、借记卡账户和信用卡账户三卡合一的创新金融产品。

用户开通手机钱包联名卡后，即可实现如餐饮娱乐、零售百货等现场消费功能，不但可以消费购物、坐公交、开门禁等，还可作VIP卡使用，将多种卡片功能全部集中到手机钱包联名卡中。用户有了手机钱包联名卡，就可在布放有中国移动专用POS机的商家，如公交、地铁、商场、超市、出租车、餐厅、影院、医疗、社保、农贸市场、放心早餐等场所使用。还可通过该账户进行远程购物，如互联网购物、缴话费、水费、电费、燃气费及有线电视费等。

手机钱包联名卡适用于中国移动所有签约客户，是一种把各种银行卡与手机结合起来，用手机代替各种银行卡的全新的消费工具，它时尚、便捷、安全。轻松支付，随"机"消费，真正实现"一机在手，走遍神州"。

资料来源：https://cmpay.10086.cn/info/aboutwallet/index.html。

从用户角度看，网上支付主要是通过计算机端来实现的，电话支付是通过拨打电话来实现的，销售点终端与自动柜员机交易都是通过银行卡来实现的。从这3种发起电子支付的设备出发，结合电子支付线上线下的场景来分析移动支付的优势，会发现物理的银行卡不能用于线上支付场景，而计算机端是不能应用于线下场景，只有移动支付可以同时适应线上与线下的支付场景，移动支付的本质是将银行或第三方支付账户虚拟化后与移动终端合二为一。所以，在支付场景应用上，移动支付具有传统支付方式无法比拟的优势，移动互联网的发展促使线上与线下商业场景的融合，也促使了电子支付线上与线下场景的融合。这种线上与线下支付场景的融合使得移动支付对商业银行线下银行卡收单业务与现金支付业务造成冲击与替代。

计算机接入互联网的时代，无法想象一个人搬着一台计算机去商场进行支付，但是不会觉得一个带着手机去购物的人有什么不妥。移动互联网与智能手机的普及使得用户带到商场的不仅是一部手机了，一同携带的还有他的第三方支付账户或是绑定了信用卡账户的 Apple pay。根据谢平等人的研究："移动支付是电子货币形态的主要表现形式，电子货币是移动支付存在的基础，二者具有网络规模效应。"这种网络规模效应的体现在于使用某种移动支付的用户数达到某一值时，移动支付的边际成本变得非常低。

较传统支付模式，移动支付的场景参与方更多。移动支付场景内除了商业银行与第三方支付机构在加速布局，其他的通信运营商与手机软件、硬件提供商都具有规模庞大的用户基础，这些非传统支付机构都希望利用自身的用户群基础创造这种网络规模效应，通过不同的模式加入到移动支付市场的竞争中，这无疑加剧了移动支付市场的竞争。例如，腾讯作为传统即时通信软件服务商利用微信庞大客户群的影响力推出微信支付（财付通），在短时间内获得一定市场份额。在我国移动支付市场模式尚未彻底固定的时期，竞争的焦点聚集于对于市场份额的竞争，这种加剧的竞争迫使代表商业银行利益的中国银联不得不与苹果公司的 Apple pay 合作，以抗衡第三方支付巨头的挑战。这种利用 NFC 近场支付技术的模式可以看作是将银行卡的虚拟化，强调银行卡的账户功能，使得银行卡脱离卡片本身而进一步与手机融合，是银行卡通过另一种形态与第三方支付的竞争。

7.4.2 移动支付体系架构及流程

1. 移动支付系统架构

移动支付系统是一个完整的信息系统，系统可以分为以下各层，如图 7-14 所示。

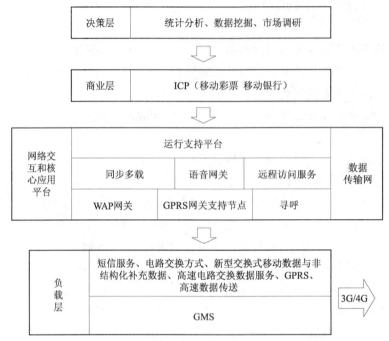

图 7-14 移动支付系统架构

各层含义如下。

（1）负载层。这一层是整个移动商务的基础，它包含了所有移动商务的网络通信技术和底层基础结构，如 GPRS、GSM、3G/4G 等。

（2）网络交互和核心应用平台。这一层在用户及服务提供商和金融组织间建立数据库、部署和传输数据，使信息流通畅。

（3）商业层。这一层包含了在移动商务层面的所有商业活动，如移动彩票、移动银行等，支持事务处理功能。

（4）决策层。在整个框架中位于最高层，这一层中运用多种数据分析和数据挖掘软件来分析移动商务支付的市场从而做出决策。

2. 移动支付交易流程

手机支付是移动支付的典型代表。从手机支付工作原理来看，手机支付系统主要涉及消费者、商家及无线运营商 3 个方面。

手机支付流程具体步骤如下。

（1）消费者通过 Internet 进入消费者前台系统选择商品。

（2）将购买指令发送到商家管理系统。

（3）商家管理系统将购买指令发送到无线运营商综合管理系统。

（4）无线运营商综合系统将确认购买信息指令发送到消费者前台消费系统或消费者手机上请求确认，如果没有得到确认信息，则拒绝交易。

（5）消费者通过消费者前台消费系统或手机将确认购买指令发送到商家管理系统。

（6）商家管理系统将消费者确认购买指令转交给无线运营商综合管理系统，请求缴费操作。

（7）无线运营商综合系统缴费后，告知商家管理系统可以交付产品或服务，并保留交易记录。

（8）商家管理系统交付产品或服务，并保留交易记录。

（9）将交易明细写入消费者前台消费系统，以便消费者查询。

7.4.3 移动支付发展的现状与趋势

移动支付是近年来支付服务方式的重要创新之一，也是新兴电子支付的主要表现形式。移动支付业务最早出现于20世纪90年代初的美国，随后在韩国和日本出现并迅速发展。中国的移动支付最早出现在1999年，由中国移动与中国工商银行、招商银行等金融部门合作，在广东等一些省市开始进行移动支付业务试点。目前，中国的移动支付市场无论是从业机构、市场占有情况，还是用户数量、业务规模，都取得了较好的发展，我国移动支付产业已形成了较完备的价值链。广大商业银行、各主要移动通信运营商及众多的第三方支付服务组织都积极参与进来，有力地促进了我国移动支付产业的发展。移动支付的应用范围已经涉及转账汇款、网上购物、公共缴费、手机话费、公共交通、商场购物、个人理财等很多领域。

移动支付的发展趋势可以总结为以下几点。

1. 注重多平台的应用

兼容各种手机类型，跨平台的移动支付成为一个重要趋势。未来，移动支付不仅可以通过App应用程序的形式进行操作，也可通过WAP或短信、语音等形式完成。

2. 安全性需得到保障

在手机安全方面，由于手机涉及用户的诸多私密信息，一旦丢失造成的经济损失将非常大，且随着手机操作系统逐步完善成熟，一些木马病毒也应运而生，对手机支付的安全造成了严重的威胁。因此，在移动支付的安全方面，一是需要支付服务提供商通过软、硬件的方式进行防护；二是要通过一些手机号绑定、短信验证码等方式进行支付确认；三是要完善相关的风险赔偿机制，切实保障用户的移动支付过程和资金的安全。

3. 移动支付的形式将更加多样化

未来，移动支付将和更多的技术形式进行结合，它的内涵将进一步丰富。例如，与二维码的结合，将使移动支付不再割裂地分为近场和远程；与LBS技术的结合，本地搜索和消费将在信息和资金方面实现完全闭环；与指纹、语音识别的技术结合，将使移动支付甚至摆脱对手机的依附。

4. 移动支付需要更多的应用场景

如同Google Wallet的发展路径一样，移动支付将可能是POS收单，还可能是预付费卡、本地折扣、用户积分，甚至是面向个人的消费信贷。基于这些支付形式，无疑将产生更多丰富类型的商业形式。移动支付除了继续广泛应用于网上购物、游戏充值、生活类缴费以外，还将广泛地与线下付款、移动金融理财、移动终端的机票预订等更多的应用场景进行结合，并通过如银行账户绑定支付等更加便捷的支付方式，为用户提供广阔的应用覆盖和完善服务。

5. 移动支付将成为移动互联网和物联网的组成部分

移动支付、移动互联网和物联网都是国家"十二五"规划的重要创新产业。移动支付作为物联网的典型应用，对于改善用户消费方式，提高商家运作效率，提升整个产业链价值具有十分重要的意义。

➡ 案例 7-8：第三方支付开打移动之战：切入点殊途同归

2012年1月17日，支付宝正式发布酝酿已久的"支付宝钱包"，用户在手机上安装该应用，手机就变成了用户的"钱包"。

无独有偶，快钱的"手机钱包"也即将发布。除了帮助用户进行个人银行卡管理、信用卡还款、手机充值等功能外，快钱更着重于商户的收款管理。目前，无论是原先专注于B2C的第三方支付企业，还是专注于B2B的第三方支付公司都将下一步业务拓展的重点瞄准了移动支付。前者通过用户去影响商户，而后者则是通过商户去影响用户。移动支付迎来爆发期。

杭州出租车司机袁师傅成为2012年移动支付领域里的知名人物，这缘于他率先尝试通过支付宝收取乘客的车费。袁师傅的尝试也引发了杭州出租车行业的支付变革。目前，在杭州，已经有越来越多的出租车上贴着付款二维码。乘客只需调取自己的支付宝"扫一扫"功能，扫一下二维码就能完成支付，既免去了找零的麻烦，也避免了出租车司机携带大量现金的安全隐患。杭州出租车的创新也引来了青岛、郑州等多地出租车的效仿。

出租车行业是个窗口行业，当移动支付的应用在这个领域开始生根并普及，说明移动支付的春天真正来临了。手机的渗透率高于计算机，在一些农村用户或打工者群体，他们没有计算机，一样可以通过手机上网甚至完成支付、转账。因此，在移动领域里的支付，虽与互联网有一些交错，却比互联网有着更广阔的想象空间。

资料来源：柏景福. 第三方支付开打移动之战：切入点殊途同归［EB/OL］（2013-02-16）. http://net.yesky.com/371/34448871.shtml.

7.4.4 移动支付应用实例

1. 微信

2011年1月21日，腾讯公司推出一款新型的即时通信软件，即智能手机应用程序——微信。这是一款以免费即时通信服务为特色的软件，用户可以通过该平台向好友送文字、图片甚至视频信息。一经推出，微信用户数量增长极快，仅上线10个月，用户数量便超过了3 000万人。

微信发展速度十分迅猛，"高速"亦成为其代名词。2012年3月29日，距首发日14个月，微信用户人数破1亿人。2012年9月17日，微信用户破2亿人，增长1亿用户的时间由14个月缩短至不到6个月。2017年9月5日，微信用户总数已达9.63亿人。专家预测，到2020年左右，微信的国内用户数量或覆盖14亿人口。

微信用户数量呈几何级数增长，其有效使用时间、使用次数，以及使用微信小程序方面都居同类型应用前列。数据显示，2013年9月，中国即时通信类各应用月度总有效使用时间占比中，微信的有效使用时间占据即时通信类应用总有效使用时间的54.5%，成为最重要的即时通信应用之一。2016年12月，微信App人均月度使用时间达到了1 967分钟。截至2017年9月，微信日登录用户超9亿人，月老年用户5 000万人，日发送消息380亿条，日发送语音61亿次，日成功通话次数超2亿次，用户日发表朋友圈视频次数6 800万次。目前，微信小程序已经涵盖超过20大类，行业细分类目200个以上，其中，月访问人数最多的行业大类分别是交通出行、电商平台、工具、生活服务及IT科技。

1）移动支付的竞争性营销

（1）现金补贴与捆绑式销售。2013年8月5日，微信5.0正式上线。这一版本支持表情商店、游戏平台、话费充值及公众号、扫二维码和 App 中的一键支付等功能。2014 年 1 月 6 日，微信增资接入"滴滴打车"，与支付宝公司投资的"快的打车"展开用户争夺的正面交锋。双方斥巨资打出"打车能赚钱"的广告，以期用现金收益吸引用户使用。

随着这场"抢客大战"不断升温，用户"收益"也不断攀升。2014 年 1 月 10 日，使用微信支付"滴滴打车"，乘客车费立减 10 元，司机奖 10 元。2 月 10 日，乘客的车费补贴降至 5 元。2 月 17 日，"滴滴打车"对乘客奖 10 元，每天 3 次；部分城市司机每单奖 10 元，每天 10 单，其他城市的司机每天前 5 单每单奖 5 元，后 5 单每单奖 10 元。2 月 18 日，"滴滴打车"开启"游戏补贴"模式：微信支付"滴滴打车"每次可随机获得 12 至 20 元不等的高额奖励，每天 3 次。

除了现金收益的刺激，"滴滴打车"还宣布，针对每周使用"滴滴打车"微信支付车费 10 次以上的用户，赠送时下最热门微信游戏"全民飞机大战"大礼包一个。这种营销方式实质上是将游戏与打车支付进行了捆绑式销售。在这一营销模式中，游戏用户可能会为了获得游戏礼包而打车，而打车用户可能在获得游戏礼包后选择尝试游戏，这不仅有利于打车软件的推广，还有助于催化游戏的二次升温。游戏平台和打车支付在这一营销合作模式中，均可实现扩大用户群及影响力的效果。

（2）双寡头局面下的理性竞争。有人这样形容微信 5.0：从燃烧一切的决心到吞噬一切的实力。支付功能的上线，也印证了这一观点。从打车 App 的监测数据或许可以窥见一斑。数据显示，打车类应用用户总数近 2 000 万人，快的打车、滴滴打车、摇摇招车分别以 41.8%、39.2%及 9.0%的比例占据国内打车 App 市场累计用户份额前三名的位置，仅快的打车和滴滴打车两个软件就占据了国内打车 App 市场逾 80%的份额，形成双寡头局面。

在双寡头局面下，双方的竞争性营销行为都是基于对方的经营行为而发生的，短期可能会使消费者获益，但长期来看，会对新兴打车软件的发展造成极大的制约。因为，新兴软件在发展之初面临融资难且信誉低的问题，可能无力承担高昂的营销费用，再加上用户纷纷涌入两大打车软件巨头，这些障碍都可能会阻碍到新兴打车软件的发展，进一步影响整个市场的公平竞争，最后实现彻底垄断，进而使得整个产业缺乏创新活力。

除了打车应用的普及，微信表情商店、游戏中心等吸金实力也不容小觑。但同时也有用户吐槽微信的部分"收费"功能，如"土鳖的收费表情""昂贵的'打飞机'复活"等。应该注意的是，微信正逐步探索支付功能可覆盖的环节，这也是微信商业化中非常重要的一环。随着移动支付功能的完善，未来人们可以随时随地，充分利用碎片化的时间来完成消费活动。这种即时、随性的购物体验是过去无法想象的，不仅提升了消费者的购物体验，更是提高了消费者的生活效率。

从微信对滴滴打车的补贴行为可以看到，其此前的竞争式补贴是一种近乎非理性的市场扩张行为。但短期的重金营销后，微信开始思考一种更为合乎理性和用户心理的补贴方式——"游戏补贴"，即用户的支付行为可随机获利 12～20 元不等的奖励。这相当于一种 100%中奖的"抽奖游戏"，而这给用户带来的不仅是实惠经济的消费体验，还有玩游戏的刺激和愉悦，进而反过来又刺激了支付和消费行为。

2）移动理财扩大平台影响力

（1）理财通的适时推出。2014 年 1 月 16 日，各大媒体、门户网站纷纷登出消息，微信于 1 月 15 日晚间正式推出旗下移动互联网理财产品——理财通。

理财通被捆绑在微信中的"我的银行卡"功能中，可由微信"我的银行卡"页面接入。理财通初上线时，其界面上显示有"存入""收益率可达活期16倍以上"等字样。这样的界面是运用了对比的方式，将收益率同银行活期利率进行比较，把乏味的数字形象地化为"16倍"，使用户直观地感受到高收益率，这比余额宝所显示的"高于银行年固定利率"更形象、更直观、更具吸引力。而随着理财通的开发和稳定，用户人数也由虚增变为稳定式增长，用户也逐渐了解理财通的收益概况和操作方式，此时理财通则更注重对现有客户的维护，因此需要将用户的收益情况直观地表现在界面上。

自上线以来，理财通收益率一直居高不下。根据和讯网的收益折线图显示，理财通的收益率除上线初期的小幅波动，自2014年1月19日起至今，收益率一直高于余额宝，春节前甚至达到了7.9%的收益峰值。

目前，微信理财通合作伙伴包括华夏、广发、易方达、汇添富4家基金公司。互联网金融行业人士认为，微信庞大的用户数量，软件高频次的打开率，"把鸡蛋放在不同篮子里"的风险分担，以及华夏基金的雄厚实力等优势，都将使微信理财通成为未来最有潜力的移动互联网理财产品。

（2）理财通与余额宝的比较性竞争。许多互联网理财产品的投资"散户"都会纠结这样一个问题：理财通和余额宝哪个更好？二者有何区别，分别有什么优势？作为互联网理财产品"后来人"的理财通，与"前辈"余额宝之间的较量，才刚刚开始。

从软件隶属公司来看，2013年12月，腾讯以1 187.3亿美元的市值位于全球IT企业市值排名中的第12位，是中国首家市值过千亿美元的IT企业，资金雄厚。而余额宝所属的集团公司阿里巴巴是全球最大的电商平台，所属分公司支付宝则是全球最大移动支付公司，经验丰富。

从推出的时机来看，根据七天银行拆借利率走势，二者推出的时间点都是利率飘升的时刻。选择在这样的时机推出，是为了在活动推广关键点创造更好的收益率来吸引用户。但余额宝推出时间早，抢占了先机，略胜一筹。

从对接基金来看，微信理财通合作对象是原管理资产规模最大的基金管理公司华夏基金，以及易方达、汇添富和广发三家基金公司。余额宝绑定的货币基金则是业界新星天弘基金。理财通提供平台，"把鸡蛋放在不同的篮子里"，各基金公司共同分摊风险，而余额宝"把鸡蛋放在一个篮子里"的做法显然风险较大。

从操作平台来看，微信理财通只能在手机客户端进行操作，而余额宝在PC端和手机端均可操作，余额宝便捷性要优于微信理财通。但是用户对于手机的操作频度较高，且微信作为即时通信软件的操作频度要远高于支付平台支付宝，因此微信在一定程度上提高了便捷性。

从支付场景来看，微信是集通信、社交和理财等为一体的多功能、全方位服务平台，而支付宝则缺少通信和社交等功能。

从起存提现的交易额度来看，虽然余额宝的起存金额和提现额并不占优势，但银行单笔单日交易额度比理财通要高出许多。这项差额的原因在于余额宝可先通过计算机用网银为支付宝充值后再转入余额宝，而理财通缺乏类似支付宝的中介，受到交易额的限制。

从线下生态来看，双方都有线下支付的业务，且在多个领域都有涉猎，如打车、百货等。目前因双方都贴钱刺激消费者使用软件，难免产生一些虚高的使用量和用户人数，二者比较结果需进一步观察方可知晓。

从风险安全来看，微信理财通推出安全卡，规定理财通内钱的进出通道，即钱由安全卡出入，且不能支付，降低了盗刷的可能。余额宝可以直接支付，从某种程度上来说增加了风险，但由于打开微信不必输入密码，而支付宝又有一层密保措施，因此这一环节二者相当。

从赔付保障来看，双方都提供了安全保障承诺，一旦出现盗刷会100%赔付，理财通的合作伙伴是中国平安，余额宝的合作伙伴是平安保险。但是，虽有保险进行兜底，当出现问题时，用户面临举证难题，能否及时得到补偿是对两方理赔服务的极大考验。

3）微信红包巩固市场份额

（1）"红包游戏"的收益模式。如今，科技改变生活，过年最流行的莫过于"抢红包"了。2017年除夕夜，用户共收发微信红包142亿个，最高峰出现在零点时分，用户收发微信红包高峰每秒达到76万个。从除夕到大年初五，微信红包收发总量达到460亿个。

从本质上来说，微信红包是一个基于庞大的用户群和社交网络的社交游戏，游戏规则便是"比手快"和"拼人品"，因为发放名额有限，而发放金额采用随机发放的方式，有的红包甚至只有1分钱。

尽管红包数额有限且金额较低，但用户们仍然抢得不亦乐乎，他们"争先恐后"地绑定了银行卡，加入微信支付的行列。据保守估算，若微信3亿用户中30%的人每人发100元红包，可形成90亿元的资金流动，这笔钱延期一天支付，在民间借贷月息2%的情况下，每天沉淀资金的保守收益约为600万元（按一月为30天计算）。假设30%的用户没有选择领取现金，其账户可产生27亿元的现金沉淀，且为无利息的现金沉淀。

与斥巨资贴钱给打车软件的竞争性营销相比，"抢红包"实质上是利用了用户的钱给用户"发红包"，而自身也从中获益，并抢占了移动支付市场份额，这真的是"无本万利"。

（2）"红包游戏"的成功因素分析。"抢红包"在虚拟空间中点燃了久违的节日激情。有的用户只"抢"到了1分钱的红包却仍惊喜万分，甚至比在现实中拿到100元的红包还要兴奋。分析红包"红"的原因，大概如下。

首先是改良了传统红包。传统发红包通常是晚辈给长辈拜年时，长辈对晚辈的赠予。对晚辈来说，可能会有"不好意思"等心理反应，而对长辈来说，钱的多少意味着面子、关系亲疏等多层含义，所以红包的金额可能不一定能够同时满足赠受双方的意愿，达到应有的效果。而微信红包金额因为是随机产生的，即使"抢"到手的红包数额较小，也不会对"发"和"收"的人产生任何情感上的负担。

其次是游戏增进感情。微信"抢红包"实质上是一项基于社交网络和关系的互动游戏。在"抢"的过程中，拼的是"人品"。它把送红包变成了一种同学、朋友和同事之间的互动游戏，大家积极参与，热情高涨且广泛讨论和交流，增进了彼此的感情。

最后是增进了人们内心渴望的"年味"。许多人都曾感叹："年纪越大，年味越淡。"近几年，一成不变的鞭炮、饺子和春晚一直是网友们吐槽的对象。在物质匮乏的年代，过年的年味象征着一年中可以享受"改善生活"和"休养生息"的日子，但在物质丰富的现在，传统年味已不能满足人们的需求。微信"抢红包"革新了传统的过年形式，将传统的"改善生活"的年味变成了"娱乐至上"的年味，为人们紧张、乏味的生活增添一抹亮色。

2. Apple Pay

1）Apple Pay的基本情况

Apple Pay是苹果公司在2014年秋季新品发布会上推出的一种基于近场通信技术（near

field communication，NFC）的手机支付产品，并于当年 10 月 20 日正式上线。目前支持该功能的设备包括苹果手机（iPhone 6）、手表（Apple Watch）等。Apple Pay 的业务目标是"取代你的钱包"，即将银行卡添加到 Passbook 中，用手机替代银行卡。Apple Pay 提供线上和线下两种支付模式。对于线上支付，用户在手机商城选定商品后，按下指纹（即 Touch ID）即可完成支付；而对于线下支付，用户在实体商店选购商品或服务后，在收银台布设的支持 NFC 的销售终端（POS 机）前按下指纹识别的 Touch ID 即可完成支付。可见 Apple Pay 的整个支付过程不需输入密码，线上和线下支付只需按动手指即可实现，支付体验明显优于其他"钱包"产品。Apple Pay 极大地提升用户体验的背后，是对一系列新技术的应用和集成，包括 NFC、Touch ID、Passbook、安全模块处理器（secure enclave）和银行卡字符串标记（Token）等。

2）Apple Pay 在我国的市场拓展

（1）与中国银联的合作取得实质性进展。中国银联是 Apple Pay 拓展中国市场的关键，因为中国银联的系统是目前我国国内使用 NFC 支付的唯一渠道，目前支持 NFC 付款的 POS 机数量达到 400 万台，约占全国总量的 25%。在苹果公司发布的面向开发者的 iOS 8.3 测试版描述中就有"Apple Pay 支持中国银联"的字样。2016 年 2 月 18 日，苹果 Apple Pay 正式进入中国市场，银联卡持卡人通过银联云闪付技术，可使用 iPhone、Apple Watch 及 iPad 等设备进行支付。用户只需下载一个移动支付客户端，打开后添加银行卡即可使用。

（2）与国内商业银行的合作取得巨大突破。早在 2014 年底，苹果公司就与我国多家商业银行进行合作谈判。各商业银行起初并未对 Apple Pay 表现出较强的合作意愿，主要原因是费率偏高：对于信用卡交易，Apple Pay 每次按照交易金额的 0.15%收取手续费，而对于借记卡交易，Apple Pay 对每笔交易收取 0.5 美分的固定费用，这在美国本土并不算高（因为美国的刷卡商户端手续费高达 2%~3%），但在刷卡费率普遍偏低的中国可称得上"天价"。但移动支付无疑是未来的方向，为抢占市场先机，商业银行态度立刻转变，从 2016 年 2 月 17 日开始，首批接入的 19 家商业银行陆续通过微信和微博发布推出 Apple Pay 的消息，介绍 Apple Pay 的好处、安全性和优惠措施等。

（3）与支付宝的合作尚未确定。海外企业不能在我国直接申请第三方支付牌照，因此，与我国最大的第三方支付机构支付宝开展合作是 Apple Pay 的一个较好选择。借助支付宝的渠道和终端服务，Apple Pay 可以使用支付宝账户的余额进行付款，并使其交易流程符合我国监管机构的监管要求。对于经支付宝渠道完成的交易，支付宝将按照比例收取一定费用，但目前支付宝在合作谈判中设定了较高的费率，成为阻碍双方合作的重要因素。

（4）与中国移动"和包"NFC 业务竞争。"和包"（原来的"手机支付""手机钱包"）是中国移动推出的一项综合性移动支付业务，持 NFC 手机和 NFC-SIM 卡的用户可将银行卡、公交卡、会员卡等与手机绑定，享受线下刷手机支付和线上账户支付服务。Apple Pay 进入中国市场，一方面会进一步扩大国内的 NFC 支付市场份额，另一方面也将对中国移动"和包"NFC 等 NFC 支付服务产品造成冲击，与国内支付机构进行竞争。

3）Apple Pay 对我国移动支付业务的影响

（1）将有利于提高移动支付的安全性。这主要表现在提高个人识别码（PIN）的安全性。当前我国的各种 NFC 解决方案，无论是嵌入式安全单元（eSE）、NFC 专用单线协议 SIM 卡，还是 SWP-SD 卡，其实质都是各个机构争夺安全模块（secure element，SE）控制权的一种表现，而 SE 控制权的核心之一就是 PIN 控制权。Apple Pay 通过整合 Touch ID 技术，使得持卡人认证方式除了支持 NFC 方案中的数字键盘输入 PIN 之外，新增指纹信息认证方式，进一步提高了 PIN 的安全性，提高主账号（primary account number，PAN）的安全性。Apple Pay 通过引入 Token 体系，由 Token 服务提供商根据 Token 请求者提供的 PAN 生成 Token，将 Token 作为 PAN 的替代值在支付各个环节进行流转，使得在支付流程中独一无二的 PAN 只在 Token 服务提供商、转接方、发卡方之间通过专线传递。当 Token 到期或被检测到风险时，会再次生成新的 Token 予以替代，从而大幅降低了支付过程中 PAN 泄漏的可能性。

（2）将引起现有移动支付商业模式的革新。传统的电子支付由持卡人、商户、收单方、转接方、发卡方组成，其商业模式为：在持卡人向商户支付的交易金额中，抽取一部分刷卡手续费按比例分配给发卡方、收单方、转接方（如国内线下收单业务遵循的"721"利益分配原则）。Apple Pay 则是在上述 5 个参与方之外，新增两个参与方，即 Token 请求者和 Token 服务提供商，自然会对原有的商业模式产生影响。支付行为需要 PAN 和相应的 PIN 才能完成，Apple Pay 与传统移动支付相比，对 PIN 掌控状况基本不变，而对 PAN 拥有更大的话语权，存在改变当前利益分配规则的可能。由于新的商业模式并未排除原有商业模式的参与者，因此，将会引起现有商业模式的革新而不是彻底变革。

（3）挑战运营商的 NFC 手机钱包。一方面，Apple Pay 在用户体验上大幅优于运营商的 NFC 手机钱包。Apple Pay 使用了 Token，简化了银行卡的加载流程，也弱化了可信服务管理（trusted service management，TSM）平台的功能。运营商的 NFC 手机钱包由于未使用 Token，需要将银行卡复制保存到 SE 模块上，增加了银行卡发卡流程的复杂性。另一方面，Apple Pay 可能会影响终端厂商对运营商 NFC 手机钱包的支持力度。iPhone 6 和 iPhone 6 Plus 均不支持 SWP，不对运营商开放 NF 服务，但提供了一种"终端厂商提供硬件载体、软件架构和安全模块，与卡组织及银行一起，绕开运营商，打造一个闭环的移动支付产业链"模式，终端厂商可以借此摆脱只卖硬件的末端定位，参与分享移动端电子商务的收益。运营商在 NFC 移动支付业务上对终端厂商的控制力度可能被削弱，甚至可能影响终端厂商对 SWP 协议及移动系统兼容应用程序编程接口（API）的进一步支持和完善，而这两个协议恰恰是运营商 NFC 手机钱包运行的基础。

（4）冲击离线账户体系。目前，支付账户分为在线账户和离线账户两类。中国银联的"闪付"就是针对小额快速交易场景而推出的一种离线电子钱包产品，为推广"闪付"应用，中国银联对大量的 POS 机终端进行了改造。与"闪付"不同，Apple Pay 使用的是一种在线账户体系，即使在要求快速刷卡的 NFC 近场支付场景下仍然使用在线的银行账户，并能提供快捷的用户体验。账户体系不同将是中国银联与 Apple Pay 深度合作的一项技术障碍。同时，如果 Apple Pay 将来在我国大规模推广应用，可能会对以"闪付"为代表的离线账户支付产品造成一定冲击。

我国已成为亚洲首个、全球第五个开通 Apple Pay 的国家。可以预计，Apple Pay 将改变我国用户日常消费的支付方式，也将加速整个移动支付市场的发展。与此同时，随着信息科技的发展及移动互联网、可信可控云计算、终端安全存储、区块链等技术的演进，全球范围内支付方式也将发生巨大变化。对此，也需要密切关注，并加以研究，为我国移动支付产业发展提供参考。

思考与讨论题

1. 简述电子支付的概念、产生与发展。
2. 与传统支付方式相比，电子支付有哪些不同之处？
3. 电子支付系统的基本构成是什么？
4. 电子支付系统的基本流程与要求有哪些？
5. 什么是电子货币？有哪些类型？包含哪些职能？
6. 请阐述电子货币的运行条件。
7. 什么是电子现金、电子支票支付、智能卡、电子钱包？
8. 什么是网上支付？阐述网上支付的产生和发展。
9. 简述网上银行的概念和功能。
10. 网上银行有哪些特点？
11. 什么是第三方支付？第三方支付有哪些特点？
12. 第三方支付的交易流程是什么？
13. 什么是移动支付？有哪些种类？
14. 说明移动支付体系架构，移动支付流程是怎样的？

参 考 文 献

[1] 任玉龙. 我国个人电子支付发展现状与策略研究 [D]. 北京：首都经济贸易大学，2016.
[2] 忻韦武，刘崇珲. 浅议我国网上支付的现状与创新 [J]. 上海金融，2013（5）：113-114.
[3] 王雅淇. 微信未来盈利模式探析：基于微信传播 [D]. 济南：山东大学，2014.
[4] 杨铿. Apple Pay 的发展及其对我国移动支付的影响 [J]. 江苏经贸职业技术学院学报，2016（2）：15-17.
[5] 李小燕，李福泉，代丽. 电子商务概论 [M]. 2 版. 西安：西安电子科技大学出版社，2011.
[6] 杨坚争，赵雯，杨立钒. 电子商务安全与电子支付 [M]. 北京：机械工业出版社，2007.
[7] 张宽海. 金融与电子支付 [M]. 北京：北京大学出版社，2008.
[8] 秦树文. 网上支付与结算 [M]. 北京：清华大学出版社，2012.
[9] 宋林林，张润卓. 电子商务实务项目教程 [M]. 北京：清华大学出版社，2012.
[10] 周曙东. 电子商务概论 [M]. 2 版. 南京：东南大学出版社，2011.
[11] 首信易支付网站. http://www.beijing.com.cn
[12] 杜卫锋，刘文婷，王命达. 玩转电子支付：网上银行/网上支付/手机支付一本通 [M]. 北京：中国铁道出版社，2012.
[13] 陈晓勤，钱守廉，李峰. 移动支付改变生活：电信运营商的移动支付创新与实践 [M]. 北京：人民邮电出版社，2012.

第8章

电子商务物流

京 东 物 流

1. 京东物流网络

京东是中国最大的自营 B2C 电商，市场份额达 54.3%，同时也是中国第二大 B2C 电商，市场份额超过 20%。京东从 2007 年就开始构建自己的仓库，到了 2009 年，京东开始成立自己的物流公司，逐渐布局全国物流系统，重点构建仓储资源，缩短中间环节，提升客户体验。到现在已经成功打造了物流三张大网，分别是：以 3C、消费品、图书为代表的中小件仓配一体化 B2C 物流网络；以大家电、家具为代表的大件仓配一体化 B2C 物流网络；以果蔬、肉类为代表的冷冻冷藏仓配一体化的 B2C 物流网络。

2. 京东物流信息处理

（1）青龙系统。青龙系统不仅支持京东内部高效操作，还能实现与商家的实时无缝对接，全面支持系统对接、订单的发货、实时取消、全程跟踪、异常处理等商家业务操作，它可以每天承载 10 亿份订单量，支持 50 万家商家同时下单和 50 万个配送员同时操作。青龙配送系统中实现快速配送的核心是预分拣子系统，也就是根据收货地址等信息将运单预先分配到正确的站点，再由站点负责配送，因此京东才能完成极速 2 小时甚至极速 1 小时送达服务。

（2）竖亥项目。竖亥是京东自主研发的物流属性采集设备，它集成电子台秤和摄像测量为一体，可以瞬间测量堆叠组合商品的体积，给物流运输、仓储等应用提供精准的数据，且成本比市场类似效果设备低 95% 以上，并间接节约 80% 的人工成本。竖亥项目荣获了 "2016 物流技术创新奖"。

（3）京东物流云。京东物流云提供周全的物流信息管理方案，包括仓库管理、配送服务和方案咨询三个方面，还能够依靠仓储获取大量的订单详情，对各个物品的销售方向、季节性、顾客群进行统计分析，提供物流大数据云服务，包括为顾客提供个性化推荐、为订单提供最快速的配送路径、为商品提前准备好最合理的需求预测等。

3. 京东仓储

（1）分布式仓储。分布式仓储指的是通过大数据分析消费者的购买情况，在全国建立仓储，把供应商产品放在离消费者最近的仓库里。协调中心根据每个仓库的库存情况和消费者下订单情况，指定固定的仓库为其他中介或消费者供货，对市场需求变化做出快速反应。京东成功的关键就是做到了分布式仓储，商品离消费者足够近，配送时效、成本等服务问题迎刃而解。在全国范围内，京东仓储分为两级网络建设：一级 RDC 仓（区域订单分发中心）分布在全国 7 个一级物流中心城市；二级 FDC 仓（物流前置分拨中心）分布在全国二、三线城市。通过由 RDC 仓向 FDC 仓的快速补货，完成商品在全国范围内的调拨。

（2）协同仓模式。协同仓模式是京东把自己的仓库建设在合作供应商的仓库旁边，通过两仓协同，就近布置，并且通过预售和虚拟现货后包装的模式相结合提高库存周转，从而做到产地跨区直发全国，缩短供应时间，确保商品品质，并且节省资金占用。协同仓模式主要应用在生鲜品类中，2016 年 5 月，京东的首个生鲜协同仓已经落户烟台。

（3）开放仓储物流平台。京东自 2010 年底开始开放仓储平台，正式开始从自营模式向联营模式转型，将多余的仓储开放给第三方商家，以增加商家入驻，扩大交易额，又通过出租仓储获得利益。商家在京东平台上上传自己的商品，而商品的存储商家可以放在京东的仓库或自己存储，如放在京东的仓储中心，京东负责商品的配送和售后等服务，免去商家的物流难题。通过开放仓储平台，目前京东已经有 430 万平方米的仓储基础设施面积。

4. 京东配送

京东的物流配送服务主要分为 4 种模式：一是 FBP 模式，京东自营商品，京东自己采购销售配送其平台上的商品；二是 LBP 模式，商家在京东平台上上传商品，并把商品储存在京东的仓储，自己负责生产发货和将商品发到京东的分拣中心，京东开发票；三是 SOPL 模式，商品放在京东的仓库，京东负责发货但是发票由商家来开，该模式适合一些品牌商；四是 SOP 模式，商家自己存储商品，顾客下单后商家由第三方物流公司或京东配送，商家负责开发票，该模式适合一些小型的商家。

这 4 种模式让京东拥有高效的物流网络，为顾客提供诸多优质的配送服务体验，包括"211 限时达""次日达""极速达""极速一小时达"、京东自提柜、高校代理等。

资料来源：韩雨洁，白璐璐. 京东物流的配送模式分析及发展对策. 经营管理者，2016（6）：249-250；商传磊. 京东物流模式分析. 特区经济，2017（6）：56-57.

作为电子商务"三流"中的一个流，物流在电子商务中发挥着极其重要的作用。本章在介绍物流基本知识之后，引入电子商务物流的概念，介绍电子商务物流的现状和发展趋势；其次介绍电子商务订单履行的基本流程，举例说明其优化技术；然后结合现代物流模式，介绍电子商务物流模式；最后介绍电子商务中的供应链管理。

8.1　电子商务物流概述

随着网络购物交易规模的不断扩大和企业的快速发展，人们对电子商务物流的要求越来越高。电子商务作为一种新的数字化商务方式，代表未来的贸易、消费和服务方式。因此，要完善整体商务环境，就需要打破原有工业的传统体系，发展建立以商品代理和配送为主要特征，物流、商流、信息流有机结合的社会化物流配送体系。电子商务物流的概念是伴随电子商务技术和社会需求的发展而出现的，它是电子商务真正的经济价值实现不可或缺的重要组成部分。电子商务物流既符合物流的基本原理，运用基本的物流理论和方法，又具备其自身的特点。本节介绍电子商务物流的基本概念、发展历史和发展趋势，从而使读者对电子商务物流有一个基本的了解。

8.1.1 物流的基本概念

1. 物流的由来和历史

物流即实物流动,是伴随商品经济的出现而出现的,在人类历史上由来已久,但是物流作为一个术语和学科的出现却是在 20 世纪。1915 年,阿奇·萧在《市场流通中的若干问题》一文中提到"物流"一词,并论述了物流在经营战略中的作用。美国军方在"二战"中提出了 logistics,即"后勤学";1956 年,日本向美国派出了"流通技术专业考察团",之后企业界积极进行物流方面的实践;1979 年,我国物资工作者代表团赴日,在考察报告中第一次引用"物流"这一术语。在 20 世纪 80 年代的海湾战争中,美军后勤部门通过先进的技术和方法保障美军作战供给,对战争的胜利起到了重要作用。从此,物流技术和管理引起了全世界的重视,人们开始把物流当作一门学科进行研究。21 世纪前后,信息技术飞速发展,物流也得以进入了一个飞速发展的新阶段。

2. 物流的定义

物流的定义并不统一,常见的有以下几种定义。

物流是供应链的一部分,是为了满足客户需求而对商品、服务及相关信息从原产地到消费地的高效率、高效益的正向和反向流动及储存进行的计划、实施与控制过程[美国供应链管理专业协会(CSCMP),1998];物流是在一个系统内对人员或商品的运输、安排及与此相关的支持活动的计划、执行与控制,以达到特定的目的[欧洲物流协会(ELA),1994];物流是为了满足消费者的需求,根据市场需求信息有效地提供商品,对采购、生产和销售进行整合的一种营销战略[日本后勤系统协会(JILS)];物流是物品从供应地向接收地的实体流动过程,根据实际需要,将运输、储存、装卸、搬运、包装、流通加工、配送、信息处理等基本功能实施有机结合(中国国家标准《物流术语》,2006)。

3. 基本物流活动及其电子化

物流系统中包含七大基本物流活动,也称物流七要素,它们是运输、储存、包装、装卸搬运、流通加工、配送、信息处理。物流活动的电子化是进行物流合理化,提高物流效率的重要组成部分。

(1)运输。运输是物流的主要环节之一。存在 5 种运输方式,即公路、铁路、航空、水路、管道运输。各种运输方式各有优缺点。选择何种运输方式,需要综合考虑货物种类(形状、单件质量和体积、是否危险品或易腐品及贵重物品等)、运量(总量、批量)、运距、交货期(交货期长短、交货期准确性要求)、可付出的运输费用、当地运输环境(运力、政策等)等因素来进行决策,必要时可选择联合运输或集装箱多式联运。在联合运输或多式联运中,一票货物签署一份合同、一次托运、一次收费、一票到底,而运输过程中有多家运输企业及货运代理公司、船务公司等多方参与,因而运输的电子化更加必要,目前业界已经普遍采用电子单证和 GPS 车辆定位、网上客户订单跟踪系统。

(2)储存。商品储存是指在商品生产出来之后而又没有到达消费者手中之前所进行的商品存储的过程。储存能够产生时间价值,及时满足客户需求,消除商品价格波动,同时还能够减少运输次数,降低运输成本。储存系统中包含设施(仓库)、设备(货架、托盘、集装容器、搬运机械)、信息处理(账、卡、信息系统)。储存系统的电子化包括采用电子测控设备、条形码、扫描仪、电子账套、电子货架、仓储信息系统等。在储存信息处理中,使用电子账套，在储存现场的货物标识中设立区、位标识并设立卡片，使用电子标签、条形码，实现账卡物相符。

（3）包装。包装是指为在流通过程中保护商品、方便运输、促进销售，按照一定的技术方法而采用的容器、材料及辅助物等的总体名称，也指为了达到上述目的而采用容器、材料和辅助物的过程中施加一定技术方法等的操作活动。借助包装，将商品单元化，利用符合物流模数的包装，形成托盘货和集装箱货等集装单元，才能实现物流各环节的顺畅衔接，同时，包装还有保护商品、标识商品、便利运输或消费的作用。物流尺寸的基本模数是 600 cm×800 cm，其他的尺寸都是在这个基本模数基础上的扩展。包装标识，包括运输标识（唛头）、指示性标识、警告标识，给出了货物运输的信息，这些信息是物流信息系统的重要输入信息来源。包装信息越来越多地浓缩到了商品物流条形码中。

（4）装卸搬运。装卸搬运是在同一地域范围进行的，以改变物料的存放（支承）状态和空间位置为主要目的活动。当强调物料存放状态时，称为装卸；当强调物料空间位置的改变，称为搬运。装卸搬运是物流各环节之间衔接的桥梁，正是因为装卸搬运活动才使物料运动成为"流"。装卸搬运主要依靠各种起重、输送设备，实现装卸搬运的机械化和合理化。装卸搬运环节的物流信息主要是设备、调度信息。

（5）流通加工。流通加工是在流通领域从事的简单地改变货物形态、包装、批量等的生产活动，如钢板的切割、食品的分装/换装、服装的染色等，它具有生产制造活动的性质，但是不改变商品的基本形态和功能。流通加工可以提高产品附加值，延长货物保质期，提高运输保管效率，在满足多样化需求的前提下降低生产成本。流通加工中所有的信息都进入物流信息系统。

（6）配送。配送是货物从最后一个物流节点到客户之间的空间移动过程，实现货物的最终交付，是物流的"最后一公里"，在城市物流中发挥着重要作用。配送的货物一般是生鲜食品、日常用品、家用电器等，满足小品种多样化需求。服务对象可能是面向最终消费者、制造企业或零售商。一般的配送作业流程包括：① 业务受理。包含订单信息处理。② 收货。包括包装、装卸搬运、运输等环节。③ 暂存。主要是储存环节。④ 发货。依次包含拣选、流通加工、集装、装卸搬运、运输等环节。⑤ 签收。在整个配送作业过程中都伴有信息流。无论在配送的现场作业（包括入库、保管、备货、出库检验、捆包、包装、分货、装载、流通加工、盘点工作中），还是在事务作业（包括制作入出库台账、凭证、结算过程中），都有大量的信息处理工作。配送优化过程是对信息流的分析和利用。通过对配送过程数据的统计分析，使用网络规划等运筹学方法，可以优化配送路线、车辆配载等，有效提高物流配送工作效率。

（7）信息处理。物流信息分为物流作业信息和物流管理信息两类。

物流作业信息包括：① 运输、配送环节的信息，主要是货物定位、车辆定位信息、车辆调度信息、货物质量信息等；② 储存环节的信息，主要是作业信息、库存数据、货物质量信息；③ 流通加工环节的信息；④ 包装、装卸搬运环节的信息，主要是人员调度信息、设备信息、标准化规格信息等。

物流管理信息是在物流作业信息提供的数据基础上提取出来的，包括：① 合同信息、设施设备信息；② 成本数据；③ 物流运作效率数据，主要是经济技术指标、搬运活性指数、仓储运输容积率、吞吐量、周转率、设备利用率等；④ 物流服务水平数据，主要是一些经济技术指标，如准时送货率、货损货差率等；⑤ 物流能力数据，主要是物流设施设备人员数据、物流效率、物流服务水平数据等。

物流信息处理为物流和电子商务决策提供决策支持，是企业电子商务物流管理的重要组成部分。

在这七大基本物流活动中，运输、储存是主体，包装用来形成物流单元，装卸搬运是连接物流各活动的桥梁，流通加工是物流的增值环节，配送是物流的最后一公里，信息处理则伴随着所有物流基本环节而出现。这些物流环节连接在一起，构成了物流过程。例如，从亚马逊中国网订购一本储存在广州仓库的书的物流过程可能会包括的物流环节有：储存—装卸搬运—包装—装卸搬运—流通加工贴条码—装卸搬运—运输—装卸搬运—配送，信息处理环节包含在物流全过程中。物流信息系统相当于物流系统的神经系统，将物流过程中的所有信息反馈到中央数据库，提供决策支持。

4. 物流管理优化

1）物流管理优化的基本内容

物流管理（logistics management）是指以最低的物流成本达到客户所满意的服务水平，对物流活动进行的计划、组织、协调与控制。与一般管理一样，物流管理具有物流战略、物流系统设计与运营、物流作业 3 个层次。物流战略管理层次即确定物流服务、物流成本的目标，以及为其获取各种资源；物流系统设计与运营管理层次包括对物流网络的设计、对设施设备和人员的配置、对部门岗位和流程的设计及要求、建立考核体系、进行物流系统优化；物流作业管理层次包括制订物流作业计划、进行现场管理和信息记录、进行成本核算和作业考核及作业优化。这 3 个层次呈金字塔排列，越往下层工作量越大。

根据提高物流服务、降低物流成本的目标，物流管理优化的基本内容有 3 个方面。

（1）物流活动合理化。包括：降低库存水平；优化运输路线/配载方法；优化包装、保管、加工、装卸搬运方法；物流信息系统；物流增值服务。

（2）物流一体化。包括：第三方物流；总成本观念；物流标准化；物流联合；供应链物流管理。

（3）改善物流环境。包括：改善物流基础设施；改善物流政策。

由此可见，电子商务在物流管理及物流管理优化工作中都占有重要地位。电子商务通过在物流各环节信息处理中发挥作用，提高物流管理水平，同时，通过物流信息处理活动的合理化，以及促进物流一体化，起到优化物流管理的作用。所以，电子商务物流应运而生。

2）电子商务对物流配送的新要求

电子商务的发展，需要有一个完善的物流配送体系来支撑整个商务流程的交易活动，在这样的需求下，电子商务对物流配送提出了新要求。

（1）物流配送的全面信息化。电子商务物流信息量大、交换频繁、传递量大、时间性长，且物流从属于信息流，而信息流分布于各个环节，贯穿整个流程的始终。通常物流信息包括运输方式、支付方式信息，客户资料信息，市场行情信息和供求信息，库存信息等；物流信息传递的标准化、规范化、流畅化、安全化是电子商务时代物流的基本要求，也是物流现代化的基础。没有信息化，任何先进的技术和物流设备都不可能应用于物流领域。物流的全面信息化，包括商品代码和数据库的建立、运输网络合理化、销售网络系统化、物流中心管理电子化等。

（2）物流配送网络化和社会化。物流配送网络化已成为电子商务环境下物流活动不可阻挡的趋势和重要特征之一。物流配送网络化包括两层含义：一是物流配送系统计算机通信的网络化；二是相关组织的网络化。随着市场经济的发展，专业化分工越来越细，一个生产企业生产某种产品时，除了一些主要部件自己生产以外，其余大都是外购，生产企业与零售商所需的原材料、中间产品、最终产品大部分由不同的物流中心、批发中心或配送中心提供，以实现少库存或零库存。这种社会化的配送中心不仅可以进行集约化物流，而且在一定半径内可实现合理化物流，从而大量节约流通费用，节约大量的社会流动资金，实现资金流的合理化。

（3）物流配送智能化和柔性化。由于物流配送作业中的运筹和决策，都需要借助专业的知识才能解决，所以物流配送智能化已成为电子商务物流发展的一个新趋势；物流配送柔性化是配合生产领域中的柔性制造而提出的一种新的物流模式，物流配送柔性化对配送中心的要求就是根据多品种、小批量、多批次、短周期的全新客户需求，灵活有效地组织和实施物流作业。这是实现"以顾客为中心"服务理念的根本保证。

5. 电子商务物流的概念

电子商务物流是指以电子信息技术为基础，注重服务、人员、技术、信息和管理的综合集成，是现代生产方式、现代管理手段和电子信息技术在物流领域中相结合的体现。电子商务物流的出现是信息经济发展的必然结果，在社会经济发展中起到重要作用。这些作用与物流的作用相类似，表现在降低电子商务活动成本、提高电子商务服务质量、增加电子商务活动利润等各个方面。

在电子商务物流的概念中，电子商务与物流之间的关系表现在以下几方面。

（1）电子商务是现代物流的组成部分。信息资源、信息技术是物流系统的必要投入，物流信息技术、物流信息系统都是物流信息处理活动的必要手段。通过适当的电子商务处理，能够有效地降低物流成本。例如，在亚马逊的物流配送中，利用电子商务平台的交互性，亚马逊请消费者选择送货方式和期限、在线显示货物情况供消费者参考、消费者订货时将需要等待的商品和有现货的商品分开等，都能够降低物流配送工作的复杂性，提高配送效率。

（2）物流是电子商务的组成部分，是电子商务"三流"中的一个流。物流是售后服务的一部分，售后服务（尤其是有形商品的售后服务）离不开物流，而售后服务又是电子商务的必要组成部分。例如，亚马逊通过优化配送网络、按商品类别分开设立配送中心，使用"组合包装"技术，能够有效降低物流成本，从而提高电子商务的服务水平。

因此，电子商务和物流是相互包含、相辅相成的，二者相互作用，共同推动信息社会中的经济发展。

电子商务物流与传统商务物流相比，二者具有以下不同点。

（1）传统商务物流整个环节极为烦琐，大量的人员从事简单的重复劳动，人是机器和报表的奴隶；而电子商务物流可以大大缩短这一过程，电子商务物流把这些机械的工作交给计算机和网络，充分体现信息化、现代化和社会化的基本特征。

（2）传统商务物流过程是由多个业务流程组成的，受人为因素影响和时间影响比较大，而电子商务物流可以实现整个过程的实时监控和实时决策；在传统商务物流管理中，由于信息交流的限制，完成一个配送过程的时间比较长，而电子商务物流的信息和资源都通过网络管理，在几秒钟内传到有关环节。

（3）传统商务物流企业需要大面积的仓库，而电子商务系统网络化的虚拟企业将各地的分属不同所有者的仓库通过网络系统连接起来，使之成为虚拟仓库，进行统一管理和调配使用，服务半径和货物集散空间放大了。这样的企业在组织资源的速度、规模、效率和资源的合理配置方面都是传统的物流所不可比拟的。

8.1.2 我国电子商务物流的发展现状

1. 电子商务物流发展迅速

近年来，随着互联网思维的大范围普及和消费理念的不断创新，我国电子商务得以迅猛发展，电子商务市场交易额从 2010 年的 4.5 万亿元增长到 2014 年的 13.4 万亿元，短短 5 年时间增长了近 3 倍，成为国内外各行业的关注焦点。电子商务的快速发展给传统物流行业带来了潜在的巨大市场，2014 年仅快递业务量就达 140 亿件，业务收入 2 040 亿元，吸纳了超过百万人直接就业。2008 年电商物流市场规模 120.8 亿元，2014 年增长到 1 462.2 亿元，增长了 12 倍之多，最高年增长率一度超过 50%。电商物流的增长速度远高于物流总交易规模的增长速度，物流总交易规模的增长速度相对平稳，电商物流在 2012 年之后保持了平均 23.37%的年增长率，处于边际递增状态，这表明我国电商物流发展保持了良好态势。

2. "互联网+"战略及其政策

1）"互联网+"行动计划

在 2015 年的《政府工作报告》中，李克强总理首次提出"互联网+"行动计划，并将"互联网+"正式纳入国家战略。在"互联网+"战略下，我国电子商务物流不再局限于线上互联网交易与线下配送运输的范畴，而是通过智能化、信息化和数据化的物流服务，优化整个供应链系统的运作，促进电子商务物流与其相关产业的融合发展。

2）相关政策

我国商务部办公厅于 2015 年 7 月下发《关于智慧物流配送体系建设的实施意见》，提出在 1~2 年内，在全国创建 10 个智慧物流配送示范城市、打造 50 个智慧物流配送示范基地、培育 200 个智慧物流配送示范企业，推动配送效率提高 20%，仓储管理效率提高 20%。2015 年 6 月，国务院办公厅印发《关于促进跨境电子商务健康快速发展的指导意见》（国办发〔2015〕46 号），鼓励外贸综合服务企业为跨境电子商务企业提供通关、物流、仓储和融资等全方位服务，支持企业建立全球物流供应链和境外物流服务体系。

2016 年 3 月 17 日，商务部、国家发展改革委、交通运输部等 6 部门发布《全国电子商务物流发展专项规划（2016—2020 年）》（商流通发〔2016〕85 号）（以下简称《规划》）。《规划》指出，随着国民经济全面转型升级，电商物流需求将保持快速增长，渠道下沉和"走出去"趋势凸显，将进入全面服务社会生产和人民生活的新阶段。到 2020 年，要基本形成"布局完善、结构优化、功能强大、运作高效、服务优质"的电商物流体系，信息化、标准化、集约化发展要取得重大进展。

《规划》指出，2016—2020 年的 5 年间，将健全跨部门、跨行业、跨地区的协同工作机制。统筹当前和长远、全国与区域、城市和农村、国际和国内电商物流体系建设。围绕电商物流信息化、标准化、集约化等关键领域和薄弱环节，实现重点突破，并加强运输、储存、装卸、搬运、包装、流通加工、配送、信息服务等环节的有机衔接。《规划》还具体设定了5年间的重点工程，包括电商物流标准化工程、电商物流公共信息平台工程、电商物流农村服务工程、电商物流社区服务工程、电商冷链物流工程、电商物流绿色循环工程。

"互联网+"战略及相关政策的贯彻实施，为我国电子商务物流带来了新机遇，也预示了我国电子商务物流将迎来以大数据、云计算和物联网为代表的新一代信息技术与电子商务物流深度融合、物流与其他产业融合发展的新格局。

3. 电子商务物流与相关行业的融合

我国电商物流竞争十分激烈，兼并重组成为常态，个性化、差异化物流服务成为主要发展方向。用户结构的多样化使得电商渠道下沉，电商渠道从一线城市开始向三、四线城市布局，并不断开拓农村市场。"半日达""急速达""定时达"等物流服务的出现使得物流配送进入"竞速"时代，使电商物流服务更加高效。互联网金融的出现，使得电商物流具有了新的内涵，电商物流企业布局互联网金融成为发展趋势，我国电商跨界经营越来越明显。

1）电子商务物流和传统物流加快融合

与传统物流相比，电子商务物流要满足用户的碎片化需求，需要具备配送周期短、配送品种多和信息流通速度快等特点。大数据、云计算和物联网等新一代信息技术为电子商务物流提供了更好的发展空间，改善了物流成本高、配送地域分散及配送频率高、批量小等问题，大大提高了电商物流运作效率。

➡ **案例 8-1：电商与传统物流融合实践**

菜鸟网络是电商阿里巴巴与传统物流企业顺丰、三通一达、宅急送和汇通等一起组建的新型物流模式。"互联网+"战略促进了菜鸟网络的"大数据+社会化"协同模式的发展，从2015年淘宝"双11"物流总体情况看来，服务体验、成本管控和智能信息等方面都有很大提升。不到一周时间，超过94%的物流订单已经发货，累计2.4亿个包裹完成签收。与2014年相比，包裹总量翻倍，但整体配送时间只需要原来的50%。传统物流企业顺丰速运推出"快递+电商+O2O"一体化发展模式，加快与电商渗透融合，通过顺丰优选、顺丰嘿客和顺丰海淘3种模式，实现从线上到线下，从国内市场到国外市场的资源共享战略。为了提高自身竞争力，吸引电商大客户，顺丰还推出了云仓备货服务，由电商商家根据销售预测，提前备货至顺丰各地仓库，实现就近发货、区内配送等服务。

资料来源：顾晓雪，顾新，王涛. "互联网+"战略下我国电子商务物流的现状及发展对策［J］. 决策咨询，2016（3）：80-85.

2）电子商务物流与农业深度融合

2015年8月，商务部等19部门联合发布的《关于加快发展农村电子商务的意见》（商建发〔2015〕306号）提出，在培育农村电子商务市场主体方面，鼓励电商、物流、商贸、金融、邮政和快递等各类资本参与农村电子商务发展，加快实施"快递向下、向西工程"，在农村电商基础、设施建设方面，提高农村物流配送能力，加强交通运输、商贸流通、农业和邮政等各部门与电商、快递等各相关农村物流服务网络和设施的共享衔接，逐步完善县、乡、村三级物流节点基础设施网络。

➡ 案例 8-2："互联网+"战略下的农业电商物流实践

国家政府与"物流派"的开发方达成中国国际电子商务中心的战略合作，导入了全国近 20 万家农村农副产品合作社的企业级货主用户资源，不仅完成了"物流派"的货源信息积累，而且解决了农村农副产品运输难的问题，提高了农副产品的流通速度。另一方面，国内多家电商企业投入农业物流布局。联想控股近日宣布战略投资云农场，布局打造全新农业产业生态圈。云农场希望成为国内最大的网上农资商城，其注册用户数量超过百万人，已形成集农村电商、农村物流、农技服务和农村金融于一体的农业互联网和云服务综合性平台。电商企业阿里巴巴、一号店、亚马逊和京东等近期也都在加大农业物流网络布局。

资料来源：顾晓雪，顾新，王涛."互联网+"战略下我国电子商务物流的现状及发展对策［J］．决策咨询，2016（3）：80-85.

3）电子商务物流与金融深度融合

金融服务企业运用先进的信息技术，整合全球资源，融商流、物流、信息流和资金流于一体，建立完善的供应链金融服务体系，为电子商务物流企业提供更加快捷、智能、安全和高效的金融服务。电子商务物流企业，尤其是小微电子商务物流企业，敢于思维创新，利用互联网技术和信息通信技术实现资金融通、支付、投资和信息中介服务，解决自身发展问题，提高市场竞争优势。

4）电子商务物流与医疗深度整合

随着互联网思维的普及和世界人口老龄化的加重，人们对网购医药的需求逐渐增加。与一般物品不同，医药在运输过程中一般都需冷藏保存，医药"最后一公里"配送成了研究重点。医药电商应加强与药店、物流业的合作力度，完善物流配送信息化，逐步实施移动 O2O 的战略布局，降低冷链物流运输成本。同时，医药电商逐步由竞争关系变为合作关系，在物流配送方面共建信息平台，实现资源共享，从而降低假药风险，提高配送成率，使得整体效益最大化，促进我国医药电商产业快速发展。

5）跨境电子商务物流迅速发展

不同于传统外贸交易活动，跨境电子商务利用光纤、移动互联等通信技术推动中国与世界"零距离"连接，使其不再受地理空间的约束，去掉了传统外贸交易的中间商环节，直接面对当地消费者，可以准确、及时地获得境外信息和用户反馈，提高对境外市场反应的灵敏度。"互联网+"战略下跨境电子商务物流依靠互联网和国际物流实现进出口的新型贸易方式，将跨境电子商务展示、成交、支付和通关等环节数字化、网络化和透明化，通过集约化效应显著缩短供应链，降低物流成本，提升利润空间。

➡ 案例 8-3："互联网+"战略下的跨境电商物流实践

在国内试点城市的跨境电商仓库中，杭州跨境物流综合实验区仓库已实现了初步自动化，其下沙园区中 6 000 平方米的仓库，可以实现每小时 2 万件订单的处理。以自贸区为代表的海关特殊监管区域，也开始纷纷建立海外仓、保税仓，"买全球"、"卖全球"和"送全球"的格局正在逐步形成。在电商领域，京东与 ABC 公司达成跨境电商物流全面战略合作，业务覆盖国际货运与仓储配送、国际航空快递和国际普通邮递等领域。阿里巴巴针对跨境电商物流自设有 16 条专线、74 个跨境仓库，包括 22 个进口集货仓、9 个进口保税仓及 43 个出口海外仓。海尔建立全流程的跨境电子商务物流交易系统专业平台，让各个资源方在平台上定制服务、定制设计，帮助外向型中小企业走向海外市场，甚至在海外市场创立品牌。

资料来源：顾晓雪，顾新，王涛."互联网+"战略下我国电子商务物流的现状及发展对策［J］. 决策咨询，2016（3）：80-85.

4. 电子商务物流供应链管理进一步优化

1）我国物流成本普遍偏高

物流成本是商品从生产领域向消费领域转移过程中所耗费的各种资源的货币表现，也包括供应链上采购、生产、仓储、销售、回收等不同阶段和环节所发生的、与商品使用价值实现有关的物流费用和与商品价值转换有关的商流费用。受多种因素制约，我国物流领域社会资源周转慢、环节多，商品使用价值的实现并不顺畅，突出表现为物流效率低、物流费用高。目前，我国社会物流总费用与 GDP 的比率不仅高于美国和日本等发达国家 1 倍以上，还高于巴西、印度等发展中国家。

2）通过供应链管理降低物流成本

物流成本居高不下与我国供应链管理水平落后有很大关系。"互联网+"与电子商务物流的耦合给企业供应链的转型升级提供可能。在家电数码产品更迭迅速的今天，越来越多的企业也逐渐尝试了 C2B 的模式。先有订单，才开始安排生产，这一做法的本质就是颠倒了供应链环节的先后顺序，减少了各环节的投入和浪费，从而降低物流总成本。

➡ **案例 8-4："互联网+"战略下的电商物流供应链管理实践**

国内领先的社区型运输协同平台服务商 oTMS，提出"互联+运输"理念，通过"SaaS（软件即服务）平台+移动 App"的模式，将企业运输环节中的各相关方，包括货主、第三方物流公司、专线运输公司、司机和收货方等汇聚在一个平台上并彼此互联，形成一个社区型的现代商业网络。海尔集团借助自建的日日顺物流，建立智慧物流平台，使得其生产制造、供应链管理、产品营销及服务等环节的智能决策水平和经营效率都得以提高。苏宁物流针对"最后一公里"问题推出了可视化配送服务，利用扫码枪内装 GPS 定位装置，每过一段时间定位装置就会发射信号到苏宁物流的系统里，用户下单后打开物流配送的可视化地图，物流车辆的位置、距离、配送时间等信息便可一目了然。

资料来源：顾晓雪，顾新，王涛."互联网+"战略下我国电子商务物流的现状及发展对策［J］. 决策咨询，2016（3）：80-85.

8.2 电子商务订单履行

本节首先介绍订单履行的流程和指标，介绍提高订单履行效率和效果的支持技术与基础设施，包括物流信息系统、物流自动化、物流大数据处理和配送中心。

8.2.1 电子商务订单履行概述

订单履行是指客户订单的接受、处理优化、物品拣选、订单整合和包装的过程。它包括对物品的物理操作和相应的信息处理。订单履行是实现配送中心功能的关键环节，决定了订单执行的效率、准确性并负责反馈库存可得性，最终决定了客户的满意度。订单履行是电子商务企业的核心竞争力所在。

1. 电子商务订单履行的基本流程

电子商务的订单履行系统可以分为订单生成、订单处理、订单分拣、订单配送等几个主要环节，配送中心的流程设计与订单履行系统密切相关。以下简要叙述配送中心的基本作业流程。

1）配送中心的基本作业流程

（1）收货。货物到达配送中心后，应完成检验、核对、清点、入库等操作。网购业务的特点是货物采购量较小。例如，当当网的图书，同一品种仅采购数册，但每天收货的品种很多。因此在收货环节，应特别注意多品种的快速收货问题。

（2）储存。根据网购的特点，储存采用平置和搁板货架的居多，也有采用托盘货架的，但采用自动存取系统（automated storage and retrieval system，AS/RS）比较少。此外，综合性企业，如京东，其业务覆盖图书、日用品等多个领域，应考虑产品的分类储存问题。

（3）拣选。订单从门户网站接受后，发到配送中心进行处理。货品拣选有两种典型的作业方式：按时间顺序拣选和按路线拣选。按时间拣选的方法是按顺序打印拣选单，管理人员将拣选单按一定数量分发给拣选人员，拣选人员再按单拣选。这种方式的最大问题是不能优化拣选路线，因此作业效率比较低。按路线拣选的方法采用波次技术，每天排定拣选路线时刻表，每个时段仅处理一个或几个路线，并在一个波次下按照区域组单，然后进行拣选。通常来说按路线拣选的效率比较高。

（4）配送。配送是按照订单要求完成货物从配送中心到客户端的过程，要求按照区域和路线进行。目前采用的方法主要有自行配送和第三方配送两种。前者如京东、凡客，后者如当当、亚马逊中国。从长远的发展看，采用第三方配送将是主流。

（5）退货。对于退货的处理，首先要考虑业务层面的处理；在物流层面，还存在退货上架的问题。采购退货主要是完成从配送中心到供应商的退货。

2）电子商务订单履行管理系统

电子商务订单履行管理系统就是对上述过程实施计算机管理的系统，分为订单接收及处理、订单拣选、订单配送 3 个过程。

（1）订单接收及处理。电子商务网站接收的订单经过系统审核后，形成正式订单。订单履行系统对所有订单进行管理，包括接收时间、订单明细、处理情况、执行过程等。通过审核的订单进入配送中心进行预处理，包括将订单分类，按照区域、路线、品类等组建批次。订单的预处理尤其是批次处理是订单履行的一个关键环节，是订单调度及拣选优化的基础。

（2）订单拣选。通过预处理的订单，在订单履行系统中完成拣选任务生成、拆零并包运算、订单合并运算等一系列复杂的工作，并将拣选任务以"打包"的形式发送到拣选工具上，如无线射频（radio frenquency，RF）终端、电子标签拣选系统（digital picking system，DPS）等，再排队进入拣选程序。拣选过程通过 RF 配合输送系统和 AS/RS 系统进行。操作人员按照系统的要求和提示完成相应操作。拣选完成后，经过拆单（按照并单操作要求进行）、并包（按照订单要求）、复核、打印、包装、分拣、集货等一系列过程，最终完成拣选的库内作业，等待发运。

（3）订单配送。完成拣选的订单将按照区域进行配送。当委托第三方配送时，拣选完成的订单还需要进入到第三方物流公司的仓库等待拼车配送。很多大型 B2C 企业采用直接配送的方式，以节省时间。订单履行管理还将订单的实时状态在网上发布，让客户能实时了解订单的执行情况。

2. 电子商务订单的特点和处理难点

对于综合性电子商务企业来说，订单处理的难点包括订单数量大、分布广、品种多、配送时间短、随机性强等。

（1）订单数。一个成熟的大型综合性 B2C 企业每天的订单量在 5 万～20 万个，今后可能突破到 30 万个以上。订单行方面，图书的订单行一般均在 2～3 行，但 3C 产品差异就很大。此外，百货、食品，如我买网的情形，其订单行可能超过 15 行，差异很大。数量众多的订单及订单行，给订单履行带来很大困难。几个大型 B2C 公司，每天处理订单的员工达到数千人。效率低下、差错率高、满足率低、成本高等，成为国内 B2C 订单履行的主要难题。

（2）库存量单位（stock keepping unit，SKU）数。B2C 配送中心的图书 SKU 数在 50 万个以上，即使是日用百货也达到 10 万个以上，有的甚至达到 20 万个以上。这给配送中心的设计和运营带来巨大挑战。

（3）响应时间。B2C 业务要求有较短的响应时间，以满足市场竞争的需求。很多 B2C 企业建立本地化的区域配送中心（regional distribution center，RDC），以适应配送时间的要求。RDC 对应本地配送，是相对于电商企业的外地配送而言的。本地配送指城市配送，范围不超过 100 km，配送时间要求在 24 小时内完成。外地则存在长途运输问题，配送时间应在 1～3 天不等。

（4）随机性。订单按地域分布的随机性体现在各个地区的消费习惯不同，按时间分布的随机性与节日促销、客户下单习惯不同有很大关系。由订单随机性产生的订单分布的不均匀，给系统设计和订单履行带来极大的挑战。要解决这个问题，比较经济的选择是延长配送时间。

3. 电子商务订单履行的经济技术指标

电子商务订单履行的经济技术指标包括经济性和效率两个方面。

1）经济性

配送中心的经济性表现在以下两个方面。

（1）配送中心的建设成本（可按照年度进行折旧）。主要包括建筑投资、设备投资、系统投资等方面。其中建筑成本占 60%～70%，个别自动化程度较低的配送中心，其建筑成本占 80% 以上。

配送量、储存量、储存时间、库存数决定了配送中心的规模。其中，配送量是市场决定的，储存量和储存时间可以通过提高管理运作水平缩短，SKU 数则取决于科学的分析。使用二八原则可以简单确定 SKU 数，即

$$配送中心的品规数（SKU）=占 80\%销售量的品规数（SKU）\times k$$

参数 k 取 5～10。k 太大就背离了二八原则，将会导致订单处理成本和配送成本的急剧上升。过多的品规并不能带来更大的销售量和收益。

（2）配送中心的运营成本。主要包括建筑及设备折旧、人员成本、系统维护成本、

水电及耗材、配送成本、税费等。其中，配送成本与人员成本是关键，占总成本的 60% 以上。

2）效率

效率主要表现在订单处理效率、拣选效率、配送效率等方面。提高订单履行效率也应从这几方面入手。一次完整的 B2C 购物活动分为 3 个过程。

（1）下单。即客户通过网络下单，服务中心接收订单并且审核通过，然后下发到配送中心。通常这个过程非常快，只需要几分钟就可以完成。

（2）拣选。即配送中心接收订单、分析、组合、分发、打印、拣选、分类、包装、归类、暂存、交付运输的过程。这个过程根据系统不同，需要 1 小时到数小时不等。

（3）配送。即企业运输部门或快递公司完成货物接收、分类、暂存、配送、客户接收、结算。这个过程根据配送的半径不同，一般是数小时到数天不等。

配送的成本优势就是在满足客户需求的前提下，使上述 3 个过程的费用总和尽可能低。

4. 提高订单履行效率的主要方法

1）以区域性的 RDC 系统取代以前的单一 DC 系统

目前，提高订单履行效率的主要方法之一是用区域配送中心系统取代以前的单一配送中心（distribution center，DC）系统。在配送中心的建设规模上，目前还处于趋向建设更大型的配送中心的阶段。已经建成的配送中心规模一般在 1 万～5 万平方米，处理能力在 1 万～5 万个订单。未来可望建设 5 万～10 万平方米的配送中心，处理能力在 5 万～15 万个订单。更大型的配送中心建设可能导致配送效率下降和成本上升。业务量继续增加时，应建设更多的区域物流中心。

2）自建配送中心

如京东、当当、麦考林等，均在全国主要城市进行布点，并建设自己的 RDC。这一方面是从配送的成本考虑，另一方面还在于提高服务质量，缩短配送时间。大型 B2C 企业自建配送中心已成为主流。一方面随着配送规模的增大，很难租到 5 万平方米以上的库房，而且存在如租金、消防、设备投资等方面的风险。另一方面，土地越发稀缺，投资建设配送中心不失为一种理想选择。

3）流程再造

当前的流程设计普遍存在优化不够、拣选效率低下等问题。随着业务量的快速增加，DC 及 RDC 的规模快速扩大，对订单处理效率要求越来越高，因此，流程的重新梳理，拣选方式和策略的重新研究，将是未来电子商务物流发展的关键。

4）大量采用先进拣选技术，大幅度提高拣选效率

目前配送中心的低成本、低自动化水平、低效率、低服务水平的现象将在很大程度上制约企业的发展，尤其是在超过 5 万平方米的配送中心中，很难想象不采用自动化的输送设备和高速分拣设备。与此相适应，AS/RS 系统、RF 系统、无线射频识别（radio frequency identification，RFID）技术及语音拣选系统等先进的物流技术将广泛采用。

5）大力发展 WMS 及 TMS 信息系统

以仓库管理系统（warehouse management system，WMS）、运输管理系统（transportation management system，TMS）等为代表的信息系统将是未来发展的重中之重。WMS 不仅是技术问题，而且还是一个经验问题。

6）实施"货到人"的拣选方案

电商企业要面对单库 SKU 高达 10 万种、订单履行要在 1 小时内完成、每天发送包裹可超过 10 万件，促销期间订单量猛增很多倍，以及高退货率等挑战。对此，可以选择一套灵活的、可根据业务分阶段扩展的"货到人"解决方案，来提升订单履行效率。具体包括：应用自动化仓储设备实施密集存储，以减少拣选面，缩短拣货人员行走距离；实施"货到人"解决方案，提高拣选效率；提高物流系统柔性，高效率衔接拣货、合单及打包流程；应用自动化物流设备处理日常订单量，增加临时作业人员应对销售峰值时的海量订单处理等。

7）做好供应链建设

大多数消费者寻求网购的便捷性、商品的多样性和更低的价格，都会对供应链建设产生影响。例如，寻求便捷性，要求电商物流网络覆盖更广阔的区域，要求及时快速送货；寻求商品多样性，要求电商拥有广泛的商品品类和大量的 SKU；寻求更低价格，则对电商的商品采购、订单处理和配送等方面的成本控制都提出了更高的要求。所以电商要想快速准确地完成订单履行，做好供应链建设至关重要。

➡ 案例 8-5：顺丰物流供应链打造举措

顺丰在供应链打造方面的举措有：实施云仓联动和仓配一体化战略；仓库网点遍布全国，并提供分仓服务，所有仓库的库存能够实时在线查看且调拨方便；配送方面，依托顺丰 12 000 多个自建营业网点，实现快时效、低破损、高质量的快递服务；消费者在全国任何地方退货，顺丰都可一小时快速上门提货。这些都为电商企业提供了极佳的客户体验。

资料来源：木沉之年. 顺丰速递物流服务运作分析［EB/OL］（2016-01-19）. https://wenku.baidu.com/view/dd2880f4376baf1ffd4fadb5.html.

8.2.2 电子商务订单履行优化的技术

下面以两个公司为例，从物流自动化技术和配送中心规划这两个方面，说明提高订单履行效率和效果的技术及方法。

1. 电子商务物流自动化技术——Knapp 公司案例

奥地利 Knapp 公司在物流自动化领域一直处于全球领先地位，客户遍及食品、医药、日化、零售、汽车部件制造、光学器件制造、出版、服装首饰等行业领域。Knapp 公司利用其丰富的经验和领先的技术，可以提供从小型人工分拣系统到超大型全自动订单处理解决方案的专业服务，满足不同类型和不同规模的企业物流系统建设需要。

对于电子商务的订单履行，Knapp 公司认为，其复杂性对物流系统提出了巨大挑战。特别是随着网购消费群体日渐庞大和业务量的大幅增长，很多电子商务企业需要借助一系列先进的信息技术和自动化技术进行全自动或半自动的订单处理。

1) Knapp 对电子商务订单履行的特点与难点的理解

电子商务订单特点是订单结构和订单数量波动差异非常大，不同的用户群和不同类型的产品对应不同的订单结构。例如，面向最终用户销售的图书，其特征是品种少、数量少，但是同一个客户可能在一定时间内多次下单。而同样是电子商务，如果用户是经销商或销售代表，订单就变成品种多、数量也多了。此外，行业差异也造成订单结构的不同，如服装和电子产品，前者受促销和季节的影响，订单数量和品种变化很大，而后者随技术进步和产品价格的变化呈现不同的特征。

尽管面对如此复杂的订单，电子商务却要求尽可能快的配送速度，因为所谓时过境迁，配送慢了用户的需求可能就变了，造成退货率上升。如何解决订单处理难度大与订单响应时效性高的矛盾，是电子商务企业面临的巨大挑战。

根据 Knapp 的理解，电子商务订单履行可以从订单确认、发货速度、投递服务质量、投诉及退货处理几个方面进行优化。上述任何一个环节都很重要。如订单确认，在用户下单时信息系统是否可以及时准确地掌握库存现状，以保证满足订单需求。再如，如何保证订单确认信息准确及时地通知给用户，订单如何结算，在投递不同商品的过程中如何保证安全高效友好等。而上述各个环节再被中国日益增长的网上消费量放大之后，对后台物流系统的挑战是可想而知的。

2）面对困扰电子商务企业的订单履行难题，Knapp 的解决之道

半个多世纪以来，Knapp 一直专注于零拣技术的研发，既自行生产硬件也拥有自主知识产权的仓库管理系统。而同时拥有硬件和软件的自主知识产权形成的特色和优势，就是可以针对用户的零拣业务提供整体解决方案，其软件可以准确高效地控制自己生产的硬件，确保满足用户的业务需求和变化。通常 Knapp 的做法是从分析用户需求入手，将设备、信息系统和库房工作人员进行有机的结合，当整个系统投入运行后，上述三者配合默契，灵活高效地应对复杂的市场需要。

3）电子商务的订单履行作业中的自动化物流设备、系统和服务

Knapp 一直专注于物流自动化技术创新，如全自动分拣系统，适合于处理小包装商品如医药和化妆品，每小时可以处理 24 000 个订单。再如穿梭系统，采用单一的穿梭车技术，却实现了库房的全部功能，包括入库、存取、发货、退货、分类等，空间利用率高，灵活性大，单个操作人员可以实现每小时连续分拣 1 200 个订单行的作业量。著名奢侈品公司爱马仕就委托 Knapp 建成了这样一座全部采用穿梭系统的库房，处理全部零拣订单，其库房设计颠覆了传统的高架库存取、传送带输送、分拣机发货等设计理念。

此外，Knapp 收购了 Durkopp 公司，因此拥有了领先的服装悬挂分拣系统，可以实现无人库房，全部零拣服装订单由系统自动完成。Knapp 的 WMS 也很有特色，它可以灵活处理大批量的零拣订单。其他还有如电子标签、语音分拣、RF 拣选、视觉拣选等各种不同的分拣手段。

对于订单履行来说，最关键的还是如何将上述模块进行有机的整合，从而形成一个高效灵活的系统。所以 Knapp 面向零拣的 WMS 也起到了非常重要的作用。这就好比一座城市，构成元素不外乎建筑、管理系统和生活其间的人，而不同的城市设计却会带来非常大的差异。所以从某种意义上讲，每个 Knapp 设计制造的物流系统都是将软硬件模块和工作其间的人结合在一起的一个独特的新产品，而不是仅仅局限在一些功能模块上。

4）高效适用的订单履行系统给电子商务客户带来的价值

高效适用的订单履行系统对各种物流中心都是非常重要的，对于电子商务更是如此，如 Knapp 在欧洲的某个著名用户，经营网上服装业务，为了吸引客户，允许用户无条件退回不满意的衣服，所以退货率高达 60%。由于订单是连续不断的，不可以将退货暂存等待处理，于是 Knapp 在穿梭平台的基础上实现了退货的实时处理系统，将高退货率变成了该用户的竞争优势。此外还有很多化妆品分销的例子，由于季节和价格等促销的原因，常常会出现巨大

的订单峰值，Knapp 利用全自动分拣系统和高效的库存管理系统，既保证了峰值时的顺利出货，又避免了订单低谷时雇用过多的富余工人，把自动化作为削峰填谷的手段，较好地处理了电子商务订单波动大的问题，为用户灵活地进行网络促销提供了保证。

2. 配送中心规划——Gilt Groupe 公司案例

电子商务对零售行业的影响比对其他各行各业的影响更加深刻和强烈。不管是网络还是实体店零售商都在不遗余力地持续探索创造性的新模式，以便在激烈的市场竞争中成功占领更多的市场。新的业务模式的诞生反过来又引发了人们对订单履行方案的创新，下面就从一个案例来看看新型零售商是如何在其配送中心内重新设计产品类别和订单满足方案的。

1）要解决的问题和要达成的目标

一个快速成长的电子零售商何时终止与第三方物流伙伴的合作，将其配送过程转变为自营最合适呢？如果库存在极短的时间内被抢购一空，配送中心应该如何保持运作呢？更重要的是，评价一个配送中心效率好坏最重要的指标不是单位处理成本最低，而是订单产品的组合顺序与质量要求最优时，配送中心的整个流程应该如何变动？这 3 个问题是 Chris Halkyard 在设计 Gilt Groupe 位于肯塔基州谢泼兹维尔的占地 30.3 万平方英尺的配送中心时面临的 3 个挑战。

作为一个快速成长的网络零售商，Gilt Groupe 已经建立了一种新的、独特的零售模式：闪购销售。Gilt Groupe 的网上商城拥有超过 700 万名会员，这些会员被授予以内部价格购买奢侈品和名牌商品的资格。Gilt Groupe 每种产品的销售周期一般只持续 36 个小时并且数量有限，所以当一种产品卖光后，也不会有再次补货的可能。新类型的商品在美国东部时间每天正午开始上线销售，60%～70%的新商品将在 24 小时内被购买并发货，由于商品上架周期短而数量又少，因而被称为闪购模式。

在建立位于肯塔基州的配送中心之前，Gilt Groupe 的物流活动依赖于第三方物流供应商（3PL）。当时订单的履行通常在 3PL 的多个不同配送站点完成。新的自营配送中心的建设，不仅将有助于优化配送流程，同时也可将 Gilt Groupe 所有的配送进行有效的归集和统一管理。

在来自意大利的系统集成商 ABCO 自动化公司的帮助下，Gilt Groupe 的首席供应链运营官 Halkyard 负责监督整个配送系统的开发，新系统的主要目标是尽量缩短订单完成的时间。

2）配送中心解决方案

采用新的配送系统后，每笔订单在 30 min 内就可由移动机器人分拣区传送到发货卡车上，而在其他区域分拣完成的订单商品也可以通过传送带在 4 min 内传送到发货口。新的配送中心包括以下几个方面。

（1）4.5 万平方英尺的仓储空间应用了一个"货到人"式的移动机器人分拣系统。待售的新到商品存放于货车内，由移动机器人传送到分拣站。Gilt Groupe 大约 60%的产品组合（包括快销品）存储在这个区域。

（2）一个多层的阁楼式货架系统。主要用于存放销售稍慢的商品；其次，前一天的闪购销售中剩余的产品也由移动机器人分拣区移至此处。

（3）一个大体积商品存储区域。安装了常规的托盘货架系统，用于存放难以运输的大型商品；这个区域也预留了有限的季节性商品作为存货储备。

（4）尽管出货速度很重要，但是系统也需要将订单内的货物完美码放并保证商品的质量。出于这个原因，系统特意设置了一个包含包装和质量检验步骤的环节，用于满足 Gilt Groupe 对于商品组装和性能的要求。

该配送中心不仅可以高效地完成订单分拣任务，更重要的是，其可以视为在零售业新兴业务模式中，配送中心是如何发挥作用的典型案例。

3）一种新的零售模式

严格来说，Gilt Groupe 并不是闪购的发明者。根据《哈佛商业评论》的研究，这一荣誉属于 Vente-Privee，一家欧洲的电子零售商。但这一概念是由 Gilt Groupe 的创始人凯文·瑞恩在 2007 年将其引入美国市场的。

Gilt Groupe 最初的想法是在网站上为会员提供数量有限的原创设计师品牌和奢侈品。为此，Gilt Groupe 致力于吸引专门购买高端品牌男装、女装、童装及家居用品的买家。

数量有限意味着 Gilt Groupe 可能会收到 1 000 双鞋子，也可能只收到 100 双鞋子。Gilt Groupe 收到产品后进行相关的处理，并在短短几天内做好出售准备。网站每天中午推出的新产品，大多数销售周期只有 36 小时。通常情况下，Gilt Groupe 在第一天内便可以卖出新产品的 60%～80%。产品能有如此之快的销售速度是有原因的，因为 Gilt Groupe 强调的是限量私藏，而不是长期备货。

在短短五年多的时间里，该公司已经成长为一个年销售额超过 5 亿美元的成功企业。Gilt Groupe 的团队正专注于创建所谓的"最快，最令人兴奋的在线购物体验……"，一切努力的出发点和最终落脚点均是顾客的体验。

4）是否采用第三方物流的抉择

作为一个发展迅速的网络零售商，在开始阶段，Gilt Groupe 的主要精力集中在采购、市场营销和客户获取上。配送环节是外包给布鲁克林区的一家第三方物流公司来完成的。当 Gilt Groupe 的业务进一步扩展后，又与位于马萨诸塞州的第三方物流公司 Quiet Logistics 建立了第二条供应链。

随着公司业务指数级的增长，订单需求很快超过了两个第三方物流供应商的配送能力。2010 年 6 月，Halkyard 及其团队通过对当季节日销售预期的分析，认为公司有必要在配送方式方面做出紧急转变。他们认为公司已经相对成熟，是到了将配送业务收回的时候了。

在企业建立之初，借助第三方物流的实力，可以帮助企业迅速打开市场，但是随着企业规模的不断扩张及零售企业对客户体验的日益看重，打造自己的配送团队就成为当务之急。但是 Gilt Groupe 并没有一下子切断与第三方物流商的所有合作，因为公司招聘和训练自己的管理团队需要时间，更重要的是，原有的第三方合作伙伴了解公司的运营，对如何管理整个配送流程有丰富的经验，因而最终的结果是，Gilt Groupe 与第三方物流公司签订了一个短期合同，将 Gilt Groupe 投资新建的配送中心交由 3PL 代为运作两年，之后再将管理权交回，这既不会影响 Gilt Groupe 的正常运作，也给了其必要的转型适应期。

5）建立完美的组合

在做出新建配送中心的决策之后，Gilt Groupe 开始与系统集成商洽谈，以便设计整个系统。Gilt Groupe 希望找到一种新颖的商业模式来驱动整个系统的运行，而不是单纯地从某个产品或工艺流程出发来设定条条框框。

例如，为了满足新上架商品在最初 24 小时内的大量需求，Halkyard 原本打算安装一个带有分拣和传送装置的分拣夹层,虽然这也是个办法,但是价格昂贵。取而代之的是,Gilt Groupe 最终安装了移动机器人订单分拣系统。公司根据商品流通速度安排相应存储位置,以保证只有快销品存储在移动机器人分拣区域。

对于 Gilt Groupe 来说,配送速度并不是其追求的关键目标,Gilt Groupe 更加关注产品的完美组合,这意味着将正确的产品(包括恰当的尺码、质量、样式等)按照恰当的方式包装后在承诺的期限内配送到用户手中。在 Gilt Groupe 看来,不管货物是 2 天、3 天还是 5 天到达顾客手中,只要没超过公司承诺的送货期限,顾客都不会太在意,顾客真正在意的是产品是否合意。

为了提供完美的产品组合,Gilt Groupe 设计了一个独特的两步包装法。第一步,将分拣完成的订单传送到包装台。在这里将会有专门的包装机器生成包装盒,打印装箱单,确认订单的项目,然后进行运输包装。从包装台上出来的包裹将被传送到质量检测区。在质检区内配送系统将再次核对包裹内容,确保其与订单要求完全一致后才进行最后的称重、标记等,然后包裹将被直接传送到发货车上。虽然这一过程中包括一个相对重复的处理过程,但它可以带来更好的顾客体验。

6)项目实施

Gilt Groupe 分阶段实施该项目,并在项目实施阶段继续与 3PL 伙伴保持良好的合作关系。例如,移动机器人分拣系统在 2010 年 8 月开始用于家居用品的分拣,10 月份后男士时装也加入进来,在此期间,布鲁克林的 3PL 伙伴继续管理 Gilt Groupe 女装、童装和首饰部分的配送。2011 年 3 月,多层阁楼式货架系统和传送系统开始运作,到 7 月,大部分业务已转入新建的配送中心。

现在,Gilt Groupe 配送中心内的自动化物料处理系统都已经实现了良好运作,公司在 2013 年引入劳工管理系统并实施员工激励计划,以便进一步降低订单的处理成本。该配送中心为 Gilt Groupe 赢取了市场竞争优势,被视为助力企业成功的一项战略资产。

8.3 电子商务物流模式

8.3.1 基本物流模式

物流模式是企业如何获取所需资源,为企业提供物流服务的方式。按照物流运作主体的不同,现代物流模式分为企业自营物流、第三方物流、第四方物流 3 种基本模式。

1. 企业自营物流

1)企业自营物流的概念

自营物流配送模式,是指电子商务企业着眼于企业的长远发展考虑,自行组建配送系统,并对整个企业内的物流运作进行计划、组织、协调、控制管理的一种模式。

2)自营物流的优势

电商企业自建物流系统减少了第三方快递企业的利润,电商物流为电商企业打造商业生态和供应链系统具有决定性作用。京东发现单纯依靠销售商品利润不大,建立电商物流才是生存发展之道。同样,凡客旗下的如风达也成了其核心资产,包括易迅、当当、好乐买等都意识到电商物流的重要性,于是纷纷通过自建物流配送中心来占据更有利的市场地位。

自建物流体系是国外电商企业比较常见的物流模式，在自建物流体系之外的合作模式也占有一定市场。其中，Amazon 采用的是"自建+外包"的模式，在北美地区凭借云计算和大数据技术实现物流配送数字化，在欧洲市场通过与 Fedex、UPS 及 CEVA 等公司合作提供物流配送服务。eBay 和 Otto 则采用自建物流体系模式，这种模式在国外相对较少。

3）自营物流的分类

目前自营物流配送模式主要分为以下两种类型。

（1）资金实力雄厚且业务规模较大的 B2C 电子商务公司。这种类型的企业自营物流配送也是迫于无奈，主要是因为我国第三方物流发展水平滞后，难以满足 B2C 电子商务公司的发展需要，所以电子商务公司从长远发展考虑投入巨额资金自建物流。本章的导入案例——京东物流，就是自营物流的典型例子。

（2）传统的大型制造企业或批发零售企业经营的 B2C 电子商务网站。对于制造商来说，自营物流是传统的做法。使用自建仓储设施，可以很经济地储存制造环节中的大量半成品和产成品。很多制造企业建立了自有物流中心，设立物流部门，以达到低成本高效率的采购、生产、销售中的物流支持。制造商自营物流能够沟通上游供应商和下游零售商，起到供应链物流的作用。在制造商自营物流中，物流配送是短板，企业可尝试与第三方物流合作解决这个问题。

商品流通环节的批发商或零售商通过自建物流设施、自有专业物流人员进行物流运作的模式。使用高效率的自营物流，可以节省物流费用，增加销售利润。很多大型零售企业如沃尔玛、亚马逊、京东等都使用自营物流模式。这些企业自身就拥有非常强大的物流配送体系，在开展电子商务物流配送时只需结合 B2C 电子商务特点在原有基础上稍加改善，就基本可以满足 B2C 电子商务物流配送需求。这种类型的 B2C 网站相对于第一类纯粹的电商企业来说在物流配送上有很大的优势。

➔ **案例 8-6：沃尔玛的自营物流**

为了支持它的低成本战略，沃尔玛在很多方面表现得很吝啬，比如它绝不会因为你的办公桌上有几个坑而为你换一张新的办公桌，"反正也硌不死人"，但是，在他们认为该花的钱上，沃尔玛表现极为慷慨，有些做派甚至有点儿让人难以置信。IT 是沃尔玛成功的必要条件之一，它在 IT 上的大手大脚是有名的，号称拥有仅次于美国国防部的复杂信息系统。最奢侈的举动就是 1986 年委托美国休斯公司发射了一颗价值 4 亿美元的通信卫星。沃尔玛在每轮零售 IT 系统的投资中，都比竞争对手下手更早，力度更大。沃尔玛是最早采用计算机跟踪库存的零售企业之一（1969 年），也是最早使用条形码（1980 年）、利用 EDI 与供货商进行更好地协调（1985 年）、发射自己的通信卫星（1986 年）和使用无线扫描枪（20 世纪 80 年代末）的零售企业之一。现在，沃尔玛又是全世界最不遗余力推行 RFID 技术的公司。目前，沃尔玛已经在美国本土建立了 70 个由高科技支持的物流配送中心，并拥有自己的送货车队和仓库，可同时供应 700 多家商店，向每家分店送货频率通常是每天一次。沃尔玛的开店宗旨是先建配送中心，然后在配送中心一天的车程范围内选址开店。

资料来源：沃尔玛效应［EB/OL］（2002-08-28）. http://business.sohu.com/80/16/article202871680.shtml.

2. 第三方物流

1）第三方物流的概念

与自营物流相对的是外包物流，也称第三方物流。这里的第三方，指的是在交易过程中去除第一方（卖方）、第二方（买方）之后的提供物流服务的第三方企业。第三方物流（third-party logistics，3PL）又称为合同物流、集成物流、外包物流，是物流渠道中的专业化物流中间人，是以签订契约的方式，在一定期间内，为其他公司提供所有的或某些方面的物流业务服务。第三方物流可服务于卖方、买方，或第三方交易平台。第三方物流源自外包，受到电子商务的巨大推动，在2000年后迅速发展壮大。

2）第三方物流公司

从事第三方物流的企业，如美国的联邦快递公司（FedEx）、美国联合包裹公司（UPS）、中国速递服务公司（EMS）、中外运集团、中海物流等。第三方物流配送模式以签订合同的方式，在一定期限内将部分或全部物流活动委托给专业物流企业来完成，这种模式也称为外包物流配送模式。目前我国的第三方物流配送模式提供商主要包括一些快递公司（如顺丰、申通、圆通等）和国内邮政体系（e邮宝）两种。随着物流业的发展，第三方物流是物流专业的重要形式，是物流社会化、合理化的有效途径。与京东不同，B2C企业当当网采用的是第三方物流模式。它与上百家物流公司合作，自身只负责物流仓储环节，配送环节完全交由第三方物流公司完成。

3）第三方物流服务

根据主营业务的不同，第三方物流公司可分成第三方仓储公司、第三方运输公司、第三方快递公司3种类型。第三方物流的主要服务内容有订单履行、共同运输、库存管理、产品回收、搬运分拣、物流信息系统服务等，还涉及车队管理/运行、重新贴标签/包装、合同制造、组配/安装、客户备件、咨询服务等多样化的增值服务。

自20世纪90年代起，先进的第三方物流公司就开始尝试使用电子商务。联邦快递（FedEx）是其中的先驱。如今，几乎所有第三方物流公司都使用了订单跟踪系统，顾客只要输入订单号，即可查询到自己订单中货物的物流状态。

3. 第四方物流

1）第四方物流的概念

第四方物流是指由具有专业化物流知识的咨询公司提供物流咨询服务，应物流公司的要求为其提供物流系统的分析和诊断，或者提供物流系统优化和设计方案等。第四方物流不参与物流过程，而是由独立于现有物流系统各环节的、与原物流系统无直接利益关系的"第四方"来为买卖双方企业提供一体化的物流解决方案，在这些方案中，信息系统是重要的组成部分。这些整体解决方案可以专业咨询提出来，如IBM提出供应链整体解决方案。在第三方物流公司中，有时也会由项目小组出具物流解决方案给公司其他有关成员使用，这时，这些小组就充当了第四方物流的角色。

2）第四方物流服务

门洛公司（Menlo Worldwide）给出了外包服务的3个维度：操作/执行、设计/咨询、应用/整合/技术，以及各大物流公司在3个维度上所处的位置，如图8-1所示。图中除操作/执行维度（典型企业如UPS）之外的设计/咨询、应用/整合/技术两个维度均属于第四方物流服务的范畴。

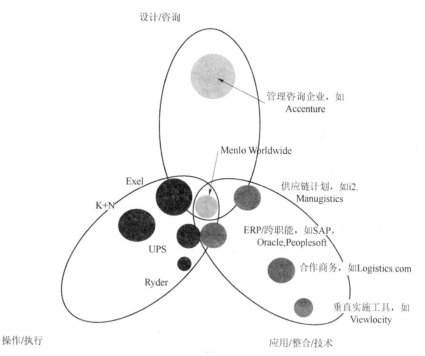

图 8-1 物流服务的 3 个维度及从业公司

8.3.2 电子商务物流的模式

1. 电子商务物流新模式

目前，电子商务物流除了 8.3.1 节讲的 3 种基本模式之外，还发展出了物流联盟配送模式、"O-S-O"物流模式、物流一体化模式、云物流模式等。其中，"O-S-O"模式是企业在不同发展阶段所遵循的一个动态选择模式；物流一体化模式是建立在完全成熟的第三方物流模式基础上的模式；云物流模式是指利用云计算功能，使社会资源得到更高效率配置的前沿、先进的物流系统，从而使得物流更加社会化、节约化及标准化。

1）物流联盟配送模式

物流联盟（logistics alliance）是制造业、销售企业、物流企业在物流方面通过契约形成优势互补、共担风险、共享收益的物流伙伴关系，是物流配送需求企业或物流企业之间为了提高配送效率及实现配送合理化所建立的一种功能上互补的配送联合体。电子商务物流联盟模式主要是指多家电子商务企业与一家或多家物流企业进行合作，或者多家电子商务企业共同组建一个联盟企业为其提供物流服务，为了实现长期的合作而组合到一起的组织方式。

物流联盟实现了对资源的高效整合，能够有效扩大电商企业的业务范围和市场空间；物流联盟有利于降低经营风险，由于前期无须过多资金投入，所以对主导者而言可以降低经营成本。物流联盟模式以菜鸟网络为典型代表，它是阿里巴巴集团联合银泰集团、复星集团、顺丰集团、富春控股等企业及金融机构而建立的智能物流配送网络。

2）"O-S-O"物流模式

"O-S-O"模式即物流外包-自建渠道-渠道外包模式（outsourcing-self-constructed outsourcing）。此模式不是简单的开始、发展、回归过程，而是符合哲学意义的发展模式。这一模式与中国物流发展水平、电子商务企业自身发展水平、客户需求水平相联系,从最初的业务全部外包、到中期的选择性自建、再到最后业务趋于平稳。社会化物流服务水平的提升,必然会要求电商企业开放自身的物流服务渠道以供全社会使用,同时对于自建渠道的不足又会吸纳优秀供应商进入服务体系,最终形成一个波浪式前进、螺旋上升的发展模式。

3) 物流一体化模式

物流一体化是指以物流系统为核心,由供应商企业,经由物流企业、销售企业,直至消费者供应链的整体化和系统化。物流一体化是在第三方物流的基础上发展起来的新的物流模式,其实质也可以说是第三方物流模式,是今后的发展趋势。供应链的一体化是目前很多电子商务企业都在探讨的问题,一体化的供应链解决方案越来越受关注,只是电子商务对于供应链一体化的要求更高。在配送层面,大部分传统行业已经把货物送到了最接近消费者最后一公里如店面、超市等,仅仅是没有做到宅配而已。所以相对很多传统行业,从订单到配送的供应链一体化已经相对成熟,而电子商务则需要把传统供应链延伸,直接面对最终消费者,所以需要一体化的物流解决方案。

4) 云物流模式

云物流是连接线上商流与线下物流的信息服务综合平台,是介于自营物流与第三方物流间的新型模式,以自营的形式给予管理,使得商家与不同电子商务企业加盟进云物流平台,可以协调好从每个物流环节里产生的各类信息,能迅速精准地把每一种物流环节信息传递到物流供应链上与之有关的全部企业、物流单位、政府部门及个人用户、代理企业,实现充分的信息共享。

云物流的运作模式具有三个方面的特点:一是动态服务的特点。客户根据自己的物流需要在云物流平台上发布相关信息,服务商利用平台可以实现动态回应客户要求,并且为他们提供相关服务。二是客户服务一体化。作为以智能信息技术构建的"云计算"服务平台,为物流客户的需求实现其全周期的跟进与服务。三是服务协同能力。物流本身是一个复合型服务产业,包含了仓储、货代、运输和信息管理等方面。云物流打破企业和企业间的边界,可以围绕客户的需求,依据多个物流服务环节做好服务协同,整合各类物流的服务,协同完成为每一个用户实现一体化的物流服务。

2. 电子商务物流模式选择

1) 物流自营和外包决策

企业选择物流外包、使用第三方物流的动因有:降低物流成本、集中精力于核心业务、改善物流服务水平和质量、简化复杂的运营、增强供应链的灵活性等。企业不选择物流外包的因素有:企业有一定的自有物流能力,或者物流市场不成熟、物流外包费用太高,或者信息系统不配套等。

在进行物流外包决策时,企业需要检查该物流业务是否构成企业核心能力、是否具有战略意义、是否有较强的能力、成本有无竞争力等问题,根据对这些问题的回答来选择适当的外包或自营的决策,决策流程如图8-2所示。

2) 电商企业的物流模式选择

不同的电商物流模式具有不同的特点,适用于不同的企业。对类似京东的电商企业而言,经销商品种类齐全,需要联系众多上下游企业,第三方物流无法满足这样庞杂的配送需求。因此只有通过自建物流体系,才能实现良好的库存管理和库存决策,打造精准的物流配送。

例如，物流联盟对阿里巴巴而言则避免了重复建设问题，阿里巴巴的经营范围较京东更加广泛，如果自建物流体系则前期投入巨大，而效果并没有京东明显。物流联盟对阿里巴巴来讲具有成本优势，但也存在较为严重的主导权争议和联盟不稳定性等问题。第三方物流模式本身包括完全第三方模式和部分第三方模式，对经营规模相对较小的电商企业而言比较适合。当当主营图书销售，自建物流或采取物流联盟模式将会大幅增加成本，而第三方物流则缩减了其物流体系建设成本，降低了经济风险，是较为合理的选择。但第三方物流难以实现对配送过程的控制，服务质量和服务效率难以保证。

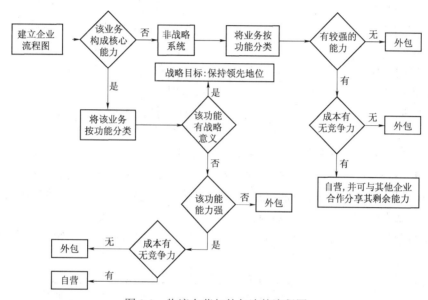

图 8-2　物流自营与外包决策流程图

8.3.3　各电子商务模式下的物流

1. B2C 中的物流

B2C 中的物流运量较小，根据企业商品的销售范围，运距有大有小，基本局限于一国之内，并以城市物流为主，并且企业对于物流的控制力较强。这些特性使企业倾向于自营物流，或与第三方物流企业共建物流，完全外包的做法较少。

1）与第三方物流企业共建物流

在国内 B2C 电子商务领域，与第三方物流企业共建物流是业内的普遍做法。因为"最后一公里"覆盖面极广，运作烦琐，电子商务企业往往将其转由物流代理公司来完成，从而与第三方物流共建来共同实现物流配送。在这种模式下，B2C 企业一般沿用或是通过建模与实证分析在适宜的地方自建大型的存储仓库和配送中心，不断调整和优化仓库、配送中心的布局，通过信息化平台和网络技术实现与物流代理公司的合作，将其后环节的物流配送业务交由专业物流公司来完成，共同实现对消费者的物流配送，如图 8-3 所示。B2C 企业可通过灵活发挥自身和代理公司的双重优势来实现低成本、高效的物流配送。

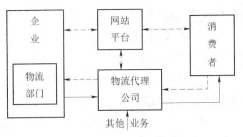

图 8-3 共建物流模式

2）自营物流成趋势

近两年，随着红孩子、京东商城、凡客诚品等国内各知名 B2C 购物网站的相继建立并不断加强自身的物流体系，自建物流似乎已成为国内 B2C 电子商务领域的一种趋势。据业内专家预计，未来凡是业务规模足以支撑一家物流公司运作的 B2C 企业，基本上都会自建物流体系。

电子商务的发展受制于物流、信息流和资金流三大因素。对于我国的 B2C 电子商务企业而言，物流是其最大的魔咒。从电子商务在中国起步时开始，物流就一直是各 B2C 电子商务企业的最大困扰。从根本上来说，B2C 电子商务企业选择自建物流，主要是缘于国内第三方物流发展滞后。

首先，第三方物流企业规模小、资源分散、服务功能单一。以当当网为例，由于第三方物流资源分散、企业规模小、服务范围地域性强，为了满足覆盖全国的业务需要，当当网不得不同时与全国各地 20 多个运输企业、40 多个快递公司建立业务合作关系。在同一城市内，经常会存在几家不同的快递公司同时为当当网提供配送服务的情况。这样不但众多的合作企业为当当网的管理带来难度，而且由此带来的断裂的物流配送环节、不统一的企业形象和服务水平等，也对当当网产生了负面影响。

其次，第三方物流企业缺少必要的物流管理信息系统。物流管理信息系统是第三方物流的中枢神经，它的任务是实时掌握物流供应链动态，使得物流过程尽可能地安全、高效。第三方物流要赢得客户的信任，先进和完善的物流管理信息系统是必不可少的。但是，目前国内的第三方物流企业，有的尚未建立物流管理信息系统，有的虽已建立物流管理信息系统，但也只具有简单的功能，不能实现对物流全过程的信息管理，造成第三方物流企业与客户之间信息沟通的不畅。

再次，第三方物流企业商品配送服务缺乏规范性且服务单一。这些因素使得 B2C 企业更趋向于选择自营物流模式。例如，红孩子在物流管理信息系统的开发方面，选择与精益化物流软件领导厂商 FLUX 合作，针对红孩子企业业务特点，为其量身定做。红孩子自建物流体系后，成为行业内第一家将配送时间缩短为 24 小时的企业，而在此之前，许多企业的配送时间都是 48 小时或 72 小时。

2. B2B 中的物流

在 B2B 模式中，物流总量大，运输批量大，品种少，流程长，有些涉及国际物流，业务流程更为复杂，涉及了长途运输、仓储、配送、流通加工等各种物流环节，需要有大型的物流网络来支撑，企业自营有一定难度。同时，B2B 平台作为供应链多方交易整合者的性质也决定了其中的物流要进行外包。因此，为了提高物流效率和服务水平，为了形成整合效应，B2B 平台通常选择与第三方物流合作，将物流外包给多家第三方物流公司，而将其物流信息系统适当集成到 B2B 平台中，如可在平台中进行洽谈、下订单及订单管理和跟踪等，这些第三方物流公司往往承担多种物流操作环节并且提供增值服务。

近年来，B2B 平台的物流出现了一些新趋势，与平台签约的第三方物流要么越来越多以至于形成开放的物流平台，要么越来越少以至于只留一家物流公司与 B2B 平台进行共建物流。因此，根据与第三方物流合作方式的不同，将 B2B 物流分为平台推荐第三方物流、开放物流集市、独家共建物流 3 种。

1）平台推荐第三方物流

平台推荐第三方物流是 B2B 物流中较传统和较常见的一种。物流公司与 B2B 平台签约成为推荐物流公司，与其组成战略联盟，共同合作完成 B2B 交易。B2B 平台中的企业从平台推荐的多家第三方物流公司中选择某家为其进行运输和配送。这种推荐物流在诚信和实力上有保障，但是因为在平台中的选择性和竞争性有限，其服务水平受到制约。另外，大多数推荐物流与 B2B 平台的合作较简单，信息系统的集中不深入，很多环节都是在线下完成的。

➡ **案例 8-7：金银岛网交所**

金银岛网交所由北京网信科技公司联合各方资源共同打造，服务于石油、化工、塑料、机械、钢铁等行业，是集信息流、资金流、物流为一体的大宗商品全程 B2B 电子商务交易平台。在提供物流服务方面，金银岛与招商局物流、中铁快运、中国外运三家 3PL 企业建立了合作，将其引入网站平台为客户提供物流服务。在双赢的基础上深入合作，接受客户的选择，并提供交易、结算、运输、仓储、配送等线下物流服务，客户在选择 3PL 企业时可得到相应的优惠政策。中铁快运、招商物流等 3PL 企业可以提供全方位运输、仓储服务，并提供明确的产品物流报价。通过金银岛网交所，买卖双方无须进行线下接触，仅通过网络就可以完成洽谈并安全地进行网上支付，买卖双方线下的工作只是通过第三方物流发货、收货，就可放心地做成买卖。同时，金银岛网交所采用"硬信用"运营机制与中国银行、中国工商银行、广发银行等十多家金融机构合作，提供在线支付服务。采取货到发款、款到发货的双向保证，由银行冻结货款监控管理。最后，金银岛网交所引入中国国际仲裁委员会开通网上申述，对发生的交易纠纷或是因物流质量造成矛盾的问题通过仲裁及时解决，使客户获得赔偿。

资料来源：陈远军. 面向 B2B 电子商务公共平台的第三方物流服务模式研究[D]. 重庆：重庆大学，2008.

2）开放物流集市

开放物流集市是依托 B2B 平台建立起来的，以满足该 B2B 平台交易中的物流需求为基础的开放性的物流服务交易平台。在这种平台中，物流商可以自由入驻，用户可以自由发布物流需求，在平台中完成交易。这种平台的信息集成程度较高，更多的物流交易环节可以在线上实现。

➡ **案例 8-8：阿里物流**

阿里物流是第三方物流集市的典型案例。阿里物流平台酷似阿里巴巴 B2B 平台，只不过入驻的商家是物流服务提供商而非商品交易商，在这个平台上交易的是物流服务。阿里巴巴平台的商品交易商作为这个物流平台的买家，可以发布物流需求，这个平台的卖家即物流商则发布物流供应。在阿里物流出现之前，阿里巴巴上的物流是由阿里巴巴来推荐物流商，物流商将其信息查询终端集成到阿里巴巴平台中。商品交易商在发生交易时，从其中选择物流商为其完成这一交易中的物流服务。阿里巴巴在其中起到了一定的集市作用。在阿里物流上线之后，这个物流集市得到了开放。不仅有阿里巴巴推荐的物流商入驻其中，而且社会上的物流商可以自由、自主选择入驻，从而大大提高了阿里巴巴平台的物流服务能力，并且通过更多的物流服务竞争让平台中的交易商获得更多实惠和价值。

3）独家共建物流

独家共建物流是有些 B2B 平台将其物流完全外包给一家实力雄厚的第三方物流公司，与其进行独家合作，共建 B2B 平台的物流功能。这种第三方物流公司必须具备能够覆盖 B2B 平台市场范围的完善的物流网络，能够完成频繁的交易所需的大量物流服务能力，能够提供高水平的物流服务，并且需要有一定的第四方物流能力，为平台中的企业提供物流解决方案。双方需要在业务流程上深入紧密地合作共享，建立互利共赢的供应链合作关系，才能最大限度地规避风险，好似一家企业一样共同为平台企业服务。

→ **案例 8-9：敦煌网的共建物流**

UPS 在线工具与敦煌网（DHgate.com）交易系统整合，建立共建物流，使敦煌网用户可以在交易环节中计算物流成本、UPS 取货、追踪货运情况并查看国际货运的中转时间。UPS 与敦煌网合作的运营流程如下：① 敦煌网与 UPS 签订合作协议，UPS 为其提供物流供应链解决方案。② UPS 工程师和敦煌网工程师合作，将 UPS 的在线工具 Connectship ChainLink 嵌入敦煌网的系统、连接其 ERP/WMS 系统。集中运输功能，整合运输过程，并通过及时准确的运输数据改进运输管理。③ 敦煌网作为 B2C 电子商务平台运营商，在平台上发布卖家与买家的供求信息，卖家与买家达成交易。④ 通过在敦煌网上使用基于浏览器的运输系统，卖家与买家的员工可以从计算机上处理运输，通过客户服务和订单输入人员等内部领域直接从敦煌网或承运人网获得准确的运输信息。⑤ 对于卖家而言，可以从 UPS 的全球网络支持下调查买方资信情况，也可以委托申请 UPS 保理付款业务，确保收款安全。⑥ 对于买家而言，也可以从 UPS 的全球网络支持下调查卖方信用情况。⑦ 买卖双方达成协议，线上交易，直接在网上下订单。UPS 收到订单，计算运费，买方或卖方按照谈好的贸易条款线上确认运费。⑧ UPS 上门取货，运输至分拨中心，包装，清关。按照要求安排运输方式，按照指定的时间，将货物运至买方指定的地点。⑨ 买方卖方可以实时在线查询货物的流向和任何信息。⑩ 货物送达，买方电子签收。UPS 代催货款，保证卖方按照贸易条款及时收款。

资料来源：王岩. B2B 电子商务交易平台物流模式研究 [D]. 北京：首都经济贸易大学，2011.

3. C2C 中的物流

在 C2C 中，交易量小而分散，物流批量小、品种多，交易频繁，交易通常发生在城市或国内，属于物流配送的范围，实践中通常选择物流外包，使用 C2C 平台推荐的第三方快递公司为个人网店或消费者个人进行配送。由于配送费用通常由消费者来承担，并且配送服务质量通常被视为是独立的，与卖家所售商品质价无关，而消费者也不肯花费额外的时间和金钱选择物流商,所以 C2C 平台中的物流通常是与平台签约推荐的,平台对共建物流及物流集市等并不热衷。

为了减少物流成本的差异性,提高网上商店的物流服务质量,电子商务平台充分利用自身的优势,与规范的专业化的物流快递公司建立战略合作伙伴关系,向全体网商推荐这些物流快递公司,鼓励网商使用合作的物流快递公司的物流服务。例如,淘宝的推荐物流订单管理系统,集成了 C2C 平台和物流公司信息系统的终端,不仅帮助了买家、卖家有效管理自己的订单,而且还能让买家、卖家在第一时间获知订单所处的状态,使物流作业变得高效,物流管理变得很方便。

8.4 电子商务中的供应链管理

8.4.1 电子商务中供应链管理的重要性

互联网改变了传统的供应链模式,借助互联网强大的连接性让信息流与物流同步,可以有效地提高管理效率和透明度,使商品和服务变得可视化,使消费者多元化、个性化的需求得到满足,为供应链上下游企业提供数据共享和相互协同,使供应链对市场变化的反应灵敏度得以提升,让供应链管理更适应互联网时代的规律。

1. 电子商务环境下供应链管理的优势

基于电子商务的供应链管理是供应链管理与电子商务的有机结合。它以客户为中心,综合整个供应链的全过程,充分利用企业外部资源,加强企业间的合作,实现快速敏捷的反应能力,并极大地降低库存水平,使成本最小化达到最优,具有相当大的优势。

1)有利于实现企业与客户"双赢"的目标

基于电子商务的供应链管理不仅有利于企业维持与现有客户的关系,而且有利于企业发展新的客户,开拓新的业务,扩大企业规模。这种供应链管理模式使得供应链管理过程中各个节点的企业与客户之间能够进行直接的沟通与联系,以开放的对话平台为介质,与客户进行直接的对话,从而直接了解客户的需求,为客户提供更加便捷、成本更低的商业运作模式,留住了现有的客户群,同时也吸引了新客户的加入,带来了新的业务,从而实现了企业与客户"双赢"的目标。

2)有利于保持现有业务不断增长及可持续发展,提高企业的整体运营绩效

基于电子商务的供应链管理有利于实现整个供应链系统内各个节点的企业对客户需要的产品和业务的网络化、电子化的管理,还有利于所有企业资源和全球市场在整个供应链系统内的共享,缩短供应循环、内部交流及应对市场变化的时间,减少流通环节,降低成本,提高运营绩效,实现供应链内所有企业最大化的价值增值。

3)有利于有价值的信息在供应链内各个企业之间的共享,促进供应链系统内信息流的改善

基于电子商务的供应链管理涉及信息流、物流和资金流。企业可以在电子商务平台上实现部分或全部的供应链交易,实现跨企业交流,及时了解客户需求及供应商供货情况,信息在供应链中各个节点之间的传递从单纯的横向传递发展成网状传递。供应链的下游成员可以通过互联网了解供应链上游成员的库存信息和生产能力,上游成员可以了解下游成员的需求

和库存情况，及时制订购销计划，使商业运转中各个环节更加协调一致。

2. 供应链管理是降低我国物流成本的根本途径

1）我国物流成本偏高的原因

首先，经济发展阶段是物流费用偏高的基础性原因。目前，我国总体上仍处于工业化中期阶段，服务业欠发达、工业产品附加值偏低，是现阶段经济发展的重要特征，这也是我国物流费用高于美国和日本，甚至高于印度和巴西的重要原因。

从产业结构来看，我国第一、二产业占比高而第三产业占比低。第三产业增加值占GDP的比重不仅远低于美国和日本70%以上的水平，也低于巴西60%以上、印度50%以上的水平，导致经济发展的物耗和能耗偏高，导致物流需求规模偏大。从产业布局来看，由于上游能源资源和部分下游产业逆向分布，一些高能耗、高物耗产业不能按照地区比较优势布局，致使煤炭等大宗商品长距离、大规模运输，导致我国货物周转量明显偏高。从产品附加值来看，相较于美国、日本等发达国家，我国工业产品增加值率偏低，这意味着实现同样多的商品销售额、耗费同样多的物流费用，但所创造的增加值明显偏低，这就会导致物流费用与GDP的比率偏高。

其次，生产方式粗放也是我国物流费用偏高的重要原因。当前，我国经济社会不断发展，与此相应，消费模式也逐渐从单纯追求温饱型或数量型，向追求消费价值多元化、个性化转变。但生产方式仍以"大批量、规模化"为主，导致产需不能有效衔接、资源周转偏慢、社会库存居高不下。国际上，日本在20世纪50年代就出现了准时制精益生产模式，将企业生产流程与市场需求有效整合；美国在20世纪90年代实现了柔性化敏捷制造模式，以有效协调的方式响应客户需求。生产方式的变革大幅降低了美、日等国企业的库存水平，显著地降低了物流费用。

最后，流通模式粗放也与物流费用偏高密切相关。流通模式粗放，突出表现在两个方面。一是以供应链为主的现代流通体系建设进展相对缓慢。由于生产方式整体上没有由"大批量、规模化"向"柔性化敏捷制造模式"转变，同时受"大而全""小而全"运作模式的影响，生产企业还不能根据自身行业特点提出有效的物流和供应链需求，造成供应链发展缓慢、物流专业化发展水平较低，社会物流资源缺乏有效整合、不能集约使用，导致物流效率偏低、费用偏高。二是物流一体化建设相对滞后。受体制性和机制性约束、基础设施不完善、物流标准不协调、信息化水平较低等因素影响，我国大流通体系尚未根本形成，部门分割和市场分割仍然存在，物流一体化建设明显滞后，社会资源周转慢、环节多、费用高。

根据以上分析，我国物流费用偏高是由多种因素造成的，降低物流费用、提高经济运行的质量和效益要多措并举、从国民经济运行全局出发；要在转变经济发展方式的顶层设计下，推动生产方式和流通模式转变，基本抓手则是加快推进供应链的发展。

2）通过供应链管理降低物流成本

美国、日本、德国等发达国家的经验表明，一国进入工业化中后期，加快现代物流发展、推动供应链的构建，是降低成本、提高效益、增强竞争力的基本路径。供应链管理的有效实施可以使企业总成本下降20%左右，供应链上的节点企业按时交货率提高15%以上，从订货到生产的周期时间缩短20%~30%。目前，国际上以供应链之间的竞争为主要特点的竞争模式正在取代单个企业之间的竞争，供应链的强弱已成为决定一国产业竞争力的重要因素。"供应链"强则国家经济强，物流活则经济"血脉"通，已成为发达国家经济发展的硬道理。

由此看来，未来电子商务物流业将进一步利用互联网思维及大数据、云计算、物联网及移动互联网等新一代信息技术，对供应链管理中的信息流、物流、商流和资金流进行整合，使供应链各环节运作效率得以提升。

8.4.2 匹配电商节奏的敏捷供应链

1. 电子商务物流中的快速反应问题

1）电子商务中物流快速反应的重要性

电子商务物流所实现的是物流组织方式、交易方式、管理方式和服务方式的电子化，是基于快捷信息平台实现的物流商务运作。在电子商务物流实际运作过程中，通过及时的网络信息传递，可以有效地实现对物流的实时控制，大大简化业务流程，降低企业运作成本，实现物流的合理化，同时也加快了物流对顾客需求的反应速度，拓展了物流服务的增值空间。

随着经济全球化的迅猛发展，市场需求趋于个性化，市场不确定性也在增强，顾客对时间的要求是越来越苛刻，基于时间竞争（time-based competition，TBC）已成为赢得竞争优势的有利战略，企业逐渐认识到对顾客需求的快速响应是他们成功的关键因素，越来越多的企业开始将敏捷、实时的运作思想运用于电子商务物流，以实现企业供应链各环节无缝运作，快速满足顾客个性化需求，提高物流快速反应。

2）电子商务物流实现快速反应的实质

（1）从优化供应链的视角，源于多主体的供应链不确定因素、供应链运行的不确定因素、物流作业因素、源于技术方面的制约因素、源于硬件设施的制约因素影响了物流作业流程的敏捷化。

（2）从物流管理信息化的角度，企业的物流业务流程包含了许多非增值的业务环节，导致信息回流、业务等待等现象发生，严重影响了物流系统的运作效率。影响供应链快速反应的原因有二：一是对新的需求趋势反应迟缓；二是需求预测的准确性低。企业将所有的订单信息集中汇总到计划部门，由计划部门分解任务，从采购原材料开始，从前到后按工艺流程完成订单生产，除了必备的作业时间，中间不可避免地产生诸多等待现象，进而影响了物流的快速反应。

（3）从电子商务对物流的新要求的角度，电子商务物流要求提供更加丰富的增值服务，如增加便利性的服务、加快反应速度的服务、延伸服务、降低成本的服务，在电子商务这样一个基于时间竞争和不确定性日益加剧的市场环境下，实现电子商务物流快速反应显得尤为重要。

（4）从电子商务环境下物流系统运作的新特征的角度，电子商务物流具备其特有的复杂性、动态性、交叉性，并且各个子系统目标容易相互冲突，这些特征也产生了一系列的瓶颈问题，如客户适度需求的及时定位和反应、供需同步化、物流系统各个子系统的兼容、信息安全问题等，结合现实中物流实现快速反应本身存在的瓶颈问题，导致供应链中的某些环节不能很好地协调，流程不顺畅，使得整个物流运作低效率，不能实现电子商务物流的快速反应。随着顾客对时间的要求越来越高，供应链上的节点企业急需解决这些瓶颈问题，以实现物流快速反应。这不仅是企业竞争对电子商务物流提出的更高要求，也是电子商务物流发展的趋势。

2. 通过供应链一体化实现电子商务物流快速反应

电子商务企业，无论是采取自建物流模式，还是第三方物流，都涉及制造商、供应商、销售商直至最终消费者整个网络的运作。为了使电子商务物流更快更有效地降低成本、增加柔性和加快响应，供应链中的成员必须进行统一的协调和计划，实现高效的一体化供应链管理。因此，只有在供应链一体化的基础上才能实现电子商务物流快速反应。

1）时间窗口合理规划

时间是直接关系到顾客物流需求满足的核心要素，任何一项顾客需求都有时间限制，企业对于顾客需求的满足是在一定的时间窗口内进行成本与效率平衡的过程，并以此来决定是否满足顾客需求及以何种途径和方式来满足顾客需求。所以，时间窗口合理规划的目的在于通过有效顾客关系管理、供应链伙伴关系管理进行资源整合，提高对有效顾客需求的敏捷反应能力。

实现时间窗口合理规划可以从压缩订货周期开始。从时间方面考虑，一个订货周期所包含的时间因素有订单传输时间、订单输入处理时间、订单分拣配货时间、生产时间和送货时间，这些因素直接或间接地受订单传输方式的设计和选择、订单输入处理效率的影响。在电子商务平台上，建立基于标准的托付订单处理模式，改变订单的处理方式，使得订单传输和订单录入速度变得更快、更精确。供应商和批发商可以一起确定供应商的订单业务处理过程所需要的信息和库存控制参数，然后建立一种订单的处理标准模式，如 EDI 标准报文，最后把订货、交货和票据处理各个业务功能集成在供应商一边。在这个过程中，融入高级订单处理系统、全面质量管理系统（TQM），可以使订单处理实现自动化，这不仅节约了时间、降低信息延迟的可能性，也有助于管理者整合物流系统，通过库存和运输费用的减少来降低成本。

2）有效顾客需求敏捷反应

有效顾客需求反应对于供应链运行和顾客价值实现有着重要的意义，它可以有效地将终端顾客、分销商、供应链上游的供应商连接在一起，促进快速、准确和无纸化的信息流动，驱使产品的移动，准确地满足顾客需求，降低成本。其实现核心就在于通过信息流的整合和共享，实现对商家的有效补给和对顾客需求的有效反应。

（1）整合顾客信息资源与预测。要整合顾客信息资源，必须要在电子商务平台上建立顾客情报信息系统。为了能有效地管理销售库存，供应商必须能够获得顾客的有关信息，通过建立顾客的信息库，供应商能够掌握需求变化的有关情况，把由批发商（分销商）进行的需求预测与分析功能集成到供应商的系统中来。通过信息流的整合和共享，运用先进的通信技术，如条码技术（bar code）、销售时点数据（POS）、有效客户响应（ECR）等，使物流管理人员有更多的机会与顾客和企业内各部门分享预测成果，提高物流效率。

（2）建立协同互动平台。协同互动平台包括三个方面的内容：首先要求企业有电子商务，在此基础上实现网上采购、销售、资金预算、人力资源管理等方面的协同，即内部系统；其次是企业与产品或信息从原材料到最终消费者之间的所有环节的协同，即企业与供应链的协同；最后是企业与社会相关部门的协同。建立协同互动平台的关键是在电子商务平台上使所有可扩展的合作伙伴主动达到在业务中的同步，它注重企业间动态协同和交换实时信息，以使企业内部和外部的价值链达到最优整合。它的构建是建立在供应商与分销商（批发商）的合作框架协议之上的，供应商和销售商（批发商）一起通过协商，确定处理订单的业务流程及控制库存的有关参数（如再订货点、最低库存水平等）、库存信息的传递方式（如 EDI 或 Internet）等。

3）优化库存管理

库存是一个重要的供应链驱动因素，库存的改变会在很大程度上提高供应链的盈利水平和反应能力，对供应链中的物流周转时间和销售速度也有显著影响。在大批量生产方式中，面对生产中的不确定因素，库存能够缓冲各个生产环节之间的矛盾，避免风险和保证生产连续进行。但事实上，充满库存的供应链系统，会掩盖供应链系统上存在的各种问题，如供需不平衡、资金占用、顾客需求反应不够迅速等。因此，库存可以认为是供应链系统设计不合理、生产过程不协调及不能快速响应顾客需求的证明。所以，优化库存自然是物流快速反应所追求的目标。

（1）供应商管理库存（vendor managed inventory，VMI）。VMI 这种库存管理策略打破了传统的各自为政的库存管理模式，体现了供应链的集成化管理思想，以系统的、集成的管理思想进行库存管理，使供应链系统能够获得同步化的运作。VMI 的主要思想是供应商在用户的允许下设立库存，确定库存水平和补给策略，拥有库存控制权，其支持技术主要包括 EDI/Internet、ID 代码、条码、条码应用标识符、连续补给程序等。精心设计与开发的 VMI 系统，不仅可以降低供应链的库存水平，降低成本。而且，用户还可获得高水平的服务，改善资金流，与供应商共享需求变化的透明性和获得更高的用户信任度。

（2）可视化跟踪。可视化跟踪可为库存管理提供及时的数据，使各个供应链节点企业能够实时掌握货物运输状态，安排好物流计划，使各方达到最佳状态的运作。这一过程涉及了 GIS 技术和 GPS 技术两种技术。地理信息系统（GIS）应用于物流分析，主要是指利用 GIS 强大的地理数据功能来完善物流分析。完整的 GIS 物流分析软件集成了车辆路线模型、最短路径模型、网络物流模型、分配集合模型和设施定位模型等。而全球定位系统（GPS）具有在海、陆、空进行全方位实时三维导航与定位能力。GPS 在物流领域用于汽车自定位、跟踪调度。这两种技术的应用，大大提高了供应链各个节点企业对物流的快速反应速度，协调了各方的物流运作，缩短了订货周期。

4）建立基于时间竞争的电子商务交易平台

供应链上的节点企业实现其供应链敏捷化的重要措施之一是建立电子商务交易平台。面向供应链的电子商务交易平台作为一个跨企业的服务平台，不仅需要功能强大、适当的管理软件，还必须借助可靠的硬件系统、网络服务、数据管理、安全保障等一整套的配置，应该是建立在通信平台基础之上的一个开放式的平台。在基于 Internet 的信息平台上，各企业在自己的 Web 站点可以访问其他企业的网页，也可进行网上采购下单、出入库信息查询、联合开发生产调度、运输调度，还可利用互联网提供物流动态、货物信息、车辆信息及进行网上信息交流等。通过建立物流管理信息平台，可以使节点企业达到供应链反应敏捷化、物流作业规范化、仓储管理网络化和物流管理信息电子化。

8.4.3 案例：苏宁易购的供应链管理

1. 简介

苏宁易购作为苏宁云商集团股份有限公司旗下的新一代 B2C 网上购物平台，现已覆盖日用百货、传统家电、3C 电器等产品品类。2011 年，苏宁易购通过强化实体店面与虚拟网络的同步发展，不断提升网络市场份额。苏宁电器自 1999 年就开始了长达 10 年的电子商务研究，2009 年苏宁电器网上商城全新改版升级为苏宁易购，此次改版整合了全球顶级的资源优势，并携手 IBM 联手打造新一代系统，建立了一个集购买、交流、学习于一体的网络社区，2010 年 2 月正式对外发布上线，旨在成为中国 B2C 市场最大的网络购物平台。

于 2010 年 2 月正式上线的苏宁易购，仅仅用了不到两年的时间，其市场占有率就达到 3.4%，仅次于淘宝商城和京东商城。虽然上市时间短，但是苏宁易购的背后有着深厚的积累，苏宁易购认为，任何模式的电子商务的本质依然是电子化的商务，因此终究要回归到零售业的本质——供应链管理、购物体验、物流仓储配送和售后服务保障。而这所有的要素都可以在苏宁易购的供应链管理中体现出来（见图 8-4）。

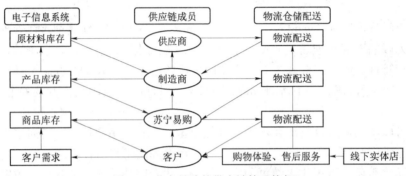

图 8-4 苏宁易购的供应链管理构架

苏宁易购供应链管理是以客户为起点和最终服务对象的网状结构，从图 8-4 可以看出，苏宁易购在整个供应链中各个销售环节都实现了无缝关联，不仅提高了工作效率，而且节约了大量的成本。

首先，通过电子信息系统进行上下游成员信息的全面沟通。客户在苏宁易购网络平台下单后，就会以客户需求的形式第一时间传到电子信息系统中，苏宁易购的商品存储仓库会根据客户需求调整库存量，以免库存不足或库存过量，调整后的商品库存同样可以通过电子信息系统传达给上游制造商和下游的客户，便于制造商第一时间根据销售情况和库存情况调整产品库存，也使客户能够适时适量购买。以此类推，供应链每个节点的成员都可以充分了解到其他成员的重要信息，提高了效率，减少了库存成本，有效地防止"牛鞭效应"的产生。

其次，电子信息系统会将客户订单需求传到物流配送系统，每个企业都会根据自己下游企业的需求量进行商品、产品及原材料的配送，而每个环节的需求量都是根据客户的需求来进行计算。

最后，苏宁易购的实体店会为客户提供购物体验及售后服务的工作，这同样也是苏宁易购供应链管理中的重要一环。

2. 成功因素分析

1）强大的采购优势和完善的电子信息系统

苏宁电器上千亿的采购优势能为苏宁易购争取到更多的优惠，与全球上千家知名品牌厂商合作。此外，苏宁易购目前积极吸引小的零售商进驻苏宁易购的网络平台，使线上销售更加多元化。电子信息系统方面，苏宁电器于 2000 年下半年，在中国 B2C 市场才刚刚起步的时候，其投入 3 000 万元的 ERP 管理系统就正式上线了，近年来，通过与 IBM 合作，苏宁电器的 B2B、B2C 系统日渐完善。

2）强大的物流配送系统

苏宁电器积累了 20 多年的丰富资源：现有覆盖 300 多个城市的 94 家物流配送中心，正在筹建的有 60 多个；有 1 800 多家门店；还有 4 000 多个售后服务的网点，建有自动化分拣配送中心，方便集中配送客户在不同区域购买的商品，并有自建的快递队伍，提高了配送的效率。此外，苏宁易购拥有线上线下两条配送系统（见图 8-5），完善了其物流配送网络。

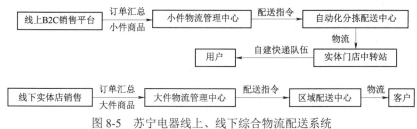

图 8-5　苏宁电器线上、线下综合物流配送系统

3）良好的售后服务和支付系统

苏宁电器拥有 4 000 多家售后服务网点可以支撑在全国范围内进行售后服务，网上买的所有商品，都可到苏宁电器任何一家门店和网点进行售后服务。短期来看，苏宁电器线下门店已经成为线上业务的"体验店"及本土化服务的依托点。在客服方面，在线客服及销售热线随时可连通，售后服务电话 24 小时在线。苏宁电器支付平台包括网银、电话、货到付款、苏宁易付宝、财付通等多种支付方式。其中电话支付为零售行业首例，无须开通网银即可在苏宁易购服务人员指导下完成付款。

4）苏宁云商集团的重视

近期，苏宁云商采取了一系列措施全面促进苏宁易购线上业务的发展，例如，苏宁易购线上、线下产品价格的统一，促进线上、线下业务的协作发展；在保证线上、线下业务同时发展的前提下，将重点放在线上业务的全面发展；通过一系列的优惠条件吸引零售商在苏宁易购网络平台上线；利用自身资金充足的优势与其他电商打价格战等。这些措施都旨在不断扩大苏宁易购的供应链，更加完善其自身供应链的管理。

思考与讨论题

1. 物流的七项基本活动，分别如何进行电子化？
2. 试述我国电子商务物流的现状和发展趋势。
3. 试述电子商务中的物流模式。
4. 试述电子商务中的供应链管理。
5. 请结合引导案例，分析京东的电子商务物流。

参 考 文 献

[1] 樊哲高. 电子商务物流先行［N］. 中国电子报，2012-03-16.
[2] 顾晓雪，顾新，王涛. "互联网+"战略下我国电子商务物流的现状及发展对策［J］. 产业发展，2016（3）：80-85.

[3] 洪涛. 电子商务物流的 6 种模式及高效选择［N］. 消费日报，2012-11-01.
[4] 胡国华. 对电子商务物流新格局的思考［N］. 现代物流报，2014-05-16.
[5] 胡国盛. 我国电商企业物流体系优化分析［J］. 商业经济研究，2017（19）：106-108.
[6] 李隽波，沈菲菲. 电子商务物流快速反应的实现途径研究［J］. 中国管理信息化，2009，12（3）：93-95.
[7] 李谦锋. 推进供应链管理　破解流通难题［J］. 中国金属通报，2014（7）：34-37.
[8] 张颖川. 探寻电商订单履行的未来［J］. 物流技术与应用，2015（9）：69-71.
[9] 梁淑慧，荣聚岭，周永圣. 电子商务物流发展现状与对策研究［J］. 中国市场，2015（12）：164-168.
[10] 马士华，林勇. 供应链管理［M］. 2 版. 北京：机械工业出版社，2006.
[11] 马晓倩. B2C 电子商务网络平台云物流配送模式分析［J］. 赤峰学院学报（自然科学版），2017，33（20）：107-109.
[12] 饶绍伦. 电子商务物流体系优化研究［J］. 物流技术，2014（1），175-177.
[13] 孙韶华，梁倩，杜宛真. 电子商务物流五年规划出炉［N］. 现代物流报，2016-03-28.
[14] 王岩. B2B 电子商务交易平台物流模式研究［D］. 北京：首都经济贸易大学，2011.
[15] 王志瑛，符蕾，王朝晖. 浅谈电子商务对物流的新要求及对策［J］. 中国市场，2007（49）：72-73.
[16] 尹军琪. B2C 电子商务的订单履行系统建设综述［J］. 物流技术与应用，2011，16（9）：57-58，60-62.
[17] 章炳林. C2C 电子商务的物流模式选择［J］. 现代商业，2008（9）：8-9.
[18] 张继德，时斐. 基于电子商务的供应链管理应用研究：以苏宁易购为例［J］. 会计之友，2014（36）：122-126.

第9章

电子商务客户关系管理

 导入案例

推销高手亚马逊的秘密

当亚马逊（Amazon）在网站上向你推荐商品时，它绝非无的放矢。

从根本上讲，这家零售巨头的推荐系统推荐的基础是一系列基本元素：用户过去购买过哪些商品；他们的虚拟购物车里有什么；哪些商品被他们评价或"赞"过；其他用户浏览及购买了哪些东西。亚马逊把这套自主研发的算法称为"从项目到项目的协同过滤算法"。依靠这套算法，亚马逊向回头客们提供了深度定制的浏览体验。数码爱好者们会发现亚马逊上全是新潮电子产品的推荐，而新妈妈们在相同的位置看到的却是婴幼儿产品。

亚马逊如今大获成功，推荐系统想必功不可没。亚马逊将其深度整合到购物流程的方方面面，从商品发掘到结账付款，几乎无处不在。登录 Amazon.com，你会看到许多商品推荐板块；进入某个商品的网页，"人气组合"与"（浏览了该商品的）用户还购买了其他商品"等栏目赫然在目。不过，亚马逊对推荐系统的效率守口如瓶。亚马逊的一位发言人向《财富》杂志（Fortune）表示，"我们的任务是取悦用户，让他们在不经意之间发现美妙的产品。我们相信快乐每天都会出现，这是我们衡量成功的标准。"

亚马逊还能通过电子邮件发送推荐。亚马逊员工研究邮件阅读率、点击率、退出率等关键参与指标——这可谓任何公司电子邮件营销渠道的标准做法——但鲜为人知的是，亚马逊按照邮件营收率等指标，对邮件生态系统进行优胜劣汰式优先级排序。一位员工对《财富》称："这种功能很了不起。基本上，如果某位客户既有资格收到书籍类的推销邮件，又有资格收到视频游戏类的推销邮件，那么（亚马逊最终将向他发送）能带来平均营收更高的那类邮件。想象一下，在每一条产品线上，客户都有资格收到数十封电子邮件，但他们最终收到的只会是效果最佳的那封。"

这一策略能防止（客户的）收件箱被亚马逊的广告邮件塞满，同时将购买机会最大化。事实上，此类邮件的转化率和效率"非常高"，比网站推荐的效率要高得多。调研公司 Forrester 分析师苏察瑞塔·穆尔普鲁称，根据其他电子商务网站的业绩，在某些情况下，亚马逊网站推荐的销售转化率可高达 60%。

艾瑞研究发现，以用户为中心的理念是亚马逊长期以来始终关注的重点，对于亚马逊未来的持续发展壮大至关重要。这个理念反映在其支付方式多元化发展、库房扩容及物流配送服务等诸多方面。这些举措实实在在地满足并留住了用户，也将为亚马逊争取更多潜在用户。

资料来源：MANGALINDAN J P. 推销高手亚马逊的秘密［EB/OL］（2012-08-01）. http://www.fortunechina.com/business/c/2012-08/01/content_110295.htm.；艾瑞咨询：卓越亚马逊新运营中心启用用户体验进一步提升［EB/OL］（2008-07-02）. http:// www.iresearch.cn/.

市场经济在本质上是一种竞争型经济，为了在企业运作中取得竞争优势，有两种资源：一是比竞争对手更多、更快地了解客户的能力；二是比竞争对手学习得更快、付诸行动更快的能力（杰克·韦尔奇，通用电气前CEO）。对任何一个欲在21世纪取得成功的企业而言，其最具价值的资产就是其客户。为了求得企业未来的持续发展，企业必须获得新的和越来越为大众所接受的技术能力来识别、区分和管理同每位客户的关系，开发新客户，留住老客户，发展有价值的客户，不断增加客户的价值。很显然，客户关系管理是随着市场经济的不断发展而诞生的产物，同时它又在电子商务环境中被赋予了新的内涵。研究电子商务客户关系管理，将为企业巩固和发展客户关系，提升企业的核心竞争力奠定坚实的基础。

本章主要介绍电子商务环境下的客户关系管理，包括电子商务中客户关系管理的方式、电子商务中的客户服务管理、电子商务中的信任管理问题及客户关系管理技术等内容。在第一节中主要总结了客户关系管理的起源与发展历程，分析了电子商务环境中的客户特征，阐述了电子商务中客户关系管理的方式；第二节概要介绍了客户服务管理的内容和客户服务的基本流程，探讨了电子商务中的客户服务策略；第三节从电子商务中的信任概念界定和信任管理的模式等方面分析了电子商务中的信任管理问题；第四节则简要介绍客户关系管理系统、呼叫中心系统及客户关系管理数据管理技术。

9.1 电子商务中客户关系管理的方式

本节首先回顾客户关系管理的起源与发展，其次分析电子商务环境的特点及在该环境中客户的基本特征，最后通过客户细分、客户保持和客户升级三个阶段研究电子商务中客户关系管理的方式。

9.1.1 客户关系管理的起源与发展

多年以来，企业都是通过创造最好的品牌来求得竞争优势。但是随着互联网的迅猛发展，电子商务应用的不断深入，世界经济步入了电子商务时代，以客户为中心、以服务为目的的市场战略目标逐渐取代了过去的以生产为中心、以销售为目的的市场战略目标，企业关注的重点也从产量、销售额、利润逐步发展为关注客户的满意度和忠诚度。目前，企业的营销管理理念出现了两个根本性转变，即从市场占有率向客户占有率的转变，以及从市场份额向客户份额的转变。在电子商务环境下，以客户为中心的客户关系管理（customer relationship management，CRM）成为企业制胜的关键。

1. 客户关系管理的概念与内涵

1）客户关系管理的概念

客户是指任何接受或可能接受商品或服务的对象。客户关系是指在市场中由于消费、买卖等活动而形成的一种关系，一般在客户准备购买前产生，在产品使用生命周期结束之后终止。客户关系管理就是在客户关系生命周期内，对客户关系进行建立、维护、控制、发展，其目标是帮助企业确定并实现其战略目标。

从客户关系管理的概念诞生至今,其内涵和外延都不断发生着变化。不同领域的专家、学者及业内人士,从不同角度、不同层次对其进行理解与概括。下面是几种具有代表性的定义,帮助读者从不同侧面来理解客户关系管理的特点。

(1) 美国第一家信息技术研究和分析公司 Gartner Group 认为,所谓的客户关系管理就是:为企业提供全方位的管理视角,赋予企业更完善的客户交流能力和最大化的客户收益率所采取的方法。Gartner Group 提出,客户关系管理的目的在于建立一个系统,使企业在客户服务、市场竞争、销售及售后支持等方面形成彼此协调的全新的关系实体,为企业带来长久的竞争优势。

(2) 美国著名的研究机构 Hurwitz Group 认为,客户关系管理的焦点是自动化并能改善与销售、市场营销、客户服务和支持等领域的客户关系有关的商业流程。客户关系管理既是一套原则制度,也是一套软件和技术。它的目标是缩减销售周期和销售成本、增加收入、寻找扩展业务所需的新的市场和渠道及提高客户的价值、满意度、赢利性和忠诚度。

(3) 美国 IBM 公司认为,客户关系管理包括企业识别、挑选、获取、发展和保持客户的整个过程。IBM 把客户关系管理分为关系管理、流程管理和接入管理 3 类。IBM 认为,可以通过提高产品性能,增强顾客服务,提高顾客交付价值和顾客满意度,与客户建立起长期、稳定、相互信任的密切关系,从而为企业吸引新客户、维系老客户,提高效益和竞争优势。

(4) 卡尔松营销集团(Carlson Marketing Group)把客户关系管理定义为:通过培养公司的每一个员工、经销商或客户对该公司更积极的偏爱或偏好,留住他们并以此提高公司业绩的一种营销策略。其主要任务是:搞清楚与某一笔生意相关的客户价值;了解这些价值对于每一类客户的相对重要程度;判断如果提供这些价值对公司利益能否产生积极影响;以客户愿意接受的方式与客户进行交流,为客户提供他们需要的价值;测算结果、验算投资收益。卡尔松营销集团的定义不仅包括经销商和客户,还包括企业内部员工,从营销角度保证其满意度,是维系企业长期利润和长期发展的必要手段。

从上述定义可以看出,学者们对客户关系管理定义的出发点和侧重点各不相同。有的侧重策略,有的侧重技术,有的侧重过程,还有的侧重工具。因此,我们在理解客户关系管理的概念时,应从其管理理念、业务流程、技术支持及实施过程等方面全方位地进行考虑。

2) 客户关系管理的内涵

由于客户关系管理涉及的内容繁多,对其的研究目前尚处于探索阶段,并且随着电子商务的深入开展而不断被注入新的含义,因此,分析其内涵是非常必要的。

总的来看,客户关系管理包含了以下 3 个层面的含义。

(1) CRM 是一种新态企业管理的指导思想和理念。

(2) CRM 是一种创新的企业管理模式和运营机制。

(3) CRM 是企业管理中信息技术、软硬件系统集成的管理方法和应用解决方案的总和。

首先,CRM 被认为是一种管理理念,其核心思想是将企业的客户作为最重要的企业资源。一方面使他们能够协同建立和维护一系列与客户和合作伙伴之间卓有成效的一对一关系,使企业通过完善的客户服务和深入的客户分析来满足客户的需求;另一方面则通过信息共享和优化商业流程来有效地降低企业经营成本。

其次,CRM 又是一种旨在改善企业和客户之间关系的新型管理机制,它实施于企业的市场销售、服务与技术支持等与客户相关的领域,使企业更好地围绕客户行为来有效地管理自己的经营。

最后,CRM 也是一种管理软件和技术,它将最佳的商业实践与数据挖掘、数据仓库、一对一营销、销售自动化及其他信息技术紧密结合在一起。为企业的销售、客户服务和决策支持等领域提供一个业务自动化的解决方案,使企业顺利地实现由传统企业模式到以电子商务为基础的现代企业模式的转化。

值得说明的是,CRM 并非等同于单纯的信息技术或管理技术,它更是一种企业商务战略。目的是使企业根据客户分段进行重组,强化使客户满意的行为并连接客户与供应商之间的过程,从而优化企业的可盈利性,提高利润并改善客户的满意程度。

2. 客户关系管理的起源与发展

CRM 最早起源于 20 世纪 80 年代初的美国,从专门收集客户与公司联系信息的所谓"接触管理"(contact management)演变到包括电话服务中心支持资料分析的"客户关怀"(customer care)。1999 年,Gartner Group 率先提出客户关系管理的思想。自此之后,CRM 市场一直处于一种爆炸性增长的状态。

CRM 的产生与发展主要源于以下 3 个方面的原因。

1)管理理念的更新

经过十几年的不断发展,客户关系管理不断演变、发展并趋向成熟,目前已经形成了一套比较完整的管理理论体系,管理思想的发展经历了从以产品为中心到以客户满意为中心的 5 个发展阶段,如图 9-1 所示。

图 9-1 企业管理理念更新示意图

企业管理理念的更新是源于市场供求关系的变化。市场供求关系经历了 3 个阶段:供不应求阶段、供过于求阶段和个性化需求阶段。

在供不应求阶段,生产力不发达,面对不断增长的物质需求,整个社会的物资处于短缺状态,市场处于卖方市场,企业无须研究营销理念和营销方式,其目标就是"以产品为中心",扩大产量,控制成本。

在供过于求阶段,企业的生产力水平不断提高,生产能力不断扩大,商品供过于求的买方市场逐渐形成。随着企业间竞争的加剧,企业重心从生产转向销售,通过提高产品质量和强化推销来扩大企业的销售量。与此同时,由于产品质量的提高和销售活动的频繁出现,使得企业的经营成本不断增加,企业的重心又开始转向关注利润,加大了成本控制的力度。

在个性化需求阶段,企业在激烈的竞争中无法或很难再从削减成本中获得更大的利润,于是把目光转向客户,开始关注客户的需求价值。为了更多地了解和满足客户的需求,企业经营观念的核心从产品和生产导向转移到消费者导向,其利润的挖掘重点也从企业内部转向了外部的客户。随着经济全球化的发展,客户对产品或服务的满意程度成为了企业发展的决定性因素。谁拥有长期优质的客户资源,谁就拥有不可复制的竞争优势和利润源泉。由此,"以客户为中心"便升级为"以客户满意为中心"。

从上面分析中可以看出,"以客户为中心"的管理思想一经提出,不可避免地促进了客户关系管理概念的提出。

2)过程需求拉动

过程需求拉动表现为以下3个方面。

(1)客户行为的需求。在这个过程中,客户的消费价值观发生了变化。从理性消费(评价好与差)、感性消费(评价喜欢与不喜欢)发展到感情消费(评价满意与不满意)。同时,互联网的出现使客户选择权空前扩大,客户的转移成本降低,而其期望值大大提升。另一方面,根据美国心理学家亚伯拉罕·马斯洛的需求层次理论,人们在满足了基本的生理需求之后,将会很自然地追求更高层次的需求满足,这就对企业营销提出了新的准则:快速、方便、便宜、熟悉、安全、个性化等。

(2)市场竞争的需求。这主要是源于竞争的全球化,不同企业间产品差距缩小,企业的核心竞争力从产品转向服务及大批电子商务企业对传统企业的蚕食鲸吞。

(3)企业内部管理的需求。为了提高企业的管理和服务的效率及品质,减少一般事务处理的时间,需要在企业内部共享客户信息,促进不同部门间共同协作以实现企业的经营战略。因此,企业对客户关系管理的需求就是不言而喻的了。

3)技术推动

科学技术是第一生产力,每次经济乃至社会的变革都和科技的进步息息相关。在科学技术的推动下,经济全球一体化态势逐步形成。企业间的竞争突破了时间和地域的限制,企业原有的本土优势和垄断地位不复存在。在激烈的市场竞争中,企业要想立于不败之地,就必然要重视客户关系管理,向客户提供高质量的个性化产品和服务。

9.1.2 电子商务环境中的客户特征分析

进入21世纪以来,互联网以前所未有的速度高速发展,网络购物、网上支付等电子商务类应用的用户规模增幅明显。毫无疑问,电子商务是互联网高速发展的产物,互联网所具有的特点也成为电子商务的内在特征,同时不可避免地对企业客户的思想及行为产生重要的影响。研究和掌握电子商务环境的特点及客户特征,可以帮助企业在规划和决策时做出正确的选择。

1. 电子商务环境的特点

电子商务环境的特点在前面的章节中已经详细阐明,此处不再赘述,可以简单地将其概括为以下特点。

(1)面向全球,全天候运营,市场时空无限延展。

(2)降低了库存,降低了数字化产品的配送成本及通信和信息处理等其他各类成本,保证企业低成本运营。

（3）提高了企业工作效率，改善了客户服务及客户关系，为客户提供更好的产品和更有效的服务，满足客户的个性化需求。

（4）可以消除地理上的隔离，实现远程办公及更多的公共服务。

近年来，随着电子商务发展基础设施建设的扎实推进、电子商务政策环境的不断完善、电子商务支撑服务体系的逐渐形成及电子商务产业集中度的不断提高，我国的电子商务环境越来越适合于各类电子商务企业的发展。但毋庸讳言的是，在电子商务快速发展的过程中也存在着一些问题，例如，电子商务对传统企业的带动作用尚未充分发挥，诚信问题影响行业可持续健康发展，物流配送行业及电子支付均有待进一步提高，以满足行业的发展需要。这些问题无疑将会对我国电子商务的发展起到一定的制约作用，需要国家、企业及客户从不同层面进行关注和解决。

2. 电子商务环境中的客户特征

与传统的商务活动不同，电子商务环境中的客户不仅是商品或服务的购买者，而且是商品或服务的引导者和促进者。客户的作用在整个商务活动的早期即开始显现，影响范围较大，其消费行为有些已经不单纯是客户的个体行为，而是通过社会化网络遍及全球的社会消费行为。因此，电子商务环境中的客户特征，表现出了与在传统商务活动中不同的特点。

1）客户需求积极主动，个性化消费意识强烈

美国著名行为心理学家马斯洛曾经说过："人有五大需要，按照从低到高的顺序排列分别为：生存的需要、安全的需要、交际的需要、尊重的需要和自我实现的需要。"在电子商务环境下，客户为了满足尊重的需要和自我实现的需要等高级需要，改变了以往只能被动消费的行为，对自己的消费行为能够积极主动地进行掌控，对企业提供的产品和服务提出了强烈的个性化要求。同时，开放的互联网环境也具备了为客户定制产品、服务及团购的便利条件。

2）客户消费行为日趋理性，货比三家简单易行

在电子商务环境下，客户对产品和服务的搜索和比较易于实现，客户自身在相对封闭的环境中进行选择与购买，客户可以独立地进行思考和判断，不易受到外界其他因素的干扰，因此，盲目、从众的消费行为逐步被日趋理性的消费行为所取代。

3）转移成本降低，客户忠诚度下降

转移成本是指客户从一种品牌向另一种品牌转移时所感知的成本，一般包括沉淀成本、交易成本和心理成本。简单地说，转移成本就是客户离开一家企业而选用其竞争对手或其他同类别、同性质产品或服务所需付出的代价。在传统的商务活动中，由于同质的产品差异化和优势不大，不足以产生吸引。另一方面，用户转移、更换服务商的成本太高，这在很大程度上阻碍了用户转移的动机和行为。但是，这一情况在电子商务环境中可以得到根本性的转变。一方面，客户追求新产品、新体验的要求不断加强；另一方面，互联网使用成本越来越低，降低了客户的转移成本。两种因素相叠加，促使客户不断寻求品质出色、价格便宜、服务优质、操作简单的电子商务企业，导致客户的忠诚度下降。

4）重视购物体验和购物乐趣，愿意与其他网民分享购物经历

在电子商务环境下，客户购物不仅完成了日常生活消费品的购买需要，同时也满足了在购物过程中所产生的体验和愉悦需要。丰富的社会化网络平台及论坛、博客、微信等交流工具，为客户提供了与其他网民分享购物经历的途径，扩大了客户交往的范围和圈子，有利于企业开展多种形式的营销活动，也方便客户自由组团，向企业发起购物的要求。

9.1.3 电子商务中的客户关系管理的方式

在电子商务环境下企业所面对的客户与传统商务环境中所面对的客户有很大的不同，对客户关系的管理也有巨大的区别。本节从客户细分、客户保持及客户升级 3 个阶段探讨电子商务中客户关系管理的方式。

1. 客户细分

1）客户细分的理论依据

客户细分的概念是美国营销学家温德尔·史密斯（Wended Smith）在 1956 年最早提出的，是指根据客户属性划分的客户集合。其理论依据主要有以下两点。

（1）顾客需求的异质性。并不是所有顾客的需求都相同，只要存在两个以上的顾客，需求就会不同。由于顾客需求、欲望及购买行为是多元的，所以顾客需求满足呈现差异。

（2）企业有限的资源和有效的市场竞争。任何一个企业不能单凭自己的人力、物力和财力来满足整个市场的所有需求，这不仅缘于企业自身条件的限制，而且从经济效应方面来看也是不足取的。因此，企业应该分辨出它能有效为之服务的最具有吸引力的细分市场，集中企业资源，制定科学的竞争策略，以取得和增强竞争优势。

2）客户细分的方式

客户细分有多种不同的角度，比较多的是按照人口和社会因素、地理区域因素、心理因素、客户利益、行为因素、产品和客户价值等方面对客户进行细分。为了使对问题的研究更为有效，上述内容可以归结为客户的基本特征、客户的心理特征、客户的行为特征和客户与企业的关系特征四大类指标。

（1）客户的基本特征。这类指标以人文统计和地理区域为主，是目前最常用的、最简便的客户分类指标，主要包括人口统计、地理和情景因素等，如年龄、性别、收入、职业、教育、宗教、地理位置、自然环境、社会环境等。

（2）客户的心理特征。这类指标是由客户的特有心理特点和特定的环境所集中体现出的一些活动、兴趣和看法等，主要包括生活方式、个性、社会阶层等几个方面。这类客户数据不易获取，所以应用范围较小。

（3）客户的行为特征。这类指标反映了客户对产品或服务的不同认知和反应，主要包括使用程度、购买时机、媒体偏爱及营销组合因素等。这类客户数据比较易于获取，因此应用范围较大。

（4）客户与企业的关系特征。这类指标重点表达了客户与企业之间的多元化的关系结构，主要包括信任感、可靠性、反应度、交流程度和 RFM（最近一次消费 recency，消费频率 frequency，消费金额 monetary）指标。这类指标衡量结果最准确，但是最不容易实现，因此应用范围最小。

在电子商务活动中，客户的行为还会受到渠道多样、复杂易变的环境影响，因此，在对其进行细分的过程中，还应该考虑到网络平台及网络操作的一些特点，采用客户价值、客户行为特征等能够反映客户实时的、动态的数据来解决问题。

3）客户细分后的分类

客户细分能够帮助企业清楚地区分与界定客户的不同价值。根据企业从不同的顾客那里获得的经济收益，把顾客划分为几个不同的类别，理解不同类别顾客的需要，为不同类别的顾客提供不同的服务，可明显地提高企业的经济收益。

2002年，美国著名营销学者泽丝曼尔（Valarie A. Zeithaml）、鲁斯特（Roland T. Rust）和莱蒙（Katherine N. Lemon）提出了"顾客金字塔"模型，如图9-2所示。该模型根据顾客盈利能力的差异为企业寻找、服务和创造能盈利的顾客，以便企业把优质资源配置到盈利能力产出最好的顾客身上。

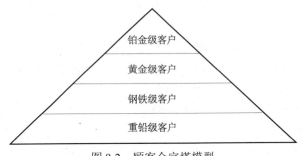

图9-2　顾客金字塔模型

（1）铂金级客户。一般指与本企业目前有业务往来的前1%的顾客。铂金级顾客代表那些盈利能力最强的顾客，是典型的重要用户。他们对价格并不十分敏感，愿意花钱购买，愿意试用新产品，对企业比较忠诚。

（2）黄金级客户。一般指与本企业目前有业务往来的随后4%的顾客。黄金级与铂金级不同，这个层级的顾客希望价格折扣，没有铂金级顾客那么忠诚，所以他们的盈利能力没有铂金级顾客那么高。他们也可能是重要用户，但他们往往与多家企业而不是一家企业做生意，以降低他们自身的风险。

（3）钢铁级客户。一般指与本企业有业务往来的再之后的15%的顾客。钢铁级客户包含的顾客数量很大，能消化企业的产能，但他们的消费支出水平、忠诚度、盈利能力不值得企业去特殊对待。

（4）重铅级客户。即所剩下来的80%的顾客。重铅级顾客不能给企业带来盈利。他们的要求很多，超过了他们的消费支出水平和盈利能力对应的要求，有时他们是问题顾客，向他人抱怨，消耗企业的资源。

客户细分既是客户关系管理的重要理论组成部分，又是其重要的管理工具。它是分门别类地研究客户、进行有效客户评估、合理分配服务资源、成功实施客户策略的基本原则之一，为企业充分获取客户价值提供理论和方法指导。

4）客户细分的诀窍

根据上文所介绍的客户细分的依据、方式及细分后的分类，在实际工作中进行客户细分时可以考虑以下诀窍。

（1）每个客户只能归入一个类别。否则，客户可能因此陷入多种相互矛盾的产品信息而无所适从。

（2）不要有渠道差异。客户从不同渠道获得的产品信息都应该是相同的。每个直接接触客户的员工都能够随时知道产品推荐信息并传递给客户。

（3）为直接接触客户的员工提供有针对性的、可执行的对策。不要把仍需解释的信息提供给他们。应准确地告诉他们对客户来说哪种产品是最适合的。

（4）在客户细分之初，应给销售人员提供最佳名单，确保高成功率。不断抓住机会扩大消费者名单，并给出每个消费者的"购买可能性"评分，以帮助销售人员了解客户可能接受的程度。

（5）每一细分类别由一位高级经理负责盈亏平衡。这样做的目的是确保细分战略的最大收益。

（6）由高级管理人员负责推动客户细分。若公司仅仅在一个产品线推行细分，公司就有可能忽略部分客户的感受；若由总公司而不是某一部门负责，客户细分就有可能不太受预算的制约。

（7）自小处着手，再不断扩大。开始把客户粗略地分成几个大类，然后再逐渐进行更细致、更准确的划分。但是不要等到一切都尽善尽美了再去做，要先迈出第一步。

➜ 案例9-1：信用卡细分客户卡片种类多 众口不再难调

在饮食方面，有一种说法叫作"众口难调"，意思是众人口味不同，很难调和得使大家都满意。最初的信用卡形式、款式单一，而现在，信用卡市场的卡面和附加功能越来越多，对人们的需求开始有了更明确的划分。信用卡的市场细分，让不少持卡人越来越享受到"萝卜白菜，各有所爱"的便利和实惠。

1. 初入社会也可申请信用卡

根据持卡人的年龄不同，青年卡的出现让不少刚步入社会的年轻人有了使用信用卡的机会。目前，交通银行和招商银行均针对30岁以下、大学毕业后的人群设计了青年系列的信用卡。只要有大学毕业证，还有收入证明这些简单资料就可以，把资料提交上去不到一个月的时间，就可以申请到一张6 000元额度的信用卡。

2. 卡片种类多，客户实惠多

除了根据年龄细分，银行对于男女性别细分非常重视，尤其是女士。目前，多数银行均设有女士卡系列，时尚高贵的卡面设计，更像是一件精美的饰品，让很多女士爱不释手。除了卡面设计独特，也有银行在卡的制作上花了很多心思，香味女士卡上散发的迷人香味，让信用卡更加成为女士们的挚爱。

信用卡卡面千篇一律，缺乏个性？个性化卡面设计也成为银行的主打，网上申请信用卡的同时，上传自己的照片，将来收到的卡就是带有自己独特个性的卡片了。

不少银行还根据人们的消费爱好推出了酒店住宿类、餐饮娱乐类、百货购物类的信用卡。每一系列卡片所针对的人群，都可以在消费的基础上享受到很多超值优惠。以某款航空公司的联名信用卡为例，刷卡就可以享受积分和里程优惠，以及高额的航空意外险，对于经常出差的人士无疑是个不错的选择。

不仅如此，卡通控、游戏迷也成了细分的对象，信用卡细分可谓最大程度地满足了持卡人的爱好需求。

信用卡市场的细分增加了客户的个性化选择，同时，多样化的卡种也丰富了信用卡申请的准入条件，给更多人申请信用卡带来了便利。

资料来源：李婷婷. 信用卡细分客户卡片种类多 众口不再难调［EB/OL］（2012-10-11）. http://finance.ce.cn/rolling/201210/11/t20121011_16988550.shtml.

2. 客户保持

客户保持是指企业通过努力来巩固及进一步发展与客户长期、稳定关系的动态过程和策略。20世纪80年代末90年代初,哈佛大学商学院W. 厄尔·萨塞(W. Earl Sasser)和雷奇汉(F. Reichheld)首先对客户保持问题做了研究。此后,随着对其重要性认识的日益增强,众多学者与业界均意识到加强客户保持管理的力度的重要性。

客户保持需要企业与客户相互了解、相互适应、相互沟通、相互满意、相互忠诚,这就必须在建立客户关系管理的基础上,与客户进行良好的沟通,让客户满意,并最终实现客户忠诚。对企业而言,客户保持比吸引新客户更能够带来企业的低成本。据统计,吸引一个新客户所需要花费的成本是保持一个老客户所需成本的5~10倍。

1)提高客户满意度

(1)客户满意度的基本含义。客户满意度(customer satisfaction,CS),是一个相对的概念,是客户期望值与客户体验的匹配程度。具体而言,是指顾客在消费产品或接受服务的过程中(及之后的一段时期内)所形成愉悦或失望的感觉状态。顾客满意水平的量化就是顾客满意度。

根据美国著名营销学家菲利普·科特勒的理论,客户满意度是绩效与期望差异的函数。绩效与期望之间的不同差异就形成了不同程度的客户满意,用数学公式可表示为

$$满意度 = \frac{可感知绩效}{期望值}$$

当客户的满意度低于1时,表明客户对产品的可感知绩效或价值低于自己的期望值,客户会因为没有达到预期的期望目标而产生不满意的情绪,并且此数值越小,客户的不满意程度越高。当满意度等于1或接近1时,表示客户对产品的可感知结果与自己的预期结果相匹配,此时客户就会表现出满意。当满意度大于1时,表示客户对产品的可感知价值超过了自己事先的预期,这时客户就会表现出惊喜和高度兴奋,其感觉就会非常满意。

(2)客户满意的特征。客户满意的特征可以归纳为以下几个方面。

① 主观性。客户满意是客户在消费企业的提供物(产品、服务等)之后所感受到的满足状态,是一种个体的心理体验,具有一定的主观性。

② 相对性。客户满意是相对的、动态变化的,受很多因素影响,不存在绝对的满意。但是企业可以通过不断创新和改革,使其产品和服务更好地满足客户的需求,不断提高客户的满意度。

③ 层次性。客户满意按纵向可划分为物质满意、精神满意和社会满意3个层次。

④ 道德性。客户满意是建立在道德、法律和社会责任的基础上的,有悖于上述内容的满意行为不是客户满意的本意。

⑤ 阶段性。客户满意不是一成不变的,而是分阶段不断变化的。在某一阶段满意并不代表永远满意,同样,偶尔的不满意也不代表企业完全丧失补救机会。这就要求企业一定要持之以恒,以达到提高和保持客户满意度的目标。

(3)客户满意度测评指标体系。根据中华人民共和国国内贸易行业标准中的《商业服务业顾客满意度测评规范》,商业服务业顾客满意度测评采用三级指标体系,针对8个二级指标,分别设立相应的三级测量指标,共29个。如表9-1所示。

表 9-1 顾客满意度测评指标体系及数学符号

一级指标	二级指标	三级指标
顾客满意度指数	企业/品牌形象 X_1	企业/品牌总体形象 X_{11} 企业/品牌知名度 X_{12} 企业/品牌特征显著度 X_{13}
	顾客预期 X_2	总体质量预期 X_{21} 可靠性预期 X_{22} 个性化预期 X_{23}
	产品质量感知 X_3	总体产品质量感知 X_{31} 产品质量可靠性感知 X_{32} 产品功能适用性感知 X_{33} 产品款式感知 X_{34}
	服务质量感知 X_4	总体服务质量感知 X_{41} 有形性质量感知 X_{42} 可靠性质量感知 X_{43} 保证性质量感知 X_{44} 响应性质量感知 X_{45} 关怀性质量感知 X_{46}
	价值感知 X_5	给定质量下对价格的评价 X_{51} 给定价格下对质量的评价 X_{52} 与同层次竞争对手相比下对价格的评价 X_{53}
	顾客满意 X_6	总体满意程度 X_{61} 实际感受同预期服务水平相比下的满意程度 X_{62} 实际感受同理想服务水平相比下的满意程度 X_{63} 实际感受与同层次竞争对手相比下的满意程度 X_{64}
	顾客抱怨 X_7	顾客抱怨与否 X_{71} 顾客投诉与否 X_{72} 投诉处理满意程度 X_{73}
	顾客忠诚 X_8	重复接受服务的可能性 X_{81} 向他人推荐的可能性 X_{82} 价格变动忍耐性 X_{83}

（4）电子商务客户满意度测评指标体系。电子商务模式与传统的商务模式不同。除了商品自身的特性外，互联网所特有的非商品本质特征也影响着消费者。因此，电子商务模式中客户满意度测评指标体系不仅要包含传统的测评指标，也要包含与网络环境相适应的新的测评指标，如表 9-2 所示。

表 9-2 电子商务顾客满意度新增测评指标及数学符号

一级指标	二级指标	三级指标
顾客满意度指数	网站设计 X_1	网站总体设计质量感知 X_{11} 网站栏目合理 X_{12} 网站结构清晰 X_{13} 导航和链接正确 X_{14}

续表

一级指标	二级指标	三级指标
顾客满意度指数	网站功能 X_2	网站总体功能质量感知 X_{21} 分类检索的便利性 X_{22} 产品或服务信息的更新速度 X_{23} 浏览或下载的速度 X_{24} 网站的稳定性 X_{25}
	网站服务 X_3	网站总体服务质量感知 X_{31} 提供在线交流、支付等多种工具 X_{32} 售中及售后服务感知 X_{33} 客户体验与分享感知 X_{34}
	网络安全 X_4	网络平台安全感知 X_{41} 交易信息安全感知 X_{42} 客户隐私保护感知 X_{43} 商品与实物是否相符 X_{44}
	物流配送 X_5	配送时间是否及时 X_{51} 配送方式是否多样 X_{52} 包装是否完整 X_{53} 配送工作人员服务态度 X_{54}

2）培养客户忠诚度

（1）客户忠诚度的基本含义。客户忠诚营销理论（customer loyalty，CL）是在流行于20世纪70年代的企业形象设计理论（corporate identity，CI）和80年代的客户满意理论（customer satisfaction，CS）的基础上发展而来的。关于客户忠诚度的定义，目前还没有一个完全一致的论述，国内外专家学者从不同的角度对其进行了界定。本书采用中华人民共和国国内贸易行业标准中《商业服务业顾客满意度测评规范》的定义。所谓客户忠诚度，是指顾客愿意从特定服务供应商处再次接受服务的可能性大小，是顾客内在积极态度、情感、偏爱和外在重复购买行为的统一。由顾客的满意程度及企业对顾客抱怨（投诉）的处理情况综合决定。

（2）客户忠诚的特征。客户忠诚的特征可以归纳为以下几个方面。

① 动态性。企业的发展是动态的，其所提供的产品或服务是动态的，消费者对于产品或服务的需求及偏好也是动态的，由此决定了客户忠诚也是动态的。

② 多样性。客户的忠诚具有多样性特征，凯瑟琳·辛德尔博士将客户忠诚分为垄断忠诚、惰性忠诚、潜在忠诚、方便忠诚、价格忠诚、激励忠诚和超值忠诚7类。企业对不同类型的忠诚客户应该实施不同的营销策略，从而有针对性地提高客户忠诚度。

③ 层次性。客户忠诚的层次是不同的。按照从低到高的顺序，客户忠诚可以分为认知忠诚，即经由产品品质信息直接形成的，认为产品优于其他产品而形成的忠诚；情感忠诚，表现为客户对企业的理念、行为和视觉形象的高度认同和满意；行为忠诚，表现为客户再次消费时对企业的产品和服务的重复购买行为；意识忠诚，则表现为客户做出的对企业的产品和服务的未来消费意向。

（3）电子商务客户忠诚度测评指标体系。电子商务模式下和传统商务背景下客户忠诚的表现形式和决定因素不尽相同，其测评指标体系也有各自的特点。一般而言，电子商务模式下的测评指标体系所涵盖的内容更为广泛，测评的项目也更加全面。表 9-3 列出了电子商务客户忠诚度的测评指标体系。

表 9-3 电子商务客户忠诚度的测评指标体系及数学符号

一级指标	二级指标	三级指标
顾客忠诚度	客户期望 X_1	其他媒体或客户的推荐或口碑 X_{11} 网站对产品质量、数量等信息的详细说明 X_{12} 网站的交互性 X_{13} 网站的便利性 X_{14} 产品或服务的专业化 X_{15} 产品或服务的个性化 X_{16} 产品或服务的响应速度 X_{17}
	客户信任 X_2	满足需求的实力 X_{21} 公平性 X_{22} 网络的安全性 X_{23} 网络的可靠性 X_{24}
	客户满意 X_3	对销售人员服务质量的满意 X_{31} 对售后服务、技术支持等人员服务质量的满意 X_{32} 对各项在线服务（咨询、帮助、注册等）的满意 X_{33} 提供增值服务 X_{34}
	客户认知价值 X_4	产品的功能特点 X_{41} 产品价格 X_{42} 产品品质 X_{43} 产品品牌 X_{44} 产品风险 X_{45} 其他无形成本（时间、精神、体力成本等）X_{46}
	转移成本 X_5	利益关系 X_{51} 资源成本 X_{52} 心理成本 X_{53} 替代限制 X_{54} 附加服务成本 X_{55}
	客户情感 X_6	对产品挑选时间的长短 X_{61} 对产品价格的敏感程度 X_{62} 对竞争品牌的态度 X_{63} 对他人推荐产品的可能性 X_{64} 对企业失误的承受能力 X_{65}

3）防止客户流失的措施

（1）客户流失的含义。所谓客户流失，是指企业客户由于种种原因终止与企业的合作而转向购买其他企业产品或服务的现象。在电子商务环境下，企业客户仍然是一个很不稳定的群体，即使是满意的客户，也有可能因为转移成本的降低而随时离你而去，形成客户流失的现象。

（2）客户流失的原因。客户流失分为主动客户流失和被动客户流失。

主动客户流失的原因主要包括以下几方面。

① 自然流失。由于一些非人为因素造成的流失，如客户的搬迁、死亡等。

② 竞争流失。由于企业竞争对手的影响而造成的客户流失。

③ 流动流失。企业工作人员，特别是高级营销管理人员的离职变动，很容易带来相应客户群的流失。

④ 失误流失。企业工作中的一些失误、细节的疏忽、管理的不规范、与客户缺乏长期有效的沟通及诚信问题等，都可以导致客户的流失。

被动客户流失的原因主要包括以下几方面。

① 非恶意性被动流失。客户非有意流失，如客户忘记缴纳电话费。

② 报复性被动流失。客户因对企业的产品或服务不满而实施的流失行为。

③ 恶意被动流失。一般是指客户的信用度低或客户故意诈骗等原因导致的流失。对此类客户没有保留的必要。

根据刊于美国新闻及世界报道的取自 the Rockefeller Corporation of Pittsburgh 进行的一项调查，客户流失的原因主要有 6 个方面，如表 9-4 所示。

表 9-4　客户流失的原因

比例	客户流失原因
1%	逝世
3%	迁居
5%	与其他公司建立关系
9%	竞争
14%	商品质量不好，客户对产品不满意
68%	服务水平欠缺，客户没有得到好的服务

（3）防止客户流失的措施。客户的需求不能得到切实有效的满足往往是导致企业客户流失的关键因素。因此，为了有效地防止客户流失，企业应该认真分析客户的需求，积极主动地减少客户的主动流失，有针对性地解决客户的被动流失，保持客户对企业的满意度，提高客户的忠诚度。

一般来讲，企业应从以下几个方面防止客户流失。

① 提高企业的产品或服务质量，根据市场变化做出调整与创新。通用电气公司董事长小约翰·韦尔奇说过："质量是通用维护顾客忠诚度最好的保证，是通用对付竞争者的最有力的武器，是通用保持增长和赢利的唯一途径。"可见，企业只有在产品的质量上下大工夫保证产品的耐用性、可靠性、精确性等价值属性，才能在市场上取得优势，才能为产品的销售及品牌的推广创造一个良好的运作基础，也才能真正吸引客户、留住客户。

② 树立"客户至上"的服务意识。客户只有得到企业真诚、周到的支持和服务，才能强化其对企业的认同和好感。

③ 强化与客户的沟通。企业应保持和强化与客户在企业经营战略、产品信息、售后服务等多方面的沟通，加深客户对企业的了解。

④ 增加客户的经营价值。这要求企业一方面通过改进产品、服务、人员和形象，提高产

品的总价值；另一方面通过改善服务和促销网络系统，减少客户购买产品的时间、体力和精力的消耗，以降低货币和非货币成本，从而来影响客户的满意度和双方深入合作的可能性。

⑤ 建立良好的客情关系。员工跳槽带走客户很大一个原因就在于企业缺乏与客户的深入沟通与联系。企业只有详细地收集客户资料，建立客户档案进行归类管理并适时把握客户需求，才能真正实现"控制"客户的目的。

⑥ 加强市场监控力度。企业应适时进行市场巡查，以便能及时发现问题并争取时间，采取措施控制事态蔓延，有效降低经营风险，保住客户。

当然，对于那些恶意被动流失的客户，企业一定要严肃对待，果断处理，"杀一儆百"乃为上策。

通过提高客户满意度、培养客户忠诚度及防止客户流失的措施，企业可以较好地实现其客户保持的目的，最大限度地避免由于客户流失给企业带来的利润下降。至于其客户保持的效果如何，可以通过以下评价指标进行评价：客户的重复购买率；客户需求的满足率；客户对产品或品牌的关注程度和信赖程度；客户对产品价格的敏感程度；客户对产品质量问题的承受能力。

➡ 案例 9-2：顶级服务是啥样

客户关系管理并非只是一套软件系统，而是以全员服务意识为核心，贯穿于所有经营环节的一整套全面完善的服务理念和服务体系，是一种企业文化。

泰国的东方饭店堪称亚洲饭店之最，几乎天天客满，不提前一个月预订是很难有入住机会的，而且客人大多来自西方发达国家。泰国为什么会有如此诱人的饭店呢？大家往往会以为泰国是一个旅游国家，而且又有世界上独有的人妖表演，是不是他们在这方面下了功夫？错了，他们靠的是真功夫，是非同寻常的客户服务，也就是现在经常提到的客户关系管理。

他们的客户服务到底好到什么程度呢？我们不妨通过一个实例来感受一下。

一位朋友因公务经常出差泰国，并下榻在东方饭店，第一次入住时好的饭店环境和服务就给他留下了深刻的印象。当他第二次入住时几个细节更使他对饭店的好感迅速升级。

那天早上，在他走出房门准备去餐厅时，楼层服务生恭敬地问道："于先生是要用早餐吗？"于先生很奇怪，反问："你怎么知道我姓于？"服务生说："我们饭店规定，晚上要背熟所有客人的姓名。"这令于先生大吃一惊，因为他频繁往返于世界各地，入住过无数高级酒店，但这种情况还是第一次碰到。

于先生高兴地乘电梯下到餐厅所在的楼层，刚刚走出电梯门，餐厅的服务生就说："于先生，里面请。"于先生更加疑惑，因为服务生并没有看到他的房卡，就问："你知道我姓于？"服务生答："上面的电话刚刚下来，说您已经下楼了。"如此高的效率让于先生再次大吃一惊。

于先生刚走进餐厅，服务小姐微笑着问："于先生还要老位置吗？"于先生的惊讶再次升级，心想"尽管我不是第一次在这里吃饭，但最近的一次也有一年多了，难道这里的服务小姐的记忆力那么好？"看到于先生惊讶的目光，服务小姐主动解释说："我刚刚查过电脑记录资料，您在去年的8月8日在靠近第二个窗口的位子上用过早餐。"于先生听后兴奋地说："老位子！老位子！"小姐接着问："老菜单，一个三明治，一杯咖啡，一个鸡蛋？"现在于先生已经不再惊讶了，"老菜单，就要老菜单！"于先生已经兴奋到了极点。

上餐时餐厅赠送了于先生一碟小菜，由于这种小菜于先生是第一次看到，就问道："这是什么?"服务生后退两步说:"这是我们特有的某某小菜。"服务生为什么要先后退两步呢?他是怕自己说话时口水不小心落在客人的食品上,这种细致的服务不要说在一般的酒店,就是美国最好的饭店里于先生都没有见过。这一次早餐给于先生留下了终生难忘的印象。

后来,由于业务调整的原因,于先生有三年的时间没有再到泰国去。在于先生过生日的时候,突然收到一封东方饭店发来的生日贺卡,里面还附了一封短信,内容是:亲爱的于先生,您已经有三年没有来过我们这里了,我们全体人员都非常想念您,希望能再次见到您。今天是您的生日,祝您生日愉快。于先生当时激动得热泪盈眶,发誓如果再去泰国,绝对不会到任何其他的饭店,一定要住在东方饭店,而且要说服所有的朋友也像他一样选择,于先生看了一下信封,上面贴着一枚6元的邮票。6元钱就这样买到了一颗心。

这就是客户关系管理的魔力!

资料来源:王保新. 顶级服务是啥样. 决策探索[J],2003(10):50.

3. 客户升级

企业实施客户关系管理,不仅要进行客户细分、客户保持,努力提高客户的满意度和忠诚度,还要提升客户的价值,将有限的资源应用到有价值的客户身上,达到客户升级,实现企业追加销售和交叉销售的目标。

1)客户升级的含义

所谓客户升级,是指企业在客户保持的基础上,通过对现有客户购买行为的数据进行关联分析,深入了解客户的购买偏好和行为特点,有针对性地为客户提供更加满意的产品或服务,增强客户与企业保持长期稳定的合作关系的愿望或倾向,不断发掘客户更多的价值,使普通客户逐步升级为核心客户或高价值客户。

客户升级是企业实施客户关系管理所追求的终极目标,能够为企业带来更加丰厚的收入或利润,帮助企业在激烈的市场竞争中脱颖而出,赢得先机。

2)电子商务环境中客户升级的特点

电子商务环境中,企业和客户之间的交流与沟通比传统商务模式下更为便捷,呈现出不同以往的一些特点。

(1)客户信息的易获得性。在电子商务环境下,企业可以通过互联网方便地收集到比较完整的客户信息资料,如客户的基础资料、项目资料、竞争对手资料等,同时还可以通过一些技术手段(如数据挖掘等)深入研究所获得的客户资料,分析不同层次客户的需求和偏好,提高营销的精确性,更好地满足客户个性化的需求。表9-5显示出戴尔公司为不同层次的客户提供的信息范围。

表9-5 戴尔公司为不同层次的客户提供的信息范围

客户层次	戴尔公司提供的信息范围
所有客户	产品信息、订购信息和备货时间、计算机订购、价目清单等
注册客户	新闻稿、电子邮件服务
签约客户	折扣定价、订购历史、习惯链接和广告
白金客户	上述服务的定制、客户自己的主页、客户互联网站的复制

(2) 交流沟通的实时性。在电子商务环境下,企业与客户之间的交流与沟通可以在线实时完成,不仅时效性更强,而且交流的内容也会更加深入,企业在制定发展战略和营销策略时也会更具针对性。

(3) 升级因素的多样性。在电子商务环境下,企业可以更加容易地将自己所拥有的一切资源,例如,品牌、价格、渠道等进行交叉,在深入了解客户多样化需求的基础上,为客户提供一整套完整的解决方案,满足客户的整体性需求,提升客户价值,巩固客户关系。

3) 电子商务环境中客户升级指标体系

客户升级主要通过追加销售和交叉销售来实现。追加销售主要针对的是客户曾经使用过的产品或服务,交叉销售主要针对的是客户未使用过的新产品或新服务。电子商务环境中衡量客户的升级可以通过产品、品牌、价格、渠道、服务等指标来综合评价。客户升级指标体系如表 9-6 所示。

表 9-6 客户升级指标体系

一级指标	二级指标	三级指标
客户升级	产品 X_1	核心产品(最能代表企业核心业务的产品)X_{11} 有形产品(产品质量、外观、式样、功能、包装等)X_{12} 附加产品(送货、安装、售后服务等)X_{13}
	品牌 X_2	品牌竞争力 X_{21} 品牌使用战略 X_{22} 品牌扩张战略 X_{23}
	价格 X_3	对相关产品进行交叉定价 X_{31} 对群体组合产品进行交叉定价 X_{32}
	渠道 X_4	整合现有渠道的能力 X_{41} 渠道中的价格维持和差异化 X_{42} 产品在线销售中的交叉 X_{43} 交叉促销的组合要素 X_{44}
	服务 X_5	售前服务 X_{51} 售中服务 X_{52} 售后服务 X_{53}

9.2 电子商务中的客户服务管理

客户服务管理是指企业为了建立、维护并发展顾客关系而进行的各项服务工作的总称,其目标是建立并提高顾客的满意度和忠诚度、最大限度地开发利用顾客。在电子商务环境下,企业之间的竞争更加激烈,客户的转移成本不断下降,这就意味着企业必须转变经营理念,以服务客户为中心,通过与客户建立良好的关系来确保自身的竞争优势。

9.2.1 电子商务中客户服务管理概述

电子商务中客户服务管理是客户关系管理的一项重要任务,可以将其简单概括如下:如果你是我的客户,我可以通过网络环境与你在线实时交流,我能记住你给我讲的事情及购物偏好和购买行为，对于你，我会变得越来越聪明、越来越了解。关于你，我知道一些我的竞争对手不知道的事情，所以我能为你提供一些我的竞争对手不能提供的服务。在短时间内，你可以从我这里得到物超所值的东西。当然也有这种可能，你会从其他什么地方重新开始，但同与我待在一起相比，你从任何其他地方开始的成本都要高得多。

总的来说，客户服务管理包括管理的内容及其基本流程。下面分别叙述。

1. 客户服务管理的内容

客户服务管理是了解与创造客户需求，以实现客户满意为目的，企业全员、全过程参与的一种经营行为和管理方式。它包括营销服务、产品服务等几乎所有的服务内容。

营销服务是指在营销过程中企业向客户所提供的服务，贯穿于售前、售中和售后，其目的是促进产品的交换。从营销服务的角度来看，消费者购买了产品并不意味着销售工作的结束，企业关心的不仅是产品的成功售出，更注重的是消费者在享受企业通过产品所提供服务全过程的感受。

产品服务，是指以实物产品为基础的行业，为支持实物产品的销售而向消费者提供的附加服务。如果用产品整体概念来解释，产品服务就是指整体产品中的附加产品、延伸产品部分，也称产品支持服务。其目的是保证消费者所购产品效用的充分发挥。

表9-7列出了一些企业的客户服务理念。

表9-7 企业的客户服务理念

企业名称	客户服务理念
福田汽车	以客户为中心——全程关爱 一路无忧
索尼公司	安心和便利
IBM公司	IBM就是服务
沃尔玛公司	客户是上帝，尊重每一个员工，每天追求卓越
上海外教网	诚信、务实、高效和创新
雅倩化妆品	比女人更了解女人
广东移动佛山分公司	让人感到新鲜而奇特
北京吉野家快餐有限公司	良心品质，健康美食
上海波特曼丽嘉酒店	以绅士淑女的态度为绅士淑女们忠诚服务

2. 客户服务的基本流程

客户服务是一个过程，是在合适的时间、合适的场合，以合适的价格、合适的方式向合适的客户提供合适的产品和服务，使客户合适的需求得到满足，价值得到提升的活动过程。

企业若想在激烈的市场竞争中立于不败之地，除了提供高品质的产品以外，还需要提供高品质的服务。为此，企业的客户服务需要遵循一定的基本流程，如图9-3所示。

根据客户服务的基本流程，秉承"一切为了顾客"的服务理念，企业就一定能将服务（SERVICE）做到完美（PERFECT）。

SERVICE：

S（smile for everyone）——向每个人微笑。

E（excellence in everything you do）——让自己成为本领域的专家。

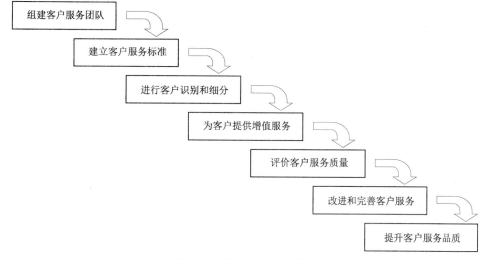

图 9-3　客户服务基本流程

R（reaching out to every customer with hospitality）——态度亲切友善。
V（viewing every customer as special）——每个客户都是特殊的。
I（inviting your customer to return）——争取回头客。
C（creating a warm atmosphere）——营造温馨的环境。
E（eye contact that show we care）——用眼神传达关心。
PERFECT：
P（preparation）——做足一切"准备"。
E（efficiency）——提高办事"效率"。
R（request）——明确客户"需求"。
F（following）——及时做好"跟进"。
E（effect）——追求最佳"效果"。
C（communication）——保持全面"沟通"。
T（threat）——提防竞争对手"威胁"。

➡ 案例 9-3：网站导购：该向买尿片的推荐啤酒吗？

我们的美国同行很早就发现，超市的尿片边上放上啤酒，能提升销量。因为在美国，负责买尿片的是爸爸，他们被差遣到超市购物时，都会顺手捎回几瓶啤酒。

那么在电商网站上，顾客买尿片时，你应该推荐什么呢？

这就要靠个性化推荐技术。它的一个基本思想是：通过所有顾客在网站上的历史数据，使用"群体的智慧"来推测顾客还喜欢什么产品。针对该问题，目前有两大思路。

1. 基于用户的推荐

这是基于顾客的相似性，就是某个顾客和哪群人更相似？把这群人买的推荐给他。

业内现在最常使用的一个热门技术，就是基于用户的协同过滤。名字很高深，但是背后的道理非常简单：人以群分。经常买同样商品的人，也有相似的偏好。

比如，顾客甲买过《比尔·盖茨传》，乙买过《乔布斯传》。通过数据看到，甲和乙都买过不少同样的书,判断他们的偏好比较相近,称甲和乙这两个顾客比较"相似",可以把乙买的《乔布斯传》推荐给甲。

基于用户协同过滤的一个著名零售网站是 CDNOW。这是一个音乐专辑的零售网站,网站有一个个性化推荐模块:MyCDNOW。MyCDNOW 其实是一个个性化的商店,每个人的 MyCDNOW 里面展示的都是他们喜欢的专辑。

这个个性化系统正体现了亚马逊创始人杰夫·贝佐斯的话:"如果我有 100 万元给顾客,我就应该有 100 万个商店。"CDNOW 根据消费者评分的数据进行推荐,网站知道用户 A 买了什么专辑,以及对专辑的打分,根据这些数据,CDNOW 用协同过滤去寻找用户 A 的邻居。然后,把邻居喜欢的但是 A 还没买的专辑展示在 A 的 MyCDNOW 页面上。

而 Baynote 应用协同过滤的技术,帮助网站解决问题。Baynote 开发了"群体智慧平台",帮助网站提高消费者点击率及购买转换率。它的解决方案是:把顾客和与他们相似的人联系起来,让一个群体内的成员来做"导购"。

2. 基于产品的推荐

这个思路主要是判断哪些产品之间更加相关。如果在网站的记录中,很多用户都同时拥有 iPhone 和配件,那么这两个商品就比较相关。

再如,很多顾客的购买记录里都有《比尔·盖茨传》和《乔布斯传》这两本书,可以推测这两本书比较相关,有比较高的"关联性"。如果发现新来的顾客丙买了其中一本,我们也可以向丙推荐另一本。

如果买了产品 A 的人从来不买产品 B,买产品 B 的人也不会买产品 A,那么这两个商品距离很远,关联度比较低。

这种关联的好处在于,对于大型零售网站来说,他们的用户数量远远大于产品的数量,计算用户之间谁更相似可能要算 1 000 万次,但是计算产品之间的相似性算 10 万次就可以了。

有趣的是,现在不少零售网站把基于产品的推荐方法和其他的技术混合应用,取得了很好的效果。最热门的混合应用就是将推荐和社会网络结合起来。移动应用服务公司 Goodrec 最近把社会网络加入个性化推荐系统,主要是借助顾客的朋友、家人的评分信息来进行产品推荐。它让顾客的朋友和家人做"导购",把他们买的产品推荐给顾客。比如,你的朋友最近买了一本书,他对这本书的评价不错,Goodrec 就把这本书推荐给你。Goodrec 还可以帮助顾客选购礼物,你最近经常看一些 MP3,你的朋友会收到推荐:"如果你想送礼物给他的话,送个 MP3 吧。"

个性化推荐技术能获得顾客的忠诚。零售网站为顾客提供了有价值的购物体验,对于顾客来说,其购物过程更有效率了,也不需要为看一些无关的商品烦心。随着顾客访问网站次数的增加,我们对他的偏好也预测得越准确,从而给顾客带来更高的价值。

未来,个性化电子商务将会因为社交媒体和移动互联网而变得更加精准。比如在 SNS 和微博上,你无须离开 Facebook 等社交网站的页面就可以下单购买商品。更重要的是,社交网站上的用户网络、访问历史和购物历史为个性化商品推荐提供了更加丰富的数据。

未来的零售网站可能在你登录的时候,开始与你对话:"今天你的心情好像不太好,你刚看了一篇'如何减轻工作压力'的文章,我们有一些相关的书,要不要看一下?"

资料来源:网站导购:该向买尿片的推荐啤酒吗?[EB/OL](2013-01-21). http://column.iresearch.cn/u/sumeng/629319.shtml.

9.2.2 电子商务中客户服务策略

从不同角度出发,企业的客户服务策略不尽相同。在电子商务环境下,由于互联网平台的应用,企业不仅大大提高了商业运作效率,而且突破了时间和空间的局限,既要满足企业与客户实时在线交流沟通的需求,又要有效开展网络个性化服务。因此,其客户服务策略呈现出与传统商务活动不同的特点。

常见的电子商务客户服务策略包括基于服务过程的策略及基于竞争的服务策略。前者主要包括售前客户服务策略、售中客户服务策略和售后客户服务策略;后者主要包括成本领先策略、差异化策略及集中化策略。本书主要介绍后者。

1. 成本领先策略

成本领先策略是指企业通过降低自己的生产和经营成本,以低于竞争对手的产品价格获得市场占有率,并获得同行业平均水平以上的利润。成本领先策略意味着,取得并维持比竞争对手更低的成本,从而迫使成本高的竞争对手退出市场。而要获得成本领先地位,具体的做法通常是靠规模化经营来实现。

➔ 案例 9-4:沃尔玛的成市领先策略

美国沃尔玛连锁店公司是世界上最大的连锁零售商,2002 年沃尔玛全球营业收入高达 2 198.12 亿美元,荣登世界 500 强企业的冠军宝座。沃尔玛发展的一个重要原因是成功运用了成本领先战略并予以正确实施。沃尔玛的经营策略是"天天平价,始终如一",即所有商品(非一种或若干种商品)、在所有地区(非一个或一些地区)、常年(非一时或一段时间)以最低价格销售。为做到这点,沃尔玛在采购、存货、销售和运输等各个商品流通环节,采取各种措施将流通成本降至行业最低,把商品价格保持在最低价格线上。沃尔玛降低成本的具体举措如下。

第一,将物流循环链条作为成本领先战略实施的载体。

(1)直接向工厂统一购货和协助供应商降低成本,以降低购货成本。沃尔玛采取直接购货、统一购货和协助供应商降低成本三者结合的方式,实现了完整的全球化适销品类的大批量采购,形成了低成本采购优势。

(2)建立高效运转的物流配送中心,保持低成本存货。为解决各店铺分散订货、存货及补货所带来的高昂的库存成本代价,沃尔玛采取建立配送中心、由配送中心集中配送商品的方式。为提高效率,配送中心内部实行完全自动化,所有货物都在激光传送带上运入和运出,平均每个配送中心可同时为 30 辆卡车装货,可为送货的供应商提供 135 个车位。配送中心的高效运转使得商品在配送中心的时间很短,一般不会超过 48 小时。通过建立配送中心,沃尔玛大大提高了库存周转率,缩短了商品储存时间,避免了公司在正常库存条件下由各店铺设置仓库所付出的较高成本。在沃尔玛各店铺销售的商品中,87%左右的商品由配送中心提供,库存成本比正常情况下降低 50%。

(3)建立自有车队,有效地降低运输成本。运输环节是整个物流链条中最昂贵的部分,沃尔玛采取了自建车队的方法,并辅之全球定位的高技术管理手段,保证车队处在一种准确、高效、快速、满负荷的状态。这一方面减少了不可控的、成本较高的中间环节和车辆供应商对运输环节的中间盘剥;另一方面保证了沃尔玛对配送中心与各店铺之间的运输掌握主控权,将货等车、店等货等现象控制在最低限度，保证配送中心发货与各店铺收货的平滑、无重叠衔接，把流通成本控制在最低限度。

第二，利用发达的高技术信息处理系统作为战略实施的基本保障。

沃尔玛开发了高技术信息处理系统来处理物流链条循环的各个点，实现了点与点之间光滑、平稳、无重叠的衔接，使点与点之间的衔接成本保持在较低水平。

第三，对日常经费进行严格控制。

沃尔玛对于行政费用的控制非常严格。在行业平均水平为5%的情况下，沃尔玛整个公司的管理费用仅占销售额的2%，这2%的销售额用于支付公司所有的采购费用、一般管理成本、上至董事长下至普通员工的工资。为维持低成本的日常管理，沃尔玛在各个细小的环节上都实施节俭措施，如办公室不配置昂贵的办公用品和豪华装饰，店铺装修尽量简洁，商品采用大包装，减少广告开支，鼓励员工为节省开支出谋划策等。另外，沃尔玛的高层管理人员也一贯保持节俭作风，即使是总裁也不例外。首任总裁萨姆与公司的经理们出差，经常几人同住一间房，平时开一辆二手车，坐飞机也只坐经济舱。沃尔玛一直想方设法从各个方面将费用支出与经营收入比率保持在行业最低水平，使其在日常管理方面获得竞争对手无法抗衡的低成本管理优势。

资料来源：加绯. 沃尔玛的成本领先战略［EB/OL］（2011-12-9）. http://bbs.chinaacc.com/forum-2-49/topic-1449893.html

2. 差异化策略

差异化策略是指为使企业产品、服务、企业形象等与竞争对手有明显的区别，以获得竞争优势而采取的策略。其重点是创造被全行业和顾客都视为独特的产品和服务。

电子商务环境为企业提供差异化产品和差异化服务提供了平台。企业可以凭借自己的专有技术和特长或优良的管理和服务理念使自己的产品质量、性能优于同行的产品，或者在服务方面与众不同，针对客户不同的偏好和行为特点实施个性化服务，满足客户的个性化需求。

➜ **案例9-5：海尔洗衣机的差异化策略**

海尔公司的众多产品都采取了差异化营销策略，它们把产品的整体市场划分为若干细分市场，从中选择两个以上甚至全部细分市场作为自己的目标市场，并为每个选定的市场制订不同的市场营销组合方案，同时多方位地分别开展针对性的营销活动。

海尔公司旗下的每个产品品牌都个性迥异，针对不同的细分市场进行产品设计、价格定位、广告传播及渠道建设，满足消费者差异化的市场需求。这样，每个品牌都有自己的发展空间，市场就不会重叠。

以洗衣机为例。除满足一般功能需求的洗衣机外，海尔还针对特殊人群提供以下差异化产品：

海尔子母机——免清洗洗衣机，其提供分区洗护功能，实现健康双洗护，达到双倍关怀的目的。该款洗衣机配置左右两个洗衣桶，均搭载免清洗系统，从内而外打造安静减震运行的系统。

mini内衣专属洗——女性内衣专属洗，采用Bra专属洗涤，美丽不变形；能够高效杀菌，使女性感受贴身呵护；漂洗无残留，做到敏感肌肤也不怕。

紫水晶滚筒洗烘一体机——一款号称能洗玫瑰花的洗衣机,通过其超级洗护空间、MBS智能自平衡系统及全面抗菌材质实现抚平衣物褶皱、还原弹力,并能够智能感知衣物干湿程度,做到衣干即停。

另外,海尔还生产过"洗地瓜洗衣机""打酥油洗衣机""洗龙虾洗衣机""削土豆皮洗衣机""洗荞麦洗衣机"等多种神器。

其中,"洗地瓜洗衣机"是因为海尔发现有带泥的红薯洗起来费时又费力,有农民直接用洗衣机来洗却容易造成一般洗衣机的损坏,于是为了满足农民需求研发了"洗地瓜洗衣机",并于1998年4月批量生产,除了洗地瓜外还能洗水果甚至蛤蜊。

至于销量方面,海尔表示,"洗地瓜洗衣机"每台售价848元,首批生产一万台,投放到农村立刻售罄。

海尔公司利用产品差异化策略频频出击,使公司在顾客心目中树立起实力雄厚的形象;利用一品多牌从功能、价格、包装等各方面划分出多个市场,能满足不同层次、不同需要的各类顾客的需求,从而培养消费者对本企业的品牌偏好,提高其忠诚度。

资料来源:根据海尔官网资料改编。网址:http://www.ehaier.com/.

3. 集中化策略

集中化策略,也称专一化策略,是指企业把经营目标的重点集中于特定购买群体或具有特定用途的产品上,或者把市场集中于整个市场的某一部分。

集中化策略有两种形式,即企业在目标细分市场中寻求成本优势的成本集中和在细分市场中寻求差异化的差异集中。

集中化策略一般是集中一点进攻对手的弱点,或是通过专有的业务活动方式以低成本形成对竞争对手的优势,要获得这方面的优势需要具备以下条件。

(1)拥有特殊的受欢迎的产品。如可口可乐、格力空调。

(2)开发了专有技术。如瑞士手表以其高质量的生产技术始终控制着名贵手表市场。

(3)难以渗透的市场结构。由于地理位置、收入水平、消费习惯、社会习俗等因素的不同,将形成专门化市场,这些市场之间的隔离性越强,越有利于集中化策略的实施。例如,专为大型建筑物提供中央空调系统的远大中央空调集团形成了集中化策略优势。

(4)不易模仿的生产、服务及消费活动链。例如,为顾客开辟服装专门设计、定制服务的服装企业将拥有自己的专门化市场。

当然,上述构成集中化策略的条件需要企业去寻找和创造,已具备集中化策略优势的企业仍需不断改善自身的地位或巩固已有市场。

→ **案例9-6:格力空调的集中化策略**

格力空调是唯一一家坚持专一化经营战略的大型家电企业,著名财经杂志美国《财富》中文版揭晓的消息表明:作为我国空调行业的领跑企业,格力电器股份以7.959亿美元的营业收入、0.55亿美元的净利润,以及6.461亿美元的市值再次荣登该排行榜第46位,入选《财富》"中国企业百强",成为连续两年进入该排行榜的少数家电企业之一。不仅多项财务指标均位居家电企业前列,而且在2002年空调市场整体不景气的情形下,格力空调的销售实现了稳步增长,销量增幅达20%,销售额及净利润均有不同程度的提高,取得了良好的经济效益,充分显示了专一化经营的魅力。

波特曾经指出"有效地贯彻任何一种战略，通常都需要全力以赴"的战略原则。指出了"如果企业的基本目标不止一个，则这些方面的资源将被分散"的战略后果。正因为如此，许多企业在商战中选择和确定了自己的专一化发展战略，并且运用这种发展战略取得了明显的经济效益。格力就是一个这样的企业。

格力的专一化战略并不是"一篮子鸡蛋"的战略。把专一化战略当成"一篮子鸡蛋"的战略完全是一种理论上的糊涂、逻辑上的混乱。近年，当不少厂家都在为产品的出路犯难，甚至为吸引消费者的眼球不惜举起降价大旗的时候，格力向北京、广州、上海、重庆等大中城市投放了一款高档豪华的空调新品——"数码 2000"，它以其智能化的人体感应功能、安全环保的一氧化碳监测功能和独具匠心的外观设计，受到了各地消费者特别是中高收入阶层的空前欢迎，掀起了一轮淡季空调市场少有的抢购热潮。

缘何在众多空调降价之时，价格昂贵的格力"数码 2000"却能在淡季热销？就因为格力"数码 2000"已经不再是"一篮子普通的鸡蛋"。它的过人之处在于采用了世界独创的人体感应和一氧化碳感应两项新技术，使空调步入了感性化时代，具有了智能化和环保两大优势。当你推开家门，不用动手，空调就会自动开启，徐徐凉风或阵阵温暖随之而来；您忘记关空调或房间没有人活动时，空调会自动关机；空调还能感知室内有毒气体——一氧化碳的含量，当其即将达到危害人体健康的浓度时，会自动连续不断地发出阵阵蜂鸣般的警报声，提醒您注意打开门窗通风换气，以降低"煤气中毒"现象的发生。不仅如此，该产品还将"彩色背光液晶显示技术""塑料外观电镀镶件技术"及"直流变频技术"等国际领先技术在世界上首次运用到了格力"数码 2000"上。凝聚了众多新技术的"数码 2000"这款新品，历经 5 年的技术攻关潜心研究和 360 多天恶劣环境的可靠性试验，不仅功能卓越、外观精美，而且其稳定性技超群雄。

事实雄辩地说明：面对空调市场混乱无序的竞争，一贯坚持专一化经营的格力，不仅产品已涵盖了家用空调和商用空调领域的 10 大类、50 多个系列、500 多种品种规格，成了国内目前规格最齐全、品种最多的空调生产厂家，形成了业内领先的主导优势，而且充分地显示了 10 多年来该企业的专业化技术积累、雄厚的技术开发实力和经济效益再增值的潜在能力！

资料来源：张涛. 格力的集中化经营. 企业改革与管理，2003(12)：30-31.；MBA 智库·百科. 格力空调的专一化战略［EB/OL］. http://wiki.mbalib.com/wiki.

除了上述基于竞争的客户服务策略外，对任何企业，在售前服务、售中服务及售后服务中都要特别强调其服务意识和服务策略。

① 售前服务策略：电子商务商家需要提供完善的商品搜索和比较服务；网上商店能够满足客户的个性化服务需求；建立客户档案，并能够对客户数据进行深入挖掘，分析和掌握客户的购买偏好和浏览行为，对各类客户提供相应的服务。

② 售中服务策略：电子商务商家能够为客户提供定制产品的服务和多种安全便利的支付方式；能够提供高效快速的物流服务；能够为客户提供实时的订单状态跟踪服务。

③ 售后服务策略：电子商务商家能够向客户提供持续的支持服务；开展好客户追踪服务；提供在线交流平台及客户体验分享板块；实施良好的退货服务等。

9.3 电子商务中的信任管理问题

与电子商务中客户服务管理一样，电子商务中的信任管理也是客户关系管理的一项重要任务。在电子商务环境下，客户与商家之间可以通过网络进行洽谈与沟通，签订购买协议，并通过在线方式支付相应的货款。在这一过程中，存在一定的风险和不确定性，因此向电子商务中的信任管理提出了更高的要求。如何建立、保持、促进电子商务交易双方的相互信任关系，减少电子商务交易风险、降低交易成本、确保交易安全顺利进行，已经成为电子商务发展中亟待解决的一个重要问题。

9.3.1 电子商务中的信任问题

信任是指当事人依赖另一个人或一个机构以实现其计划目标的一种心理状态。当双方彼此信任时，他们相信交易过程中对方能够信守承诺。但交易双方都会假设发生一定的风险，这一风险在电子商务环境下显得更为突出。例如，在虚拟市场中，买卖双方不能面对面接洽；买方看到的商品图片会在某种程度上与商品实物有一定的偏差；商家做出的关于商品质量和送货的承诺可能不会完全履行。为了解决这些问题，电子商务销售商需要在既有客户和潜在客户中建立更高层次的信任度，尤其是在全球电子商务交易中，信任更为重要。

1. 电子商务中客户信任的基本概念

迄今为止，关于电子商务中的客户信任，并没有一个被业界和学术界广泛接受的概念。目前人们倾向于接受的定义是学者 Gambetta 在其文章 *Can we trust Trust*？中提出的，其描述如下：信任（不信任）是一个实体评估另一个或一群实体将会进行某一特定行动的主观概率水平，这种评估先于该实体对此特定行为的监控之前，需要在一定的情形之下作出，并会影响到该实体自身的行动。

从上述定义可以看出，电子商务中客户信任具有以下特点。

（1）信任是主观的。不同文化背景、不同生活环境的人往往会有不同的判断标准，因此对同一个事物，不同的人可能会有不同的看法。

（2）信任是建立在以前经验之上的。实体可以根据在相似条件上的经验来评估信任。

（3）信任是存在于双方或多方之间的，单独一方是无所谓信任的。

（4）信任是多维度的。以在线购物为例，顾客对卖家的评价可能包括对其产品的质量、价格、服务态度、交易时间、售后服务等多个方面的评价。

（5）信任是与领域相关的。一个网站可能擅长电子商品的交易而不擅长服装的交易，因此信任需要限制在特定领域中讨论才有意义。

（6）信任是时间敏感和非单调的。一个节点对另一个节点的信任程度不是一成不变的，而是根据该节点近段时间内的服务质量进行动态调整的。

（7）信任不是完全可传递的。A 信任 B、B 信任 C，并不一定能就推导出 A 信任 C。实际上信任是有限可传递的。

（8）信任是在网络之间相互传递并为小团体之间的信任决策提供依据。

（9）信任可以通过推荐进行扩散，传递推荐的机制也即声誉机制，可以辅助其他节点进行决策。

（10）信任是非对称的，或者说是单向的。I 信任 J 并不表示 J 就信任 I，即使 I 和 J 之间存在相互的信任关系，它们信任对方的程度通常也是不同的。

2. 电子商务中客户信任的形成过程

由于客户信任含义的广泛性，不同的学者对客户信任的形成过程提出了自己的看法，如 Lewick 和 Bunker 基于社会学的角度认为客户信任的形成分为谋算过程、了解过程和认同过程；Doney 总结了以往有关客户信任的文献，认为在商业交换中，客户对商家的信任可能会通过计算过程、预计过程、能力判断过程、动机分析过程和转移过程 5 种过程形成。

根据对相关文献资料的整理，本书对电子商务客户信任的形成过程概括为以下 4 个阶段。

1）接触与了解

这是客户信任产生的开始，包括客户对商家的广告关注、信息搜索、产品比较、利用社会化网络进行交流等单向探查性接触及买卖双方的交流、洽谈、初次购买等双向接触。在这一过程中，客户和企业都比较谨慎，依据对方的显性或隐性信任特征表现来评判其是否符合各自的信任特征要求。

2）判断与选择

通过观察交易伙伴在社会中的行事方式判断其承担义务、履行承诺的能力及诚信程度。并在此基础上，客户从符合其信任特征要求的商家中确定最佳信任企业，淘汰其他信任度较低的企业。在判断与选择的过程中，客户不仅依据自身的经验，也会了解其他客户的态度，同时还会非常重视专业化机构的认证及权威媒介的推荐等。

3）实践与验证

在选择好信任的企业以后，客户还会通过实践和验证来考察企业的可靠性和稳定性。例如，客户采取少量购买、短期购买、延迟购买等方式来检验目标企业的实际履约能力，进一步明确符合客户期望水平的目标企业。

4）确立与保持

客户信任的确立是对目标企业诚信的肯定和认同，同时也将对其他企业产生排他性的信任依赖。此时对目标企业而言，应该进一步保持自身的诚信及其他品质，通过各种服务进一步提高客户的满意度，并力争使客户始终保持对自身品牌的忠诚。

3. 电子商务中客户信任存在的问题

电子商务中客户信任存在的问题可以从外部环境和交易过程两个方面进行考虑。

1）外部环境中的信任问题

外部环境中的信任问题主要包括：信用规则不成熟、整个社会的诚信意识比较差；相关法律法规还有待完善和健全，政府、行业、民众、第三方机构等的监管不力；行业自律机制尚未形成，信息不对称导致买卖双方的地位不平等，容易产生欺诈行为；部分企业自身信用体系建设不完善，对诚信经营不够重视。

2）交易过程中的信任问题

交易过程中的信任问题主要体现在由于电子商务交易的特点而产生的对交易对方的身份、能力、意愿、行为等的不信任及在网络安全和支付安全等方面存在的问题。

4. 电子商务中客户信任的提升策略

针对上述存在的问题，电子商务中客户信任的提升策略可以从以下 6 个方面进行考虑。

（1）在全社会提倡诚信经营、诚信做人的理念，树立客户信任新思想。

（2）进一步建立健全法律法规体系，形成一套完整、正规的系统，并由特定机构加强监管和执行。

（3）改革传统沟通模式，拓展客户与商家、客户与客户之间交流沟通的新渠道，降低买卖双方信息不对称的程度。

（4）推广安全认证体系，通过第三方认证机构的引入，降低电子商务交易的风险。

（5）发展第三方支付体系，保证客户网上支付的安全。

（6）推行客户信任评价，营造信任评价新环境。

案例 9-7：淘宝网（支付宝）信任问题的解决方案

淘宝网成立于 2003 年 5 月 10 日，现已成为国内市场份额最大的 C2C 网站。

支付宝公司从 2004 年建立开始，始终以"信任"作为产品和服务的核心。不仅从产品上确保用户在线支付的安全，同时让用户通过支付宝在网络间建立起相互的信任。支付宝提出的"建立信任，化繁为简，以技术的创新带动信用体系完善"的理念深得人心。截至目前，支付宝用户覆盖了整个 C2C、B2C 及 B2B 领域。除淘宝网和阿里巴巴外，支持使用支付宝交易服务的商家已经超过 46 万家；涵盖了虚拟游戏、数码通信、商业服务、机票等行业。国内工商银行、农业银行、建设银行、招商银行、上海浦发银行等各大商业银行及中国邮政、VISA 国际组织等各大机构均与支付宝建立了深入的战略合作，支付宝正不断根据客户需求推出创新产品，力图成为金融机构在电子支付领域信任的合作伙伴。

淘宝网通过设立各层信任机制，提高了消费者的信任。淘宝网用户的注册、认证问题也是淘宝网一直关注的焦点，淘宝网采取基于身份证或信用证的实名注册；针对欺诈、不履约等行为开辟了投诉空间。淘宝网（支付宝）处理信任问题的策略比较全面，主要包括四个方面：安全认证体系、信用图章服务、第三方支付体系和履约保障服务。

正确应对信任问题是淘宝网（支付宝）成功的主要原因。网络交易的交易风险对交易双方来说都是存在的，因而信任问题也是相互的，既包含了买方对卖方的信任，也包含了卖方对买方的信任。正如淘宝网母公司——阿里巴巴总裁马云在 2006 年说过的："淘宝网成功因素其实很简单，在中国做生意，我们先做朋友再做生意。"

综上所述，淘宝网（支付宝）通过完善安全认证体系、信用图章服务、第三方支付体系和履约保障服务四方面信任问题的解决方案，在众多的电子商务网站中脱颖而出。如今，淘宝网（支付宝）已经成了我国电子商务发展进程中的领跑者。

资料来源：周福祥. 我国电子商务信任问题的研究 [D]. 北京：华北电力大学. 2010.

9.3.2 电子商务中的信任管理

下面从电子商务中的信任管理模式及如何加强信任管理两个方面进行论述。

1. 电子商务中的信任管理模式

关于电子商务中的信任管理模式，本书采用王鲁滨、张巍两位学者在中央财经大学学报发表的论文《电子商务信任管理研究》中的论述。即：目前电子商务中主要有 3 种较为典型的信任管理模式，分别是中介信任管理模式、交托信任管理模式、担保信任管理模式。

1）中介信任管理模式

该模式是将网站或网站联合第三方服务商作为在线交易中介人，买卖双方达成交易协议后，买方将货款交给网站，当网站核对无误后，通知卖方向买方移交物品；当网站收到买方的收货通知后，再将货款交给卖方。这种模式是单边的，是以网站的信誉为基础的，但存在交易过程复杂化、交易成本高、适用范围小等缺陷。

2）交托信任管理模式

该模式是指交易双方通过网站进行交易活动，在取得物品的交易权后，网站让买方将货款支付到网站指定的账户上，让卖方将货物交给网站设在各地的办事机构，当网站的办事机构核对无误后再将货款及货物交给对方。这种模式虽然能在一定程度上减少了商业欺诈等商业信用风险，但需要网站有充足的投资去设立众多的办事机构。因此，降低了交易速度，增加了交易成本。

3）担保信任管理模式

该模式是指以网站或网站的经营企业为交易各方提供担保，试图通过提供担保来解决信用风险问题。这种模式一般只适用于具有特定组织性的行业，如在中国电子商务协会倡导下的中国电子商务诚信联盟。

电子商务网站所采用的上述信任管理模式基本上都是企业性规范，缺乏必要的稳定性和权威性。要克服这些问题，政府部门只有加强对发展电子商务的监管，开展银行、工商、公安、税务、认证中心等部门的协同作战，才能使交易双方在政府信用作为背景的基础上建立起对电子商务的信心。

2. 如何加强电子商务信任管理

信任是一切合作的开始，信用则是指能够履行与他人约定的事情而取得的信任，是长时间积累的信任和诚信度。信任和信用两者密不可分、相辅相成。因此，加强电子商务信任管理，可以根据商务部《关于"十二五"电子商务信用体系建设的指导意见》，从以下涉及信用管理和监测的 5 个方面着手进行。

1）健全电子商务信用法规标准体系

分阶段、分步骤研究确定电子商务信用法制建设的整体思路和框架结构。建立健全电子商务信用管理制度，制定电子商务经营主体、交易行为和交易信息管理规范，以及信用保护、失信惩戒与诚信褒奖等实施细则。推动相关部门制定第三方信用评估服务机构的相关行业标准、从业人员标准，着力提高信用评估服务的规范性和可信度。

2）建立电子商务信用统计监测体系

加快建立覆盖重点电子商务经营主体和信用评估服务机构的信用统计监测体系，科学设计信用评价指标，逐步建立先进适用的指标体系。建立电子商务信用信息发布制度，逐步拓展发布渠道，及时准确反映电子商务领域的信用建设水平。在信用统计监测体系的基础上，探索建立电子商务信用监管模式。

3）建设电子商务信用评估认证体系

大力发展第三方信用评估服务机构，开展电子商务信用咨询、资讯、法律、安全技术、人力资源等专业服务。鼓励符合条件的第三方信用评估服务机构建设数据库，收录电子商务经营主体的银行信贷、合同履约、产品质量、售后服务等方面信用信息。鼓励电子商务经营主体开发采购商信用信息数据库，鼓励经营主体信用信息数据库实现共享和互认。鼓励电子商务协会汇总整理行业内企业信息，实现电子商务企业的上下游间信用信息共享。加快推进跨部门、跨行业和跨地区的电子商务信用信息系统的互联互通，结合全国电子商务信用信息基础数据库建设，推动与全国征信系统的互联互通。

4）开展电子商务信用建设示范

选择符合条件的、有参与积极性的城市、经济开发区和企业，开展电子商务信用建设示范工程。引导地方商务主管部门优选电子商务经营主体和信用评估服务机构，探索经营主体、服务主体参与电子商务信用信息行业基础数据库建设，实现资源共享的有效模式。

5）引导电子商务经营主体完善内部信用管理制度

鼓励国内电子商务企业建立企业内部信用管理、评价、改进体系，完善内部信用管理制度，设立信用风险管理机构，加强企业自我监管和自我评估，强化企业自律意识。引导电子商务企业建立矛盾纠纷预警机制，通过对客户资信、销售合同、应收款项、员工信用档案的管理，降低虚拟平台的交易风险。鼓励中小电子商务企业积极参与政府信用监测体系建设，参照全国信用评价指标体系，建立符合企业自身特点的评价指标，提升企业自身的信用建设水平。

➔ 案例 9-8：亚马逊的客户评价管理系统

客户评价系统是指客户对于所购商品内容、质量和服务等各方面的评价。亚马逊的评价体系包括非常满意、满意、一般、不满意、非常不满意五个等级，分别用 5 星、4 星、3 星、2 星、1 星表示。

亚马逊商品的评价完全对客户开放，其评价期是交易结束后的 90 天内。客户根据自己对于产品和服务的感知进行真实有效的评分，表达了客户的利益诉求。亚马逊根据客户评价管理系统收集的商品信息改良商品的进货渠道和服务方式，为客户提供更加满意的商品和服务。

亚马逊的客户评价可以按最有用的评论排序，其中将最有用的好评及最有用的差评分别列出。客户还可以自主选择查看某种星级的评论，如查看其中 5 星的评论。除此之外，评论可以按照发表时间从新到旧排序，方便客户查看其他用户的评价信息。在查看评价信息后，客户可以回复这条评论是否对自己有用，同时亚马逊会进行相应的统计。值得一提的是，亚马逊会针对任何一件商品给出共有多少条商品评论的统计信息，同时将用户的平均打分直观清晰地显示出来。

资料来源：倪鹏飞. 基于顾客满意度的电子商务个性化推荐系统评价研究［D］. 保定：河北大学，2015.；购物体验反馈［EB/OL］. https://www.amazon.cn/gp/help/customer/display.html/ref=help_search_1-2?ie=UTF8&nodeId=201889700&qid=1527302694&sr=1-2.

9.4　电子商务客户关系管理技术

随着电子商务的飞速发展，客户关系管理已经成为电子商务中必不可少的一部分。它是现代电子商务中巨大的信息资源，企业所有的营销活动几乎都是根据客户关系管理系统来操作的。面对全球经济一体化的趋势，客户关系管理已经逐渐成为企业信息技术及管理的核心。本节简要介绍电子商务客户管理系统的体系结构、呼叫中心系统及客户关系管理过程中所涉及的数据管理技术。

9.4.1 电子商务客户关系管理系统

客户关系管理系统是以实现企业"以客户为中心"的理念为目的，运用先进的管理思想，利用现代信息技术、网络技术、电子商务、智能管理、系统集成等多种技术对客户数据信息进行收集、管理、分析、利用的一种信息系统。客户关系管理系统的建立是为了使企业通过对与客户交互过程中记录的信息进行分析与管理，进一步了解客户、细分客户、服务客户，提高客户满意度、培养客户忠诚度，从而与客户建立长期稳定的关系。

1. 电子商务客户关系管理系统的体系结构

电子商务客户关系管理系统的体系结构如图 9-4 所示。其由技术基础层、决策支持层、系统操作层及客户应用层组成，其中，核心组件是销售模块、营销模块、客户服务模块、呼叫中心模块及电子商务模块。从上述模块所能实现的主要功能可以看出，用户借助于客户关系管理系统能够实现各种需求。

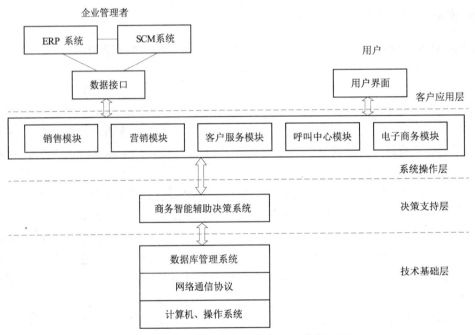

图 9-4 电子商务客户关系管理系统的体系结构

1）销售模块

销售模块的目标是提高销售过程的自动化和销售效果。其可以在销售过程中对每个客户、每次销售机会进行科学、量化的管理，从而有效地支持销售团队管理客户、追踪销售机会、规范销售，并实现团队协同工作。

2）营销模块

营销模块的目标是对直接市场营销活动加以计划、执行、监视和分析。其可以帮助营销人员更为轻松地使用现有客户数据，引导营销经理完成计划和执行活动所需的步骤，包括计划任务、制作营销产品列表、定位产品、执行后续活动及支持宣传、制定成本和收入目标，并创建个性化的活动跟踪报告。

3）客户服务模块

客户服务模块的目标是提高那些与客户支持、现场服务等相关的业务流程的自动化并加以优化。客户服务模块一般包括客户自助服务、服务流程自动化、客户关怀管理、客户反馈管理、服务知识管理、需求信息收集、移动现场服务及相关接口功能。客户服务模块着重于改善客户服务部门的工作流程，提高工作效率，提升客户的满意度，使客户服务成为企业的利润中心。

4）呼叫中心模块

呼叫中心模块的目标是利用电话来促进销售、营销和服务。其是基于CTI（计算机电话集成技术）、ACD（自动呼叫分配）、IVR（交互式语音应答）等相关技术与设备实现的一种新的综合信息服务系统，包括信息查询、业务咨询、业务受理、投诉和处理等服务。

5）电子商务模块

电子商务模块的目标是借助电子商务相关技术，实现在线服务的整个流程。其包括电子商店、电子营销、电子支付及电子支持等功能。该模块中的电子商务网站是电子商务中企业与客户进行联系的重要平台和交流工具，其为企业与客户之间提供了新的沟通渠道和沟通方式。

→ **案例 9-9：爱康国宾的信息化应用**

爱康国宾是中国最大的健康体检及健康管理集团之一，依托旗下健康医疗服务中心、IT技术平台和强大的客户服务管理系统，为个人及团体提供健康体检、疾病检测、私人医生等全方位的服务。

在爱康国宾的信息系统中，体检人A在购买体检服务后，爱康国宾会提供给A一张体检卡，体检卡里存有A的个人基本信息及体检套餐信息。如果A是团队客户，A会拿到一张体检表，体检表上会有一个条形码。体检卡或条形码被激活后进入爱康国宾的IT平台系统，A就可以选择任何一家爱康国宾的体检中心预约体检。

爱康国宾IT系统的检索功能非常实用，如果A忘记带体检卡，只需提供姓名和单位名称就可以检索到。另外，IT系统还可以进行体检流程的追踪，体检者已经做了哪几项检查，正在进行什么项目，都可以追踪到。爱康国宾IT系统还有自动排检功能，如果第一站是采血，电子屏幕上会提示采血在某某房间，采血完毕，系统会自动提示体检者应该去做的下一项检查是什么。还有体检数据的电子化传输，如放射科的影像等信息的传输，就是通过体检中心的信息管理系统进行的。

爱康国宾有一个专门的技术团队，包括上面提到的信息系统在内的很多系统都是按照其业务特点自主研发的。

2017年，主题为"有人管的体检"爱康集团战略升级发布会在上海丽思卡尔顿大酒店隆重举行，并启动了iKangCare+和iKangPartners+计划。iKangCare+是一份未来持续升级迭代的计划，将通过客户分级服务体系，以人工智能和精准医疗来连接客户，并提供健康管理服务。首先，"管"解读。为客户提供专业、详尽的体检报告解读服务。其次，"管"追查。在体检前，根据客户历年体检结果推荐个性化专项检查；体检后不仅可根据体检异常数据，提供针对性的深度筛查项目，还将升级追踪体系。同时，若客户在爱康体检后发现异常，可为其提供绿色通道推荐。秉承"以质取信"的运营理念，iKangPartners+计划是为客户的健康保驾护航。

此次有人"管"的体检战略发布，是爱康基于"体检报告看不懂""体检查出异常如何复查和确诊""体检后确诊患癌如何找到对口的专业医疗资源"等一系列"体检之后没人管"的痛点推出的最新发展战略。有人"管"的体检战略，不仅是爱康集团产品和服务的升级，更是对健康管理模式的探索和创新。

资料来源：相海泉. 爱康国宾的信息化应用：专访爱康国宾北京区医疗运营副总经理李秀池. 中国信息界（e医疗），2014（7）：40；余新江. 爱康集团战略升级做有人'管'的体检［N］. 中国产经新闻，2017-07-11（8）.

2. 电子商务客户关系管理系统的分类

根据客户关系管理系统功能和运行方式的不同，可以将其划分为运营型、分析型和协作型3种类型。

1）运营型客户关系管理系统

运营型客户关系管理系统也称操作型客户关系管理系统或"前台CRM"，直接面向客户，为前台业务流程提供支持，如销售、市场及客服等。运营型客户关系管理系统包括销售自动化、市场自动化、服务自动化及前端办公室等模块，分别对应于典型企业直接面向客户的销售部、市场营销部、呼叫中心、客户服务部及客户信用部等部门。

运营型客户关系管理系统的设计目的是让企业上述各部门的业务人员在日常的工作中能够共享客户资源，降低各部门在客户工作中的不一致性，减少信息流动滞留点，从而促进企业各部门均按照规章制度的要求和流程标准高效率开展工作。

2）分析型客户关系管理系统

分析型客户关系管理系统主要是指通过运用数据库、统计工具、数据挖掘、机器学习、商业智能等技术，获取、分析及应用运营型客户关系管理系统和原有系统中获得的各种数据，清晰地了解客户的类型，把握不同类型客户的准确需求，最大限度地挖掘客户并为客户提供更加优质的服务，进而为企业的经营和决策提供可靠的量化依据。

分析型客户关系管理系统以数据仓库和数据挖掘技术为基础，以改善企业的业务管理为目的，通过对企业生产运营过程中产生的数据进行分析，及时掌握企业运营状况和业绩，发现企业运作过程中的问题，寻找隐藏在这些数据背后的规律等，帮助企业进一步改善业务过程，辅助决策者调整或制定新的战略。一般来说，分析型客户关系管理系统具有客户行为分析、客户建模、客户沟通、个性化、接触管理、数据优化等功能。

➡ **案例9-10：银河证券建立分析型客户关系管理系统应对挑战**

银河证券股份有限公司目前接受的挑战是数据庞大，客户信息繁杂；交易方式多，统计规则复杂；访问方式多样。因此，需要建立分析型客户关系管理系统。

面对这些挑战，基于以上分析，经过一段时间的研究和开发，银河证券股份有限公司建立了分析型客户关系管理系统，包括一整套客户评价的KPI体系，能帮助业务人员快速定位客户、评价客户、评估业务人员绩效。另外，该系统中还有丰富多样的报表和数据安全管理。除此之外，该系统还通过企业权限集成，使得企业中的任何一个客户都可以实现单点登录，并且使得业务人员的分析更加灵活。

资料来源：伍京华. 客户关系管理［M］. 北京：人民邮电出版社，2017.

3）协作型客户关系管理系统

协作型客户关系管理系统是指企业直接与客户互动，企业员工与客户一起协同工作并完成某种任务的一种系统。它通过传统的信件、电话传真、登门拜访、电子邮件、呼叫中心、互联网及其他各种新兴的交流方式实现全方位地为客户交互服务，形成多种与客户交流的渠道。例如，支持中心的技术人员通过电话指导客户修理设备，就是典型的员工和客户共同参与修理活动、协作解决问题的案例。

协作型客户关系管理系统的特点是，由企业员工和客户一起完成某种任务，这就要求任务处理的时间要短，系统必须能够帮助员工快速、准确地记录客户请求内容并快速找到问题的答案。另外，员工本身必须经验丰富，如果问题无法马上解决，系统还必须提供智能升级处理，员工应该能够及时做出任务转发的决定。

协作型客户关系管理系统主要由呼叫中心、客户多渠道联络中心、帮助台及自助服务帮助导航等功能模块组成，具有多媒体、多渠道整合能力的客户联络中心是其今后的发展趋势。

9.4.2 电子商务客户呼叫中心

近年来，呼叫中心产业在中国的发展突飞猛进，并随着科技及信息的同步发展进步，逐渐向资本密集、人员密集、知识密集的高级咨询型呼叫中心转变。呼叫中心的雏形可以追溯到 20 世纪 30 年代美国的民航业和旅游业，其最初目的是能更方便地向乘客提供咨询服务和有效地处理乘客投诉。世界上第一个具有一定规模的呼叫中心是泛美航空公司在 1956 年建成并投入使用的。其主要功能是可以让客户通过呼叫中心进行机票预定。随后 AT&T 推出了第一个用于电话营销呼出型呼叫中心，并在 1967 年正式开始运营 800 被叫付费业务。从此以后，利用电话进行客户服务、市场营销、技术支持和其他的特定商业活动的概念，逐渐在全球范围内被接受和采用，直至形成今天规模庞大的呼叫中心产业。

1. 客户呼叫中心的定义及特点

1）呼叫中心的定义

呼叫中心是一种结合电话、传真、电子邮件、互联网等多种渠道来实现客户服务、销售及市场推广等多种目的的功能实体，其通过与客户进行交互，为客户提供自动语音应答、人工接听等多种不同形式的服务。

20 世纪 90 年代中后期，随着中国经济的发展，呼叫中心概念被引入国内。今天，呼叫中心在家电企业、邮电、银行、航空、铁路、保险、股票、房地产、旅游、公共安全等众多的行业间搭建起了企业与客户、政府与百姓之间的一座桥梁，有效地为客户提供高质量、高效率、全方位的服务。

2）呼叫中心的特点

呼叫中心具备以下 5 个特点，保障了其在保持服务水平的同时具有较高的工作效率。

（1）呼叫中心是一个大容量信息承载平台，实现了客户和公司之间所有渠道的统一。

（2）呼叫中心是一个综合通信枢纽，允许客户体验与公司交互的任何渠道，并提供 7×24 小时服务，提高客户满意度。

（3）呼叫中心是一个各种信息的综合分析、处理平台，通过不断加强交互过程的自动化、智能化，以更迅速、更有效地对客户需求做出反应，并及时、恰当地解决客户的问题。

（4）呼叫中心是一个应用调度平台。通过可利用的技术，将客户交互转向成本较低的渠道。

（5）呼叫中心可以与任意的行业应用系统进行结合，充分发挥通信集成的优势，发展成为客户服务中心。

2. 客户呼叫中心的发展历程

从技术发展阶段来看，客户呼叫中心发展到今天，主要经历了以下 5 个阶段。

1）第一代呼叫中心

第一代呼叫中心不是严格意义上的呼叫中心。其最早出现在民航服务领域，用于接受旅客的机票预订业务。第一代呼叫中心的系统主要是在早期程控交换机（private branch exchange，PBX）的基础上增加了电话排队功能。用户使用公共交互电话网络，通过 PBX 进入到企业内部的话务端口，与话务员进行语音沟通，以热线电话的形式，由人工完成全部服务。这个阶段呼叫中心的服务内容非常少，仅限于客户通过电话进行订票或向企业的业务代表咨询事务。

2）第二代呼叫中心

交互式语音应答（interactive voice response，IVR）系统的出现，标志着第二代呼叫中心的开始。这个阶段呼叫中心的业务内容逐渐丰富，系统组成也逐渐复杂，由具有简单排队功能的交换机和自动语音应答系统组成。客户拨入呼叫中心后，可以选择人工或自动语音应答服务方式，获得需要的服务。

第二代呼叫中心利用 IVR 系统可以将大部分常见问题交由系统设备通过语音播放、DTMF（双音多频，电话机上面的数字按键所发出的频率）按键交互解决。例如，人们在日常生活中常用的 121 天气预报、117 报时电话，通过电话银行进行余额查询、转账等业务都是通过 IVR 系统自动实现的。在第二代呼叫中心中，IVR 系统的大量使用，可以大大减少人工业务的受理数量和人工座席的工作强度，同时，可以为客户提供 7×24 小时全天候、不间断的服务。

3）第三代呼叫中心

第三代呼叫中心起源于 20 世纪 90 年代。随着计算机电话集成（computer telephony integration，CTI）技术的诞生与应用，呼叫中心进入第三代。CTI 技术实现了电话交换机系统与计算机系统的集成和协同，即实现了语音与数据的同步；同时，客户信息与资料采用数据库方式存储。使用 CTI 技术，在客户的来电被接听之前，就有可能根据系统取得的客户信息、客户联络历史、呼叫中心的资源状况等，将该来电路由到最适合为其服务的座席代表，从而减少呼叫被转接的次数，提高服务效率和个性化。

相比之前的呼叫中心系统，CTI 技术的使用使得呼叫中心大部分功能实现了自动化。从客户电话接入到最终问题的解决，整个过程可以被完整地进行录音、存储和查询。

4）第四代呼叫中心

前三代呼叫中心均是以电话为主要的服务渠道。在 2000 年，伴随着互联网及移动通信的发展与普及，将电子邮件、互联网、手机短信等渠道接入呼叫中心，成为第四代呼叫中心的标志。第四代呼叫中心也称为多媒体呼叫中心或联络中心（contact center）。它相对传统呼叫中心来说接入渠道丰富，同时引入了多渠道接入与多渠道统一排队等概念。

第四代呼叫中心的内容最丰富，但是结构最复杂，包括 PBX/ACD、IVR、CTI 服务器、人工座席、数据库系统、CRM、WAP 等。由于拥有先进的技术优势，第四代呼叫中心真正实现了对多媒体应用的支持，从而使它完全脱离了传统呼叫中心所固有的单调表现形式。同时，第四代呼叫中心改变了中心和客户之间的关系，由单向、被动的客户呼叫转变为能主动地为客户提供各类服务，从而使二者之间能够真正实现互动。

5）下一代呼叫中心

目前，已经有厂商提出了第五代呼叫中心的概念。第五代呼叫中心是基于统一通信（unified communication，UC）、面向服务体系结构（service-oriented architecture，SOA）和实时服务总线技术，具备即时生产（just in time，JIT）管理思想和作为全业务支撑平台（totally service platform，TSP）的呼叫中心。

第五代呼叫中心的发展方向是在第四代多媒体呼叫中心的基础上，更多地融入了依托于互联网技术的媒体渠道与沟通渠道。如社交网络、社交媒体（微博、微信等媒体渠道），依托于互联网的文本交谈、网上音频、网上视频等沟通渠道，为客户提供更为高效、优质的交互服务。

3. 客户呼叫中心的功能

一个典型的以客户服务为主的呼叫中心可以兼具呼入与呼出功能，当处理顾客的信息查询、咨询、投诉等业务的同时，可以进行顾客回访、满意度调查等呼出业务。一般来说，客户呼叫中心的功能可以概括为以下几点。

1）全天候服务

传统商业采用开店营业的方式，客户必须到营业网点才能得到相应的服务。这一方面意味着商业企业在规模扩张时的高成本，另一方面也意味着客户购物时受到居住地的限制。采用呼叫中心则解决了上述两方面的问题。公司不必为到偏远地区开设营业网点而费心，客户也不必出家门，一个电话就能解决问题，快速而又方便。

同时，在自动语音应答设备的帮助下，即使人工座席代表下班，呼叫中心也能为用户提供每周 7 天，每天 24 小时不间断、全天候的服务，而且无须额外开销。

2）客户档案管理及客户信息分析

在呼叫中心，客户的基本资料以一定的格式存储在客户数据库中，包括客户的名称、联系人、通信地址、通信方式、交往记录等。作为客户原始资料以备其他子系统读取相关客户信息，并利用其完成一些延伸业务。

另外，呼叫中心能够在呼叫转移的同时实现相应的屏幕弹出技术，确保该客户的账户信息能在多个客户服务代表之间分享。根据实时了解的关于客户的各种信息，呼叫中心可以按照不同客户的具体需求安排不同业务代表。根据不同客户的兴趣、偏好定制不同产品和服务信息，及时抓住各种潜在的机会。

3）生成各种统计报表

呼叫中心可以对各种信息进行统计、分析，如按时间统计产品需求率；按区域统计某种型号产品投诉率；按产品统计某个部件的故障率；按区域调查统计用户满意度等。对统计结果，可以采用图表等形式加以分析，以便为管理部门提供强有力的决策依据。

另外，呼叫中心还可以利用录音信息、数据库信息等进行质量监控和评价，实现对分组、话务员工作质量的客观评价。

4)电话回访

呼叫中心的电话回访系统主要用于客户电话回访。系统可以自动进行外拨队列处理,选定客户名单系统自动进行外拨操作;客服人员也可在地址簿中选定某客户双击直接拨号,省去人工拨号操作以节省大量时间和精力,从而使工作人员可以将注意力集中在回访的问题上,提高工作效率和回访质量。

通过电话回访用户,可以为企业获得用户对品牌产品的客观评价,得到用户的满意度信息,获取对服务工程师服务质量的反馈,以及间接获得代理商的服务资源情况。上述内容将对进一步改善呼叫中心服务质量,提升企业服务形象发挥重要作用。

➡ **案例 9-11:国内最大的呼叫中心——携程呼叫中心**

当在线旅行社(online travel agent, OTA)都在减少"人工服务"的时候,连续服务游客 15 年有余的"携程呼叫中心"却仍投入了巨大的力量,建立起亚洲最大的呼叫中心。

在南通一栋占地 8 万平方米的大楼内,每天有超过 5 000 人 24 小时不间断地通过电话为用户提供服务,每天接入的电话量超过 17 万通,这里就是被誉为全球最大旅游业呼叫中心的携程服务联络中心。

高智能时代,呼叫中心人员的价值在哪里?

携程的智能化程度很高,花费高额人力成本的呼叫中心价值在哪里?携程呼叫中心员工小沈告诉记者:"现在网络发达了,客户在网上就可以查到价格,我更多的精力就用在了为旅客设计线路上。"事实证明,随着通过携程出行的用户人次不断增长,呼叫中心的呼入电话量逐渐增加,需要解决的问题复杂程度也越来越高,而这都是靠机器无法解答得了的。

在携程,优秀的呼叫中心工作人员必须是一位"旅游专家",起码应该是旅游线路方面的"达人",需要具备一定的旅游知识储备。

为了留住优秀员工,携程将分公司开到员工家乡。

优秀的企业需要优秀的员工,优秀员工成就了优秀企业。这种相得益彰的关系成为携程呼叫中心成功的基础。

在南通呼叫中心的员工普遍年龄都在 22 岁左右,在工作几年后,不少人会应家人的要求,要回家结婚或侍奉父母。最终,携程决定在呼叫中心员工家乡比较集中的几个地区开设分公司,让优秀人才在工作之余可以兼顾家庭与生活,这一举措也得到了员工们的一致肯定。携程数据显示,目前,携程已经在包括安徽合肥、江苏如皋等地均设立了呼叫中心的分部,其中如皋地区员工数量接近 1 000 人。

尊重优秀员工,携程试点"在家办公"。

除了将分公司开到员工家乡之外,携程呼叫中心还试点"在家办公"的新时代办公模式。对于住址距离公司较远及刚生育完半年左右的妈妈需要照顾小孩的情况,携程呼叫中心开启了让有需要的优秀员工在家办公的模式。

携程方面发现,在家办公的员工其工作状态会更好、工作效率也更高。数据显示,在家办公员工所处理业务的一次解决率(一次来电就解决用户的需求、用户针对同一问题无第二次电话呼入)要比在公司办公时高出近 5 个百分点,其获得的好评率也要相对更高。

日前,国内领先的在线旅行服务公司——携程旅行网旗下的"携程网络技术大楼"已正式在上海虹桥临空园区投入使用,该大楼将同时用于携程内部办公和呼叫中心。

携程呼叫中心的蓬勃发展，正是携程在中国旅游市场上超高速成长的体现。携程作为一家集酒店预订、机票预订、度假预订、商旅管理、特惠商户及旅游资讯等业务为一体的综合性旅行服务公司，目前已是国内最大的酒店分销商，可预订全球各地 28 000 余家星级酒店；携程提供国内所有航班、国际绝大部分线路的机票信息查询、预订服务；携程度假超市拥有 1 000 多条度假线路，覆盖了 200 多个度假目的地。

资料来源：齐鲁晚报. 解码亚洲最大呼叫中心：携程 5 000 员工每天接听 17 万电话〔EB/OL〕(2016-08-04). http://news.ifeng.com/a/20160804/49719120_0.shtml.

9.4.3 客户关系管理中的数据管理技术

在数据化时代，人们的活动离不开数据。客户数据是企业实施客户关系管理的重点，对优质数据的分析和应用可以提高企业决策的质量和效率。在进行数据分析和管理的技术工具中，数据仓库技术（data warehouse，DW）、联机分析处理技术（on line analytical processing，OLAP）及数据挖掘技术（data mining，DM）等应用广泛，并发挥着重要的作用。下面依次简要介绍这 3 种技术。

1. 数据仓库技术

数据仓库的概念始于 20 世纪 80 年代中期，该技术是计算机界近期的研究热点之一，并且在金融、电信、制造、保险、证券等领域得到了广泛的应用，技术也日臻成熟，其作为大数据分析的基础亦取得了良好的进展。

著名数据仓库专家 W. H. Inmon 在《建立数据仓库》一书中将数据仓库定义为：数据仓库是在企业管理和决策中面向主题的、集成性、与时间相关的、不可修改的数据集合。通俗地说，数据仓库是指企业在已有数据管理的基础上，综合各系统数据，按照决策需求把各种数据信息总结和整理，再产生报告给管理人员进行决策。其作用在于能够为企业在进行商业过程决策中提供强有力的数据支撑与决策支持。

根据数据仓库所管理的数据类型和它们所解决的企业问题范围，一般可将数据仓库划分为 3 种类型，分别是企业数据仓库、操作数据存储和数据集市。

在互联网+背景及开放的商业环境下，企业客户范围越来越大，企业拥有的客户数据也呈指数级增长。如何利用这些数据，是企业面临的重要问题及难点。数据仓库的应用解决了这一问题。作为一项重要的数据管理及分析技术，数据仓库在保留客户、降低管理成本、分析企业的利润增长及增强企业竞争优势等方面发挥着重要的作用。

2. 联机分析处理技术

联机分析处理是一种用于组织大型商务数据库和支持商务智能的技术。该概念最早由关系数据库之父 E. F. Codd 博士于 1993 年提出。Codd 认为，联机事务处理（on line transaction processing，OLTP）已不能满足终端用户对数据库查询分析的要求，SQL 对大容量数据库的简单查询也不能满足用户分析的需求。因此，Codd 提出了多维数据库和多维分析的概念，即 OLAP。

OLAP 的提出在业界引起了强烈的反响。OLAP 委员会也对联机分析处理进行了定义：使分析人员、管理人员或执行人员能够从多种角度对从原始数据中转化出来的、能够真正为用户所理解的、并真实反映企业多维特性的信息进行快速、一致、交互的存取，从而获得对数据更深入了解的一类软件技术。OLAP 的目标是满足决策支持或多维环境特定的查询和报表需求，它的技术核心是"维"这个概念，因此 OLAP 也可以说是多维数据分析工具的集合。

按照数据存储格式的不同，OLAP 可以分为关系联机分析处理、多维联机分析处理和混合型联机分析处理 3 种类型，其核心是多维分析。OLAP 的多维分析是指对多维数据集中的数据用切片、切块、旋转、钻取和聚集等分析方式分析数据，使用户从多个角度、多个侧面去观察数据仓库中的数据。只有这样才能深入了解数据仓库中数据后面所蕴含的信息，才能使用户深入挖掘隐藏在数据背后的商业模式。

3. 数据挖掘技术

数据挖掘，又称数据库中的知识发现，是近年来随着人工智能和数据库技术的发展而出现的一门新兴技术。

所谓数据挖掘，是指从大量的、不完全的、有噪声的、模糊的、随机的实际应用数据中获取有效的、新颖的、潜在的、有价值的信息和知识的过程。数据挖掘技术是一种新的商业信息处理技术，其主要特点是对商业数据中的大量业务数据进行抽取、转换、分析和其他模型化处理，从中提取辅助商业决策的关键性数据。

目前的数据挖掘技术主要有分类分析、关联分析、聚类分析、预测和孤立点分析等。

（1）分类分析，是指通过分析样本客户数据库中的数据，为每个类别做出准确的描述或建立分析模型或挖掘出分类规则，然后利用该规则对其他客户的记录进行分类。决策树是一个典型的分类分析算法。

（2）关联分析，是指通过分析事件之间的依赖或相关联的属性，发现关联规则。客户购物篮数据分析、交叉销售分析等均属于典型的关联分析应用。

（3）聚类分析，是指将物理或抽象对象的集合分组为由类似的对象组成的多个类的分析过程。聚类分析被广泛应用于客户关系管理中的客户细分、市场细分等情境中。

（4）预测是指通过对历史数据进行分析，找出数据之间的规律，并建立模型，用模型预测未知数据的特性和属性。市场预测是其典型的应用场景。

（5）孤立点分析，是指专门挖掘数据库中与一般数据模式不一致的数据对象的方法。由于数据收集时有可能出现设备故障、人为输入错误、数据传输错误等问题，所以有可能出现一类特殊的对象或模式，它们不同于一般的数据对象，被称为"孤立点"。孤立点分析就是专门针对这些特殊信息进行深入挖掘，以期发现罕见事件中的有价值信息。例如，信用卡诈骗检测、电话盗用检测等都是孤立点分析的应用。

➡ **案例 9-12：NBA 教练如何布阵以提升获胜机会？**

美国著名的国家篮球队、NBA 的教练，利用 IBM 公司提供的数据挖掘工具临场决定替换队员。想象你是 NBA 的教练，你靠什么带领你的球队取得胜利呢？当然，最容易想到的是全场紧逼、交叉扯动和快速抢断等具体的战术和技术。但是今天，NBA 的教练又有了他们的新式武器：数据挖掘。大约 20 个 NBA 球队使用了 IBM 公司开发的数据挖掘应用软件 Advanced Scout 系统来优化他们的战术组合。例如，Scout 就因为研究了魔术队队员不同的布阵安排，在与迈阿密热队的比赛中找到了获胜的机会。

Advanced Scout 是一个数据分析工具，教练可以用便携式计算机在家里或在路上挖掘存储在 NBA 中心的服务器上的数据。每一场比赛的事件都被统计分类，按得分、助攻、失误等时间标记让教练非常容易地通过搜索 NBA 比赛的录像来理解统计发现的含义。例如，教练通过 Advanced Scout 发现本队的球员在与对方一个球星对抗时有犯规记录，他可以在对方球星与这个队员"头碰头"的瞬间分解双方接触的动作，进而设计合理的防守策略。

Advanced Scout 的开发人因德帕尔·布罕德瑞，开发该应用时他正在 IBM 的 Thomas J. Watson 研究中心当研究员，他演示了一个技术新手应该如何使用数据挖掘。布罕德瑞说："教练们可以完全没有统计学的培训，但他们可以利用数据挖掘制定策略。"与此同时，另一个正式的体育联盟，国家曲棍球联盟，正在开发自己的数据挖掘应用。在原理上这是一个与 Advanced Scout 相似的数据挖掘应用，可以让教练、广播员、新闻记者及球迷挖掘其统计的数据。当他们访问该数据挖掘站点时，球迷能够使用该系统循环看联盟的比赛，同时广播员和新闻记者可以挖掘统计数据、找花边新闻为他们的实况评述添油加醋。

资料来源：人大经济论坛. 数据挖掘的 7 个案例［EB/OL］. http://bbs.pinggu.org/jg/shuju_shujuwajue_2150595_1.html.

思考与讨论题

1. 实施客户关系管理为企业带来了哪些优势？
2. 要控制企业客户流失，可采取哪些对策？
3. 影响客户满意度的主要因素有哪些？
4. 什么叫客户忠诚度？什么叫顾客满意度？二者之间的关系如何？
5. 什么是客户细分？在实施客户关系管理时，客户细分的目的是什么？
6. 什么是电子商务中的信任管理？结合具体的案例分析电子商务中信任管理的重要性。
7. 简要论述电子商务客户关系管理系统的体系结构。
8. 什么是呼叫中心？其在企业客户关系管理过程中的作用如何？
9. 什么是数据仓库？其有哪些典型应用？
10. 什么是数据挖掘？你能举出几个数据挖掘的典型应用吗？

参 考 文 献

［1］王鲁滨，张巍. 电子商务信任管理研究［J］. 中央财经大学学报，2006（1）：73-76.
［2］GAMBETTA D. Can we trust Trust？［EB/OL］. http://www.soeiology.ox.ac.uk/ PaPers/ Gambetta 213-237.pdf
［3］李道全. 电子商务信任管理模型与方法研究［D］. 青岛：山东科技大学，2011.
［4］王宏伟，夏远强. 电子商务中客户信任的理论研究综述［J］. 中国管理信息化，2008（4）：106-109.
［5］商务部电子商务司. 商务部关于"十二五"电子商务信用体系建设的指导意见［EB/OL］（2011-12-30）. http://www.mofcom.gov.cn/aarticle/b/fwzl/201112/20111207907302.html. 2011.12.15
［6］戴奇. 客户关系管理手册［M］. 杨阳，管政，译. 北京：中国人民大学出版社，2004.
［7］田玲. 电子商务中客户关系管理的研究［M］. 北京：知识产权出版社，2009.
［8］汪楠，李佳洋. 电子商务客户关系管理［M］. 北京：中国铁道出版社，2011.
［9］赵冰，陶峻. 客户关系管理［M］. 北京：经济管理出版社，2010.

[10] 王广宇. 客户关系管理方法论 [M]. 北京：清华大学出版社，2004.
[11] 胡光正. 浅析数据仓库技术及其实现 [J]. 计算机系统应用，1998（12）：30-33.
[12] 伍京华. 客户关系管理 [M]. 北京：人民邮电出版社，2017.
[13] 杨路明，等. 客户关系管理理论与实务 [M]. 3 版. 北京：电子工业出版社，2015.
[14] 徐刚，饶欣. 客户关系管理理论与实务 [M]. 上海：上海财经大学出版社，2016.

第10章 网络营销

《奇葩说》异军突起

《奇葩说》是由马东团队制作、爱奇艺推出的网络原创辩论类谈话节目。自2014年11月29日首播以来,《奇葩说》已经完成了三季的播放,总播放量突破18亿次,多项数据创造了互联网自制综艺节目之最,成为近几年的现象级综艺节目。《奇葩说》以寻找"最会说话的人"为宗旨,采用辩论的形式,每期节目就一个话题进行讨论,最终以现场观众的投票数量决定胜负。节目话题涉及方方面面,诸如现实性极强的"你选择大城床还是小城房",最具争议性的"份子钱该不该被消灭"等。

《奇葩说》的受众定位是一群有着渴望参与辩论热情的"90后",一群渴望被世界倾听的年轻人。相当一部分"90后"现在正处在毕业走向工作岗位的关口,面对互联网高速发展带来的种种社会问题的冲击,他们很难在冲击的旋涡中站稳立场。《奇葩说》所主张的"好好说话""寻找最会说话的人"的观点,恰恰迎合了这些具有强烈需求的群体,使得这批群体成为节目的忠实用户。在节目中,数位辩手的唇枪舌剑再加上马东、蔡康永、高晓松等导师的总结升华,将"是非并非绝对"的思考带给关注节目的每一位受众,促成了《奇葩说》庞大且复杂的网络社群的建立。

《奇葩说》第一季的每期节目结尾都会附带有"加入《奇葩说》百度贴吧官方吧,洋洋洒洒任你喷!""微博@奇葩说官方账号,来和我们互动""微信关注奇葩说订阅号,每天推送纯干货喂饱你"口号,多平台覆盖使得用户对其归属感大大加强,也为《奇葩说》庞大的社群用户数奠定了基础。

《奇葩说》团队在处理广告植入问题上,首创了"诙谐押韵式"的广告词,靠着朗朗上口的广告词和马东在节目中的多次重复口播收到了良好效果。"有钱有势不如有范儿!""穿衣用有范,争取不犯二"是团队对第二季冠名商有范App的广告词改写,极其押韵的广告词,加之马东本人在节目中的反复口播,使得有范App的下载量在《奇葩说》第二季上线的第一天就冲进了苹果官方商店的前五名。有范App的成功吸引了更多品牌的注意力,《奇葩说》的网络冠名权从第一季的5千万元破互联网原创综艺之最,到如今第四季破3亿元,《奇葩说》靠着花式广告植入创造了一个又一个互联网综艺节目广告收入的纪录。大量的广告赞助使得节目拥有更多资本去回馈社群,节目组在线下组织奇葩辩手见面会、签售会等各种活动回馈支持节目的忠实用户;线上则通过公众号组织多种活动,通过投票数、留言点赞数来发放节目决赛门票等各种奖励。

2014年11月《奇葩说》上线，2015年9月马东离职爱奇艺，创立米未传媒公司。公司成立后，米未传媒开始着手定制米未传媒专属的内容生态链，用马东自己的话来说就是"XYZ轴内容生态链"。其中，X轴代表内容，包括免费内容《奇葩说》《拜拜啦肉肉》《饭局的诱惑》和付费内容《好好说话》；Y轴代表衍生，如艺人经纪爱米未、主打知识服务的米果传媒和米未小卖部；Z轴代表投资。米未传媒公司定制的独家内容生态链，可以充分将当下的庞大社群进行分流，专业资深用户可以自愿加入付费板块《好好说话》，学习在应对更多复杂状况时如何更好地表达自己。普通用户也可以进行三种选择：目标性最强的减肥综艺《拜拜啦肉肉》、最烧脑的"谎言"综艺《饭局的诱惑》和最具看点的《奇葩说》。《奇葩说》的节目话题很多都从用户的投票讨论中总结而来。很多细心的用户还会在微信公众号的后台留言，找出每期节目中的各种错误，这也使得节目组可以打磨节目本身。

资料来源：王艳玲，陈龙. 自媒体时代《奇葩说》的社群营销模式探析 [J]. 出版广角，2017（7）：11-13.

电子商务发展到今天，网络营销已经是每个企业进行市场营销的必要手段。本章首先概要介绍网络营销的概念和发展；其次介绍其五大理论基础；最后按照网络营销策划的过程，分别介绍网络营销市场分析和网络营销基本策略。在理论基础部分和营销策略部分，将分别介绍网络营销的各种方法。其中，理论基础部分重点介绍各种营销方法的性质和价值所在，营销策略部分将介绍各种营销方法的操作使用。

10.1　网络营销概述

本节将从介绍网络营销的基本概念和发展历程入手，分析网络营销的发展趋势，讨论几种主要的网络营销基础理论，以便使读者对网络营销有一个概要认识。

10.1.1　网络营销的基本概念

市场营销学诞生于20世纪初的美国，历经以生产为导向、以产品为导向、以市场为导向及社会营销的营销理念变化。互联网产生后，以互联网为载体的新型网络营销观念诞生。

1. 网络营销的内涵

网络营销作为一种营销手段，其实质内涵是相对稳定的。广义地说，凡是以互联网为主要手段进行的、为达到一定营销目的的营销活动，或企业利用互联网开展营销活动，都可称之为网络营销。狭义地说，网络营销包括网络推广、产品分销、公共关系与客户服务、网上市场调研、网上品牌传播等。简单地讲，网络营销就是指通过互联网，利用电子信息手段进行的营销活动。

网络营销是企业整体市场营销战略的辅助手段，其贯穿于企业开展网上经营的整个过程。从产品推出前的市场调研，到产品设计制造过程，再到营销传播及最后的售后服务，网络营销一直都扮演一个重要角色。

2. 网络营销与传统营销的联系与区别

网络营销产生诸多创新，拥有传统营销不可比拟的优势。但其与传统营销的本质是相同的，都是为了了解顾客的需要并满足他们，因而网络营销的出现并不能完全取代传统营销方式。二者之间的联系与区别主要体现在以下几个方面。

（1）产品。并不是所有产品都适合做网络营销，部分产品拥有强势的传统渠道，如电力、自来水，还有那些注重用户体验的产品，如食品、化妆品等。尽管这些产品可以在网络上销售和结算，但离不开传统营销在线下所做的试用推广等工作。而对于虚拟产品来说，因为它是借助网络产生的，开展网络营销则具有天然优势。

（2）价格。由于网络营销比传统营销有着天然的成本优势，使得线上商品价格低于线下，并且顾客在线上可以同时比较的产品范围更广，销售商不得不根据消费者的需求，将价格定在均衡价格附近。

（3）促销。网络营销可以借助互联网的优势，将产品的各种有效信息快速、大范围、有针对性地传播到目标人群，成本远低于传统营销。由于促销成本低，网络营销可以实施更大力度的促销，更能吸引新用户加入，扩大产品市场占有率。

（4）分销渠道。传统营销需要借助二级甚至更多级的分销渠道，使得很多利润被分摊了出去。网络营销可以让产品直达用户，省去中间环节，从而使生产商降低了营销成本，消费者可以用低价获取同质商品。网络营销带给人们更加便利的生活方式，促进了传统的营销渠道发生变革。

网络营销尽管有无可比拟的优势，但其缺点也不容忽视。对于欠发达地区和年龄较大的人群，尽管网络对他们的生活已经产生巨大影响，但是他们对网络这种虚拟的事物缺乏信任，还不太习惯通过网络进行各种交易。网络营销过程中的诸多劣势，如质量保证、体验时效、物流压力、售后服务等，致使网络营销对这些人群而言还没有完全发展成为一个必不可少的生活元素。

10.1.2 网络营销的发展历史

科学技术的发展、互联网的诞生对市场营销的发展产生了深刻的影响。网络打破了市场在地理位置、区域及国别间的限制，企业产品和服务的营销不再局限于某一地点，新的市场环境给市场营销理论和实践带来了新的挑战，但同时也为市场营销理论的发展带来了新的契机。网络营销逐渐从传统的市场营销中演变独立出来，在信息化时代下得到了充分的发展。

1. 网络营销的发展背景

20世纪90年代，经历了新生期的互联网悄然兴起，并快速引发了互联网应用热潮。众多企业开始通过互联网进行业务拓展与合作，网络营销随之诞生。网络营销产生的技术基础是互联网技术的发展和网络信息资源的共享；消费基础是消费者观念的改变，如个性化的回归，主动性的增强，对购物便利性和乐趣的追求，对价格的日趋敏感；企业基础是其低成本、高效率的优势，可以帮助企业及时对市场做出积极响应，提高市场占有率。

2. 网络营销的发展阶段

自1993年出现窗口式浏览器以后，网络营销就作为电子商务首要的应用出现了。最早出现的是网络广告，随即在顾客信息搜集、商品定价、顾客服务等方面得到了迅速而广泛的应用。公认的网络营销诞生于1994年，当年Yahoo、Infoseek、Lycos等搜索引擎诞生，出现了第一起E-mail营销及第一则网络广告。随后，1995年7月，网上销售商店亚马逊成立。

最早尝试在Internet上进行商业宣传的是美国从事移民身份证的两位律师Laurence Canter和Martha Siegel。1994年4月12日，他们向Internet上的7 000多个新闻讨论组发送了自己的一封绿卡抽奖的广告信,以 20 美元的上网费,吸引了 25 000 名客户,盈利 10 万美元。也是在这一年的 10 月 14 日,美国著名 Hotwired 杂志推出了网络版的 Hotwired,并首次在网站上推出了网络广告,其中包括 AT&T、VOLVO 和波音等 14 则广告主的图像和信息,这标志着网络广告的正式诞生。国内的网络广告诞生于 1997 年 3 月,那时 IT 专业网站 ChinaByte 发布了 IBM 等国际知名公司的广告。

继最早的 E-mail 营销、旗帜广告之后,网络营销因互动技术如 Web2.0 的发展而发展为许可营销、关系营销等不断创新的新形式。网络营销先后经历了依靠广告赢利、传统企业开辟网络营销渠道,到整合营销的发展历程。

我国的网络营销是从 1997 年开始的,其发展大致分为以下 3 个阶段。

1)传说阶段(1997 年之前)

传说阶段的主要特征表现为对网络营销的概念和方法不明确,多数企业对互联网一无所知,处于探索阶段。我国最早的网络营销传说是"山东农民网上卖大蒜"。山东陵县西李村支部书记李敬峰上网的时间是 1996 年 5 月,所采用的网络营销方法为"注册了自己的域名,把西李村的大蒜、菠菜、胡萝卜等产品信息一股脑儿地搬上因特网,发布到了世界各地"。对这些网络营销所取得的成交的记载为:"1998 年 7 月,青岛外贸通过网址主动与李敬峰取得了联系,两次出口大蒜 870 吨,销售额 270 万元。"

2)萌芽阶段(1997—2000 年)

(1)E-mail 营销的诞生。1997 年 2 月,ChinaByte 开通新闻邮件服务,订阅用户为 3 万户;3 月在其网站上出现中国第一个商业广告(468 像素×60 像素的标准旗帜广告)。1997 年 12 月,国内首家专业的网络杂志发行商索易(Soim)提供第一份免费网络杂志。1998 年 12 月,索易获得第一个邮件赞助商,标志我国专业 E-mail 营销服务诞生。

(2)电子商务网站对网络营销的推动。1995 年 4 月,第一家中文商务网站"中国黄页"(www.chinapages.com)开通,这是国内最早的商业供求信息发布平台,其实现了最基本的网络营销手段——发布供求信息。

(3)搜索引擎对网络营销的贡献。1997 年前后,出现一批影响力较大的中文搜索引擎,为企业利用搜索引擎展开网络营销提供了可能。

3)应用和发展阶段(2000 年至今)

2000 年被称为中国企业"上网年",大批企业上网建站。此后几乎所有的中国企业都上网建站,中国的网络营销也得以迅速发展起来。

(1)网络营销服务市场初步形成。提供域名、虚拟主机市场的万网、新网、中国频道建立,提供接入与服务器托管。提供信息发布、网络广告市场的各类门户网站形成,搜索引擎市场如百度、Google、搜狐、网易等日益强大。

(2)企业网络营销的基础——网站建设逐渐推广。2014 年 6 月、2014 年底、2015 年 6 月我国网站数量分别为 273 万个、335 万个、357 万个,呈快速增长态势。

(3)网上销售环境日趋完善。网上支付、网络安全、物流配送日趋完善,B2B、B2C、SNS 电子商务市场形成,使网上产品分销渠道的建立成为可能。近年来,3G/4G/5G 移动网络迅速普及,网络营销开启了崭新的阶段。

3. 网络营销的发展趋势

(1)搜索引擎仍将是网络营销"第一工具"。随着网上购物群体的逐渐扩大,搜索引擎的功能和作用也越来越受到重视。

（2）视频网络广告将成为新的竞争焦点。视频网络广告分两个部分：一是传统网站上的视频广告；二是针对视频网站及视频网络应用软件的广告。目前，视频网络广告越来越多地受到广告主的认同和青睐。这不仅是因为视频网站的迅速发展，同时还因为视频网站的客户群也越来越庞大。

（3）社区营销深入发展。客户通常对于企业自我推销、自我夸赞并不认同，一般都不愿意轻信企业的自我表达，而是倾向于与其他客户的意见发生共鸣。网络社区营销因具有精准性、互动性等特点，在对目标顾客的营销中会产生更好的效果，因此企业纷纷建立网络社区，进行社区营销。

（4）网站运营注重用户体验。消费者通过网络方式进行购物，无论是计算机还是手机，提供给消费者的都是网页的形式，所以在网购中，网站的运营，包括网站的设计和使用点击，都必须将消费者的使用感受放在第一位，并根据消费者反馈的意见加以完善。

（5）移动终端的广泛应用。智能手机是目前手机市场的主流，各类App应用涵盖了生活的各个领域，响应式网站、移动广告、移动终端设备为最终用户提供各种不同内容。各应用开发商不再局限于为企业设立响应式网站或开发移动应用，而是转向注重面向移动终端优化的内容和社交媒体营销。企业也意识到采取移动版网络营销战略的必要性，越来越注重移动终端用户的消费模式及与社交媒体推送内容进行互动的方式。

（6）内容营销取代过程营销。轰炸式营销、拦截式营销及以自我为中心的营销模式不再像以往那样奏效，步入社交媒体时代后，这类营销模式可能会起反作用。内容营销逐渐取代这些传统模式，企业越来越愿意将精力投入在移动内容上，包括制作在移动设备上易于阅读的短小内容，理解目标用户的移动设备使用习惯，并将更多的重心放在可以借助移动设备轻松消费的可视化内容上。供应商编故事，消费者看故事，目的是让消费者被故事打动产生共鸣，进而产生消费冲动。

（7）电子邮件营销重装归来。垃圾电子邮件曾经是网络使用者的梦魇，电子邮件营销一度被抛弃。随着大数据时代的来临，网络带给人们生活便利的同时也在记录着人们的上网轨迹，收集人们的上网习惯和偏好。在大数据支持下，企业可以预测消费者的需求，可以定位消费群体。企业将会重新拾起电子邮件营销策略，这种策略与内容营销打包，模糊两者的界限，不失为一种覆盖面广、操作简单、成本低廉、针对性强、行之有效的营销方式。

（8）社交媒体营销大行其道。人与人在网络上的交流从点对点，到点对面，再到面对面，交流成本不断被拉低，网络社交拓展将原来的交际面呈几何级数放大。依靠资源丰富、用户依赖性高、互动性极强的特点，社交媒体的口碑式营销更能为企业和个人带来丰厚的客户资源。

（9）品牌营销超过产品营销。随着网络营销的崛起，企业意识到，人们利用社交媒体与他人进行互动，并且不经常提及品牌和具体企业，往往指向某种产品，而通过品牌营销建立的忠诚客户才会经常光顾本品牌的产品，所以品牌的树立与推广是网络营销的重中之重。在这个信息泛滥的时代，如何让有效的信息被顾客接收并留下印象，首当其冲的就是以类似于新闻整点播报的形式，进行多次反复但不失新鲜地轰炸式宣传及联想式营销，以便建立起产品与顾客的有效联系，当顾客对产品产生需求时可以马上考虑该品牌的商品。

（10）市场更加细分化和个性化。互联网技术使信息社会供求关系变为动态的互动关系。

消费者在选购商品时，有足够的时间和精力在互联网上找到自己喜欢和满意的产品，同时也能够利用互联网平台将自己的需要及时反馈给生产商，生产商也能够运用互联网平台对消费需要做出细致的分析，让自身的产品定位更加明确和清晰。只有个性化消费的营销模式，才能够逐一满足单个消费者的消费需求，才能刺激和推动消费者的继续购买欲望，才能真实地表达个性群体的意见和生活方式。

10.2 网络营销的理论基础

网络营销作为营销家族重要的一员，是以现代营销理论为基础。相对于传统营销，网络营销基于网络本身开展，有助于消费者需求个性的回归。所以，网络营销有其自身的理论特点。网络营销的理论基础主要有网络直复营销理论、网络软营销理论、网络整合营销理论、网络关系营销理论、网络体验营销理论 5 种。它们是企业开展网络营销活动的指导，是依托于网络特征和消费者需求变化而对网络营销的重新理解。这些理论是各种营销方法有效的理论基础，一种营销方法主要由一种营销理论作为支持。在下面的介绍中，将依次首先介绍网络营销理论，然后介绍与其对应的主要网络营销方法。

10.2.1 网络直复营销理论

直复营销强调直接跟消费者沟通和交易，省去所有中间环节。网络的出现，为企业和顾客提供了直接交互式营销网络渠道，使得企业与顾客直接交互成了可能。网络直复营销理论，指的是利用网络的互动性，买卖双方直接进行交流和交易，企业可以通过网络渠道把产品直接销售给顾客。当前，由于具备了交易平台软件、硬件方面的各种条件，同时交易中商流、物流、信息流 3 个流社会分工完善，直复营销已经普遍实现。

1. 企业建立直接营销渠道的方法

从网络直复营销理论来看，企业开展网络营销是依靠建立直接营销渠道来进行营销活动。企业建立直接营销渠道主要有两种方法。

（1）企业建立独立的营销网站。通过企业自建的独立营销网站，企业可以直接在线销售企业的产品，也可以在自建的网站上为顾客提供相关增值服务如售后服务，同时自建的站点也是企业开展网络促销的一种很好的途径。

（2）利用信息中介服务商直销商品。利用互联网中专门提供信息发布服务的中介服务商来发布企业的商品信息，由消费者通过查看企业发布的商品信息与企业联系，完成整个交易过程。其中常用的网络营销方法有建立外部链接、搜索引擎营销、网站平台营销。

2. 常用的网络营销方法

常用的网络营销方法除了搜索引擎注册之外，还有网络广告、交换链接、信息发布、邮件列表、许可 E-mail 营销、个性化营销、会员制营销、病毒性营销等。这些方法同时也是实现直复营销的方法。

（1）搜索引擎注册与排名。调查表明，搜索引擎仍然是人们发现新网站的基本方法。因此，在主要的搜索引擎上注册并获得最理想的排名，是网站设计过程中就要考虑的问题；网站正式发布后尽快提交到主要的搜索引擎，这是网络营销的基本任务。

（2）交换链接。交换链接也称互惠链接，是具有一定互补优势的网站之间的简单合作形式，即分别在自己的网站上放置对方网站名称并设置对方网站的超级链接，使得用户可以从合作网站中发现自己的网站，达到互相推广的目的。

（3）病毒性营销。病毒性营销并非真的以传播病毒的方式开展营销，而是通过用户的口碑宣传网络，信息像病毒一样传播和扩散，利用快速复制的方式传向数以千计、数以百万计的受众。病毒性营销的经典范例是 Hotmail.com。现在几乎所有的免费电子邮件提供商都采取类似的推广方法。

（4）网络广告。在与品牌推广有关的网络营销手段中，网络广告的作用最为直接。研究表明，网络广告的点击率并不能完全代表其效果，网络广告对那些浏览而没有点击广告的、占浏览者总数 99%以上的访问者同样产生作用。

（5）信息发布。信息发布是网络营销的基本职能。企业将有价值的信息及时发布在自己的网站上，如新产品信息、优惠促销信息等，以充分发挥网站的营销功能。

（6）许可 E-mail 营销。基于用户许可的 E-mail 营销比传统的推广方式或未经许可的 E-mail 营销具有明显的优势，如可以减少广告对用户的滋扰、增加潜在客户定位的准确性、增强与客户的关系、提高品牌忠诚度等。开展 E-mail 营销的前提是拥有潜在用户的 E-mail 地址，这些地址可以是企业从用户、潜在用户资料中自行收集整理，也可以利用第三方的用户资源。

（7）邮件列表。邮件列表实际上也是一种 E-mail 营销形式，它也是基于用户许可的原则，用户自愿加入、自由退出。稍微不同的是，E-mail 营销直接向用户发送促销信息，而邮件列表是通过为用户提供有价值的信息，在邮件内容中加入适量促销信息，从而实现营销的目的。

（8）个性化营销。个性化营销的主要内容包括用户定制自己感兴趣的信息内容、选择自己喜欢的网页设计形式、根据自己的需要设置信息的接收方式和接受时间等。据研究，为了获得某些个性化服务，只有在个人信息可以得到保护的情况下，用户才愿意提供有限的个人信息，这正是开展个性化营销的前提保证。

（9）会员制营销。会员制营销已经被证实为电子商务网站的有效营销手段，许多网上零售型网站都实施了会员制计划，几乎已经覆盖了所有行业。

（10）网上商店。建立在第三方提供的电子商务平台上、由商家自行经营网上商店，如同在大型商场中租用场地开设商家的专卖店一样，除了具备通过网络直接销售产品这一基本功能之外，还是一种有效的网络营销手段。

3. 新兴的直复营销方法

近年来，随着网络经济的创新和发展，涌现了大量的新媒体，如博客、微博、微信、手机 App 等，这些新媒体成了直复营销的新渠道，从而发展出了更多直复营销的方法。

（1）博客营销。博客营销就是利用博客形式所开展的网络营销。博客是 blog 的中文译名，英文 blog 起源于 1997 年开始的 weblog，意思是网络日志，是一种十分简易的傻瓜化个人信息发布方式。通过这种方式，任何人都可以轻松完成个人网页的创建、发布和更新；也可以将个人工作过程、生活故事、思想历程、闪现的灵感等及时记录和发布；更可以结识和汇聚朋友，进行深度交流沟通。

（2）微博营销。2010 年，微博元年开启。短短两年，2012 年我国的新浪微博注册用户和腾讯微博注册用户数量都已经超过了 3 亿人，总活跃用户数将近 1 亿人。微博作为一种具有诸多优势的新媒体，使得很多企业都争先利用这一平台，在互联网上进行市场调研、产品推广、客户关系管理、品牌传播、危机公关等形式的营销行为。

（3）微信营销。自2011年微信推出之后，随着其支付等功能的日益完善，其商业价值日益被挖掘出来。现在企业已经广泛地通过微信公众号的形式进行直复营销。微信朋友圈也被广泛用来进行微商、企业信息宣传等直复营销活动。

（4）App营销。App（application）营销也就是应用程序的营销，指的是通过智能手机、平板电脑等移动终端上的应用程序开展的营销活动，其凭借精准互动和个性化的特点正在被广大企业所推崇。App软件类型包括以下几种：社交应用（如微信、qq）、地图导航（如百度地图、掌上公交）、网购支付（如淘宝、支付宝）、通话通信（如飞信、旺信等）、查询工具（如墨迹天气、我查查）、拍摄美化、影音播放、图书阅读、浏览器、新闻资讯、游戏娱乐、系统工具等。对于企业而言，App可以是产品手册，可以是电子体验，可以是社交分享，可以是公关活动，可以是在线购买，甚至是网络促销游戏等，几乎可以把整个传统营销的所有流程重新在手机上演绎一遍。总之，App营销是可以为企业有效创造财富的新兴营销方式。

（5）直播营销。直播营销是指在现场随着事件的发生、发展进程同时制作和播出节目的方式。该营销活动以直播平台为载体，以企业获得品牌提升或销量增长为目的。由于可以与观众实时互动，直播营销实现了企业与顾客的双向沟通，比其他营销手段更好地执行了双向传播的职能，具有巨大的商业应用价值。演员杨颖在天猫直播上预告美宝莲新品发布会，2小时的直播带来了500万人次的观看，并卖出了1万支新产品唇蜜，达成142万元的实际销售转化额；美拍等直播平台通过口播引导消费者到淘宝店购买，转化率比传统视频高出很多。同时，也涌现出很多普通人开通直播，达到被人关注、粉丝增加、收益倍增的目的。据不完全统计，2016年5月，接近每3小时就有一款新的直播App出现，"百播大战"已进入白热化阶段。

➡ 案例10-1：奥运会的直播营销

在里约奥运会上，其中有两个最为典型的引爆直播的案例。一个是傅园慧的表情包，在被电视台采访之后，映客拿到了傅园慧的网络直播权，开播半小时粉丝量就达到了800万人，而直播结束时，围观人数、粉丝数突破了1066万人。二是中国女排在小组赛艰难出线后，过五关斩六将，逆袭世界多支强队，最终为中国体育代表团在里约奥运会上画上了圆满的句号。仅以新浪体育直播数据为例，女排决赛图文直播室同时在线最高峰值突破2626万人，互动量高达115万余条，女排战报发出后仅半小时留言量就超过12万条。可以说，当天女排夺冠彻底引爆话题，掀起了舆论的高潮。另据NBC数据显示，本届里约奥运会开幕式的电视收看人数较上届减少了35%，而在网络平台和直播平台的收视数字却提升了48%。这些数字充分显现了直播平台的魅力之大和影响之深。

资料来源：梁欣萌. 直播营销的价值思考 [J]. 国际公关，2016（5）：60-65.

10.2.2 网络软营销理论

网络软营销理论认为，在网络经济环境下，顾客能够获得的信息大大增加，在营销中的主动性增强，顾客会主动有选择地与企业沟通，对于那些不遵守"网络礼仪"的信息会感到反感。因此，网络软营销理论要求企业转变立场，从立足于企业自身立场转变为立足于消费者立场；要求企业将传统的推式营销转变为拉式营销，努力吸引消费者的注意力。

1. 4C 理论

第二次世界大战后，随着工业的飞速发展和工业黄金时代的到来，世界开始由短缺经济时代进入到过剩经济时代。尤其是发达的资本主义国家，市场出现供过于求，买方市场取代卖方市场。企业开始把顾客的需要作为企业活动的轴心和企业计划的出发点，世界进入到"需求中心论"时代。企业把营销目标和重点定位于消费者所需要又能发挥自己优势的产品上。在此背景下，以美国西北大学舒尔茨教授为首的营销学者从顾客的角度出发，提出了新的营销观念与理论，即"4C"组合理论，包括 customer（顾客的需求和期望）、cost（顾客的费用）、convenience（顾客购买的方便性）及 communication（顾客与企业的沟通）。"4C"理论包括以下具体内涵。

（1）忘掉产品，记住顾客的需求与期望。由于顾客是有着差异化消费需求的群体，因而，假设 A、B、C、D 是不同的消费者群体，其分别有不同的消费需求 A′、B′、C′与 D′，企业"记住顾客的需求与期望"就应该表现为：分别从 A、B、C、D 群体对 A′、B′、C′、D′的需求与期望出发，通过对生产或服务要素的有效配置，来提供相应的产品或服务 A′、B′、C′与 D′。

（2）忘掉价格，记住成本与顾客的费用。这是一个双向成本，包括顾客的交易成本（含消费成本）与企业的生产与经营成本。企业必须首先考虑顾客的有效购买力（支付能力），再考虑本企业产品或服务的成本，价格的确定应在顾客的承受力所锁定的最高限与企业的成本所锁定的最低限之间的区间内。以某轿车的定价为例。假定某企业生产并组装某型号的轿车所花成本共计 13 万元（含流转税），而绝大多数顾客的承受力在 20 万元水平，如果企业定价为 20 万元，则大多数顾客不会在这一价位上购车。因为顾客的承受力全花在交易费用上，无余力承受消费成本。倘若汽车牌照、税、费、驾照费等消费成本共计 7 万元，顾客若购车则必须共付出 27 万元，显然超过了其经济承受力。因此，企业应考虑到 20 万元交易价的不可行，为顾客着想而将价位定在 15 万元左右较为适合。

（3）忘掉地点，记住方便顾客。在饱和经济时代的商战中，争夺顾客已不能仅仅停留在产品品质和价格层次上了。品质一般，价格偏高的产品当然不会得到消费者的青睐，但品质优良、价格适当的产品并不一定就能保持畅销。究其原因，多数是因为不能从心理上和时空上抓住顾客。而抓住顾客的关键是要方便顾客，包括方便顾客交易与消费。方便顾客交易就要求在交易地点、空间距离与交易手段、交易方式、结算方式、送货上门、服务手册等方面提供全方位的方便；方便顾客消费就要求在使用操作、服务修理、产品及互补产品配套等方面提供方便。所提供的方便从广义上说就是为顾客提供尽可能多、尽可能优质的服务。

（4）忘掉促销，记住与顾客沟通。改变促销时将顾客看成是被动接受者的观念与做法，加强资讯和情感上的沟通。顾客与企业都是平等的主体，而大多数消费者是理智的，也是有感情的。企业与那些主要消费者加强沟通，提供资讯，建立感情，是保持老顾客、开拓新顾主的有效手段。

➡ **案例 10-2：好奇牌纸尿布营销中的顾客沟通**

美国金百利克拉克公司在推出好奇牌纸尿布时，采用了名为《人之初》（*At The Beginning*）

的印刷品简讯。每三个月一次,将简讯寄发给家中需要使用纸尿布的母亲们。他们利用计算机中小孩的资料,配合这些小孩出生的时间,教育且提醒父母亲,后三个月宝宝发育所需要注意的事项。虽然简讯中放有产品优惠券,但重点是附在一起的资料和信息,这些资讯体现了企业对年轻的妈妈和宝宝的关心。经过一年的测试,以《人之初》活动建立与顾客沟通的效益被证实。两年后,这项活动推广到全美国,达到每年300万个家庭。在接下来的数年中,好奇牌纸尿布的市场占有率稳定增长,击败了其他品牌的纸尿布,成为市场中的佼佼者。

资料来源:吴金明. 新经济时代的"4V"营销组合[J]. 中国工业经济,2001(6): 70-75.

2. 开展网络软营销的常见方法

(1) 网络社区营销。"网络社区"是为满足网络消费者聚集、交流和兴趣而形成的一个互利互惠的群体。在网络社区中的你,为一个陌生人回答了一个问题,明天他也许能为你回答另外一个问题;同时网络社区中的人们经常会就一些有关个人隐私或他人公司的一些平时难以直接询问的问题而展开讨论。作为企业,可以安排专门的人员进入与企业产品相关的网络消费者聚集的网络社区,帮助消费者解决问题。通过这种方式来深入了解网络消费者的需求,为企业营销活动提供决策依据。

(2) 许可营销。许可营销是指企业在对消费者开展一项营销活动之前,必须经过消费者同意方可进行。企业开展许可营销主要的方法是建立企业邮件列表,由消费者主动加入企业的邮件列表,选择他希望获取的信息后,给消费者发送相关信息,开展许可E-mail营销。

(3) 内容营销。内容营销是指涉及媒体内容创建与共享的所有营销形式,目的是接触和影响现有客户与潜在客户。它并不着眼于销售,而是单纯地与客户进行沟通,通过持续提供有价值的信息来刺激消费者的购买行为,提高客户忠诚度。随着社会化媒体、网络广告和其他内容传播工具的出现,内容营销已经成为公关和营销行业最新的发展趋向。内容营销的类型有很多种,如自动进入邮箱中单独文件夹的时事通信、白皮书、应用软件、品牌研讨会或播客、视频、案例研究、事件、博客帖子、内情报告、社会化媒体上的帖子、网页、信息图表和电子书。

(4) 事件营销。网络事件营销是指企业通过策划、组织和利用具有新闻价值、社会影响及名人效应的人物或事件,借助网络这个传播载体,引起媒体、社会团体和消费者的兴趣与关注,以求提高企业或产品的知名度、美誉度,树立良好品牌形象,并最终促成产品或服务的销售目的的手段和方式。2009年7月,红遍网络的"贾君鹏事件"被誉为我国第一宗网络事件营销案,几千万的点击率,无数的帖子,看似是网民的集体娱乐,实则是某游戏公司为了吸引网友们关注该游戏而精心策划的网络事件营销。随着互联网的发展,网络事件层出不穷,从"木子美日记"到"郭美美事件",从"凡客体"到"京东价格战"事件,无不通过网络引发人们的广泛关注。网络事件往往能引发现实社会中的人们对该事件的探讨,形成网上、网下的公共舆论。以互联网作为其媒介的网络事件营销与传统的事件营销相比,具有覆盖面广、成本低、收效高、高度参与性等优势特点,同时也具有很大的风险性和时效性。

(5) 粉丝经济。"粉丝经济"泛指架构在"粉丝"和被关注者关系之上的经营性创收行为。"粉丝"就是主要的消费群体,对"粉丝"的情感进行借力使力,提高企业的品牌和偶像的增值效应,促使"粉丝"对产品产生购买情绪。"粉丝经济"的概念诞生于六间房秀场,没有身份、没有地位的草根歌手,在"粉丝"的拥护下,将秀场的消费掀到了高潮。真正将"粉丝经济"这个概念做大的是韩国，让中国投资者真正看到"粉丝经济"的力量是杨幂的走红。2014年，杨幂"蜜蜂吧"的人数在3天内从70万人飙升到80万人。在商业运作模式上，企业架构"粉丝经济"平台，利用"明星经济"效应，与用户关联黏合，以宣传广告和口碑运营模式来获得经济效益和社会效益的双丰收。

（6）网红经济。随着社交网络的不断发展、用户数量的不断增长及自媒体和社群经济的发展，信息传播变得更加广泛和迅速，一些被称作是"网红"的群体顺势诞生。"网红"是网络红人的简称，它依靠其强大的影响力而能够引导消费者的购买。网红的产生主要有以下常见的方式：① 已有影响力的线上扩张。依托自身在线下垂直领域的影响力，如明星、模特、达人等已有影响基础，在社交平台上进一步活跃并积累粉丝，成为"网红"。② 自媒体时代的自我推广。长期活跃于社交平台，通过传达自身优质的生活方式或提供某垂直领域的独特见解，逐渐受到特定粉丝群体的追捧，形成具有自媒体属性的"网红"。③ "网红孵化器"的专业培养。"网红"孵化器本身在社交平台上寻求有一定粉丝基础或零粉丝基础但颇具潜力的人，对其进行专业化培训，利用社交网络强大的信息传播特性，极力帮助推广，将其培养成为"网红"。

（7）自媒体平台营销。自媒体作为"去中心化"的媒体形式，给予公众更多参与公共表达并进行信息传播的机会。根据传播主体的不同，当下的自媒体可以划分为三类：第一类是以草根形象或公众热议的"网红"形象建立起来的，如凭借短视频爆红网络的papi酱和凭借专业解读星座为人知晓的同道大叔所建立的自媒体平台。第二类是依靠专业团队一手打造的，团队内部有明细的人员分工，团队本身有明确的品牌定位，并且有较为多样化的营销手段和变现模式。这种独立制作团队是现在网络综艺节目的中流砥柱，以马东团队独立制作的《奇葩说》、罗振宇团队独立制作的《罗辑思维》和吴晓波团队独立制作的《吴晓波频道》为典型代表。第三类则是一些政府机构或大型国有企业在新媒体平台上建立的官方账号，如人民日报的官方账号、国务院的官方账号等。它们充分利用新媒体传播时效快、传播效率高、互动性强等特点，完成了传统媒体在新媒体平台上的完美变身，并获得了广大粉丝。

➡ **案例10-3：罗辑思维**

罗辑思维已经成为目前影响力较大的互联网知识社群，包括微信公众订阅号、知识类脱口秀视频及音频、会员体系、微商城、百度贴吧、微信群等具体互动形式，主要服务于80后、90后有"爱智求真"强烈需求的群体。其口号是"有种、有趣、有料"，倡导独立、理性的思考，推崇自由主义与互联网思维，凝聚爱智求真、积极上进、自由阳光、人格健全的年轻人。

罗振宇对自己的定位是知识搬运工，替没空看书的现代人看书，把书本上的精华在节目中转述出来。第一期脱口秀节目名为"末日启示向死而生"，录制地点是在某家咖啡馆，罗振宇围绕末日情结从历史讲到地理，再从地理讲到文学。这期节目最后在优酷播放点击量达到162万次，评论近1 500条。虽然是替观众读书，但每次到最后，罗振宇的落点都会落到现实中，宣扬"自由人的自由联合"及社群联合、合作共赢的价值观。

资料来源：马智萍. 移动互联网时代社群营销案例分析：以罗辑思维和大V店为例[J]. 现代商业，2016（18）：38-39.

10.2.3 网络整合营销理论

整合营销(intergrated marketing communications,IMC)理论的核心是顾客导向,认为品牌和顾客之间的关系不应局限于靠公关和广告来维护,而是以受众为导向、战略性地整合多种营销渠道、注重对绩效的测量,以达到与顾客建立长期品牌联系的观念和管理过程。这里的受众包括消费者,也包括其他的利益关系群体。

1. 整合营销的要点

(1)整合营销传播与传统营销传播的本质区别是"受众导向"。整合营销传播是企业将受众作为主导,通过建立和受众的良性沟通,使品牌关系得到持久而稳固的发展。整合即统一,整合营销传播理论在最初指的是传播形式上的统一,通过广告、公共关系等传播活动创造"一个形象和一个声音"。

(2)要想实现整合营销的整合效果,关键是要把顾客价值整合进企业的价值和战略,必须同时兼顾顾客利益和企业目标,洞察购买者的需求,实现买卖双方的利益最大化。

(3)整合营销传播遵循统一的品牌核心理念,不断地挖掘与消费者更多更深的沟通触点,从而有节奏地进行传播。网络时代新媒体迅速发展,让整合营销传播的手段变得多样化。在整合营销中,口碑营销、形象营销、公众传播、精准营销和数据库营销等营销手段都不是相互独立存在的,而是利用新媒体平台的优势,整合各个营销手段,实现传播效果最大化。

2. 整合营销的主要方法

大数据营销、精准营销,是准确把握受众需求,准确满足受众需求的典型整合营销方法。

1) 大数据营销

急速的信息膨胀和大数据产生的商用价值正在改变现有的营销模式和企业的其他活动。亚马逊基于顾客浏览行为为创建个性化推荐系统,优酷通过用户和网友的评论意见设计并更新互动直播剧,淘宝与新浪微博达成链接分享、账号绑定、分众数据提供等多种形式的商业合作。这些决策来源于对用户行为大数据的分析和营销。

作为新兴的营销模式,大数据营销具有传统网络营销不可比拟的优越性:一是基于详细客户数据信息的分析结果,可以提供更加精准的个性化营销,不断优化客户体验;二是针对大量客户信息的挖掘和共享,对潜在客户的消费行为进行预判;三是基于大数据技术对营销活动效果进行监控和测量,对营销活动进行实时优化。大数据营销的主要用途有三类。

(1)基于用户的需求定制改善产品。消费者在有意或无意中留下的信息数据作为其潜在需求的体现,是企业定制改善产品的一项有力根据。

ZARA公司内部的全球资讯网络定期把从各分店收集到的顾客意见和建议汇总并传递给总部的设计人员,由总部做出决策后再立刻将新的设计传送到生产线,直到最终实现"数据造衣"的全过程。利用这一点,ZARA作为一个标准化与本土化战略并行的公司,还分析出了各地的区域流行色并在保持其服饰整体欧美风格不变的大前提下做出了最靠近客户需求的市场区隔。同样,在ZARA的网络商店内,消费者的意见也作为一项市场调研大数据参与企业的产品的研发和生产,且由此映射出的前沿观点和时尚潮流还让"快速时尚"成了ZARA的品牌代名词。

(2)基于数据进行精准推广活动。企业作为其产品的经营者,可以通过大数据分析,定位到有特定潜在需求的受众人群,并针对这一群体进行有效的定向推广,以达到刺激消费的目的。针对既有的消费者,企业可以通过用户的行为数据分析他们各自的购物习惯,并按照其特定的购物偏好、独特的购买倾向加以一对一的定制化商品推送。

Target 百货的促销手册、沃尔玛的建议购买清单、亚马逊的产品推荐页无一不是个性化产品推荐为企业带来可预测销售额的体现。红米手机在 QQ 空间上的首发就是一项成功的"大数据找人"精准营销案例。通过对海量用户的行为(包括点赞、关注相关主页等)和他们的身份信息(包括年龄、教育程度、社交圈等)进行筛选后,公司从 6 亿 Qzone 用户中选出了 5 000 万个可能对红米手机感兴趣的用户作为此次定向投放广告和推送红米活动的目标群体并最终预售成功。

(3)维系客户关系。召回购物车放弃者和挽留流失的老客户也是一种大数据在商业中的应用。中国移动通过客服电话向流失到联通的移动老客户介绍最新的优惠资讯;餐厅通过会员留下的通信信息向其推送打折优惠券来提醒久不光顾的老客户消费;Youtube 根据用户以往的收视习惯确定近期的互动名单并据此发送给可能濒临流失的用户相关邮件以提醒并鼓励他们重新回来观看。大数据帮助企业识别各类用户,而针对忠诚度各异的消费者实行"差别对待"和"量体裁衣"是企业客户管理中一项重要的理念基础。

2)精准营销

精准营销建立在对市场准确细分的基础上,其核心是将合适的产品推荐给合适的消费者,以建立和客户之间的深度联系。首先,对消费者需求的精准把握,不仅可以作为制定营销体系的依据,也对产品生产创新有重要的指导作用。其次,在营销过程中要根据大数据分析结果进行分类,根据客户的心理诉求、行为方式、社会属性等特点,进行营销策略的选择。最后,通过顾客的体验反馈进行精准营销的效果衡量,对特定客户进行深化营销,发掘潜在客户。

大数据精准营销是针对个性化的消费需求和分众群体所采取的营销活动。基于移动终端社交媒体网站搜索引擎,大数据精准营销进行结构化和半结构化数据的采集。通过差异化数据库进行分析比对,得出更加精细的客户分析和分类,采用更加个性化的营销方式,最大程度上实现精准营销。基于大数据的精准营销分为两个层次:一是通过对客户的行为和特征的定位分析,进行个性化推荐,优化客户体验。对客户的日志信息、论坛信息、微博信息等,经过算法库的大数据计算后,有针对性地选择营销方式;二是通过精准的信息定位进行潜在的客户关系营销。

→ 案例 10-4:可口可乐歌词瓶的整合营销

在 2013 年可口可乐昵称瓶为其带来 20%的销量增长之后,可口可乐再次打响了新一轮的营销战役。瓶身上的歌词从周杰伦到五月天,从世界杯到毕业歌,既照顾到了不同年龄层,又应景地抓住了时下热点。可口可乐首先对意见领袖进行定制化产品投放,再利用明星效应在社会化媒体上的影响力制造信息高点,引发粉丝跟进到自主扩散,带动更多的消费者。可口可乐的官方微博也发布瓶身上的歌词微博,带动粉丝发布最爱的歌词,从而达到营销目的。

资料来源:孟溢. 新媒体环境下的整合营销传播[J]. 新媒体研究,2015,1(18):48-49.

10.2.4 网络关系营销理论

1. 网络关系营销的概念

关系营销是与关键客户建立牢靠、持久关系的一个营销导向,是建立、保持和加强与顾客及其他合作者的关系，以使各方利益得到满足和融合的过程，这个过程是通过信任和承诺来实现的。从核心上讲，关系营销意味着真正关心所有利益相关者，建立稳定的、双赢的关系。这些关系包括与潜在客户、现有客户、战略联盟、媒体联系人、关键影响人士的关系，甚至还有与竞争对手的关系。

2. 网络关系营销的常用方法

（1）网络社群营销。所谓社群，即社会群体，是指由两个或两个以上具有共同认识和团结感的人组成的人的集合，群体内的成员相互作用和影响，共享特定的目标和期望。当下互联网高速发展，社群的内涵早已变得更加广泛，有着共同兴趣爱好和相同价值观取向的群体都可以被称为社群，自媒体的社群有着行为自由化、身份多样化、资源利用最大化的特点。如今自媒体社群比比皆是，较为火爆的莫过于《罗辑思维》的社群、《奇葩说》的社群及《吴晓波频道》的社群。

（2）社交网络（social network software，SNS）营销。社交网络是网络社交发展的结果。网络社交是指在互联网应用中人们之间的一种系统联系，通过这种联系进行精神、物质和文化交流的社会活动的总称，是人们通过网络来进行社交，结识更多有相同兴趣爱好的人，并保持相互联系的社交方式。网络社交的起源是电子邮件，它的出现大大提升了邮件交往的效率，网络社区则将原本停留于点的信息带到一个面上进行讨论，促进了群体沟通和群体转发。网络社交的发展又进一步造就了社交网络的出现，社交网络也标志着具有广泛影响力的网络社交的形成。QQ、微博、微信等即时通信工具和Facebook、人人网、开心网等社交网络服务平台组成的现代网络社交工具，大大提升了网络社交的范围和影响。社交网络的人际关系和互动特性，使得基于网络社交的互动式营销必将成为未来营销实践发展的重要领域之一。

➡ **案例10-5：大V店的社群营销**

北京果敢时代科技有限公司（简称MAMA+）成立于2014年10月18日，成立当月便获得俞敏洪和盛希泰创办的"洪泰基金"的天使轮投资，并于2015年3月获得金沙江创投的A轮投资。大V店是MAMA+旗下主打产品，定位为妈妈社群电商。

自2013年底国家出台单独二孩生育政策以来，中国面临每年1 700万新生儿的庞大市场机遇。妈妈们面临学习、社交、育儿等一系列问题，而解决这些问题便成为母婴行业的一大痛点。大V店正是看准了这个机会，在2014年便开始深耕妈妈社群，并从线上教育、线下活动等多维度解决妈妈们的问题。以让妈妈轻松开店、随时随地学习，认识更多优秀妈妈为服务宗旨，是目前国内妈妈创业、学习、社交、购物的首选平台。妈妈们无须懂技术，三秒钟即可开店，无须进货和发货便可销售精选正品，卖出产品即获得佣金，真正地实现随时随地赚钱。大V店的主营产品为图书音像和母婴用品，是亲子类书籍首发的首选平台；以海外产品为主的母婴用品，涵盖婴儿护理、美容护肤、奶粉辅食等多个品类。大V店发展速度非常快，不到一年的时间就已拥有百万级妈妈精准用户，日活跃用户五十万人，月交易额超千万元，在妈妈群体拥有较强的影响力与口碑。在社群建设方面，大V店拥有数百个全国V友群，主要以妈妈及年轻家庭为主，规模百万人以上。此外《妈妈课堂》活动已不定期开课，影响了数百万个家庭。

资料来源：马智萍. 移动互联网时代社群营销案例分析：以罗辑思维和大V店为例[J]. 现代商业，2016（18）：38-39.

10.2.5 网络体验营销理论

1. 网络体验营销的概念

在网络体验营销理论中，顾客被当作价值创造的主体，强调顾客的情感需要、体验和互动，从感官、情感、思考、行动、关联体验五大体验要素全方位地提升顾客体验，使消费者充分发挥自身的想象力和创造力，从而实现顾客创造性的消费和对产品设计等企业活动的主动参与，并在这个过程中体现顾客自己独特的个性和价值，从而获得更大的满足和成就感。

网络体验营销是利用网络特性，为客户提供完善的网络体验，提高客户的满意度，从而与客户建立起紧密而持续的关系。与传统体验营销不同的是，网络体验营销的体验媒介是网站和电子媒体，具备便捷及时、成本低、媒体丰富等优势，同时具备缺乏信任感、缺乏实际感受、价格问题愈加敏感等劣势。

2. 网络体验营销的常用方法

企业通过网站、网络社交渠道等途径，借助大数据，并且通过整合线下实体体验等方式，尽量提升消费者体验，增强网络体验营销效果。网络体验营销的常用方法包括以下几种。

（1）网站体验营销。网站体验营销是网络体验营销的基本方法。为了吸引访问者，网站注重舒适性、易用性、吸引性、友好性和可靠性，把文字、图形、动画、音乐、视频等元素融入各个网页，设计特征鲜明的网站标志、网站导航条、网站色彩、网站风格等要素，并且建立娱乐栏目，提供在线体验、在线调查等，让顾客轻松下载或在线浏览，实现顾客美好的感觉、感受体验，从而激发顾客对企业及其产品的积极情感。

（2）网络社交渠道体验营销。网络社交渠道体验营销，是企业通过各类社交工具，如微信、微博、论坛等形式，引导消费者体验产品，加强消费者对品牌使用情况的联系交流，增强消费者在感官、情感、思考、行动、关联等各方面的体验。例如，星巴克推出新饮品"汽之乐"时，用户在微博上扫描二维码，并利用微信的摇一摇，就可获得沁爽壁纸——一种极具美学背景的清凉夏日贴图。这样，在用户打开手机时，就可感受到星巴克饮品带来的清爽，进而想到星巴克来杯"汽之乐"。在微博中，也有星巴克关于"汽之乐"的短视频。视频中突出的"全新气泡饮品世界""在你面前手工调制"等元素，进一步引起消费者的情感共鸣。这时候就可以查找微博中的星巴克"寻宝图"，搜索距离最近的星巴克门店，去实现感受凉爽的心愿。

（3）大数据体验营销。运用大数据增强网络体验营销，是企业通过网络平台所收集的顾客体验大数据，通过挖掘、细分和满足顾客需求，进行精准化、智能化满足客户的体验营销过程。企业通过网络平台助力的免费试用等活动，获取试用者的大量资料，并且对潜在客户的消费需求、产品体验期待进行调研，精准获取消费者需求。在产品销售过程中，网络平台也会积累大量客户数据，企业从用户购买产品数据，以及浏览时间、地点、网页停留时间等网络互动体验数据，挖掘相联系的有效信息，然后运用特定关联规则将其综合，从而对客户需求进行归类，分门别类进行精准营销。

（4）网络体验与实体体验的整合。由于当前网络营销尚不能使人们对商品进行直接的亲自接触和感知，所以整合网络体验和实体体验就显得很有必要。例如，西雅图的户外齿轮供应商REI公司在客户购买产品前，让客户通过爬山、滑雪和皮划艇等体验来了解产品，并且在REI公司店面里面的计算机都可以直接访问公司的网站，网上的展示同样也可以促使更多的人走进商店来看看,当然也包括网上下订单。国内苏宁易购的 O2O 模式,就是把苏宁易购平台与几千家实体门店结合起来,线上和线下相结合来提升顾客体验,促进顾客购买。

10.3 网络营销市场分析

10.3.1 网上市场及其调研

1. 网上市场的特征和发展现状

由于网络技术传播信息的速度非常迅速,而且不受时间和空间的限制,所以网上市场和传统市场相比,具有以下的主要特征:跨时空营销;没有中间商;营销成本低;交易虚拟化;交易效率高;经营规模不受场地限制;支付手段高度电子化;市场更加多样化和个性化;特别适合信息商品的销售;更便于收集和管理客户信息。

近几年来,我国电子商务市场交易规模呈现出较大幅度的增长态势,实现了较为繁荣的发展。详细情况如图 10-1 所示。

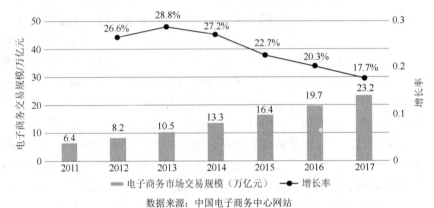

数据来源:中国电子商务中心网站

图 10-1　2011—2017 年中国电子商务市场交易规模汇总

2. 网络调研

网络调研是指在网络环境下,以互联网为信息传递工具,进行调研设计、资料收集、分析咨询等一系列活动。其大多应用于企业内部管理、商品行销、广告和业务推广等商业活动中。

同传统市场调研相比,网络调研具有信息收集的广泛性、信息的及时性和共享性、调研的便捷性和经济性,以及调研结果具有较强的准确性四大优势。随着计算机技术的发展和互联网的普及,网络调研作为新兴的调研方式,逐渐广泛应用于调查研究工作之中。

1)网络调研的现状

目前,国外较为著名的网络调研企业有 SurveyMonkey 和 Qualtrics。SurveyMonkey 为用户提供网络问卷设计编辑发布及数据报表功能,Qualtrics 的主要客户为美国高校和大型集团,它为用户提供网络问卷设计编辑发布及数据报表功能,并细分到不同应用场景和领域,为不同行业提供解决方案。如今国内较为著名的网络调研企业有问卷网、数字一百(推出产品 Surveycool)、问卷星及众调网等。问卷网是国内知名度较高的免费在线调研平台,与大部分网络调研企业采用免费增值模式不同,问卷网采用样本增值模式,即在数据采集服务端实现增值。数字一百公司是一家为企业客户提供市场研究咨询服务的专业机构。问卷星在教育领域拥有较高知名度，占据较大市场份额，学生使用比例高。众调网的主要特色在于依托海略咨询自身积累的资源，专注于大数据研究，提供不同行业如汽车行业等的分析报告。

2）网络调研的前景

（1）互联网+咨询与调查行业成为新方向。网络调研本质上是互联网与咨询及调查行业的初步融合，而互联网+咨询与调查行业的进一步融合，促进了网络问卷调查企业向新型的网络调查研究型企业转型，更加注重向专业化、数字化的研究型企业转型。

（2）移动互联网的兴起推动了网络调研的发展。移动互联网的发展使得用户摆脱了桌面计算机固定地点的信息获取、娱乐方式，手机的便携性更推动移动应用成为一个完全不同的应用体系。

（3）大数据技术有效地提升了网络调研的质量。不同于传统分析采用的随机抽样调查，大数据是将全部样本进行分析，大数据时代的到来使得企业决策者开始转变对传统调查分析方法的认知，通过全面的、快速的数据处理能力和数据分析技术来提升网络调研的质量，将成为网络调研未来发展的关键竞争力，大数据产业的发展也为网络调研业务的转变指明了方向。

10.3.2 网上消费者购买行为

截止到 2017 年 12 月，中国的网民数量达到了 7.72 亿人，互联网普及率为 55.8%，网民的年龄、学历、职业、收入等指标均呈现集中化趋势。他们的在线搜寻、选择、购买、使用及评价活动，呈现新的特征。

1. 网络消费者购买行为的特点

（1）普遍存在求廉心理。消费者之所以选择在网络上购物，其中一大原因是同样的商品在网上购物可能比在实体店购物更加便宜，主要是由于网络销售没有实体店的场地费、柜台出租费及人工费用等，一般比实体店便宜。

（2）注重自我，追求个性。网络用户的购买需求多样化、个性化特征越来越明显。消费者可以在成千上万的产品中选择符合自己审美需求的商品，也可以通过一些设计师的网店等进行独家定制，从而实现想买什么就买什么这样一种随心所欲的购买方式。

（3）头脑冷静，擅长理性分析。80 后、90 后是网络消费主体，受改革开放和成长环境的影响，这样的一批消费群体普遍具有较强的个性，独立性、自主性特征明显，不会轻易受舆论左右，对各种产品宣传有较强的分析判断能力。在购买产品过程中，会积极主动地借助身边的各种网络平台来获取所要消费的商品的详细信息，并且在获取信息的过程中还会做出比较，最终做出综合性的购买决策。同时，他们具有强烈的参与意识，渴望并且愿意积极地参与到企业推出商品的各个环节，希望能够同企业形成双向互动。

（4）对于网上购物的便利性要求很高。随着互联网应用及智能手机的普及发展，网络消费者可以很方便地在一天的任何时段进行购物，这就要求网上购物网站为用户有针对性地提供适合的 App 等，以方便用户可以随时浏览商品。

（5）对于售后服务有较高的要求。网络消费不像在实体店消费，网络消费首先可能存在冲动购买的行为，消费者看到打折、优惠，看到便宜就想买。其次，消费者还可能会受制于产品图片宣传的导向，收到货后发现自己想买的商品和实际收到的商品有很大的差距。基于以上两点，网络消费产生的售后服务，如退换货等，就比较多。最后，消费者因精力有限，没有时间去实体店购买，才选择网上购买，所以消费者期望卖家能够尽快发货，对发货速度要求较高。

2. 影响网络消费者购买行为的因素

（1）产品特性。网络消费者市场与传统环境下的消费者市场相比具有明显的需求差异，网上销售的产品一般要考虑产品的时尚性和新颖性，对消费者具有足够的吸引力。另外，有些产品的销售要求消费者的参与程度比较高，消费者一般需要到购物场所实地观察与试用，并且需要很多人提供参考意见才能做出购买决策。

（2）购物的便利性。方便快捷是网络消费者购买过程首先考虑的因素之一，主要体现在以下两个方面：一是时间上的便捷性。网络购物可以提供24小时实时在线服务，随时接待来访的消费者，没有任何时间限制。二是地点上的便捷性。无论身处任何地点，都可以使用互联网购买全球任何地点的商品。

（3）安全可靠性。安全可靠是影响消费者网上购买行为的另一个重要因素。由于在网上购物，一般是先付款后发货，与传统"一手交钱，一手交货"的购买行为不同。网上购物中时空发生了分离，消费者有失去控制的离心感。因此，提供安全可靠的购物环境可以树立消费者网络购买的信心。

3. 网络消费者的购买行为模式

（1）诱发需求。消费者认为已有的商品不能满足需求时，才会产生购买新商品的欲望，进而才会去选择和购买。对于互联网购物环境下的营销来说，诱发需求的动因只局限于视觉和听觉，于是文字的表达、图片的设计、声音的配置及图文之间的配合，就成为对网络消费者购买行为诱发的直接动因。

（2）收集信息。当需求被唤起后，每一个消费者都希望自己的需求能得到满足，而且想得到更好的满足。因此，收集信息、了解网络市场产品及相关信息成为网络消费者购买的第二个环节。网络消费者获得信息的渠道主要依靠网络广告和检索系统的产品介绍，包括在信息服务商网页上所做的广告、中介商检索系统上的条目及自己主页的广告和产品介绍。

（3）比较选择。在网络购物中，人们可以"货比百家"，商品挑选余地大大扩展。消费者可以从两方面进行商品的挑选：一方面，可以通过网络，方便快速地搜寻全国乃至全世界相关的商品信息，挑选满意的厂商和满意的产品；另一方面，也可以通过公告板，告诉千万个商家自己所需求的产品，吸引千万个商家与自己联系，从中筛选符合自己要求的商品或服务。

（4）购买决策。网络消费者购买决策是指网络消费者在购买动机的支配下，从两件或两件以上的商品中选择一件最满意商品的过程。网络消费者在做出购买决策时主要有以下三个方面的特点：首先，网络购买者理智动机所占比重较大，而感情动机的比重较小。消费者在网络中寻找商品的过程就是一个思考和判断的过程。第二，网络消费者的购买决策过程和速度要更快，一旦在网上认定的产品，消费便会立即下单发出购买指令。第三，受外界影响程度小，因为网络消费者在整个购买活动过程中都是独立完成的，不与外界其他因素接触，主要购买决策都是自主完成的。

（5）购后评价。网络消费者在购买完商品后，通过使用，会对自己购买的商品和购买体验做出满意或不满意的评价。满意的评价对于网络销售企业是最好的宣传，它不但可以留住老顾客还可以吸引更多的新顾客。

4. 大数据对消费者购买行为产生的影响

（1）购买商品的冲动性。在"啤酒与尿布"的经典故事中，正是通过海量的数据处理，找出通常男性在买尿布的同时，顺便购买啤酒。本来他并不想购买啤酒，只是看到了，就有了想买的冲动。这就是大数据产生作用后给消费者带来的一种购买商品的冲动性。

（2）选择商品的理性化。电子商务兴起后，由于消费者看不到具体的商品，就会更加注重其他消费者对商品的评价。消费者会利用得到的各种与购买商品相关的数据信息进行全方位的比较，最终选择最适合他本人的商品。这使得消费者的购买行为更加理性。

（3）数据疲劳和口碑效益。消费者面对海量数据信息有着前所未有的选择权，但同样因为海量数据而又变得难以抉择。消费者时常在对一件商品选择时需要面对众多的商家，被各种有利或不利的、相关或无关的数据信息所影响。

（4）追求更高的需求层次。在大数据环境下的消费者购买行为，也遵循马斯洛需求层次理论。如今电子商务环境成熟，已经能够满足消费者的基本需求和安全需求。

网络购物目前已经渐渐成为消费者的主要购物方式，并且网络购物这种行为超越了简单的购物本质，开始向休闲化、娱乐化方向发展，甚至伴随着社交的功能。面对这些变化，网络消费者的行为有着不同于实体店消费者的特征，这就需要营销者认真地研究网络消费者的行为特征，进行网络市场细分和定位，并且制定针对他们行为特征的营销策略。

10.3.3 网络市场细分和定位

1. 我国电子商务市场的细分行业

2015年我国电子商务市场的细分行业统计数据分析如图10-2所示。从图中可以看出，在我国电子商务市场中，B2B发展模式的行业占据72.1%的规模，是我国电子商务市场的主流发展模式。具体分析B2B行业内部，小企业与规模较大企业各占一半左右。在我国电子商务市场行业细分剩余的27.9%的市场份额中，网络购物占23.1%的比重，在线旅游占2.6%，本地生活服务O2O大约占2%的比例。

该市场细分是根据电子商务子行业进行细分的。除此之外，也可以按照消费者的不同进行市场细分。

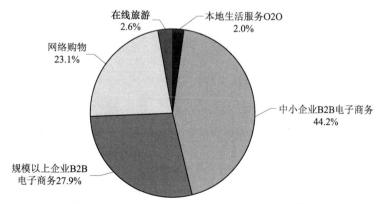

图10-2　2015年中国电子商务市场细分行业构成

2. 按照网络消费者进行市场细分

常用的网络消费者细分指标有：人口统计特征指标，如性别、年龄、收入、职业、教育程度、家庭状况、地域等;购买过程指标,如浏览历史、浏览目的、购买物类型、购买金额、购买时间、支付方式等;购买行为指标,如购买动机等。

根据这些指标,可以将消费者购买划分为多种类型,即划分出细分市场。例如,按照购买历史,可以将消费者细分为试购、重复购买、习惯性购买型;按照购买动机,可以将消费者细分为理智型、价格型、服务型、感情型,或者实用型、炫耀型、个性化型,等等。于是,细分市场也归入相应类型。

3. 企业的网络市场定位

网络营销目标市场定位就是通过营销活动的策划与开展,为企业及产品创造一种明显区别于竞争者的特色性差异,并把这种差异形象、生动地展示给顾客,争取目标顾客的认同,使企业产品在顾客心目中形成一种独特的、鲜明的印象,从而形成网络营销企业独一无二不可替代的竞争优势。

网络营销市场定位的步骤

在进行网络市场定位时,通常按照以下三个方面进行定位。一是顾客定位,即按照网络市场细分进行多指标综合定位;二是产品定位,即产品规格、档位等的定位;三是竞争定位,如作为革新者、追随者、竞争者或保守者的定位。

有了市场定位的标准,网络营销企业需要按照一定的步骤来实现准确的目标市场定位,与传统市场定位相似,网络营销目标市场定位也是按三大步骤来完成。

(1)识别竞争优势。对于网络营销企业来说,必须在充满了竞争的网络市场找到自身的优势所在,这个步骤往往是通过找到自身与竞争对手间的差异性来完成的。传统企业主要借助资金及众多的企业员工为客户提供服务;而网上企业借助知识和智能、主要靠少数脑力劳动者提供服务,网上企业可以更多地开展差异竞争。胜负的关键在于如何适时获取、分析、运用这些来自网络的信息,来制定极具优势的竞争策略。这些差异性体现在 4 个方面,如表 10-1 所示。网络营销企业需要从这些差异中,考量企业自身优势,以便更准确地找到定位切入点,增强企业在网络市场的竞争力。

表 10-1 网络营销企业差异性列表

差异	体现
产品差异	使自己的产品区别于其他产品,可以通过价格、质量、附加服务等方面实现
服务差异	使其与产品相关的服务不同于其他企业,包括为消费者提供的消费体验、消费安全性、售后服务等人性化服务
人员差异	通过雇用和训练比竞争对手好的人员取得更强的竞争优势,对于网络营销企业来说,能恰当把握企业经营模式和特点,具备网络营销技术和理念的人员对于企业的经营和发展都至关重要
品牌差异	为企业树立良好的品牌形象,使企业不同于竞争对手。作为网络营销企业,良好的品牌形象往往体现在营销过程的安全、快捷、方便、诚信度高等方面

(2)选择合适的竞争优势。网络营销企业可以通过找到自身与竞争对手间的差异来获取竞争优势,但此时往往可以列出多种竞争优势,企业需要从若干个潜在的竞争优势中选择其中几个竞争优势,建立起市场定位战略。选择竞争优势时的"合适"主要是指该优势最能使企业在目标市场中发挥出全部能量,获得最大的利益和发展空间。同时,对于同一企业来说,最适合的竞争优势也会随着企业的发展而不断变化,企业应该及时把握现阶段的竞争优势,

及时调整市场定位。例如，阿里巴巴网现今的市场定位是为中国中小型企业提供贸易服务，这里的贸易服务包括国内贸易和国际贸易，其中定位重点放在国际贸易。这与阿里巴巴早期的市场定位有所区别，那时阿里巴巴重点定位在国内贸易，帮助中小企业做生意。

(3) 市场定位的传播和送达。选择好市场定位，必须采取适当的切实步骤把理想的市场定位传达给目标消费者，企业所有的市场营销组合都必须支持这一市场定位战略。对于网络营销企业，可以采用传统和网络相结合的方式传递市场定位，以保证其市场定位深入人心。例如，知名饮品"王老吉"，其市场定位为具备清火功能的功能性饮料，摒弃了不被大多数中国人接受的"凉茶"概念，以一句"怕上火，喝王老吉"的广告词作为宣传口号，通过电视广告、广播、杂志、网络广告等媒体宣传，使此定位深入人心。在国人渐渐接受并喜欢上此类产品后，其后的同类竞争产品便开始以"凉茶"的概念进入市场，将"老字号"、传统、正宗等作为诉求重点进行宣传，也取得了较好的效果。由此可以看到，同类产品在进行市场定位时，不一定只有一种定位标准，应按照当时的市场情况进行最准确恰当的定位。

4. 网络营销市场定位不准及其解决方案

1）网络营销市场定位的常见错误

(1) 定位不明显。有些企业定位不够明显，往往使得顾客心中只有模糊的形象，认为它与其他企业并无差异。

(2) 定位狭隘。有些企业恰好相反，过分强调定位于某一狭隘区划，使顾客忽视了企业在其他方面的表现。

(3) 定位混淆。购买者对企业的品牌形象相当混淆。造成这种状况可能是因为企业的诉求点太多了，也可能是企业的品牌定位过于频繁，没有注意到品牌的整体形象，造成一些矛盾的定位宣传。

2）造成定位不准的因素

(1) 有些企业开展电子商务时，交易量很少，缺乏目标消费者的相应信息，经验不足，依据企业实体市场运作经验或照搬书本进行细分市场和对客户进行假设式的定位，以致容易出现分析和定位偏差。

(2) 企业一开始定位比较准确，然而由于没有对消费者的需求信息进行深入、动态的分析，以致出现原有定位不准的问题。

3）改善目标市场定位的方法

(1) 建立完善的消费者数据库。市场定位是建立在对消费者网络消费行为分析的基础上实现的，这就需要对消费者从寻找购买产品和服务到售后服务等一系列网络消费行为全程数字化，并获取分析。这些行为信息包括：消费者选择产品和服务所访问的网站、网页、广告等信息，包括消费者来自哪里，要具体到县或区级；是初次访问还是经常来访问；是直接访问还是通过搜索引擎访问；每次访问的驻留时间；所关注内容及最关注内容；对产品价格、样式、质量、销量的关心度；购买产品和服务信息，评价信息，反映问题信息；与客服人员沟通的深度等。在遵守法律道德的情况下，尽可能多地收集消费者的行为信息，为以后精准分析奠定数据基础。

(2) 精准细分、定位市场。对所提供产品或服务的市场进行细分时，根据消费者行为相关理论和相关统计工具对收集到的消费者网络消费行为数据进行分析，分析消费者兴趣偏好、覆盖地域、消费者价值、潜在消费者规模、沟通深度及交易情况等，精准分析目标消费者的整体行为特征，从消费者、竞争者的角度细分企业的产品和服务的市场，从而确定目标市场及目标消费者的购物行为。此外，要定期对采集数据进行动态挖掘分析，优选消费者，并通过市场测试验证来区分所做定位是否准确有效。

10.4 网络营销策略

营销策略是为了实现一定时期的营销目标，对各种营销方法的综合使用。在每一种策略中，都需要综合使用多种适当的网络营销方法。本节介绍网络营销 4P 策略，重点突出 4P 策略中各种网络营销方法的使用，并且介绍 4C 网络营销理论下 4P 策略的新特点。

10.4.1 网络营销产品策略

1. 网络营销的产品层次

网络营销具有三个有别于传统营销的显著特点：实时的信息传递、互动的人性化沟通及附加价值（服务及相关信息）的有效剥离。"把产品当成服务卖"，是网络营销的一项重要的游戏规则。由于互联网作为一种互动媒体的特殊性，以及网络营销就是服务营销的实质界定，所以网络产品也就有了比传统产品更为丰富的内容和层次，企业营销的产品策略也相应地有了更多的新创意。

网络产品是指企业在网络营销过程中为满足网络消费者的某种欲望和需要而提供给他们的企业网站、相关资讯、企业生产的产品与服务的总和。网络产品的层次区分，可以通过企业的网络营销过程来进行。开展网络营销的企业，必然有实体的产品（或服务），而实体产品（或服务）的展示必然要附加相关的资讯，这些实体产品（或服务）和资讯都要借助网站平台来实现。因此，网络产品是基于网站平台的实体产品和资讯产品的总和。其中，实体产品或服务是企业进行网络营销的基础，资讯产品衍生于实体产品，网站产品则是承载以上两者的平台。

（1）实体产品。这里所界定的实体产品既包含了有形的产品，又包含了无形的服务，是开展网络营销的企业期望在互联网上销售的没有进行信息延伸的企业原始产品。包括硬体商品（hard goods）、软体商品（soft goods）和在线服务（on-line service）。

（2）资讯产品。资讯产品是指在网络营销过程中，为满足顾客的需要，以网络为渠道提供的一切信息的总和，它或是对网络实体产品的信息化包装和延伸的数字产品，或是一种纯粹的信息提供。它不仅包含产品的多媒体广告、相关行业信息、产品的附加增值信息，还包括信息资讯服务、客户或网络消费者相互交流的信息等。

（3）网站产品。网站产品是企业为推广整体的企业形象和发布产品信息而开发的满足网络消费者全方位消费需求的产品，它既包括了实体产品又包括了资讯产品，是两者有机组合的产物。

2. 网络营销的产品策略

1）网络实体产品策略

网络实体产品是开展网络营销的企业在互联网上销售的没有进行信息延伸的有形的原始产品。实体产品品种多为民用品、工业品、农产品等。因为购物方式的改变，并不是所有的产品都适合放到网上去销售，一般放到网上去销售的产品均有以下特点：资讯丰富的产品、规范化的产品、顾客自主性强的产品。

(1) 网络实体产品的开发策略。

第一步，创意形成。通过互联网，企业可以实现宽范围、低成本、交互式的市场调研，通过设置讨论区、留言板及开展有奖竞赛等方式，发现顾客的现实需求和潜在需求，形成原始创意，从而形成产品构思。此外，互联网也为企业快速跟踪科技前沿，掌握竞争者动向，加强与供应商和经销商的联系，收集各种信息提供了极大的方便。

第二步，概念测试。借助计算机辅助设计和制造系统把要测试的产品概念做成实物模型，然后放在网上的虚拟店铺中，请消费者进行虚拟参观、购物，从而观察、测试消费者的行为并收集网络消费者的意见，此为概念测试。它成本低、灵活性强，调查者可随时改变被测试产品的设计，并能与顾客进行即时、广泛的交流。

第三步，产品开发。顾客通过网络全程参与和协作产品的研制开发工作，有关供应商和经销商也可以直接参与新产品的研制与开发，这种全程的沟通与协作极大限度地提高了产品研制开发速度和成功的可能性。

第四步，市场检验。通过市场测试，企业可以估计产品的销售潜力、消费者的价格接受水平，并识别产品和已提出的营销方案的弱点，避免实际上市时出现失误而带来损失。

(2) 网络实体产品的包装策略。对于网络实体产品的包装，并不是仅仅在网站上展示原有产品的包装图案，而是充分利用网络和多媒体技术，通过图片、动画、音响、交互工具等，通过整合的信息载体给消费者造成强烈的视觉冲击和心灵震撼，强化消费信心，刺激购买欲望。另外，网页也是实体产品的包装工具。精良和专业的网页设计，如同制作精美的印刷品，会大大刺激消费者（访问者）的购买欲望。逻辑清晰的产品目录或创意独特的广告会使得消费者在一定程度上对有关的产品形成一种好感，即使不会购买，也必然对这些产品形成一定程度的认同。

(3) 网络实体产品的解剖图策略。利用网页引人入胜的图形界面和多媒体特性，企业可以全方位地将产品的外观、性能、品质及产品的内部结构一层层解剖出来，使消费者对产品有一个客观、冷静、不受外界干扰的理性了解。

(4) 网络实体产品的定制策略。充分利用网络技术的多媒体展示及交互性的特点，给消费者一个个性化定制产品的自由空间。企业可以由此了解和满足消费者的个性化需求，同时也为新产品开发和产品延伸提供了一条崭新的思路。

2）网络资讯产品策略

常见的资讯产品主要包括以下几种：行业和企业的信息及产品的型录和技术资料、网上虚拟社区（BBS 和 Chat）、媒体产品（电子报纸、杂志等）及网络软件、数字化资讯与媒体产品、常见问题解答（frequently asked questions，FAQ）、在线服务（在线订购、金融、旅游服务）、客户邮件列表、音乐、体育、电影、游戏等。网络资讯产品策略的研究主要针对网络资讯产品的剥离策略、相关性策略、开放性策略和定制策略等几个方面。

(1) 网络资讯产品的剥离策略。除了一些数字化的产品，网络并不是实体产品的分销渠道，所以网络营销从实质上说是服务的营销。因此，配合企业的销售，将企业的产品和服务的核心产品与其附加信息（如传统营销理论整体产品构成中的形式产品、期望产品、延伸产品和潜在产品）作适当的分离，或将产品的售前、售中、售后服务的信息从产品中剥离出来，或者广泛收集与本企业所提供的产品和服务密切相关的信息内容提供给消费者，是企业网络产品策略中的一个重要内容。

（2）网络资讯产品的相关性策略。所谓资讯产品的相关性，是指网站所提供的资讯最好能和网络的实体产品有一定的联系，或者是以网站的实体产品为基础。这样资讯产品不但拥有它本身的价值，同时也能为促销实体产品提供帮助。相关策略又分为直接相关策略（资讯产品直接为实体产品服务）和间接相关策略（不直接的为实体产品服务，但是资讯产品的接受者与实体产品的目标顾客相重合）。

（3）网络资讯产品的开放性策略。资讯产品开放性策略是指利用互联网，为网络消费者提供一个开放性的平台来进行信息交流和互动的一种策略。信息产品的开放性策略不仅增强了顾客的互动程度，还从另一方面将网站建设者从资讯的完全提供者角色中解放出来，减少网站管理的人力资源。

（4）网络资讯产品的定制策略。网络资讯产品的提供者应了解顾客的要求和愿望，将大规模营销改进为小众，甚至是"一对一"的营销，为消费者提供极具个性化的信息产品。这样将促使企业营销具有更多的人性化关怀，逐步提高客户满意度及忠诚度。

3）网站产品策略

网站产品策略主要体现在定位策略和规划策略两个方面，而后者又包含确定网站的主题和进行网站的总体规划两部分。

（1）网站产品定位策略。网站产品定位策略是指塑造网站与众不同的特征，并把它传递给顾客（浏览者），使之接受并产生偏好的策略。根据不同的消费需求，企业必须制订选择相应的网站产品定位。对于购买者，最有效的策略是模拟真实的购物环境，设有产品分类目录、易于搜索的产品信息库和购买建议、订货、付货系统、购物车和交款台等；对于信息需求者，应该将网站办成一个包括行业、企业产品、消费者反馈等全方位的信息提供源，并且保持时时更新；对于娱乐追求者，有效的策略是充分利用网络互动、信息廉价和网络的多媒体特性，提高娱乐的享受程度，使他们获得一种良好的感觉，并适时将他们转化为购买者；对于免费品搜寻者，企业网站可以提供一些诸如免费软件、免费照片、免费旅游、免费书籍等额外价值让渡给这类顾客，通过免费产品或资讯来吸引眼球，以推广产品或服务。

（2）网站产品规划策略。企业在确定网站主题时，应当注意防止"Internet 近视症"，即仅强调利用网站提高销售量。由于网络营销只是利用互联网辅助传统营销目标实现的一种营销手段，其实质是服务的营销，目的在于通过服务与顾客建立长期忠诚的关系，因此，就传统的制造型企业或依托传统的销售渠道进行营销的企业而言，网络营销的真正意义在于吸引和保持顾客，提升公司的反应速度和个性化服务水平，从而间接为产品和服务的销售服务。

网站的总体规划是网站产品规划策略的重点。网站的组成结构一般包括主页、网站导航（站点地图）、相关内容及栏目、新闻、广告、相关链接、信息交互及联系信息。企业在规划网站构成时应当考虑到上述要素。具体要求是：主页应该清晰表现主题，信息明确、简洁，要突显为消费者服务的内容；要理解网络媒体"软营销"的特征，尽量防止滥用广告的强销企图，以免造成浏览者的不满和心理抗拒，影响广告的传播效果；链接与导航要顺畅，保证消费者的过程利益；做好信息交互，设立虚拟论坛及相应的信息反馈模块等。

3. 网络品牌策略

（1）客户关系管理策略。客户关系管理是将客户作为管理的重点，及时地与客户进行沟通，了解顾客需求，进而为顾客提供其所需要的产品和服务。企业可以建立多个账户进行相应的管理，在社会化媒体平台上进行信息的传输。还要对受众进行分层，根据不同的层次传播不同的信息。另外，通过对多个账户进行管理，可以更加全面地获取信息，从而使营销决策更加精准。

（2）内容策略。在对传播内容进行设计时，企业要首先确定目标受众的需求，然后通过各种形式对传播内容进行包装，从而扩大信息传播范围。除此之外还要收集用户的反馈信息，及时地对内容进行更新。

（3）品牌策略。品牌营销不需要建立庞大的营销网络，而是通过品牌形象，将产品信息传播到消费者的心中，让消费者对产品更加地了解。品牌策略将品牌与消费者需求连接起来，根据消费者的需求进行品牌定位，并将定位信息迅速地传播给消费者。

4. 网络营销产品策划

（1）根据产品性质与类型策划产品策略。消费者想要购买产品，会有一定的需求和欲望，但是网上产品品种繁多，品牌各异，如何让消费者第一时间消除疑虑并转化为购买，最重要的就是消费者确认产品的性质、类型、名称和产品信息。

（2）根据产品质量策划产品策略。在网上进行购物，产品的质量是从产品的详细描述和顾客对产品的评价中体现出来的。如果评价不好，顾客就可能不购买此产品，因此要策划产品的特点并展示顾客对产品的评价，让消费者用最短的时间了解产品的质量。例如，京东"美国车厘子"产品质量的策划，从产品特色、产品营养、进口资质、顾客评价等方面来策划。通过策划产品特色，让消费者了解美国车厘子的独特之处；通过策划产品营养，让消费者了解车厘子富含维生素、铁等人体需要的微量元素，让消费者吃出健康；通过策划进口资质的展示，让消费者吃得安全；通过策划顾客评价，让消费者了解其他顾客的购买体验，利用其他顾客推广产品，达到产品质量策划的目的。

（3）根据产品品牌策划产品策略。策划品牌策略主要是策划产品的品牌和经销商的品牌效应。例如，京东用了 10 年时间打造自己正品行货的品牌，京东在"美国车厘子"产品品牌的策划上，也沿用了正品行货和全国联保的品牌标识，并告知消费者京东自营的好处，让消费者放心购物，更能让消费者成为老顾客，重复性购买产品。

（4）根据产品包装和物流需求策划产品策略。包装策略和物流策略策划的好坏能提升企业的品牌知名度并增加销量。例如，京东在"美国车厘子"产品包装和物流的策划是和产品的品牌策略结合在一起的，在介绍京东自营产品"享受 3 大京东特色服务"上来体现京东配送快、安全性高的特点，策划了京东的 3 大特色服务即便捷的配送方式、灵活的支付方式、优质的顾客服务。

（5）根据产品对应的目标市场策划产品策略。企业要对销售的产品进行目标市场的细分，进一步促进企业网上销售，提升企业销量。例如，京东在"美国车厘子"产品目标市场的策划中，利用"特色食谱"来说明车厘子产品老少皆宜，可以和其他水果共同制作果酱，适合老年人食用，可以制作水果冰棒适合年轻人食用，可以做成水果沙拉给小孩子食用等。

5. 网络营销产品策略与传统营销产品策略的比较

网络营销产品与传统市场营销产品相比，具有跨时空、多媒体、交互式、拟人化、成长性、整合性、超前性、高效性、经济性和技术性等特点，已经成为世界各国市场营销发展的趋势。网络营销产品是传统营销产品在网络环境下的继承、发展和创新，建立在因特网上的网络营销产品不受时间和空间的限制，具有无可替代的功能和优异的特点。

（1）产品概念。在传统营销中，产品多是一种物理的概念，是实实在在的东西。随着社会生产力及网络和信息化的发展，在网络营销中传统产品策略已开始变化，逐渐演变为满足消费者需求的营销策略。作为产品策略的内容，已由原来单一的实物产品策略转化为实物产品策略、服务产品策略和信息产品策略三位一体的产品策略。在传统营销中，产品的整体概念可分为核心产品、有形产品和期望产品三个层次；而在网络营销中，产品的整体概念可分为核心产品、有形产品、期望产品、延伸产品和潜在产品，比传统营销还要再加两个层次，以满足顾客的个性化需求。

（2）产品分类。在网上销售的产品，按照产品性质的不同，可以分为实体产品和虚体产品。实体产品是指有具体物理形状的物质产品。虚体产品一般是无形的，即使表现出一定形态也是通过其载体体现出来，但产品本身的性质和性能必须通过其他方式才能表现出来。虚体产品可以分为软件和服务。软件包括计算机系统软件和应用软件。服务可以分为普通服务和信息咨询服务。传统营销产品的分类有多种方法，其中根据消费者的类型可以把产品划分为工业品和消费品两类。消费品又可以分为耐用消费品、非耐用消费品和无形消费品。

（3）新产品开发。在传统营销中，企业设计开发产品是以企业为出发点的，虽然也要经过市场调查和分析来设计和开发，但在产品设计和开发过程中，消费者与企业基本上是分离的，顾客只是简单被动地接受测试和表达感受，无法直接参与到产品概念的形成、设计和开发环节中。在网络营销中，强调营销的产品要转为以顾客为中心，顾客提出需求，参与到企业产品的设计和开发中来，从而企业能够满足顾客个性化的需求。同时，通过互联网，企业可以与供应商、经销商和顾客进行双向沟通和交流，加快新产品研制与开发速度。

（4）新产品试销。网络市场作为新兴市场，消费群体一般具有很强的好奇性和消费领导性，比较愿意尝试新的产品。通过网络营销来推动新产品试销与上市，是比较好的策略和方式。但须注意的是，网上市场群体还有一定的局限性，并不是任何一种新产品都适合在网上试销和推广的。一般对于与技术相关的新产品，在网上试销和推广效果比较理想，这种方式一方面可以比较有效地覆盖目标市场，另一方面可以利用网络与顾客直接进行沟通和交互，有利于顾客了解新产品的性能，还可以帮助企业对新产品进行改进。

（5）产品选择。网络营销比较适合于具有高技术性能或与计算机相关的产品，市场需要覆盖较大地理范围的产品，不太容易设店的特殊产品或传统市场不愿经营的小商品，网络营销费用远低于其他销售渠道费用的产品，网络群体目标市场容量较大的产品和服务，便于配送的产品，等等。

（6）产品生命周期。在传统营销过程中，产品的生命周期一般包括试销期、成长期、成熟期、饱和期和衰退期五个阶段。而在网络营销中，由于厂家与消费者建立了更加直接的联系，企业可通过网络迅速、及时地了解和掌握消费者的需求状况，从而使新产品从一上网的那一时刻起，就知道了产品应改进和提高的方向，于是在老产品还处于成熟期时，企业就开始了下一代系列产品的研制和开发，系列产品的推出取代了原有的饱和期和衰退期。在网络营销中，企业应特别重视产品试销期、成长期和成熟期营销策略的研究。

（7）品牌。传统产品营销是借助各种媒体树立企业形象，提高品牌知名度，这种联系是基于一对多的模式，企业只是借助媒体提供信息、传播信息，消费者只能凭借片面宣传和消费尝试建立对企业形象的理解。而互联网的交互性和超文本链接、多媒体及操作的简易性使在网上进行宣传更具操作性和可信性，更易建立品牌形象，并能够加强与顾客沟通，加强顾客对品牌的忠诚度。网络没有地域界限，因而创立品牌更有远见的做法是从一开始就把它看成一个确立的品牌、一个充满意义的品牌，并由此传播，赋予品牌独特、明确的内涵和意义。

（8）服务。互联网的出现突破了传统服务的限制，顾客可以通过互联网得到更高层次的服务。顾客不仅可以全方位了解信息，还可以直接参与整个过程，最大限度地满足其个人需求。对企业来说，必须改变业务流程和管理方式，实现柔性化服务，扩大服务市场范围，创造新的市场机会。

案例 10-6：可口可乐的创意包装

2013 年夏纳国际创意节上，可口可乐以"昵称瓶"的创意包装+"快乐"的营销主题获得了"2013 年创意营销商大奖"。把在社会化媒体上积极向上并广为使用的特色关键词印在瓶身上，既符合它的品牌形象又拉近了与消费者的距离，使整年的可口可乐销售额提高了两倍多。2014 年可口可乐中国又推出"歌词瓶"，瓶身上的歌词大多来自当下最受欢迎的明星和他们的单曲，迎合了不同年龄层、背景人群的喜好。为了达到更好的互动效果，特别选择在 2014 年世界杯开赛当天，为球迷们定制可口可乐"专属"喝彩歌词送给喜欢的球队。此外，可口可乐还在电影院、超市等公共空间推出了可以专门定制的"定制歌词瓶"，扫描瓶上的二维码，专属的歌词旋律还会响起。当年可口可乐 6 月单月汽水饮料售量增长高达 10%。2015 年可口可乐又换装推出"台词瓶"，共收录国内外经典及流行的电影或电视剧台词 49 句，包括"臣妾做不到啊""你是最棒的""万万没想到"等经典台词。可口可乐还在世界上其他地区推出"盲文瓶""姓氏瓶"等，将瓶身社交文化做得更加深入，使品牌在与消费者互动中更深入人心。

资料来源：刘冰艳. 基于新媒介技术的可口可乐广告互动策略研究[J]. 科技传播，2016，8（14）：72-74.

10.4.2 网络营销价格策略

价格策略是企业市场营销组合策略中的重要组成部分，具有一定的灵活性与艺术性。对消费者来说，价格高低向来是对其购买意向和购买行为影响较大的因素。与传统的实体店相比，网上经营企业不需要支付固定的场地费用，也不会因消费者触及商品而造成商品损坏、遗失从而导致成本增加。另外，很多的网上经营企业直接与供货商达成供货协议，无须自己建造、租赁仓库存储待售商品，从而节省了物流成本。因此，网上经营企业相比实体店来说具有较强的价格优势，在利润率相同的情况下，网上经营企业可以比传统实体店制定相对较低的价格。但是，对网上经营企业来说，各网上经营者之间也存在较为激烈的竞争，需要制定适当的价格策略。

1. 网络营销价格概述

网络营销价格是指网上经营企业在网络营销过程中与消费者双方成交的价格。网络营销定价是指网上经营企业为其网上销售的相关产品和服务制定相应的价格。网络营销价格的形成与确定一般较为复杂，它会受到很多因素的影响和制约。一般来说，影响网上经营企业网络营销价格形成的因素主要有以下 4 个方面。

（1）成本因素。成本因素是网络营销价格形成的重要影响因素，它是网络营销价格的底线，对网上经营企业的网络营销价格形成具有很大的影响。网络营销价格一般不会低于成本，如果网络营销价格低于成本，网上经营企业就会面临亏损的危险。

（2）供求关系。供求关系是影响网络营销价格形成的基本因素之一。一般来说，当商品供给量小于市场需求量时，网上经营企业的商品定价会相对高一些；反之，就会低一些。当商品供给量与市场需求量基本平衡时，网上经营企业的销售价格将确定在买卖双方都能接受的相对适中的价格水平。另外，在供求关系中，网上经营企业的商品营销价格还受需求价格弹性的影响和制约。一般来说，需求价格弹性较大的商品，网上经营企业可以制定相对偏低的价格，达到薄利多销的效果；反之，则可以制定相对偏高的价格。

（3）竞争因素。竞争因素也是影响网络营销价格形成的重要因素之一。任何一家企业都不是在真空中生存和发展的，都要面临与竞争对手的竞争，网上经营企业也一样。竞争因素对网络营销价格的影响，主要在于商品的供求关系及其变化趋势，竞争对手的定价目标、定价策略及其变化趋势。

（4）其他因素。除了上述三个主要影响因素外，营销组合策略中的其他因素，以及网上经营企业面临的各种宏观环境因素和微观环境因素，如经济发展水平、国家政策、消费者特征、社会突发事件等，均会对网上经营企业的网络营销价格的形成产生一定程度的影响。

2. 网络营销价格策略的特征

与传统产品的价格相比，网络产品的价格具有一些新的特点：价格水平趋于一致、非垄断化、趋低化、弹性化和智能化。传统产品是按成本定价，即通过"生产成本+生产利润+商业利润+品牌系数"来确定。在这种价格策略中，生产厂家对价格起着主导作用。这种价格策略能否为消费者和市场接受是一个具有很大风险的未知数。网络产品是按满足需求定价，即：消费者需求—产品功能—生产与商业成本—市场可以接受的性能价格比。网络市场是面对全球的市场，这使得产品定价时必须考虑目标市场范围的变化给定价带来的影响，必须采用全球化和本地化相结合的原则进行。

因此，与传统实体店的营销方式相比而言，网络营销方式在其价格策略方面有自身独有的特征。

（1）价格水平趋于较强的一致性。网络市场是一个较为透明、开放的市场，信息沟通非常迅速，消费者可以及时获得关于同类商品的相关信息，包括价格信息，能够及时对商品的性质和价格水平进行充分的比较。这样，就迫使网上经营企业不能因区域的差异而制定具有差异性的价格，在一定程度上促使价格水平趋于一致。

（2）价格弹性相对偏高。网络市场的开放性和透明性，使消费者能够同时获取某种产品的多个甚至全部商家的价格信息，并据此做出较为理性的购买决策，这就决定了网络营销的价格弹性相对偏高。

（3）价格水平相对偏低。在网络营销活动中，商家和消费者一般是直接沟通、交易，不需要任何中间环节，这样能够使网上经营企业的产品开发和促销成本降到最低。同时，消费者在购买决策上具有较大的选择余地，这就促使网上经营企业以尽可能低的价格出售商品，增加顾客让渡价值。

（4）定价难度相对偏大。对消费者而言，商品信息易于掌握。网上购物消费者可以借助搜索引擎，利用品牌信息从全世界的众多网站中寻找其所需的商品和服务，也可以从某个网站上寻找所要解决的问题方面的信息，或者通过其他网络平台获得世界各地具有相同需求的消费者的观点和体验。这就促使网上经营企业想方设法利用各种创新方式来面对这种现实，但是由于网络市场的开放性和透明性，创新手段又会很快被竞争对手模仿，进而导致网络市场上更为激烈的竞争，同时给予了消费者更大的定价权利，为网上经营企业留下了一系列的定价难题。

3. 网络营销价格策略的制定过程

（1）确定网上经营企业的定价目标。定价目标是指网上经营企业制定商品价格所要实现的目标。网上经营企业的定价目标不同，其制定的商品价格也存在一定的差异。网上经营企业的定价目标不是单一的，是一个多元化的结合体。一般而言，网上经营企业的定价目标主要有利润最大化目标、投资回报率最大化目标、市场占有率最大化目标等。

（2）网络营销价格策略的制定程序。在网络营销活动中，网上经营企业要想制定科学、合理并能够适应网络市场环境的商品价格，必须从以下几个方面进行。

首先，要分析其消费者的需求信息，主要包括商品的市场需求总量、市场需求结构、不同消费水平上的消费者可能购买的商品数量及商品的需求价格弹性等。

其次，要对商品的各种成本进行估算，以确定自己的商品在网络市场中的相对地位，这是网络经营企业确定其商品价格策略的最基本的一个环节。

再次，要分析行业竞争对手的商品价格策略及同类商品、替代品的价格策略，以对整个行业的价格水平情况有个全面的掌握，为网络经营企业确定自己的定价目标和网络营销价格策略奠定基础。

最后，根据上述步骤，确定商品可能的价格水平，并通过市场适销的方式使商品与消费者直接接触，同时，在适销活动过程中征求消费者关于商品价格的意见，从而确定商品的最终价格。

4. 网络营销价格策略

在确定网络营销价格策略时，不仅要考虑到传统营销中的价格理论知识，还要考虑网络市场的开放性、透明性及网络营销价格易于比较的特点，形成科学、合理的网络营销价格策略。网络营销价格策略主要有以下几种。

（1）低水平价格策略。低水平价格策略主要有两种方式：一是直接低价策略，它是指在确定商品价格时主要采用成本加少量的利润，甚至是零利润的价格策略。但是采用直接低价策略有个前提条件，那就是企业通过网络市场销售商品可以节省大量的成本。二是价格折扣策略，让消费者直接了解商品的各种信息和折扣幅度以促进消费者购买。企业对自己经营的商品按照传统市场上的价格进行折扣，以吸引消费者产生购买行为。

（2）消费使用价格策略。消费使用价格策略，是指网络经营企业让消费者通过网络注册后就可以直接消费使用其经营的产品，消费者只需按其消费使用的次数多少进行付款，无须将产品完全购买。这种价格策略一方面可以节省大量生产和包装成本，另一方面还可以吸引那些心存疑虑的消费者使用商品，进而扩大企业的市场占有率。使用这种价格策略，一般要求产品适合网络远程传输，如各种软件、音乐、电影等产品。

（3）定制定价策略。由于部分消费者的需求存在一定的个性化差异，一般的商品难以满足其个性化的需求，企业可以根据其个性化的需求为其特别定制商品，当然也要为其单独制定价格。企业在实行定制生产的基础上，利用网络技术和辅助设计软件，帮助消费者选择配置或自行设计能满足其需求的个性化产品，如 Dell 公司网上直销中的定价策略。

（4）拍卖竞争价格策略。在网上拍卖时，消费者可以通过网络轮流公开竞价，在规定时间范围内出价最高者将赢得与卖家交易的权利。企业的库存积压产品比较适合采用网上拍卖竞价进行销售。另外，企业的一些新产品，也可以通过网上拍卖展示来达到促销的效果。

（5）免费价格策略。在网络营销中，免费价格策略既是一种促销策略，也是一种有效的价格策略。很多企业借助免费价格策略一举获胜。免费价格策略就是企业商品和服务以免费的形式提供给消费者使用，满足其需求。

免费价格策略主要有以下几种形式：一是商品和服务完全免费，即产品（服务）从购买、使用到售后服务都不需要支付任何费用；二是对商品和服务实行限制免费，即产品（服务）可以被免费使用一定期限或次数，超过该期限或次数后，需要支付一定费用；三是对商品和服务实行部分免费，如一些网站公布的关于某一方面的部分数据、研究成果等，供消费者使用，如果消费者想要获取全部的数据或成果则必须支付一定的费用；四是对商品和服务进行销售时，实行捆绑式免费，即在消费者购买某种商品或服务时免费赠送其他相关的产品和服务。

网上经营企业在网络营销中采用免费策略主要有两个目的：一是让消费者对商品或服务免费使用习惯后再开始收费，从而达到促销策略的目的；二是通过免费价格策略达到提高市场占有率的目的。

（6）差别定价策略。企业为了最大化总收益，最大限度地攫取消费者剩余价值，根据顾客的需求和期望、购买心理、产品差异、购买时空差异等，为商品进行差别定价。这种差别定价可以体现为会员价、议价、动态定价、定制商品的区别定价、限时定价、地区限价等多种形式。

➡ **案例 10-7：亚马逊的价格领先地位**

一份频繁的价格调整和打折的组合数据（见图 10-3）表明，亚马逊夺得了 2015 年黑五（black Friday，黑色星期五）竞争性定价的王冠。根据 360pi 的研究，在该市场调查公司对黑五期间的调查中，在作为样本的逾 7 000 种商品中，亚马逊对其中 80% 的商品的定价都是最低价格。这反映了亚马逊在"赢得假期"策略上的持续投入，虽然有建议表明它最大的利润来自云和订单履行服务，以及第三方零售商业务，而非其传统的零售收入。第二名国内零售商是沃尔玛，它在这个黑五市场对亚马逊形成了巨大压力，因为它在最低价商品数或同为最低价商品数两方面，都与亚马逊几乎相当。

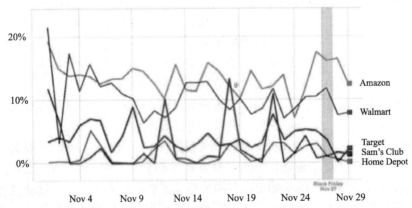

图 10-3　黑五期间美国五大零售商样本类别每日价格变动百分比（2015 年 11 月 1—19 日）

注：基于亚马逊分类的 18 000 个 SKU 下的一个样本；每个零售商的样本类别商品的每日平均价格变动；只包含有库存商品的不含运费的网上价格。

亚马逊在价格上的领先地位主要归功于它高度频繁的动态定价策略。据 360pi 的分析，亚马逊在整个 11 月期间，对这 18 000 个样本商品中的 14%的商品，每天进行价格变动，其中在它发起其雷霆般季节促销的首日——11 月 1 日，就平均打折 19.5%。对自己的畅销商品，亚马逊进行更频繁的价格调整。360pi 的畅销商品样本中，高达 35%的商品的价格被每天都进行调整。Wolfe 调查公司的零售分析家 Aram Rubison 基于他自己所做的调查，总结道："亚马逊不怕时不时地按下价格按钮……总体来说，我们在亚马逊进行促销的商品中，发现了相较于 Home Depot、Best Buy 等竞争对手的 27%的折扣。而在更平常的日期和更大的篮子中，折扣则远远没有这么大。"

资料来源：WOLF. Amazon was lowest in black Friday pricing, but Walmart and Best Buy came close［EB/OL］（2015-12-2）. https://www.twice.com/retailing/amazon-was-lowest-black-friday-pricing-walmart-and-best-buy-came-close-59633.

10.4.3 网络营销渠道策略

网络营销渠道策略是选择一种或多种网络营销渠道，将企业产品或服务营销给顾客的过程。近年来，随着网络经济的发展，除了企业网站直销渠道、第三方电商平台之外，网络营销出现了很多新渠道，如微博、微信、手机 App、社交网络、社群、直播，甚至网络游戏、视频、综艺节目等。了解这些网络营销渠道，结合企业目标，正确选择网络营销渠道组合，解决渠道冲突，是网络营销渠道策略要解决的问题。下面将在与传统营销渠道进行比较的基础上，介绍这些网络营销新渠道的特点、作用和常见方法，然后探讨多种网络营销渠道之间的协调问题。

1. 网络营销渠道与传统营销渠道的比较

（1）渠道功能方面。传统营销渠道的功能是单一的，它仅仅只是商品从生产者向消费者转移的一个通道，而网络营销渠道的功能则是多方面的。首先，网络营销渠道是信息发布的渠道。其次，网络营销渠道是销售产品、提供服务的便捷途径。最后，网络营销渠道是企业间洽谈业务、开展商务活动的场所。

（2）渠道长度方面。传统营销渠道根据中间商数目的多少，将营销渠道分为若干级别。直接分销渠道没有中间商，因而叫作零级分销渠道；间接分销渠道则包括一级、二级、三级乃至级数更高的渠道。网络营销渠道的直接分销渠道和传统的直接分销渠道一样，属于零级分销渠道；而其间接分销渠道结构要比传统营销渠道简单得多，网络营销中只有一级分销渠道，即只存在一个电子中间商来沟通买卖双方的信息，而不存在多个批发商和零售商的情况，因而也就不存在多级分销渠道。在网络营销中，无论是直接分销渠道还是间接分销渠道，较之传统营销的渠道结构都大大减少了流通环节，有效地降低了交易成本。

（3）中间商方面。传统中间商是要直接参加生产者和消费者交易活动的，而且是交易的轴心和驱动力，需要承担物质、信息、资金等交换活动，而且这些交换活动是伴随交易同时发生的，达成生产者和消费者之间的交易需要两次，而中间的信息交换特别不畅通，造成生产者和消费者之间缺乏直接沟通；而电子中间商作为交易的一种媒体，它主要提供的是信息交换场所，传递产品服务信息和需求购买信息，高效促成生产者和消费者的具体交易实现。具体的物质、资金交换等实体交易活动则由生产者和消费者直接进行，因此交易中间的信息交换与实体交换是分离的。电子中间商可以帮助消除生产者和消费者之间的信息不对称，在有交易意愿的前提下才实现具体实体交换，可以极大地减少因信息不对称造成无效交换和破坏性交换，最大限度降低交易成本，提高交易效率和质量。

2. 网络营销新渠道

1）电商平台渠道

下面以淘宝网为例，分析电商平台渠道中可以使用的营销工具。这些工具包括为消费者服务的工具和为卖家服务的工具两大类。

（1）为消费者服务的工具包括两类，具体如下。

第一类是社区类服务。淘宝网向消费者提供了3种消费者互动社区：① 淘江湖。消费者可像使用社交软件一样添加自己的朋友、亲人，从而获悉身边人的购物动态并及时分享购物经验。② 淘心得。是社会网络软件（SNS）形式的导购中心，消费者可看到其他消费者的购物心得。③ 淘打听。其功能类似百度知道，是淘宝网购物的问答平台，以更人性化的方式帮助消费者找到心仪的商品。

第二类是便利性服务。抓住消费者对折扣的需求，提供"淘宝客"和"聚划算"。消费者在淘宝客推广专区获得商品代码，再将代码发给亲朋好友或自己，通过该代码购买的商品可获得商家的回扣。该服务为消费者带来了便利，也成为淘宝商家的一种推广方式。而聚划算则通过团购方式为消费者带来商品减价，现已成为独立的团购平台。

（2）为卖家服务的工具。淘宝网针对卖家所提供的服务几乎涵盖了店铺经营的各个方面，从选货、装修到利润分析一应俱全。大量的数据分析工具不仅提高了网上商铺的运营效率，同时也降低了商家的经营风险，真正做到让没有经验的人也能开好网店。除即时沟通软件"阿里旺旺"之外，该平台的其他主要服务项目见表10-2。

表10-2 淘宝网针对商家的数据服务工具

类目	数据服务工具	工具内容	备注
选货	数据魔方	爆款分析	了解热卖商品
		关联宝贝分析	关联销售
	宝贝运营大师	店内宝贝整体情况	—
	淘榜样	竞争对手宝贝分析	同级别卖家情况
	生e经	单个宝贝详细分析	—
流量	小艾分析 一键导购 店铺黄金眼 搜索排名监控专家	店铺总体流量监测 店铺首页流量分析 活动页面流量监测 宝贝流量监控	日浏览量、停留时间、转换率 个性化装修建议 — —
经营监控及营销推广	营销智多星	店铺成交数据	交易详细数据
		店内营销	关联营销的商品关系
		营销工具	行业折扣幅度、营销活动效果
	直通车精灵	关键词定位	设置关键词、关键词效果
	店铺黄金眼	活动效果分析	—
客户服务	客服智多星	售前服务	了解用户偏好
		售中服务	即时改价
	迎客宝	售前服务	查看用户历史评价记录
	行情参谋	售后服务	提醒用户付款、点评

类目	数据服务工具	工具内容	备注
老客户营销	决策通 旺铺智多星 数据赢家 淘问卷	RFM 分析 前台推荐 动态会员等级 客户调研	老客户分群 个性化推荐 调整会员优惠制度 问卷调查
利润分析	淘算盘	利润报表	—
店铺装修	量子装修分析	—	装修前后效果分析

2）微博营销

微博是目前人气最旺的 SNS 网站，已经成为商家开展网络营销的主要阵地。卖家可根据目标消费群体的特点，选择在适合的微博平台上注册账号、发布微博，将文字、图片、视频和链接等资源有机结合起来立体展示商品，开展促销活动。由于微博信息的传播方式是"$1 \rightarrow N \rightarrow N$"的裂变式病毒传播，所以网店通过微博营销，能够快速提升店铺知名度，增加其流量和销量。

在微博的内容方面，自微博的创始人杰克·多尔西为 Twitter 规定，每条不能超过 140 个字符后，其他类似的微博服务都直接沿用了这个看似武断、细琢磨却又有无穷趣味的规则。例如，淘宝商家必须在这 140 个字内自由发挥，这 140 个字的发挥直接影响淘宝商家的粉丝受众数量和质量，以及粉丝受众关注其微博时间的长短。

在微博中发布宣传广告方面，实践调查显示，微博一天发布的信息条数应在 10～20 条，过少会让用户觉得企业的微博缺少活力，过多则会引起用户反感，过于啰唆。而在商家的微博当中，每天两至三条的宣传广告就够了。对于微博中的宣传广告，商家可考虑以下几种形式：① 产品知识+产品链接；② 转发用户体验+产品链接；③ 主动发起微博投票，根据粉丝意愿制订促销方案；④ 举办转发微博中奖活动。

3）微信营销

（1）微信营销的渠道性质。微信营销不是传销。传销的本质是通过拉人入会、收取入会费作为其赢利的手段，其产品的价格是远远虚高于产品价值的。通过微信营销销售的产品以食品、化妆品、服装为主，其价值都不太高。但是两者的营销对象比较类似，都是在亲戚、朋友这个圈子中操作，发展潜在和现实客户。

微信营销也不一定是直销。直销是直接销售渠道的简称，指在产品转移的过程中直接从生产商转移到消费者手中。如果产品制造商通过公司的微信公众号发布产品信息，吸引消费者进行购买，其中没有任何渠道中间商和中介商的参与，就是典型的直销模式。如果是经销商通过自己的朋友圈发布促销信息，以提高销售业绩，那么就不属于直销了。因此，在微信营销实践中，实际上直销占比非常少，更多的是间接分销的模式。

微信营销与店面销售、天猫等渠道相比较而言，店面销售是一种传统的零售终端，主要面向周边的社区、群体，消费人群较为受限，店面租金较高。而微信营销借助微信的平台推广产品，主要通过朋友圈的窗口曝光信息或朋友的转发宣传产品，消费人群不受时间、地点、空间的限制，但是仅限于圈子里的成员。天猫等销售平台与微信营销都属于电子商务的一种形式。但两者的受众和营销手段、产品售价、营销绩效存在较大的差别。

（2）微信营销的关注焦点。第一，产品是核心。初期微商应选择销售产品的功能价值，等市场稳定和品牌享有一定的知名度以后，着重关注产品的情感价值。第二，宣传有节制。如果频繁刷屏，朋友们未免会疲劳甚至厌烦，慢慢就会降低关注度。第三，关系的经营与维护。不可否认的是，微信营销确实消费了关系。彼此间的关系有效地促进了交易行为，交易后的不良反应有损于双方间的关系，导致强关系转变为弱关系，甚至慢慢淡出彼此的圈子。因此，微商必须精心呵护圈子的关系，经营好各种社会关系，保持关系的正向发展。

4）网红经济渠道

由于"网红"在特定垂直领域的影响力，"网红经济"能够更加精准地将产品导向粉丝需求。它将社交网络平台与电商购物平台相结合，将网络红人在社交媒体上聚集的人气转换成对产品的购买能力，从而很好地实现定向精准营销。

（1）基于社交网络的"网红经济"产业链。"网红经济"产业链主要成员包括社交网络平台、"网红"、"网红经济"孵化器公司、电商平台及供应商六个要素。基于"孵化器"的定义，"网红经济"孵化器一般是专门的推手公司或已经拥有一定粉丝基础的电商运营者，他们拥有充沛的资源基础，并具有完备的团队设计，为"网红"和"网红经济"的培育提供专业化运作支持。主要涉及以下4个过程："网红"的培养；社交账号维护与粉丝导流；所营销产品的供应与生产管理；电商变现与运营管理。

（2）基于社交网络的"网红经济"营销策略。"网红经济"包括"网红"自我营销与"孵化器"公司推广营销两种运作模式。在这两种模式中，"网红"或孵化器公司利用"网红"社交账号将其自身对时尚热点的把握，主动引导消费者的需求心理，以此对接供应链厂商进行生产管理，进而通过电商实现变现。而在产品营销策略方面，一方面是对"网红"社交账号进行专业化运营管理，另一方面是通过变更销售模式提高"供应链"灵活性。例如，在产品上新时，通过社交账号将"样品"发布到社交网络进行人气测试，继而根据粉丝反馈确定订单数量与销售方案，并结合预售等方式提升供应链灵活性，有效解决传统销售的效率低下、渠道库存巨大、资金周转缓慢等问题。

5) App 营销渠道

企业可以采用广告植入模式的 App、吸引用户参与模式的 App 体验和传播、原有网站移植模式的 App 等方式，进行 App 营销。

（1）广告植入模式的 App 营销策略。广告植入模式是最基本、最常见的 App 营销模式之一。企业将广告信息植入热门的、与产品受众相关联的移动应用中，当用户点击广告栏便自动链接到企业的 WAP 网站，这样在用户操作 App 的同时就能方便地了解广告主信息或参与活动，从而在潜移默化中达到营销的目的。这种模式成本较低、操作简单，只要将广告信息有针对性地投放到与产品受众高度相关联及下载量较大、用户较多的应用程序上，就能达到良好的传播效果。沃尔沃 C30 上市之际便是利用这种高度契合的 App 广告植入吸引了大量的用户注册体验驾驶，逐步提高了新车的知名度。

（2）用户参与模式的 App 营销策略。该模式将广告主的营销目标与消费者需求相结合，通过开发有创意的应用程序吸引用户主动参与体验互动，从而达到有效的营销目的。这一模式在调查研究目标消费群体的相关需求属性的基础上，结合产品或品牌的特点开发符合自身定位的应用程序，并将其投放到各大应用商店，供用户免费下载。通过下载安装并使用这些应用程序，用户能够在有趣的体验中了解品牌的相关信息和最新动态，逐步加深对企业和品牌的好感度，同时利用应用反馈和分享通道方便用户进行二次传播。

（3）网站移植模式的 App 营销策略。网站移植模式多为购物类、社交类网站的手机客户端。它以移动智能终端为载体，将成熟的传统网站模式移植到移动终端平台，开发符合移动平台界面的 App 应用程序。用户通过此类 App 可以随时随地浏览网站获取商品信息、进行快捷支付、开展社交活动。这种模式相对于传统网站的最大优势在于快速便捷、服务实时，它能有效地覆盖碎片化时间里人们购物、社交的需求，是品牌扩大影响、进行营销的得力补充渠道。通过这一纽带，品牌得以网罗移动互联网上的活跃用户，将营销活动进行跨媒体整合。该模式的广告主以电商品牌居多，如淘宝网客户端、凡客诚品等。

6）外部链接营销渠道

在选择外部链接营销渠道时，对其质量判定的指标有以下几个。

（1）流量。外部链接是提高排名的最直接手段，但是点击流量才是链接的核心意义。

（2）单项链接。友情链接就像两个人的互捧，而单项链接才代表对对方的完全赞赏。

（3）自发链接。自发链接是指当对方在更新网页文章的时候，能够主动地想到某网站添加一个链接，说明该网站的内容是真正被认可和有价值的。

（4）内容的相关性。隔行如隔山，只有同行业之间的外部链接才比较有可信度。而这个内容相关性不仅应用于全站，也适用于内页，同时上游或下游产业也有很好的效果。

（5）锚文本。外部链接中出现目标关键词是对排名提高有很大的效果，根据关键词的主次来链接不同权重的网站，即不重要的关键词可链接低权重的网站，锚文本的种类也要多样化。

（6）链接的位置。通常友情链接都是链接的首页，而且是专门的一个板块，而真正最好的外部链接是正文中的链接，因为这是最有可能自发形成的外部链接。

（7）域名权重与排名。发出链接的域名注册时间与目标关键词排名，直接影响链接的效果。目标关键词能排名前几十位的域名也是不错的链接来源。

（8）页面权重与排名。在和一些大网站做外部链接的时候，通常不能体现在首页，那么发出一般链接的页面的权重与排名也很重要，有时候一个内页的外部链接并不比首页的外部链接效果差。

（9）导出链接的数目。在通常情况下，导出链接越多，那么每个链接获得的权重就越少，一般小型网站首页不超过 30 个导出链接。

（10）页面更新与快照。在通常情况下，页面更新越快，权重越高，反之，则权重较低。

其他指标，如网站的整体健康情况，包括网站的收录、流量、页面排版、文章价值性，以及是否被惩罚过、是否是垃圾网站等。

7）社交网络营销渠道

社交网络营销渠道具体又分为以下几种。

（1）声誉聚合器。声誉聚合器是指发布排位或信息的网站，其中搜索引擎是最常见的形式之一。基于声誉聚合器的社交网络营销，先是锁定用户关注内容或信息，并制成标签，以便潜在客户进行检索。具体步骤是：确定关键词和热门话题，通过传播实现良性循环，提高网站排名。在通常情况下，可构建一个品牌社区，以良好口碑传递来提升网站知名度。

（2）博客。博客是一种电子日志，涵盖了每一个博客体。博客用户可自己发布内容或浏览他人博客，也可将他人日志链接在自己的博客中，从而产生持续的影响力。而基于博客的社交网络营销需要定期发布新内容，不然长时间未更新会给浏览者造成企业将要破产等误解。

（3）电子社区。电子社区是将一群有共同爱好或目标的人组织起来，用户可按照自我喜好、需要来选择社区，交流沟通、探讨问题，分享观点，从而产生持续的影响力。对于这种营销渠道，商家不可强行推销，而要仔细聆听、分享建议，柔性地融入产品推销。例如，狗民网电子社区，是由一群爱狗人士组织建立，在社区中可分享爱犬照片，提供各种狗的饲养方式。对于这种平台，强行推销是不可行的，可采取一些特殊方式，如建立宠物用品商城等。

（4）社交网站。社交网络涉及种类较多，甚至优酷、爱奇艺等视频网站也可视为一种形式。企业通过选择社交网站，谨慎选择合适的营销模式来实现宣传目的。和其他营销渠道相比，社交网站营销手段更多元化，同时也更需要创意来博取关注。例如，星巴克申请了Twitter用户名，会定期向粉丝发布最新产品消息，吸引老顾客光顾购买，同时粉丝大量转发会带来潜在顾客。

3. 网络营销渠道协调

由于传统营销渠道层次及交易关系的多样性，因而网络交易营销渠道成为连接企业与市场的桥梁，是企业开拓和占领市场的关键，对企业的经营效率、竞争力、经营安全和企业的发展几乎起到了决定性作用。但是由于增加了销售渠道，原有的渠道体系及利润分配格局被打破，当传统渠道的成员因为新兴渠道的加入而使销售额减少时，渠道冲突就会变得异常激烈。正确认识这些变化，充分利用互联网作为营销中介，缓解渠道成员之间的冲突，提高渠道效率，已经成为当今企业需要面对的重要问题。

在网络环境下营销渠道冲突的协调策略有以下几种。

（1）规划设计合理的企业营销渠道体系。企业必须做好网络营销渠道与传统营销渠道各层次间的整体匹配设计，提高渠道整体的协调性，避免市场冲突和资源浪费。这包括设计创新性的网络营销渠道，构造合理的新型营销渠道，制订渠道科学的促销方案。另外，还要对具体的促销形式、人力与资金的投入、地域分布，以及对渠道控制、市场定位、消费者服务等都要进行有效设计。

（2）进行合理的产品区分。在不同渠道分别提供不同的、各适其所的产品和品牌，使不同的渠道分别销售不同的产品。可以在网络营销渠道和传统营销渠道分别引入型号不同但实质上却相类似的产品，或者进行品牌分流，实现多品牌组合等，避开同一产品在同一区域因在不同渠道的分销而引发窜货、压价等风险。例如，一些体育用品或电子产品带有"淘宝专款""亚马逊特供"等标志，以示区分。

（3）适当的市场细分或顾客群细分。企业主动进行市场划分或顾客群划分，从本质上讲就是把一部分消费者留给传统渠道，另一部分划归网络营销渠道，使新旧渠道进一步互为规避礼让，和谐共存。例如，新款、时尚或价格较低的IT产品就更多地放在网上直销或试销，不再交给渠道商分销。

（4）对网络营销渠道与传统营销渠道有效分工。将信息和资金的传送都在网上进行，而物流配送绝大部分仍需通过专业的物流配送公司进行。企业可把传统渠道成员发展成为提供货物运输配送服务的专业配送公司或演变成自己的子公司，实现渠道和谐共存。如惠普就是把其分布各地的中间商作为其物流配送的主要组成部分。

（5）采取有效的沟通和利益共享机制评估冲突。渠道成员之间的交流在渠道协作过程中起到重要作用。企业应在不同的渠道之间建立良好的通信，让他们互相了解对方所做的工作，并讨论某些措施可能产生的影响，从而在不同渠道之间进行协调，以避免冲突。通过沟通、协商鼓励不同的渠道互相为对方做广告，企业可以在自己的网站上推介他们的渠道伙伴，实现双赢，避免促销冲突。

10.4.4 网络营销促销策略

网络促销是指利用互联网平台和网络技术，向顾客传播有关产品或服务的促销信息，以及传递促销凭证等，以激发顾客购买欲望和购买行为的各种活动。网络促销包括使用互联网、手机网络和数字电视网络等新兴网络媒体，它们的共同特点是可以传输数字信号。网络促销具备可以实现低成本的市场覆盖，实施更方便、针对性更强、更具生动表现力、信息交流互动性更强的特点，因而在企业促销策略中被广泛采用。

1. 传统促销策略的网络形式

传统营销的促销形式主要有广告、销售促进、宣传推广和人员推销4种。网络营销是在网上市场开展的促销活动，有网络广告、销售促进、站点推广和公共关系营销4种。网络广告类型很多，根据形式不同可以分为旗帜广告、电子邮件广告、电子杂志广告、新闻组广告、公告栏广告等。销售促进就是企业利用可以直接销售的网络营销站点，采用销售促进方法如价格折扣、有奖销售、拍卖销售等方式，宣传和推广产品。站点推广就是利用网络营销策略扩大站点的知名度，吸引网上流量访问网站，起到宣传和推广企业及企业产品的效果。公共关系营销就是通过互联网的交互功能吸引用户与企业保持密切关系，培养顾客忠诚度，提高顾客的收益率。

2. 新型网络促销策略

（1）网络社区。从网站经营者的角度来看，网络社区经营成功，不仅可以带来稳定的流量，增加广告收入，而且能为注册会员提供独立的资讯存放与讨论空间。会员多、人气旺的网络社区还给企业促销提供了良好的场所。企业可以利用网络社区开展一系列活动，同时，网络促销人员可以在社区里与顾客进行直接的交流和沟通，为顾客解答产品使用、保存、购买、运输等问题。这种互动式的交流方式让顾客体验到了购物的乐趣并获得了心理上的满足，极大地提高了顾客的满意度。

（2）网络赞助。与其他的网络促销策略一样，网络赞助也具有精准营销的特点，在网络赞助某些活动或事件所能达到的受众范围要比传统的赞助促销大得多，时间也大大缩短。

（3）团购。通过顾客自行组团、专业团购网站、企业组织团购等形式，能够提升顾客与企业的议价能力，并极大限度地获得商品让利，引起顾客及业内厂商、甚至是资本市场关注。网络团购改变了传统消费的游戏规则，最核心的优势体现在商品价格更为优惠上，根据团购的人数和订购产品的数量，顾客一般能得到5%～40%幅度不等的优惠。

（4）网络事件营销。随着网络互动技术的发展和越来越多的社会热点在网络上爆发，企业正在尝试或已经利用互联网和消费者进行多种形式的互动，并开展网络事件营销（或称病毒式营销），即组织和利用具有名人效应、新闻价值及社会影响的人物或事件，引起媒体、社会团体和消费者的兴趣与关注，从而达到广告和品牌传播效果。

➡ **案例 10-8：王老吉暨加多宝的事件营销**

在汶川地震捐助中，王老吉捐出1亿元，这1亿元却产生了更多的价值。在王老吉做出这一善举的3个小时内，百度贴吧内发帖超过14万个，王老吉品牌路人皆知。2012年，加多宝借力浙江卫视《中国好声音》栏目,除了电视广告"正宗好凉茶,正宗好声音"的宣传语之外,还在网络上开辟了"网络好声音"专区,吸引了大量热爱音乐的人士参与。同时,还因主持人华少超快的播音方式,在网上带热了"正宗好凉茶,中国好舌头"的比赛,一时成为热门话题。2013年初,广州市中级人民法院裁定,加多宝等立即停止使用"王老吉改名为加多宝""全国销量领先的红罐凉茶改名为加多宝"或与之意思相同、相近似的广告语进行广告宣传的行为。这一事件,引发了社会广泛关注。官司虽然输了,但加多宝借该事件,发起了一轮"对不起"广告的网络营销,广告画面为哭泣的孩子,广告语较为煽情,如,"对不起,是我们无能,卖凉茶可以,打官司不行",并在广告上打上自己醒目的标志。一时间,"对不起"体在网络上大热,网民"一边倒"式地站在了加多宝的一方。

资料来源:江澄. "自残"还是营销:从"京东价格战"事件谈网络事件营销的传播策略 [J]. 新闻传播,2013(8):298-299.

(5)网络口碑营销和粉丝经济。"粉丝经济"是构建在"粉丝"和被关注者关系之上的经济行为,倾向于通过朋友推荐或网络口碑推荐,购买自己喜爱的产品和服务。随着社会化媒体走向一个新时代,"粉丝"已成为信息传播的粒子,商家通过宣传传播,以一种口碑效应将信息传递给买家,并且让"口口相传"的辐射范围扩大,满足人们的消费诉求。

(6)网店促销和流量引入。流量是网店的生命线,网店要想盈利,首先必须提高店铺的流量。例如,淘宝网店主要通过以下方法获取客户来源:① 淘宝搜索;② 直通车;③ 我的淘宝;④ 店铺搜索;⑤ 阿里旺旺;⑥ 类目导航;⑦ 一淘;⑧ 店铺收藏;⑨ 淘宝站外搜索;⑩ 直接访问。而提升店铺流量主要有提高搜索排名、进行付费推广、参加平台活动、开展会员口碑营销及利用社交网站推广等方法。

案例 10-9:淘宝小卖家的流量解决之道

起初,小红开淘宝网店也遇到了一周多无人问津的尴尬,她又不想花钱在淘宝直通车上进行推广。一天,她发现自己常常泡的一个母婴论坛上有一个版块在组织团购,就想能否从这里开始引导网友们到自己的淘宝小店上交易?她随即找到认识的一个童装厂家,然后在那家母婴网站组织团购。对于参加团购的妈妈们,小红对参加团购的人提出了个小要求,每件团购商品必须从自己的淘宝小店上拍,从而累计更多的交易信息。这些泡论坛的妈妈们因为孩子小,她们买东西的地点很多是淘宝,所以从母婴论坛上成交还是从淘宝上完成交易对她们来说并没有什么区别。很快,小红第一次组织团购就达成了100多条交易。

小红发现,通过论坛这种方式引来的销量为站外流量,而淘宝网自身也有站内流量,在无钱参加直通车的前提下,淘宝网展示商品的排序原则之一是根据剩余时间的多少来决定,这意味着剩余时间越少的宝贝越能让买家看到。一般来说,7天为一个周期。小红依据这个小规律,刻意在某周六晚九点左右开始将那款团购的产品进行展示,到了第二周的周六九点,剩余时间不多了,淘宝网将这款商品的展示位置提前,这时,很多人在这个时间段看到这个宝贝,当天的销量忽然增长了。

就这样,小红的淘宝网店在两周内迅速升级,她之前做团购的产品竟然成了爆款。这是在没有参加淘宝任何站内推广的前提下完成的,至今仍是她对朋友们津津乐道的一点。

资料来源:小丸子. 淘宝小卖家的流量解决之道 [J]. 电脑爱好者,2012(16):46-47.

10.4.5 基于 4C 理论的网络营销策略

传统营销由于技术手段和物质基础的限制，产品、价格、渠道和促销成为企业经营的关键内容。随着社会的网络化和信息化进程，产品策略中信息因素所占的比重越来越多，由此产生的网络营销则以顾客的需求、满足需求的成本、方便购买和加强沟通为核心内容。因此，根据网络市场的发展，需要从更高层次及更有效的方式在企业与顾客之间建立起有别于传统的新型的主动性关系，如互动关系、双赢关系、关联关系等。

4C 理论以消费者为中心，重视与消费者的沟通交流，符合网络个性化、交流便捷等特点。基于 4C 理论的网络营销策略既要符合网络特征，又要关注消费者的需求变化，以"市场细分、双向互动"的差异化营销策略来占领市场。所有的产品信息、价格体系、营销计划、营销方式和渠道，都以"满足细分市场需求，充分与消费者互动沟通"为原则。

1. 营销内容关注消费者需求

基于 4C 理论的网络营销策略，把消费者的体验放在第一位，一切以消费者的满意度为核心。企业在制定网络营销策略时，应充分考虑影响消费者满意度的因素来进行营销策略的设定。消费者满意度以满足个人需求程度来衡量。消费者个人需求按照关注程度可以分为产品、服务、企业三个因素。产品包括产品质量、外观、颜色、功能、价格、材料等；服务包括服务项目、服务态度、服务评价、服务范围等；企业包括企业实力、规模、荣誉、形象、性质等。实施网络营销时，必须首先明确消费者关注的因素，所有营销内容、广告诉求都要围绕选定的要素进行包装，向消费者传递最符合内心需求的信息，迎合细分市场群体的心理诉求和心理特征。

2. 降低营销成本

根据营销成本，网络营销的形式可以分为免费网络营销和付费网络营销。免费的网络营销主要是微信、微博、博客、百度贴吧、论坛、SEO 优化、即时通信软件（如 QQ、阿里旺旺等）、E-mail、图片等；付费的网络营销主要是搜索引擎竞价排名（百度竞价、搜狗竞价、谷歌竞价）、淘宝直通车、新闻软文发布、音频视频等。

在以 4C 理论构建的网络营销策略中，应注意调节付费网络营销与免费网络营销的搭配，尽量降低成本，调节营销信息的成本与内容质量杠杆。付费营销往往给消费者一种强制推送广告的印象，容易造成反感和抵制。在现实生活中，消费者热衷于主动参与论坛、微博、微信等免费平台的交流。因此，充分利用微信、微博、博客、贴吧、论坛等渠道开展网络营销，免费且内容可信度高，消费者主动参与，也可以避免关键词搜索结果全部都是企业正面广告宣传的虚浮印象，真正实现将"消费者请注意"转变为"请注意消费者"。

3. 提高消费者获取营销信息的便利性

根据 4C 中的"便利"理论，需要为消费者创造直接、快捷获得结果的途径。

首先，营销信息页面要根据标题来设计内容。在网络检索中，标题比内容排名更高，消费者首先是检索标题，然后才是信息内容。在营销内容设计上，要避免存所有的页面都链接公司主页的情况，要对各种标题链接的页面进行细化，根据消费者的搜索习惯、关注重点来做调整，让消费者直接、快捷搜索到想要的内容，而不是所有搜索结果都导向公司主页。客户搜的是产品，就直接给他对应的产品页面；客户搜的是企业，就直接给他企业介绍的页面；客户搜的是"××怎么样"之类的评价，就给他评价、信誉、荣誉的相关页面。

其次，借助消费者浏览痕迹数据分析软件分析消费者浏览习惯，做好网站内部的优化，减少搜索结果的页面跳转次数，让消费者更快捷搜索到想要的结果。网站内部的优化包括网站地图优化、网站结构优化、图文的搭配、锚文本的加粗加颜色、错误链接的检查、错误代码的修正、过期信息的置换更新、页面广告的弹出频率和形式等。

4. 营销过程中加强与顾客沟通交流

沟通环节可以看作完成营销目的的最后一步，也是很多企业最容易出问题的环节。大部分企业的商务通对话转化率不高，反而让消费者对企业形成了不好的印象。要提高沟通的效果，提升转化率，就要在其中贯穿 4C 的理论要素。具体表现在以下几方面。

（1）消费者体验要素。在线客服互动引导，客服人员的服务态度、语气、情绪、礼貌等方面要做到位，开展见不到面的"微笑服务"。当产品面向的细分市场较多时，或者本身适用于特定群体的，如老年用品、女性用品、婴幼儿用品等，需要根据细分市场顾客的心理特点、情绪反应、购买意向、文化水平等来确定沟通的方式、技巧。

（2）成本要素。沟通成本主要是时间成本，也就是消费者等待问题解答的时间。客服人员要预先准备好相关资料，针对普遍存在的问题制定详细的回复表；建立好问题素材库、信息库来实现快速回复常规问题。遇到一些特殊问题，如质量问题、投诉问题、技术操作问题等需要细化解决的，客服人员也要及时、快速与相关工作人员沟通，及时应答，避免让消费者等待过久。

（3）便利性要素。在线对话窗口占据版面过大，尤其是开展对话的时候，将严重影响页面浏览效果，反复弹出的对话框更会让消费者反感不已。因此，需要设计好在线对话窗口的位置及弹出频率，尽量避免客服人员主动联系页面访问者，而是做好沟通引导，提升消费者主动对话的效率。

思考与讨论题

1. 网络营销有哪些理论基础？各个理论又对应哪些网络营销方法？试对每种理论进行举例说明。
2. 试述我国网上市场的现状，并结合自身体验谈谈体会。
3. 结合自身经验，谈谈网上消费者购买行为的特点。
4. 网络营销产品策略、价格策略分别与传统的产品策略、价格策略有哪些不同？
5. 有哪些营销方法可以作为网络营销渠道？看谁答得最多。
6. 什么是交换链接？其作用体现在哪几个方面？请举例说明。
7. 请简述微博营销的步骤。
8. 搜集京东和苏宁易购两大电商进行价格战的资料，讨论事件营销。
9. 提起红包，大家一定会想到 2014 年春晚，由于抢红包活动的推出，使春晚在这几年间又一次创出收视新高。而它的横空出世，也被阿里巴巴董事局主席马云称为"对支付宝的'珍珠港偷袭'"。据腾讯公司官方数据显示，2015 年春节的微信红包收发总量为 32.7 亿次，除夕当日微信红包收发总量达 10.1 亿次，除夕夜微信摇一摇互动总量达 110 亿次，摇一摇抢红包的峰值达到每分钟 8.1 亿次。这些数据背后说明了什么问题？微信红包难道仅仅是腾讯公司对老百姓的答谢活动吗？请搜集相关资料，说明腾讯推出微信红包过程中使用了哪些网络营销理论、方法和策略。

10. 问问身边开设网店的朋友，他（她）使用过哪些网络营销方法？结合本章所学与他（她）进行讨论。

参 考 文 献

[1] 陈明. 网络营销的产品层次与策略研究［J］. 商业时代，2005（30）：41-42.
[2] 陈翔. 社会化媒体时代下企业品牌营销的发展道路［J］. 经营管理者，2014（10）：249.
[3] 董德民，夏天予. 传统专业市场转型升级与网上市场融合发展［J］. 企业经济，2015（2）：49-52.
[4] 冯英健. 网络营销常用的十种方法［N］. 市场报，2005-03-01.
[5] 高腾玲. 互联网背景下网络个性化营销创新趋势探究［J］. 商业经济研究，2017（19）：52-54.
[6] 杭挥天. 社交网络营销模式与策略分析［J］. 自动化与仪器仪表，2017（8）：161-162.
[7] 何新科，衣鹁. 淘宝商家如何巧用微博营销. 企业家天地，2012（6）：16-17.
[8] 何宜军. 基于4C理论的网络营销策略研究［J］. 企业研究，2014（16）：35-36.
[9] 黄慧化. 深度剖析微信营销的性质及原理［J］. 中国市场，2016（9）：14-15+19.
[10] 江澄. "自残"还是营销：从"京东价格战"事件谈网络事件营销的传播策略［J］. 新闻传播，2013（8）：298-299.
[11] 李东. 网络营销产品与传统营销产品的比较研究［J］. 商业时代，2004（8）：29-31.
[12] 李蕾. 内容营销理论评述与模式分析［J］. 东南传播，2014（7）：136-139.
[13] 李维胜，蒋绪军. 电子商务精准营销对策研究［J］. 开发研究，2013（2）：46-49+96.
[14] 李欣璟. 移动互联时代的APP营销［J］. 传播与版权，2014（8）：93-94.
[15] 李勋. 信息时代网络营销的发展与前景分析［J］. 商，2015（27）：100.
[16] 李瑶，白玉英，郭宏霞. 网络营销产品策略策划方法探究［J］. 产业与科技论坛，2015，14（12）：19-20.
[17] 李永春. 略论网上市场［J］. 中央财经大学学报，2000（10）：10-13.
[18] 刘念. 顾客导向的网络促销策略研究［J］. 湖北经济学院学报（人文社会科学版），2014，11（2）：64-65.
[19] 刘向晖. 网络营销差别定价策略的一个案例分析［J］. 价格理论与实践，2003（7）：59-60.
[20] 刘秀琦. APP营销的现状分析及策略探究［J］. 商场现代化，2016（19）：37-38.
[21] 梁欣萌. 直播营销的价值思考［J］. 国际公关，2016（5）：60-65.
[22] 落伍者. 最牛提高网站流量的SEO策略［J］. 计算机与网络，2016，42（1）：48-49.
[23] 马智萍. 移动互联网时代社群营销案例分析：以罗辑思维和大V店为例［J］. 现代商业，2016（18）：38-39.
[24] 麦海森. 数据分析在淘宝店运营中的应用［J］. 中国商论，2016（1）：62-65.
[25] 梅楠. 基于社交网络的"网红经济"营销模式分析［J］. 现代传播（中国传媒大学学报），2017，39（3）：164-165.
[26] 孟凡会，汪雷，胡启晖. 网络营销价格策略探讨［J］. 滁州学院学报，2014，16（3）：

42-45.
[27] 孟溢. 新媒体环境下的整合营销传播[J]. 新媒体研究, 2015, 1 (18): 48-49.
[28] 苗鹏. 网络营销发展趋势[J]. 合作经济与科技, 2016 (7): 96-98.
[29] 牛华勇, 李晶. 农村居民网上购物特点与影响因素分析: 以河北省保定市定兴县某村为例[J]. 石家庄学院学报, 2017, 19 (5): 30-36.
[30] 牛西, 游明忠. 企业营销新概念: 博客营销[J]. 商场现代化, 2007 (2): 134-135.
[31] 牛媛媛. 经济全球化背景下我国电子商务的创新发展研究[J]. 商业经济研究, 2017 (19): 75-77.
[32] 孙剑. 社会化网络环境下"粉丝经济"模式与营销策略[J]. 经营与管理, 2017 (8): 131-133.
[33] 蹇木栋. 我国网络营销发展现状及未来发展研究分析: 以淘宝网为例[D]. 南昌: 江西师范大学, 2013.
[34] 强蔚蔚. 中国跨境电商现状及对策的研究[D]. 昆明: 云南师范大学, 2016.
[35] 苏红霞. 提升淘宝店铺流量的方法分析[J]. 电子商务, 2013 (4): 26-27.
[36] 田广通. 网络环境下营销渠道冲突及应对策略研究[J]. 科技创业月刊, 2011, 24 (7): 65-67.
[37] 王春兰. 基于网络社交的关系营销策略分析[J]. 商业经济研究, 2015 (11), 54-55.
[38] 王艳玲, 陈龙. 自媒体时代《奇葩说》的社群营销模式探析[J]. 出版广角, 2017 (7): 11-13.
[39] 魏伶如. 大数据营销的发展现状及其前景展望[J]. 现代商业, 2014 (15): 34-35.
[40] 吴金明. 新经济时代的"4V"营销组合[J]. 中国工业经济, 2001 (6): 70-75.
[41] 阎巍. 从微信红包看网络营销方法[J]. 时代金融, 2016 (3): 222-223.
[42] 夏明轲, 屠昊东, 李俊霖, 等. 我国网络调研市场的现状和前景浅析[J]. 市场研究, 2016 (8): 8-9.
[43] 许立青. 互联网技术中的关系营销[J]. 企业经济, 2003 (7), 105-106.
[44] 杨晨. 淘宝搜索引擎优化技巧研究[J]. 电子商务, 2014 (4): 39-40.
[45] 姚军, 董婉欣. 网络消费者行为特征及营销策略分析[J]. 商场现代化, 2017 (6): 90-91.
[46] 俞翔. 电子商务对市场营销创新性影响及对策研究[J]. 科技经济市场, 2017 (6): 133-134.
[47] 张创勋, 李柱. 从网络营销理论基础看网络营销的开展[J]. 科技信息(学术研究), 2006 (6): 117.
[48] 张凤羽. 大数据背景下消费者购买行为的探究[J]. 商, 2016 (29): 213.
[49] 张丽华. 网络消费者购买行为模式研究[J]. 经贸实践, 2016 (7): 38.
[50] 周蓓. 网络营销市场定位浅谈[J]. 资治文摘(管理版), 2009 (1): 40.
[51] 粟卫红. 网络体验营销及其实施途径的研究[J]. 生产力研究, 2009 (10): 139-141.
[52] 孙戈兵, 刘颖佳. 零售品牌网络体验式营销模式的构建与实施[J]. 商业经济研究, 2017(6): 35-37.
[53] 续洁. 星巴克的微博、微信体验营销研究[D]. 北京: 首都经济贸易大学, 2014.